ACLS History E-Book Project

Reprint Series

The ACLS History E-Book Project (www.historyebook.org) collaborates with constituent societies of the American Council of Learned Societies, publishers, librarians and historians to create an electronic collection of works of high quality in the field of history. This volume is produced from digital images created for the Project by the Scholarly Publishing Office and the Digital Library Production Service at the University of Michigan, Ann Arbor. The digital reformatting process results in an electronic version of the text that can be both accessed online and used to create new print copies. This book and hundreds of others are available online in the History E-Book Project through subscription.

Many of the works in the History E-Book Project are available in print and can be ordered either directly from their publishers or as part of this series. For information refer to the online Title Record page for each book. Inquiries regarding this series can be directed to info@hebook.org.

ACLS
HISTORY E-BOOK

I0834087

http://www.historyebook.org

CORPUS BRUXELLENSE HISTORIAE BYZANTINAE — 3

A. A. VASILIEV

BYZANCE ET LES ARABES

TOME III

DIE OSTGRENZE DES BYZANTINISCHEN REICHES

VON 363 BIS 1071

nach griechischen, arabischen, syrischen und armenischen Quellen

von

ERNST HONIGMANN

Directeur de la Section de Géographie ancienne de l'Institut Oriental

BRUXELLES

Éditions de l'Institut de Philologie et d'Histoire Orientales

1935

HENRI GRÉGOIRE

DANKBAR GEWIDMET

IMPRIMERIE
DE MEESTER
WETTEREN
(BELGIQUE)

Tome III

DIE OSTGRENZE DES BYZANTINISCHEN REICHES

von 363 bis 1071

von

Ernst Honigmann

VORWORT

Eines der ersten Erfordernisse für die Herstellung eines topographischen Atlas zur Geschichte des Byzantinischen Reiches ist die genaue Festlegung der wechselnden Grenzlinien seines Territoriums. Zu greifbaren Ergebnissen konnte hier nur eine genaue Untersuchung des historischen und geographischen Quellenmaterials und eine unbefangene Nachprüfung der in neuerer Zeit aufgestellten und oft als gesicherte Ergebnisse betrachteten Hypothesen führen. Hierbei erschien eine Darbietung und Erörterung dieses Materials in historischer Folge und Darstellung der natürlichste und trotz einer bisweilen unvermeidlichen Ausführlichkeit immer noch kürzeste Weg zum Ziele. Wurden dabei auch kleine Abschweifungen rein historischer Art nicht gänzlich vermieden, so blieb doch diese in mehreren Kapiteln gewählte historische Betrachtungsweise immer nur Mittel zum Zweck. Für diese Partien kam als äussere Form infolgedessen nur ein kurzer Tatsachenbericht, nicht die kunstmässige Darstellung des pragmatischen Historikers in Betracht. Wenn sich als Ergebnis dieser Untersuchungen der Verlauf der orientalischen Grenze des Oströmischen Reiches in ihren drei wichtigsten Entwicklungsstadien vor dem Jahre 1071 sicherer festlegen lässt als bisher, so ist ihr Zweck erfüllt.

Als eine überaus glückliche Fügung betrachte ich es, dass ich bei dieser Arbeit über die Ostgrenzen des Romäerreichs mit den Forschungen des Mannes zusammentraf, den seine geistvollen Studien über das byzantinische Epos und speziell über Digenes Akritas in das gleiche Gebiet der byzantinisch-arabischen Grenzkriege geführt haben. Was für die vorliegenden Untersuchungen die reichen und glücklichen Ergebnisse der Forschungen H. Grégoire's als wissenschaftliche Anregung bedeuten, brauche ich hier nicht zu wiederholen. Dass diese Arbeit überhaupt zu Ende geführt und veröffentlicht werden konnte, ist allein ihm zu verdanken.

Für das aber, was er in seiner vornehmen und hilfreichen Art für mich getan hat, kann ihre Widmung nur als ein schwaches Zeichen meiner Dankbarkeit gelten.

Dem Abschnitt über das byzantinische Armenien ist es besonders zugute gekommen, dass ich mich bei seiner Ausarbeitung der gütigen Hilfe des Rev. P. Paul Peeters erfreuen konnte, dessen nie versagende Gelehrsamkeit und Kombinationsgabe für jede Schwierigkeit eine neue und überzeugende Lösung zu finden wusste. Ihm sei dafür hier mein ehrerbietiger Dank ausgesprochen.

Bruxelles. Ernst Honigmann.

I

DIE RÖMISCH-PERSISCHE GRENZE

VON 363 BIS 603 N. CHR.

Die spätrömische Geschichte ist so reich an Kriegen mit den östlichen Nachbarn des Reiches, dass man mehrere Jahrzehnte friedlichen Nebeneinanderlebens der Grossmächte an der orientalischen Grenze fast als einen Ausnahmezustand bezeichnen kann. Die wechselnden Erfolge in diesen Kriegen hatten auch häufige Grenzverschiebungen zur Folge ; sie lassen bald einen hartnäckigen Streit annähernd gleichstarker Partner um strategisch wichtige Plätze, bald ein langsames, stetiges Vordringen eines der beiden Gegner erkennen.

Trotzdem zeigt sich aber ebenso vor der Araberinvasion wie nach der allmählichen Beruhigung des muslimischen Expansionsdranges deutlich ein beiderseitiges Festhalten an bestimmten Grenzlinien, deren Verlauf nur teilweise durch die ethnographischen Verhältnisse, wie es bei modernen Staaten üblich ist, vorgezeichnet war, teilweise aber den natürlichen oder in jahrhundertelanger Arbeit ausgebauten künstlichen Verteidigungslinien entsprach. Häufig wurde nach einem entscheidenden Kriegserfolg der einen Macht, der den Gegner nahezu zu vernichten schien, ein Friede geschlossen, in dem der Sieger fast auf alle territorialen Annektionen verzichtete. Die Gründe hierfür sind freilich auch oft in den Schwierigkeiten zu suchen, die dem siegreichen Staate während dieser Kämpfe sei es im Inneren, sei es an anderen Grenzen erwachsen waren. Häufig scheint man aber mit Absicht an den gewohnten, mit grosser Mühe und Kosten befestigten Grenzen festgehalten zu haben.

Die beiden Grenzlinien, die in den folgenden Untersuchungen hauptsächlich behandelt werden sollen, schlossen sich grossenteils an gegebene natürliche oder künstliche, bereits stark ausgebaute Bollwerke an: die vorarabische benutzte die Festungslinie des antiken Limes Orientis, während seit dem Vordringen der Araber das natürliche Hindernis des langgestreckten Tauroswalles sich als geeignete strategische Verteidigungslinie von selbst ergab.

Die orientalische Limesgrenze hat in ihrem Verlauf vor dem V. Jahrhundert mehrfach wesentliche Änderungen erfahren (1). In ihrer ersten Anlage, deren Ausbau hauptsächlich von Vespasian und Hadrian zu stammen scheint, endete die Kastellreihe, die Syrien an seiner Ostseite schützte, bei Sura am Euphrat, dessen Oberlauf bis zu dieser Stadt die von Festungen und Wachttürmen gesäumte Landesgrenze bildete. Die Eroberung eines grossen Teiles von Mesopotamien unter Septimius Severus brachte eine ausserordentliche Verlängerung der Grenze mit sich: sie zog seitdem vom Euphratknie bei Sura nicht nördlich, sondern südöstlich und am Strome abwärts bis nach Circesium, folgte dann eine Strecke dem Chaboras und umschloss auch das nördliche Zweistromland einschliesslich Singara. Der Friede von 297 fügte hierzu noch die transtigritanischen Landschaften Ingilene mit Sophene und Arzanene mit Zabdikene und den Karduënern hinzu (2). Von Diokletian wissen wir, dass er Kirkesion befestigt und drei Kastelle (*φρούρια*) an der Grenze von Euphratesia hatte bauen lassen, unter ihnen *Μαμβρί* (j. Qubūr at-Tibnī), 5 mp. von Zenobia-Ḥalebīye entfernt (3). Constantius befestigte 349 Amida, das den Beinamen Augusta erhielt, und gleichzeitig die Stadt Tellā de-Mauzelat, die seitdem Konstantina hiess. Von ihm sagt ein syrischer Autor (4): « Nachdem Kaiser Qosṭanṭi<n>os, Sohn des Qos-

(1) Fast völlig verzichtet habe ich im Folgenden auf eine erneute Behandlung des so gründlich untersuchten Defensivsystems in Syrien, dessen Ausgestaltung schon unter Diokletian so gut wie abgeschlossen war (Poidebard, *La trace de Rome dans le désert de Syrie*, Paris 1934, p. 24 sq.).

(2) Petr. Patrik., frg. 13, in *FHG*, IV, p. 188 sq.

(3) Prokop., *de aed.*, II. 6, 2; 8, 7. Amm. Marc. XXXXIII, 5, 1-4.

(4) *Geschichte des Einsiedlers Ya'qōb*, cf. Nau, *ROC*, 2. Sér., X, 1915-1917, p. 7; Wright, *Catal. syr. Mss. Brit. Mus.*, p. 1136b; Socin, *ZDMG*, XXXV, 1881, p.239 — Ueber die Befestigung von Amida-Augusta und Tellā-Antoninupolis vgl. L. Hallier, *Untersuchungen*

ṭanṭinos des Grossen, Amid erobert (!) hatte, liebte er es mehr als alle Städte seines Reiches und unterstellte ihm zahlreiche Länder von Rēš'ainā bis Neṣībīn und auch das Gebiet von Maipherqaṭ und Arzen bis zu den Grenzen von Qardū. Die Perser machten in diese Grenzländer unaufhörlich Einfälle. Inmitten dieser Länder lag der Ṭūr 'Abdīn, in dem der Kaiser zwei grosse Schlösser zum Schutze vor den persischen Räubern baute : das eine an der Grenze von Bēṯ 'Arabāyē (Ostmesopotamien) auf dem Gipfel des Gebirges, das andere am Tigris, das er Ḥesnā de-Kēphā (das « Felsenschloss ») nannte und zum Hauptort des Klimas Arzen machte... »

Das zuerst genannte Schloss könnte die Burg *Τουράβδιον* sein (j. Ḥātim Ṭā'ī Qal'esy). Cepha gehörte nach diesem Texte vor 363 noch zu Arzanene, das sich demnach ursprünglich ebenso wie Sophene über den Tigris hinweg nach Süden erstreckte.

Die letzte grosse Änderung der Besitzverhältnisse in Mesopotamien durch den unglücklichen Frieden des Iovianus (363) hatte eine für die Verteidigung nicht ganz unvorteilhafte Kürzung der Grenze zur Folge, die seitdem fast geradlinig von Circesium bis zum südarmenischen Antitauros zog (1) Die Römer verloren 363 die Osthälfte des nördlichen Mesopotamiens mit Nisibis, dessen Einwohner nach Malalas (2) in einer ummauerten *πόλις* (!) ausserhalb der Mauern von Amida namens *κώμη* (!) *Νισίβεως* angesiedelt wurden, ferner Singara, Castra Maurorum (3) sowie ihre transtigritanischen Besitzungen, nämlich Arzanene, Moxoēne, Zabdiane, Rehimene und Korduēne mit 15 Kastellen (4). Sie behielten also das westlich vom Nymphios gelegene Ingilene und Sophene; demnach galt der Batman-ṣū als einer der Hauptquellarme des Tigris, jenseits von dem erst die *regiones Transtigritanae*

über die edessenische Chronik, Leipzig, 1892, p. 96-97 (*Texte u. Untersuch. z. Gesch. d. altchristl. Literatur*, IX, 1).

(1) Da Cepha, jetzt Ḥasankēf, römisch blieb, zog sie freilich nicht völlig in gerader Richtung von Dara zur Mündung des Nymphios, wie E. STEIN, *Studien zur Geschichte des byzantinischen Reiches*, Stuttgart 1919, p. 5 unten, behauptet.

(2) Ioann. Malal., p. 336, 21 Bonn.

(3) Jetzt wohl Bābil : vgl. *Byzantion*, IX, p. 478.

(4) Amm. Marc., XXV, 19,9.

begannen (1). Aus der Abtretung dieser 15 Kastelle dürfen wir schwerlich schliessen, dass man zum Schutze der Grenze von 297 auch jenseits des Tigris einen regelrechten Limes ausgebaut hatte. Man wird sich damit begnügt haben, in den wilden karduchischen Gebirgen die wichtigsten Pässe durch Anlage oder Ausbau einiger Forts zu sichern.

In Armenien musste Rom 363 auf Artaxata und das Land darüber hinaus verzichten (2); doch handelte es sich bei diesen armenischen und iberischen Gebieten nicht um einen unmittelbaren Besitz, sondern nur um ein militärisches Protektorat der Römer. In Mesopotamien betraf die Grenzänderung von 363 vor allem das Gebiet nördlich von Nisibis. Vorher hatte dort die Linie Nisibis — Sarbane (3) — Castra Maurorum — Bezabde bezw. Saphe noch zum Limes gehört (4), während Singara als vereinzelter vorgeschobener Posten anzusehen ist.

Anstelle des verlorenen Nisibis erhob also Constantius Amida zur Metropolis von Mesopotamia und Cepha zur Hauptstadt (oder wohl richtiger: zum Sitz der Militärverwaltung) des zu dieser Provinz gehörigen Klimas Arzanene. Beide Städte lagen rechts vom Tigris; die römische Verwaltung begnügte sich also damit, die Gebiete östlich vom Arghana-ṣū (dem westlichen Quellfluss des Tigris) und nördlich vom oberen Tigris von den Festungen am diesseitigen Ufer aus überwachen und beschützen zu lassen (5). Übrigens unterstand bereits 359 der Satrap von Korduēne, Iovinianus, trotz seiner Sympathien für Rom dem Perserkönige (6).

Die neue Grenzlinie von 363 kreuzte die Strasse am Südrande des Ṭūr'Abdīn 70 Stadien westlich von Nisibis. Nörd-

(1) Ebenso Ps.- Zacharias Rhetor, p. 172, 33; 173, 6 trad. AHRENS-KRÜGER, Leipzig 1899 = LAND, *Anecdota Syriaca*, III, p. 259.

(2) Ioann. Lydos, *de magistr.*, III, 52; ed. WUENSCH, Leipzig 1903, p. 140, 27.

(3) Sarbane = *Σισαυράνων* (s. u., p. 12, n. 2), *Σισαρβάνων*, jetzt Serwān (WEISSBACH, *RE*, I A, col. 2433).

(4) A. POIDEBARD, *La trace de Rome dans le désert de Syrie*, Paris 1934, p. 158-161. Vgl. auch E. HONIGMANN, *Byzantion*, IX, 1934, p. 478.

(5) Ebenso liegt Bezabde am rechten Ufer des Stromes gegenüber der zugehörigen Landschaft Zabdikene.

(6) Ammian. Marc., XVIII, 6, 20.

lich davon im Gebirge bog sie nach Osten bis nach Cepha (Ḥasan Kēf) aus, zog aber von dort wieder westlich am rechten Ufer des Tigris entlang bis zur Mündung des Nymphios, und von dort an diesem, dem jetzigen Batman-ṣū, und an seinem westlichen Nebenflusse Iliğe-ṣū entlang erst nach Nordosten, dann nach Nordwesten bis zu dem armenischen Antitauros, mit dessen Kamm sie zunächst vermutlich bis zum Taurosdurchbruch des Euphrat zusammenfiel (1). Von Metita ab, das nach der *Tabula Peutingeriana* und Ptolemaios (2) 22 mp. unterhalb von Melitene am Euphratufer lag, also etwa gegenüber von Kömürḫān anzusetzen ist, bis nach Satala liegen die Grenzfestungen sämtlich am Westufer des Euphrat oder nahe bei ihm; von Satala ab zieht die Grenzlinie über das Pontische Gebirge zum Schwarzen Meer (3). Nördlich von Nisibis allein macht die Festlegung der Grenzlinie einige Schwierigkeiten: die Lage etwa der Hälfte der Kastelle von Mesopotamia lässt sich bisher nicht ermitteln. Auffällig ist aber, dass alle ihrer Position nach bekannten Festungen südlich des Tigris liegen, und von den übrigen auch einige, deren Lage annähernd aus Prokops Aufzählung sich ergibt (4). Es ist daher sehr zweifelhaft, ob eine der übrigen Limesfestungen, nämlich (11. 25) Mefana Cartha (5), (32)

(1) Da zu Sophene (armenisch: Cop'k' Šahunoc') Ḫozan und Č'mškacagk' gerechnet wurden, lief die Grenze unterhalb von Pertek wohl nördlich vom Arsanias (Murād-ṣū).

(2) Ptolem., *Geogr.*, V, 6, 24, p. 892 ed. Müller.

(3) *Not. dign., oriens* XXXVIII (Armenia).

(4) *Not dign., or.* XXXVII, 8.23: Apadna; 16.33: Ripaltha.

(5) H. Kiepert, *Monatsber. d. Berliner Akad.*, 1873, p. 182, n. 2, vermutete darin Maipherqaṭ. J. Markwart, *Südarmenien und die Tigrisquellen*, Wien 1930, p. 162, n. 3, setzt es mit Cartha (N° 32) gleich und hält es für einen Doppelnamen wie Resain-Theodosiopoli (XXXVI, 20). Falls (mit der in der *Not. dign.* häufigen Verwechslung von r und n) **Mefaracartha* gelesen werden darf, dürfte man darin vielleicht wirklich eine erste Erwähnung von Maipherqaṭ-Np'rkert erblicken. Auffallend häufig ist noch jetzt in der einstigen Sophanene das Vorkommen von Mōi = « Wasser » in geographischen Namen, wie wir schon in Altertum syr. *Maiyā* in Maïakariri und Maipherqaṭ, arab. Maiyāfāriqīn, finden. So heissen auf R. Kieperts *Karte von Kleinasien* die linken Nebenflüsse des Tigris unterhalb von Diyārbekr: Moi Ambar, Moi Kuru, Moi Mirza, Moi Salata; der Ḫābūr heisst bei Zāḫō: Mōve Seb. Da die Nisba zu Maiyāfāriqīn al-Fāriqī

Cartha, (15. 34) Caini (1) und (35) Bethallaha (2), jenseits des Tigris gesucht werden darf. Die neue « Märtyrerstadt » war zur Zeit der Abfassung der *Notitia dignitatum* noch nicht oder eben erst gegründet (3), und Bistum war sie unter ihrem Gründer Mārūthā (*Μαρουθᾶς*) aus Maipherqaṭ bestimmt noch nicht. Dieser war nämlich selbst 383 Bischof *τοῦ Σωφανηνῶν* (cod. *Σωφαρηνῶν*) *ἔθνους* (4) = syrisch « Bischof von Sōph » (5), und die Subskriptionen von 451 zeigen, dass noch damals das Bistum Sophanene neben dem Bistum Martyropolis bestand, also stets von ihm zu unterscheiden ist : neben *Ζέβεννος* (Zebīnā) von Maipherqat subskribierte damals *Καϊουμᾶς* (Qayūmā) von Bēth Sōphanāyē!

Unter Sophanene verstehen die syrischen und armenischen Schriftsteller dieser Zeit die ganze Provinz Mesopotamia. So heisst Mārūthā bei Sokrates (6) *Μεσοποταμίας ἐπίσκοπος*. Das *κάστρον Βαναβήλων* des Georgios Kyprios (v. 924), die Festung Bnabeł im Lande Cop'k' Mec der Armenier (7), entspricht dem jetzigen Benābēl bei Mārdīn, das Dorf Phitar (8) im Lande Sōphanāyē dem jetzigen Fittar bei Dērek (9), und das Dorf Phalhat im Gebiete von Mardē (10) lag ebenfalls

lautet und Stadt und Fluss noch jetzt Fārqīn, Fārqīn-sū heissen, zweifele ich nicht daran, dass der Name syrischen Ursprungs ist (gegen Markwart, *Südarmenien*, p. 163-170).

(1) Eine *Καινή* [*πόλις*] kann nicht vorliegen, da die Namen der *Notitia dign.* stets die lateinische Form aufweisen. Auch an Hēnī (Ḥānī, Ḥyny) ist schwerlich zu denken.

(2) Aus *Bēṯ Alāhā, « Gotteshaus », oder *Bē-Aiṯallāhā (« Haus des A. », wie z. B. ein Bischof von Edessa, 324-346 p. Chr., hiess)?

(3) Markwart, *l. c.*, p. 129 : wohl zwischen 410 und 420.

(4) Photios, *bibl.*, cod. 52 ; Migne, *Patr. Gr.*, CIII, col. 88.

(5) Bedjan, *Acta Mart.*, IV, p. 180, 3; übers. von O. Braun, *Ausgew. Akten pers. Märtyr.*, p. 149. — Ensslin, R.-E., XIV, col. 2254, s. v. Maruthas, und andere bezeichnen ihn also unrichtig als Bischof von Martyropolis-Maipherqaṭ !

(6) Sokrat., *hist. eccl.*, VI, 15 ; VII, 8.

(7) Faust. Byz., III, 12 ; V, 7.

(8) Land, *Anecd. Syr.*, II, p. 5. 13. 233 ult.

(9) Taylor, *JRGS*, XXXVIII, 1865, p. 359 ; Sachau, *Abh. Akad. Berlin*, 1880, II, p. 27 sq. : Phittur. Karte Kiepert-v. Oppenheim : Fittar.

(10) Ps.-Dionys. von Telmaḥrē (= *Chronik von Zuqnīn*), publ. par Chabot, Paris 1895, p. 29, 2 (*Bibl. de l'Ecole des hautes études*, fasc. CXII).

im Lande Ṣōphanāyē (1). Schon hieraus ergibt sich, dass man Sophanene nicht zu den transtigritanischen Gebieten rechnen konnte. Allerdings wurde auch diese Landschaft noch unter Theodosius II. von einem Satrapen, Gaddanas, verwaltet, an den eine Verfügung des Kaisers vom 14. Juni 387 gerichtet war (2).

Bei der Teilung Armeniens von 384 (3) « wurden viele Gaue von beiden Hälften (scil. Römisch-Armenien und Persarmenien) abgerissen und unmittelbar mit dem persischen bezw. römischen Gebiete verbunden » (4). Zu diesen Gauen müssen auch Belabitene und Asthianene gehört haben (5). Als Kaiser Zenon den Aufstand des Leontios und Illos niedergeworfen hatte, bestrafte er die Satrapen der Gentes für ihre Teilnahme an dem Aufruhr dadurch, dass er ihnen das Recht der Erbnachfolge aberkannte; nur bei dem unbedeutendsten von ihnen, dem Satrapen von Belabitine, liess er es bei dem bisherigen Brauch bewenden (6). Die Grenze muss seitdem etwa bei der Mündung des Göinük-ṣū den Aracani überschritten haben, in dessen Tal westlich davon die Gaue Asthianene (Haštēnk') und Belabitene (Balaḫowit) lagen.

Schon bei Beginn des Perserkrieges unter Anastasios bewies die Einnahme von Amida durch Qawād die Unzulänglichkeit der Grenzbefestigungen. Die Römer machten anfangs Einfälle nach Arzanene und zogen gegen Nisibis, wichen aber vor Qawād nach der Festungslinie Σίφριος (7), Tell Qāṣirā, Ἀρζάμων (8) zurück (9) und wurden auch von dort zurück-

(1) LAND, *Anecd. Syr.*, II, p. 225, lin. 7 von unten = *Commentarii de beatis Orientalibus*, lat. vert. VAN DOUWEN et LAND, Amsterdam 1889, p. 144, 4, cap. XL.

(2) *Cod. Theodos.*, XII, 13, 6.

(3) Nach GELZER und HÜBSCHMANN: anno 387; nach NÖLDEKE (*Aufsätze zur persischen Geschichte*, Leipzig 1887, p. 103): anno 390.

(4) MARQUART, *Ērānšahr nach der Geographie des Ps. Moses Xorenac'i*, Berlin 1901, p. 114 (*Abhandl. Gesellsch. Wissensch. Göttingen*, N. F. III, N° 2).

(5) HÜBSCHMANN, *Die altarmenischen Ortsnamen*, in *Indogermanische Forschungen*, XVI, p. 225, 1.

(6) Prokopios, *de aed.*, III, 1, 26.

(7) Marcellin. Com., ed. MOMMSEN, *Mon. Germ. Hist.*, *Auct.Ant.*, XI/2: *Chron. min.*, p. 96, 9: *Syficum* T, *Syfream* S.

(8) Syrisch Ḥarzam, jetzt Tell Ḥarzem südwestlich von Mārdīn.

(9) Prokop., *bell. Pers.*, I, 8.

geworfen. Amida wurde erst durch eine grosse Geldsumme zurückgekauft. Der römische Feldherr Celer machte 504 von Kallinikos aus einen Zug *usque ad pontem Ferreum* (1).

Die Erfahrungen dieses Krieges liessen Kaiser Anastasios erkennen, « dass die Burgen weit (von Neṣībīn) entfernt und zu klein gewesen waren, um das Heer aufzunehmen » (2), und er beschloss, am Gebirge, dem jetzigen Ṭūr'Abdīn, eine Stadt « als Zufluchtsort für das Heer » zu bauen. Es wurden die benachbarten Dörfer: Dārā und 'Ammūdīn (3) vorgeschlagen; die Wahl fiel auf das erstere, das auf einer Anhöhe lag. Nach zwei- bis dreijährigem Bau (4) war das neue Anastasiupolis 507 vollendet; es lag 28 Stadien von der Grenze, 98 Stadien von Nisibis entfernt (5). Ebenso wurde die Limesfestung Tannūrīn unter Anastasios erbaut (6).

Auch Theodosiupolis in Armenien, das Qawād im Jahre 502, noch vor Amida, eingenommen hatte (7), die Römer aber später wiedergewannen, liess Anastasios als starke Festung ausbauen (8). Eine Stadt Ἀναστασία nennen Georgios Kyprios und Ps.-Zacharias Rhetor (9) in Osrhoëne; ein Vergleich mit den Bistümerverzeichnissen legt es nahe, es mit

(1) Marc. Comes, l. c., p. 96, 18. — Es ist wohl die « grosse Brücke von Bēṯ Aramāyē » über den Euphrat in der Höhe von Ktesiphon: Joh. Ephes., III, 40. VI, 16.

(2) Ps.-Zach. Rhet., p. 116, 13-15, übers. AHRENS-KRÜGER.

(3) Ἀμμώδιος (Ἀμμοδίως) ist nach Theophyl. Sim. (V, 4, 4). von Dara 12 Parasangen entfernt (vgl. FRAENKEL, Art. *Amudis*, in *RE*, I, col. 1984). COLLINET (*Mélanges Schlumberger*, I, p. 56, n. 3) hält es irrig für Amida!

(4) Ps.-Zach. Rhet., p. 117, ult.

(5) Prokop., *de aed.*, II, 4, 5 sq.; Marcell. Com., p. 100, 33 (s. u., p. 11, n. 5). Paul COLLINET, *Une « ville neuve » Byzantine en 507 : La fondation de Dara [Anastasiopolis] en Mésopotamie*, in: *Mélanges G. Schlumberger*, 1924, p. 55-60. W. ENSSLIN, *Zur Gründungsgeschichte von Dara-Anastasiopolis*, in: *Byzantin.-neugriech. Jahrb.*, V, p. 342-347. ERWIN BIRK, *Dara-Anastasiopolis. Eine unerforschte Ruinenstadt in Mesopotamien*, in: *Der Erdball*, III, 1929, VI, p. 201-205.

(6) Mich. Syr., II, p. 167 trad. CHABOT.

(7) Eustath. Epiphan. bei Euagr., III, 37: « πολίχνιον ». Theophan., p. 144, 26 ed. DE BOOR. Ps.-Zach. Rhet., p. 104, 26.

(8) Prokop., *bell. Pers.*, I, 10 in fin.

(9) Georg. Cypr., ed. GELZER, v. 905. Ps.-Zach. Rhet., p. 160, 35 übers. v. AHRENS-KRÜGER.

Dausara, j. Qal'at Ğa'bar, gleichzusetzen (1). Endlich hat auch Sergiupolis den Beinamen Anastasiupolis geführt (2); ist dieser auch sonst nirgends überliefert, so dürfen wir doch nicht an seiner Richtigkeit zweifeln, da Kaiser Anastasios die Stadt zur Metropolis erhoben hat (3).

Der vor 535 verfasste *Συνέκδημος* des Hierokles ist für die topographischen Verhältnisse an der Ostgrenze wertlos, da er in Mesopotamia nur die eine Stadt Amida erwähnt.

Dagegen enthält reiches Material darüber Prokopios' im J. 558 verfasste Schrift *περὶ κτισμάτων* (4), zweifellos die von Iustinian selbst veranlasste Ausarbeitung einer trockenen amtlichen Übersicht über die gesamte Bautätigkeit des Kaisers (5). Freilich hat Prokop dessen Verdienste auf Kosten derer seiner Vorgänger, besonders des Anastasios, stark übertrieben. Nach seiner Darstellung hätte Iustinian zahllose Kastelle als erster durch die Anlage dauerhafter Befestigungswerke unbezwinglich gemacht, während sie bisher durch Lehmmauern oder Erdwälle nur ganz unzureichend geschützt gewesen seien. Der Verlauf der Kriege der Zeit vor und nach Iustinian zeigt aber, wie einseitig und übertrieben Prokopios' Darstellung ist.

Prokop nennt im II. Buch der « *Bauwerke* » zuerst die grosse Festung Daras (Dara) mit der Vorstadt *Κόρδης* (6) und Amida.

(1) G. Hoffmann bei Ahrens-Krüger, *Zach. Rhet.*, p. 346, Anm. zu p. 160, 35 vermutete darin Dārā, das aber bei Georg. Kypr., v. 912 daneben vorkommt und zu Mesopotamia *ἄνω* gehört!

(2) Georg. Kypr., v. 883.

(3) Ioannes Diakrinomenos, ed. Cramer, *Anecd. Graec. e codd. Paris.*, II, p. 109, 12 sq.

(4) Im Folgenden zitiert: « Prok., *aed.* ».

(5) Die Aufzählung von Städten Prok., *aed.* IV, am Ende der Kap. 4 und 11, und die von Klöstern u. a., *aed.* V, 9, geben ein Bild seiner Vorlage. Ihre Stichworte über die Restaurierung des *περίβολος* und des *προτείχισμα* von Chalkis hat Prokopios versehentlich zweimal ausgearbeitet (II, 11, 1 und 8), und auch sonst finden wir inhaltliche (z. B. II, 9, 10. 18: *Νεοκαισάρεια*) und stilistische Wiederholungen.

(6) Prok., *aed.*, II, 2, 2, ed. Haury: *ῥεῖ δὲ καὶ ποταμὸς ἐκ προαστείου τῆς πόλεως διέχοντος αὐτῆς σημείων δυοῖν, ὃ δὴ Κόρδης ἐπικαλεῖται.* Die Bonner Ausgabe merkt zu *ὃ* an: vulg. *ὅς*, und dementsprechend spricht Marcellinus Comes (p. 100, 33 ed. Mommsen) von einem *rivus Cordissus.* Doch heisst noch jetzt ein Ort 5 km. oberhalb

Von Daras führte zwei Tagereisen weit mitten durch persisches Gebiet ein den Römern gehörender Weg zu der Festung *'Ράβδιον* (ed. Haury: *'Ράβδιος*), deren Name bei Prokop wohl aus einem fälschlich als Genetiv verstandenen *<Του>ραβδίου* entstanden ist [1] (jetzt Ḥātim Ṭā'ī Qal'esy). Diesen Weg und die Festung soll « einer der römischen Kaiser », unter dem wir nur Anastasios oder Iustinos I. verstehen können, als Tauschobjekt für ein weinreiches Dorf bei Martyropolis vom Perserkönig erhalten haben. Unterhalb der auf steilen Felsen gelegenen Festung lag in der fruchtbaren Ebene ein *χωρίον* namens *'Ρωμαίων ἀγρός*, und nahe dabei die von Iustinian eroberte und zerstörte Stadt *Σισαυράνων* [2] 3 mp. von *<Του>ράβδιον* entfernt.

Die kleineren Festungen zählt Prokop in drei Gruppen auf:

1) Die im Gebirge, d. h. dem Ṭūr'Abdīn, zwischen *<Του>ράβδιον*, Dara und Amida gelegenen Festungen, also die von Mesopotamia;

2) die Festungen um Amida;

3) die Festungen um Theodosiupolis (Resaina), d. h. in Osrhoëne.

Zur ersten Gruppe gehören:

τὸ Κιφάς	jetzt Ḥasankēf, arab. Ḥiṣn Kaifā
Σαυράς	jetzt Ṣaur, Ṣōr [3]
Μάργδις	jetzt Mārdīn
Λούρνης	nahe bei Mārdīn [4]

von Dārā, der in demselben Flusstale ('Ammūdīye Dere) liegt, « Kurdis »; vgl. die Karten: *Eastern Turkey in Asia*, 1 : 250.000, Sheet 25: Mardin (1903). *Karte der Umgebung von Mārdīn und Neṣībīn*, 1: 200.000 (1918).

(1) J. Marquart, *Erānšahr*, p. 114.

(2) D. i. Sarbane. Vgl. oben, p. 6, n. 3.

(3) Syrisch Ṣaurā, vgl. P. Peeters, *Anal. Boll.*, XXVII, 1908, p. 169, n. 9.

(4) G. Hoffmanns Zusammenstellung (bei Gelzer, *Georg. Cypr.*, p. 159, n° 916) von Lornē mit Jurelom ist sehr unsicher. Nach der « *Karte der Umgebung von Mārdīn und Neṣībīn* » liegen (abweichend von den üblichen Darstellungen) Mārdīn und Jurelom auf derselben Seite des Flusstales, durch das gewiss die Strasse nach Amida zog. Diese Strasse soll aber zwischen Marde und Lorne hindurchgeführt haben (Amm. Marc., XIX, 9, 4). Im Martyrion von

Ἰδριφθόν jetzt Qaṣr ibn Melik Dārā? (1)
Ἀταχάς jetzt Hādaḥ, Melik Hāteḥ östlich von Dārā
Σίφριος jetzt Ruinen einer Felsburg zwischen Rabbat und Dērik? (2)
Ῥιπαλθάς (3).
<Του>βανασυμεών (4).
Σινάς (5).
Ῥάσιος (6).
Δαβανάς (7).

Lornē wurde Narsē von Bēṯ Rāzīqāyē beigesetzt (*Acta Martyr. et Sanct.*, IV, p. 180 ed. BEDJAN. *Syrische Martyrerakten*, übersetzt von O. BRAUN, p. 149).

(1) Da Salomon von *Σολάχων* (Theophyl. Sim., II, 3, 12) bei Ps.-Zachar. Rhet., p. 169, 29 = LAND, *Anecd. Syr.*, III, p. 256 : « Šalmon von Idribt » heisst, sucht G. HOFFMANN (*Georg. Cypr.*, v. 917 ; Adn. p. 159/160) dieses in Qaṣr ibn Melik Dārā zwischen Salāh und Dārā.

(2) Syrisch Ašpharīn oder Šūphrīn (Joshua Styl., 46. 64 ed. WRIGHT. PAYNE-SMITH, I, 410. II, 4279). Kān i spī Qalʿesy (nach GUYER, *Petermanns Mitteil.*, 1916, col. 206a und Tafel 31 vielleicht der « Rest einer der Bergfesten, die die Byzantiner an ihrer Ostgrenze gegen die Sassaniden errichteten ») liegt für Siphrios (Isphrion) zu weit nördlich. R. KIEPERT setzt S. bei Dērik an, das von Amida etwa 350 Stadien (65 km) entfernt ist. Bei Šūphrīn im Gebiete von Amid lag Ṭašītā, das eine Meile südlich vom Gebirge Galaš oder Aglaš lag, in dem sich ein Schloss (Bīrṯā) und eine Dorfruine (Magdalā genannt?) befanden (F. NAU, *ROC*, XV = 2. Sér. V, 1910, p. 60 sq.). Nahe nordöstlich von Dērik sind auf der englischen Karte « *Eastern Turkey in Asia in* 1 :250.000 » (*Geogr. Sect. General Staff*, N° 1522a, 1920 sqq., Blatt 24 : Diarbekr) zwei Orte, Tashet und Nashit, eingetragen. Die zugrundeliegende türkische Karte (Asiya-i ʿuṯmāny Ḫarīṭasy, in 1 :200.000, Blatt 14 F : Diyār Bekr) gibt am unteren Rande nur noch das letztere in der Schreibung ناشيت an.

(3) = Ripaltha *Not. dign.*, or. XXXVI, 16.33. Lage unbekannt.

(4) Zum Namen vgl. HONIGMANN, *Byz. Ztschr.*, XXV, p. 84 ; das Simeonkloster von Qartmīn kommt wegen seiner östlichen Lage kaum in Betracht.

(5) *Not. dign.*, XXXV, 7. 19 : Sina (Syna) Iudaeorum in Osrhoëne.

(6) *Not. dign.*, XXXV, 11. 23 : Rasin in Osrhoëne.

(7) *Not. dign.*, XXXV, 6. 18 : Dabana? Dieses Dabana(s) scheint wie die beiden vorhergehenden Orte in Osrhoëne zu liegen, wie ein Vergleich mit der *Not. dign.* zeigt. Danach dürfte es dem allerdings weit im Westen liegenden aḏ-Ḏahbāniya südlich von Harrān an der

Auf einem Berge, der steil eine Ebene mit einem Dorfe überragte, wurde das *Βασιλέων φρούριον* angelegt.

Um Amida lagen (*aed.* II 4, 20):

τὸ Ἀπάδνας (1).
τὸ Βιρθόν jetzt Mirdon? (2)

Endlich wird ein *ἐν ὄρει ὑψηλῷ* gelegenes Kastell *Βάρας* angeführt (II 4, 22), das Prokop, wie er sagt, « soeben erwähnte » (*ὅπερ ἐπεμνήσθην ἀρτίως*). Haury (III, 2, p. 60) hält es für *Σαυράς* (§ 14); doch ist *Βάρας* gewiss der einheimische Name des *Βασιλέων φρούριον*, das *ἐπὶ τοῦ ὄρους τῇ ἀκρωνυχίᾳ* angelegt war.

Quelle des Balīḫ entsprechen (Amm. Marc., XXIII, 3, 7. Regling, *Klio*, I, p. 461. Guy Le Strange, *The Lands of the Eastern Caliphate*, p. 103. B. Moritz, *Arabien*, p. 96, n. 2; auch bei Yāqūt, II, 96, lin. 2 so statt *dbb* zu lesen).

(1) *Not. dign.*, XXXVI, 8. 23: Apadna in Mesopotamia, zu unterscheiden von dem osrhoënischen, *Not. dign.*, XXXV, 13. 25. Das mesopotamische Apadna ist übrigens Prok., *aed.*, V, 9, 33 gemeint, wo zu interpungieren ist: *Μεσοποταμίας ·... μοναστήριον εἰς τὸ Ἀπάδνας. - Ἐν Ἰσαυρίᾳ · πόλεως Κουρίκου κτλ.* Ein Kloster von Apadnas in Isaurien gab es also nicht (gegen Arthur C. Headlam, *Ecclesiastical sites in Isauria*, p. 18 (*Society for the Promotion of Hellenic Studies*, Suppl. Pap. 1892, N° 2).

(2) Diese Festung halte ich nicht nur für das *κάστρον Βίρθας* bei Georg. Kypr., v. 937, sondern auch für das *in extremo quidem Mesopotamiae* gelegene *Virta castrum* des Ammian. Marc. (XX, 7, 17), das gewöhnlich für Birṯā-Ṭakrīt an der Grenze Babyloniens erklärt wird (Forbiger, *Handbuch der alten Geographie*, II, 2. Ausg., Hamburg 1877, p. 637. E. Herzfeld, *Memnon*, I, 1907, p. 230 sq.; *Archaeolog. Reise im Euphrat- und Tigrisgebiet*, I, p. 230, n. 2. A. Musil, *The Middle Euphrates*, New York 1927, p. 363). Das ist ganz unmöglich; Šāhpuhr nahm a. 360 vorher Singara und Bezabde (« Phoenica ») ein; unmittelbar darauf « *interceptis castellis aliis vilioribus Virtam adoriri disposuit* ». Ammianus spricht von dem Römerkriege; von Araberstämmen ist keine Rede, und wie sollten die Römer nach Takrīt gekommen sein? Birthon muss zwischen Bezabde und Amida gesucht werden; vielleicht ist es das jetzige Mirdon gegenüber der Einmündung des Grenzflusses Batman-ṣū in den westlichen Tigris, eine Stelle, die als das « Ende » von Mesopotamien gelten konnte. Virta galt als Gründung Alexanders des Grossen (Amm. M., l. c.); doch dürfen wir schwerlich an die « Alexander-Festung » Ḥiṣn Ḏi'l-Qarnain am Bylkalēn-ṣū denken.

Um Theodosiupolis lagen (*aed.*, II 6, 14):

τὸ Μαγδαλαθών jetzt Tell Miğdal (1)

und zwei andere Festungen zu beiden Seiten davon;

Θαννούριος μικρόν τε καὶ μέγα

jetzt Tunainīr, Tenēnīr (2)

Βισμιδεών (3)
Θήμερες (4)
Βιδάμας (5)
Δαυσαρών (6)
Θιόλλα (7)
Φιχάς
Ζαμαρθάς (8).

(1) Syrisch Qarqaphṯā de-Magdelāyē (G. Hoffmann, *ZDMG*, XXXII, p. 745), arabisch al-Mağdal (Iṣṭaḫrī, p. 73 ed. de Goeje, ad-Dimašqī, p. 259 trad. Mehren. Abu'l-Fidā', p. 274-5. Kamāl ad-Dīn, *Histoire d'Alep*, trad. Blochet, Paris 1900, p. 221-2 = *ROL*, VI, p.15-16), jetzt Tell Miğdal (Layard, *Nineveh and Babylon*, p.312. Herzfeld, *Archäolog. Reise*, I, p. 189. Dussaud, *Topogr.-histor. de la Syrie*, Paris 1927, p. 484. 490. 492. A. Poidebard, *La trace de Rome...*, p. 151-2).

(2) Thannuri (*Not. dign.*, XXXV, 31. XXXVI, 17. 28), syr. Tannūrīn (Ps.-Zach. Rhet., p. 165. 169. 172. 174. 204 = Land, *Anecd. Syr.* III, p. 253. 256. 259-260. 286), arab. Tunainīr (Ibn Ḫurdāḏbih, p. 74 ed. de Goeje: *Ober- und Unter-T.*), jetzt Tell Tenēnīr (Nöldeke, *ZDMG*, XXXIII, 1879, p. 158, n. 1. Herzfeld, *l.c.*, I, p. 194. Poidebard, *l. c.*, p. 140 sq.). Menand. Prot., p. 469, 26 ed. de Boor schreibt *Θαυννάριος*, s. u. p. 22, n. 8. Über die sehr zweifelhafte Erwähnung bei Thutmosis III. vgl. meinen Artikel « *Syria* », *R.-E.*, IV A, col. 1585, lin. 22 sq.

(3) Lies **Βισμιλεών* (= Bismil am linken Tigrisufer) oder eher **Ῥισμιλεών* (= Rešmīl nordöstlich von Mārdīn)?

(4) Schwerlich = Tell Maḥrē (G. Hoffmann bei Gelzer, *Georg. Cypr.*, p. 155 zu v. 901); wahrscheinlich ist es der Tell Tumr oder Ṯamar (Dussaud, p. 490. Poidebard, p. 152).

(5) Nicht das *χωρίον Βεδαμᾶς* bei Hierapolis in Syrien (Theophyl. Sim., IV, 12, 8), sondern ein gleichnamiger Ort (das Dāmān oberhalb von Kallinikos bei Mich. Syr., II, p. 419?).

(6) Das arabische Dausar, jetzt Qal'at Ga bar, ist freilich 166 km von Resaina entfernt!

(7) Die Gleichsetzung mit dem jetzigen Tell Twīle, Ṭawīl (Poidebard, p. 152) ist unsicher (s. *Byzantion*, IX, p. 477).

(8) Wohl identisch mit [*μοναστήριον*] *Σαρμαθῆς* Prok. *aed.*, V, 9, 32.

Am Euphrat lagen ferner Kirkesion (*aed.*, II 6, 1-11) und *Αννούκας* (II 6, 12; noch jetzt Tell Ḫānūqa) (1). Aber auch Städte und Festungen weit hinter dem Limes wurden befestigt: Theodosiupolis (II 5, 1), Konstantine (ib. 2-10), Edessa (II 7, 1-16), Karrhai, Kallinikos, Batnai (II 7, 17f.) und in der syrischen Euphratesia: Mambri (jetzt Qubūr at-Tibnī) (2), Zenobia (II 8, 7ff.), Sura (II, 9, 1f.), Sergiupolis (II, 9, 3-9), Barbalissos, Neokaisareia, Gabula, am Euphrat: Pentakomia, Europos und Hemerion (vielmehr in Osrhoëne!), endlich Hierapolis und Zeugma (II 9, 10-18). Selbst Antiocheia (II 10), Chalkis (II 11, 1. 8), Kyrhos (II 11, 2-5) und Palmyra in Phoinike Libanesia (II 11, 10-12) wurden instandgesetzt; aus Chalkis (3) und Kyrhos (4) besitzen wir inschriftliche Bestätigungen der Angaben Prokops.

Die Landschaften nördlich des Tigris behandelt Prokop erst im III. Buche, da er sie zu Armenien rechnet. Ungefähr unter dem gleichen Meridian wie Theodosiupolis (41°15′ östl. v. Greenwich) und Dara (41°) lagen nördlich vom Arsanias die beiden Festungen *Κιθαρίζων* in *'Ασθιανηνή* und *'Αρταλέσων* in *Χορζάνη*, südlich von ihm *Μαρτυρόπολις* in *Σοφανηνή* (*aed.*, III 3, 3 sqq. 13). Das unweit des Grenzflusses Nymphios gelegene Martyropolis war unter Anastasios von Qawāḏ eingenommen worden (*aed.* III 2, 4). Iustinian verfügte am 18. III. 536 (5), dass die bisherigen Gaue *Τζοφανηνή τε καὶ 'Ανζητηνὴ ἢ Τζοφηνὴ καὶ 'Ασθιανηνὴ ἢ καὶ Βαλαβιτηνή* nicht mehr von Satrapen regiert werden, sondern — zu der neuen Provinz Armenia IV. vereint — der Zivilverwaltung eines Ordinarius (6) unterstehen sollten. Ferner gab er der neuen Provinz *πόλιν τὴν τῶν Μαρτυροπολιτῶν καὶ Κιθαριζὸν φρούριον* (7). Die-

(1) DUSSAUD, *Topogr.*, p. 486. A. MUSIL, *The Middle Euphrates*, p. 185, n. 92.

(2) POIDEBARD, *Trace de Rome*, p. 86.

(3) Inschrift vom J. 550/1 n. Chr., vgl. LUCAS, *Byz. Ztschr.*, XIV, p. 56 sq., No. 88. 89 und CLERMONT-GANNEAU, *R.A.O.*, VIII, p. 84.

(4) JALABERT-MOUTERDE, *Inscr. grecques et latines de la Syrie*, I, Paris 1929, p. 90 sq. N° 145-147. Cf. *R.-E.*, s. v. *Kyrrhos*.

(5) *Novell.* XLV [XXXI], § 3, ed. ZACHARIAE V. LINGENTHAL, I, p. 279.

(6) GELZER bei HÜBSCHMANN, *Indog. Forsch.*, XVI, p. 227, n. 1.

(7) *Novell.* XLV [XXXI], l. c.

se beiden Orte machte er nach Prokop (*aed.*, III 2, 1) zu den Standquartieren der beiden Duces, denen die Militärverwaltung der Provinz unterstand. Das muss jedoch schon lange vor 536 geschehen sein; denn Ps.-Zacharias Rhetor erwähnt (1) bereits in der zehnten Indiktion (531/2) die Duces von Maipherqaṭ und Qīṯriz (2). Später erhielt auch Artaleson einen Dux (*aed.*, III, 3, 14). Martyropolis wurde in Iustinianopolis umgenannt (3). Östlich davon blieb der Nymphios unverändert die Reichsgrenze. An ihm spielen sich die Ereignisse des Jahres 530/1 ab, von denen Ps.-Zacharias Rhetor berichtet (4). Die Römer wollten nach einem vergeblichen Versuch, Tannūrīn östlich vom Ḫābūr neu zu befestigen, die Stadt Biddōn am Melabaš bauen, wurden aber am Berge Melabaš selbst von dem Qadišäer (5) Gadar geschlagen und vertrieben. Dieser wurde zum Lohn dafür von Qawāḏ « als Grenzwächter [von einem Punkt] östlich vom Melabaš im Lande Arzan bis nach Maipherqaṭ eingesetzt » und machte als solcher Einfälle in das Gebiet von Attāḥ (Hattāḥ), das zu Amida, d. h. zu der Provinz Mesopotamia, gehörte, wurde aber von Besas, dem Dux in Maipherqaṭ, bei Bēṯ Ḥalṭē, 40 Stadien (nördlich) von dieser Stadt entfernt (dem jetzigen Halda) (6), am « Tigris » vernichtend geschlagen. Unter dem « Tigris » ist hier der Nymphios, j. Batmanṣū, mit seinen

(1) Ps.-Zach. Rhet., p. 175 lin. 4 = Land, *Anecd. Syr.*, III, p. 261.

(2) Qīṯ(a)riz bei Land, III, p. 261, lin. 3 (= ed. Brooks, *Corp. Script. Christ. Orient.*, *Script. Syri*, Ser. III, vol. VI, p. 68), Qīṯarīz bei Joh. Ephes., VI, 14, p. 380, 9. Die angebliche syr. Form Qīṭrīz bei Gelzer, *Georg. Cypr.*, p. 174. v. 953. und *Genesis der byz. Themenverfassung*, p. 69, n. 1, hat sonderbarerweise auch Markwart, *Südarmenien*, p. 50* in syrischer Schrift übernommen, während er sie richtig (mit th) transkribiert.

(3) Ioann. Malal., p. 427, 14 ed. Bonn.

(4) Ps.-Zach. Rhet., p. 172 sq. = Land, *Anecd. Syr.*, III, p. 259 = *CSCO*, *Scr. Syri*, Ser. III, tom. VI, p. 96, 20 ed., p. 66 trad. Brooks.

(5) Nöldeke, *ZDMG*, XXXIII, 1879, p. 157-163.

(6) Taylor, *JRGS*, XXXV, 1865, p. 40: valley of Halda. G. Hoffmann, Anm. zu Zach. Rhet. übers. Ahrens-Krüger, p. 367, zu p. 172, 21. Auf Erich Wölkerlings *Karte des Ost-und Westtigris... zu* C. F. Lehmann-Haupts « *Armenien einst und jetzt* » (Bd. II, 2. Hälfte, Berlin-Leipzig 1931) irrtümlich « Haida ».

Nebenflüssen Qulb- und Ilīğe-ṣū (1), zu verstehen, der die Grenze gegen die persischen Transtigritani bildete. Da neben dem Arghana-ṣū gelegentlich auch der Bohtān-ṣū oder der Dibene-ṣū als die eigentlichen Quellarme des Tigris gelten (2), ist hier schwerlich Tigris in Kallaṯ zu « verbessern » (3). Unter dem Gebirge Melabaš (Melabbaš), *τὸ Μελαβάσων ὄρος τῆς Μηδικῆς*, kann nur der Ašit-(Ašyt-)Dāgh verstanden werden, der östlich von der Nymphiosmündung am Nordufer des Tigris entlang streicht (4). In Biddōn erkannte G. HOFFMANN (5) das *χωρίον Μίνδονος* (vielmehr *Μίνδουος* : Procop., *b. Pers.*, I 13, 2. 16, 7) und wollte es « mit dem Orte Mindon gegenüber der Mündung des Batman-sū »... « auf der rechten Seite des Tigris auf der Karte von MOLTKE-KIEPERT » gleichsetzen. Dieser Ort heisst jedoch auf den Karten vielmehr « Mirdon »; der Namensanklang ist also nicht so überzeugend, und wir werden in Mirdon wahrscheinlich Prokops *Βιρθόν* sehen dürfen (6). Nach dem syrischen Text ist Biddōn vielmehr am Fusse des Gebirges am linken Ufer des Tigris zu suchen, entweder unmittelbar gegenüber vom jetzigen Mirdon in Osmānköi (Karte R. KIEPERTS zu v. OPPENHEIM) oder weiter unterhalb gegenüber von Ḥasankēf. Es lag also ähnlich wie Tannūrīn am persischen Ufer des Grenzflusses, um den Übergang zu decken, und unser Text zeigt, wie beharrlich man an dieser Grenzlinie festhielt.

Kitharizon und Artaleson lagen beide am Wege von den Pässen *Ἰλλυρισός* und *Σαφχαί* (nordwestlich von Ilīğe) nach Theodosiupolis (Erzerūm), den Prokop ausdrücklich von dem direkten Wege von der persischen Grenze her nach Sophanene, d. h. der Route am Arsanias, unterscheidet (*aed.*, III 3, 3). Kitharizon ist also nicht am Murād-čai (Arsanias)

(1) Nach der ganz verschiedenartigen und grossenteils hypothetischen Darstellung der modernen Karten lässt es sich schwer entscheiden, ob der Ilīğe-ṣū erst in den Qulb-ṣū mündet (LYNCH) oder mit ihm vereint sogleich den Batman-ṣū bildet (R. KIEPERT).

(2) MARKWART, *Südarmenien*, p. 559, zu p. 375 f.

(3) G. HOFFMANN, l. c.

(4) G. HOFFMANN, *Auszüge aus syr. Akten persischer Märtyrer*, Leipzig 1880, p. 174, n. 1348.

(5) G. HOFFMANN, Zach. Rhet., p. 367, Anm. zu p. 172, 21.

(6) S. o., p. 14, n. 2.

zu suchen [1], sondern im unteren Tale des Göinüg-ṣū [2]. Prokop betont ausdrücklich, dass *Χορζάνη* (Ḫorźajnk', Ḫorcēnk') vor der Befestigung von Artalesōn (am Ličik-ṣū ?) ohne jeden strategischen Schutz gewesen war, wozu noch das Fehlen einer ausgeprägten natürlichen Grenze kam. Das zeigt, dass erst Iustinian zur Sicherung der Strasse Amida - Martyropolis - Theodosiupolis eine Befestigungslinie östlich von ihr anzulegen begann, die zu dem alten, am Westufer des oberen Euphrat entlang ziehenden Limes parallel lief. Zwischen Martyropolis und dem Arsanias wurden die *Κλεισοῦραι*, d. h. die Pässe von Ilīğe, und *Φεισών* (jetzt Fīs) mit Verschanzungen versehen (*aed.*, III, 3, 6).

Westlich des Euphrat wurden Satala, Koloneia und Melitene restauriert, ferner am Strome selbst Theodosiupolis (j. Erzerūm) befestigt und Iustiniana, d. i. Tzumina, 3 mp. von Bizana, dem jetzigen Wiğan in Derğan, entfernt, gegründet (*aed.*, III, 5, 15).

Wir sehen also : die eigentlichen Limeskastelle lagen sämtlich diesseits des Tigris, und allein die vier soeben genannten Festungen sollten den Weg von Amida über die Pässe nach Theodosiupolis sichern. Dass die unmittelbare römische Herrschaft nicht über diese Linie hinaus reichte, zeigen auch die militärischen Ereignisse seit der Mitte des VI. Jahrhunderts. Östlich von ihr pflegten sich die Römer nicht in die Kämpfe zwischen ihren armenischen Verbündeten und den Persern einzumischen : ohne ihre Hilfe wurde Nerseh Kamsarakan 543 bei *Ἀγγλῶν* (Angł) unweit von Dubios vernichtend geschlagen [3], und ein Menschenalter später finden in der Ebene von Kalamaḫ in Taron wiederum ohne römische Beteiligung die Kämpfe zwischen Wardan und Mihran Mihrewandak statt [4], während die römischen Feldherren sich

(1) So ERNST LOHMANN in *Globus*, XC, 1906, p. 39, n. 5. 40, col. 2.

(2) Konarič, worin R. KIEPERT eine falsche Schreibung von Kotarič (Kitarič) vermutete, liegt zu weit nördlich, die Burgen Šēḫ Selīm Qal'a, Aznaberd und Asteghaberd am Karer Dāgh (ADONC, *Armeniya v epohu Justiniana*, St. Pbg. 1908, p. 19) zu weit westlich.

(3) Prokop., *bell. Pers.*, II, 25. F. JUSTI, *Grundriss der iranischen Philologie*, II, p. 534 (wo Anm. 6 das Zitat « Agathias 3,28 » zu streichen ist). Sebēos, p. 74 ed. S.Pbg. 1879. ADONC, *l. c.*, p. 306, n. 5.

(4) Sebēos, trad. MACLER, Paris 1904, p. 5. Joh. Kathol., p. 37

meist auf die Operationen an der iberisch-albanischen Front beschränkten.

Ähnlich war die Lage an der mesopotamischen Front. In dem Friedensvertrage von 562 wurde festgesetzt, dass beide Grossmächte ihre Grenzfestungen nicht verstärkten (ἐπιτειχίζειν); insbesondere sollten die Römer Daras nicht befestigen (1). Der römische Gesandte Ioannes begnügte sich 565 anscheinend mit einer Verbesserung der Wasserversorgung von Daras (2).

Der zwanzigjährige Perserkrieg (572-591) unter Iustin II, Tiberios und Maurikios begann mit einem Einfall der Ṭūr'abdīner (3) Theodoros und Sergios in Arzanene (4). Im Jahre 573 drang Markianos nach dem siegreichen Gefecht bei dem *Περσικὸν χωρίον* Sargathon, j. Serğe Ḫān (5), bis nach Thebethon (6) vor, das er zehn Tage vergeblich belagerte. Nach Markianos' Absetzung bei Mardes (7) zog Ḫosrau gegen Dara und nahm es, unterstützt von seinem Feldherrn Ādarmahan, der siegreich aus Syrien zurückgekehrt war, nach sechsmona-

ed., p. 54 trad. EMIN. HÜBSCHMANN, *Idg. Forsch.*, XVI, p. 437, sub Kalamaxeac' blur. Der Name des Ortes Kalamaḫ in Taron, an dem STEIN, *Studien*, p. 49, n. 2, Anstoss nahm, ist ebenso wie viele andere des südlichen Armeniens (Mambre in Gross-Cop'k', Sedrak usw.) biblischen Ursprungs (II Sam. 10, 16, LXX).

(1) Menand. Protikt., p. 361, 16 sq. ed. Bonn = *Excerpta de legationibus e Menandro* ed. DE BOOR, in: *Excerpta histor. iussu imp. Const. Porph. confecta*, I, Berolini 1903, p. 181, 11.

(2) Menand., p. 374, 15 sq. ed. Bonn = p. 189, 6 sq. ed DE BOOR.

(3) ἐκ Τουράβδιος τὸ γένος ἕλκοντας ist auch bei Ioann. Epiphan., *Hist. Graec. min.*, I, p. 378, 27 ed. DINDORF nach Theophyl. Sim., II, 10, 6 p. 89, 17 ed. DE BOOR, zu lesen, vgl. MARQUART, *Erānšahr*, p. 158; verkehrt DE BOOR z. angef. Stelle.

(4) KURT GROH, *Gesch. des oströmischen Kaisers Justin II.*, Leipzig 1889, p. 104, lässt die Römer ihre eigene Provinz Osrhoëne « durch Plünderung heimsuchen »; es erübrigt sich, zu bemerken, dass davon natürlich bei Ioann. Epiph., p.378, 22 nichts zu lesen steht!

(5) E. HONIGMANN in: *Syria*, X, Paris, 1929, p. 283 sq.; auf meine Veranlassung hatte es bereits W. SCHWENZNER auf der Karte von Assyrien zu BRUNO MEISSNER, *Babylonien und Assyrien*, II, Heidelberg 1925, in dieser Lage eingetragen. Die Worte « Sargathon und Θηβηθῶν lassen sich nicht genauer lokalisieren » bei STEIN, *Studien*, p. 51, n. 7, sind also zu streichen.

(6) NÖLDEKE. *ZDMG*, XXXIII, 1879, p. 157 sq. E. HONIGMANN, in *Byzantion*, IX, p. 479.

(7) D. i. Mārdīn; Theophyl. Sim., III, 11, 2.

tiger Belagerung ein (Nov. 573). Während der Waffenstillstandsverhandlungen liess Mehbōd 575 die Umgegend von Dara (1) sowie Tellā, Telbešmē und Rēš'ainā brandschatzen (2). Während hierauf an der mesopotamischen Grenze die Waffen ruhten, zog Ḫosrau 575 *διὰ τοῦ λεγομένου 'Αρρεστῶν κλίματος* (3) *καὶ τοῦ Μαρεπτικῶν* (4) nach Persarmenien (5). Die *δασμοφόροι τῆς ἥττονος 'Αρμενίας* (6), d. h. des Distriktes Artaz (7), nahmen ihn freundlich auf, während die Bevölkerung des *κλίμα Μακραβανδὸν καὶ Ταραννῶν* (8) geflohen war (9). Von dort rückte er durch Basean (10) nach Römisch-Armenien vor und lagerte südlich von Theodosiupolis-Karin « an der Grenze seines Armeniens » (11) bei dem *'Αραβησσῶν χωρίον* (12) während die Römer nördlich der Stadt standen. Ḫosrau drang dann bis nach Kappadokien vor, zerstörte auf dem Rückwege Sebasteia und Melitene und erlitt bei Kampos (13) am Euphrat eine schwere Niederlage. Mit dem Reste seines Heeres ge-

(1) *τὰ ὅσα πλησιόχωρα τοῦ Δάρας* Menand., p.391, 18 ed. Bonn = p. 199, 30 ed. de Boor.

(2) Joh. Ephes., VI, 13. Zur Datierung: Stein, *Studien*, p. 81.

(3) Armenisch Ṙštunik'? oder Ar̄est am Wansee in Waspurakan?

(4) Lies *Μαρδεπτικῶν* = armenisch Mardpetakan? Über beide Namen: Adonc, *Armeniya v epohu Justiniana*, St. Pbg. 1908, p. 7 sq.

(5) Menand., p. 393, 7 sq. ed. Bonn = p. 200, 31 sq. ed de Boor.

(6) Menand., p. 201, 24 sq. de Boor.

(7) Sebēos, p. 6 trad. Macler; nicht etwa das römische Klein-Armenien! Cf. Stein, *Studien*, p. 82, n. 7; 63.

(8) Menand., p. 201, 27 sq. ed. de Boor; lies *Βακραβανδῶν καὶ Ταραννῶν*: St.-Martin bei Lebeau, *Hist. du Bas-Empire*, X, p. 134, n. 1.

(9) Menand., p. 81, 8 ed. Dindorf = p. 201, 27 sq. ed. de Boor.

(10) Menand., p.202, 8 ed. de Boor: *διὰ τῆς καλουμένης Βασσιανῆς*.

(11) Joh. Ephes., VI, 8. Sebēos, p. 6 trad. Macler.

(12) Menand., p. 202, 14 ed. de Boor.

(13) Joh. Ephes., VI, 9: Qampos. Vgl. *παρενβολὴ Μελειτηνῆς* auf einer Inschrift aus Neoklaudiupolis (Vezirköprü), ed H. Grégoire, BCH, XXXIII, 1909, p. 13, N° 3. — Wie in Konstantinopel den *Κάμπος τοῦ 'Εβδόμου* (Ducange, *C/polis christiana* I, p. 140 sq.) gab es bei vielen Städten des Reiches einen *Κάμπος* (*Campus Martius*); so bei Amida (Humann und Puchstein, *Reisen....*, p. 402 = Lucas, *Byz. Ztschr.*, XIV, p. 63, N° 102), Nikaia (*Synax. Cpolit.*, p. 854, 32) und Ankyra (*ibid.*, p. 417, 53), nicht aber bei Amisos, wie Tomaschek (*S.-B. Akad. Wien*, 1891, Abh. VIII, p. 79) nach einem unvollständigen Text der *Acta Agathangeli* annahm.

langte er durch Römisch-Armenien (1) und Arzanene (2) nach dem Hochgebirge von Qurḥā (3).

Friedensverhandlungen fanden 576 bis 577 in dem zwischen Tellā de-Mauzelat (4) und Dārā gelegenen Ἀθραήλων statt (5). Gleichzeitig wurde aber in Armenien weitergekämpft. Tamḫosrau errang in Persarmenien um 577 mehrere Siege. Im folgenden Jahre begann Ḫosrau in Mesopotamien wieder die Feindseligkeiten. Nachdem sich die Verhandlungen in Athraēlōn zerschlagen hatten, nach denen neben anderen Bestimmungen Suanien (6) und Dara an die Byzantiner fallen sollten (7), verheerten Mehbōd und Šāpūr Mihrān die Landschaft um Tellā de-Mauzelat, Rēsʿainā und *Θαυννάριος* (8) bis nach der Gegend von Edessa (9), während Tamḫosrau in Armenien einfiel. Dort hatte der Komes Maurikios Soldaten in Arabissos und Hanzīṭ ausgehoben und ein Lager bei Qitrīz aufgeschlagen (10). Der persische Marzban bedrohte Theodosiupolis ; als jedoch Maurikios der Stadt zuhilfe kam, eilten die Perser heimlich an Kitharizon vorbei (11) nach Martyropolis, verbrannten und plünderten das ganze Land der

(1) Joh. Ephes., l. c.

(2) Theophyl. Sim., III, 14, 11.

(3) Joh. Eph., l. c. ; ich wollte zuerst Qarḥā in Qardūḥāyē ändern, vgl. *τὰ Καρδούχια ὄρη* bei Theoph. Sim., II, 10, 3. Es handelt sich aber wohl um das Gebirge von Qurḥ oder Quraḥ in der Gegend des Archenklosters (Dairā de-Bēṯ Kēwīlā) und des Ǧabal Ǧūdī (Nau, *ROC*, 2. Ser. IX, 1914, p. 437). — Das Masios-(Izala-)Gebirge, an das Stein, *Studien*, p. 67. 83, n. 9, denkt, kann mit diesen « hohen Bergen » nicht gemeint sein.

(4) Stein, *Studien*, p. 69 und sonst, schreibt stets irrig : Tela d'manzalat !

(5) Menand., p. 320, 8 ed. Bonn = p. 464, 26 ed. de Boor.

(6) Das jetzige Suanetʿi *südlich* des Kaukasos ; der dürftige Artikel « *Suanoi* » von A. Herrmann, *R.-E.*, IV A, col. 467, kann leicht irreführen ; besser K. Kretschmer, *Σόανες*, *ibid.*, III A, col. 768 sq.

(7) Menand. Prot., l. c.

(8) Menand., p. 469, 26 ed. de Boor. *Θ.* = Thannurios, Thannuri (o. S. 15, n. 2). Bei Maḥbūb von Manbiǧ, *Kitā bal-ʿunwān*, ed. Vasil'ev, *Patrol. Orient.*, VIII, 1912, p. 438, ist zu lesen : Rās ʿAin, aṯ-Ṯānūrīn und Tall Mauzan.

(9) Johann. v. Ephes., VI, 17.

(10) Joh. Ephes., VI, 27.

(11) Theophyl. Sim., III, 15, 12.

Ṣōphanāyē, d. h. die Provinz Mesopotamia, und belagerten Āmid erfolglos drei Tage lang (1). Von dort kehrte er durch Arzanene zurück (2). Hiervon benachrichtigt, eilte Maurikios nach Süden, fiel in Arzanene (Arzōn) ein, das er seinerseits mit Feuer und Schwert verheerte und dessen 10090 Einwohner er deportieren liess (3). Dort eroberte er mehrere Kastelle, unter ihnen Phūm (Ἀφουμῶν), in das er eine römische Besatzung legte ; vor Kelīmar (Χλομαρῶν) begnügte er sich mit Lösegeld (4). Er drang bis zum Flusse *Ζίρμας* (5), dem jetzigen Bohtān-ṣū (6), vor, in dessen Nähe sich Ḫosrau *ἀμφὶ τὰ Καρδούχια ὄρη ἐς κώμην Θαμανῶν*, d. i. nach Ṯamānūn in Qardū, dem jetzigen Bē-Tmānīn, zurückgezogen hatte (7). Von dort wandte sich Maurikios nach Bēṯ ʿArabāyē und nahm Singara ein (8).

Nach dem Tode Iustins strebten die Romäer in neuen Friedensverhandlungen(578/9) trotz ihrer Erfolge nur die Wiederherstellung der alten Grenze an, unter Verzicht auf Persarmenien, Iberien und Arzanene mit Aphumōn gegen Rückgabe von Dara. Nach dem Scheitern dieser Verhandlungen fiel Maurikios 579 in Persien jenseits des Tigris ein (9).

(1) Joh. Ephes., VI, 14. 17.

(2) Theophyl. Sim., III, 15, 12.

(3) Nach Kypros : Joh. Ephes., VI, 15. 27. 34.

(4) Joh. Ephes., VI, 34. Stein, *Studien*, p. 86, n. 17 : « Beide Orte lassen sich nicht genauer bestimmen ». Phūm, auch bei Georg. Kypr., v. 939 im cod. Coisl. CCIX : *Φουμῶν*, heisst noch jetzt so : « Foom » bei Taylor, JRGS, XXXV, 1865, Map to face page 21 ; « Fūm » auf dem von H. Kiepert (1844) verarbeiteten Croquis Moltkes und auf der *Karte des Ost- und Westtigris.... zu Lehmann-Haupt, Armenien*, Bd. II, 2, Berlin-Leipzig 1931. Zur Lage von Fūm vgl. noch unten p. 34, n. 2.

(5) Agath., IV, 29, p. 343, 10 ed. Dindorf ; armenisch Čerm, arab. Wādī az-Zarm.

(6) Markwart, *Südarmenien*, p. 336.

(7) Agath., l. c. G. Hoffmann, *Auszüge aus syr. Akten pers. Märtyr.*, p. 174. Th. Nöldeke, *Festschrift für H. Kiepert*, Berlin 1898, p. 76, n. 4. Murad, *Ararat und Masis*, Heidelberg 1901, p. 28 sq. Peeters, *Anal. Boll.*, XXXVIII, 1920, p. 322. Markwart, *Südarmenien*, p. 217. 350-352.

(8) Theophyl. Sim., III, 16, 2.

(9) Theophyl. Sim., III, 17, 3 sq. ; Menand., frg. 54-55, in *FGH*, IV, p. 255-257 = p. 211, 30. 214, 33, 466, 31 ed. de Boor.

Maurikios und al-Mundar zogen 580 von Kirkesion aus gegen Babylonien, und gleichzeitig verheerte Ādarmahan wieder das Gebiet von Tellā und Rēš'ainā und drang plündernd bis Urhāy und Ḥarrān in Osrhoēne vor (1). Auf seinem Rückzuge wurde er aber bei Kallinikos geschlagen (2). An der Grenze zwischen Daras und Mardis fanden 581 wiederum ergebnislose Verhandlungen statt, während deren das persische Heer am Mygdonios-Flusse bei Nisibis, das römische bei Monokarton vor den Mauern von Konstantina lagerte (3). Tamḫosrau zog darauf nach Konstantina (Tellā de-Mauzelat), wo er in einer Schlacht fiel; Monokarton erhielt wohl zu Ehren dieses Sieges den Namen Tiberiupolis. Die Perser zogen sich zuerst an den Fluss von Bēṯ Wašē (Bebase) (4), wo sie drei Monate lagerten, dann in ihr Land zurück (5).

582 erbaute Komes Maurikios eine Burg « nach dem Lande der Ṣōphanāyē zu, namens Šāmokart », auf einem gleichnamigen Berge (6). Michael Syrus nennt sie (7) geradezu eine « Burg im Lande der Ṣōphanāyē ». « Šāmokart aber liegt im Lande der Rhōmāyē »; im Gegensatz dazu wird die Burg Aqbā am Kallaṯ als « im Lande der Perser » bezeichnet (8). Demnach gehörte das *κάστρον Σαμοχάρτων* nicht zu Arzanene, wozu es Georgios Kyprios (9) nach GELZERS Ansicht rechnen soll.

(1) Joh. von Ephes., VI, 17, wo p. 384, lin. 12 ed. CURETON ganz klar Ozrō'ēnē gedruckt ist. SCHÖNFELDER verdreht den Namen in seiner Übersetzung (München, 1862, p. 245, Zeile 2) und macht daraus « Provinz von Arzun », was auch STEIN, *Studien*, p. 93, lin. 10 übernimmt; beide lassen somit den persischen Feldherrn unbedenklich eine persische Provinz plündern!

(2) Theophyl. Sim., III, 17, 10 sq.

(3) Menand., p. 218, 15 ed. DE BOOR.

(4) STEIN, *Studien*, p. 97: « an einem Flusse Betuši(?) ». Vgl. aber schon NÖLDEKE, *Sitzungsber. Akad. Wien*, CXXVIII, 1893, Abhandl. IX, p. 16, n. 2, über die Gleichung Bēṯ Wašē = Bebase (Amm. Marc., XVIII, 7, 9, 10,1) = *τὸ Βίβας* (Theophyl. Sim., I, 15, 15) = j. Tell Beš. Vgl. auch unten, p. 25, n. 10, und p. 37, n. 4.

(5) Johann. v. Ephes., VI, 26.

(6) Joh. Eph., VI, 35, übersetzt bei MARQUART, *Osteurop. und ostasiat. Streifzüge*, Leipzig 1903, p. 480, der (p. 486) die Erbauung der Burg schon in das Jahr 578 setzen will.

(7) Mich. Syr., ed. CHABOT, IV, p. 378.

(8) Joh. Ephes., VI, 36.

(9) Georg. Cypr., v. 944.

583 besiegten die Perser den römischen Magister Militum per Orientem, Ioannes Mystakon, an der Mündung des Nymphios in den Tigris (1). Dann belagerten sie Aphumōn, die Römer *τὸ Ἄκβας* ohne Erfolg (2). Nach Johann von Ephesos (3) hingegen wurde die Festung Aqbā 583 von dem Stratelates Ūlā, dem sie sich ergab, dem Erdboden gleichgemacht. Deutlich zeigt sich in diesen Ereignissen das Bestreben der Römer, den Festungsgürtel diesseits des Nymphios zu verstärken und die Kastelle des anderen Ufers zu zerstören.

Der zum Feldherrn ernannte Philippikos zog von Monokarton unweit *τοῦ Ἀϊσουμᾶ ὄρους* an den Tigris nach *Καρχαρωμᾶν*, von wo er dem Feinde, dessen Anrücken gegen *Μαϊακαριρί* (4) gemeldet wurde, über das Gebirge Izala in die Gegend von Nisibis entgegenzog (5). Dann marschierte er kreuz und quer zum Nymphios und wieder nach *τὸ Βεαρβαές*, d. h. Bē-ʿArabāyē, von wo er nach *Σισαρβάνων* und *Τουράβδιος* (6) gelangte. Kārdārīgān belagerte vergeblich Tiberiupolis (Monokarton) und verwüstete dann acht Tage lang die Umgebung von Martyropolis, verbrannte den 12 mp. davon entfernten *Ἰωάννου τοῦ προφήτου νεών* und griff *τὸ Ζόρβανδον χωρίον* an (7).

586 zog Philippikos von Amida (8) nach *Βίβας* (9) am Flusse von Arzamon (10). Nahe dem Fusse des Izalas siegte er bei

(1) Theophyl. Sim., I, 9, 5. Theophan., p. 253, 15 sq. ed de Boor.
(2) Theophyl. Sim., I, 12, 1-3.
(3) Joh. Ephes., VI, 36-37.
(4) Über *Μαϊακαριρί* = *Aque Frigide* der *Tab. Peut.* vgl. Ensslin in: *Klio*, XIX, p. 476 sqq.; Fränkel, *R. E.*, II, col. 300, s. v. Aqua(e) N° 43; Weissbach, *R.-E.*, XIV, col. 578-579, s. v. Maiacariri.
(5) Theophyl. Sim., I, 13, 3-5.
(6) Theophyl. Sim., I, 13, 10: *τὸ τοῦ Ῥάβδιος*.
(7) Theophyl. Sim., I, 14, 6. 7. 9. Theophan., p. 254, 15-23, ed. de Boor.
(8) Theophyl. Sim., I, 15, 1. Theophan., p. 254, 28.
(9) Bebase, jetzt Tell Beš; cf. supra, p. 24, n. 4.
(10) Jetzt Ḥarzam; Theophyl. Sim., I, 15, 15. Theophan., p. 255, 1 ed. De Boor. In Wahrheit ist wohl der « Fluss von Bēṯ Wašē » (Johann. Eph., VI, 26; vgl. oben, p. 24, n. 4) von dem von Ḥarzam zu unterscheiden.

Σολάχων (1); der Feind wurde bis 12 mp. vor Dara verfolgt (2), das dem geschlagenen Heere die Tore verschloss (3). Hierauf wandte sich Philippikos nach Arzanene, vielleicht dem Teile dieser Landschaft südlich des Tigris (4), zu dem, wie wir sahen, gelegentlich Ḥesnā de-Kēphā gerechnet wurde (5). Die Bewohner hatten sich in unterirdischen Höhlen versteckt (6), wurden aber entdeckt und wie im Jahre 578 deportiert (7). Bei der Belagerung von Chlomarōn (8) von den Persern überrascht, floh Philippikos nach Aphumōn und von dort über den Nymphios bis nach Amida (9). Hierauf liess er die Kastelle *Φαθαχών* und *'Αλαλεισός* im Gebirge Izala befestigen (10) und sandte den Feldherrn Herakleios aus, der von *Θαμανῶν* (11) aus einen siegreichen Einfall nach Süden bis weit in das Perserreich hinein machte (12).

Im Frühjahr 587 teilte Philippikos das Heer: Herakleios wurden zwei Drittel der Truppen, Theodoros von Ṭūr'abdīn und Andreas der Rest zugeteilt (13). Herakleios belagerte eine starke Festung und nahm sie ein (14), während Theodoros und

(1) Theophyl. Sim., II, 3, 12. Jetzt Ṣalāḥ bei Sachau, *Reise in Syrien und Mesopotamien*, Leipzig 1883, p. 400; vielleicht das armenische Salk' (Peeters, *Anal. Boll.*, XXVII, 1908, p. 170, n. 13), das aber auch Ṣālaḥ nördlich von Midyāt sein könnte.

(2) Theophyl. Sim., II, 4, 10. Ṣalāḥ liegt etwa 30 km (20 mp.) westlich von Dārā.

(3) Theophyl. Sim., II, 5, 7 sq.

(4) Saint-Martin bei Lebeau, *Histoire du Bas-Empire*, X, Paris 1829, p. 241, n. 2.

(5) Oben, p. 5.

(6) Über Höhlenwohnungen vgl. C. F. Lehmann-Haupt, *Armenien einst und jetzt*, I, Berlin 1910, p. 370 (Midyāt), 374, 377 (Ḥasan Kēf), 379 (Korā in Arzanene). 387 (Skiefdan); vgl. S. Guyer, *Meine Tigrisfahrt*, Berlin s. a., p. 126 (Ḥiṣn Kēf); M. Streck in: *ZDMG*, LXVI, Leipzig 1912, p. 300-313 (im Masios und anderswo).

(7) Theophyl. Sim., II, 7, 1-5.

(8) Theophyl. Sim., II, 7, 6. Theophan., p. 256, 12 ed. de Boor.

(9) Theophyl. Sim., II, 9, 9. 16.

(10) Theophyl. Sim., II, 9, 17.

(11) Vgl. o. p. 23, n. 7. G. Hoffmann, *Auszüge....*, p. 174, sucht es auf dem rechten Ufer des Tigris am Fusse des Izala-Gebirges in der Nähe von Ḥiṣn Kēfā.

(12) Theophyl. Sim., II, 10, 2. 4 sq.

(13) Theophyl. Sim., II, 10, 6.

(14) Theophyl. Sim., II, 18, 2.

Andreas das Kastell *Ματζάρων* zerstörten und *Βεϊουδαές* einnahmen, in das eine Garnison gelegt wurde (1).

Die grosse Militärrevolte von 588 ermöglichte es den Persern, bis nach Konstantina vorzudringen ; sie wurden aber zurückgeschlagen und später nochmals bei Martyropolis besiegt, von wo sie nach Nisibis flohen (2).

589 bemächtigten sich die Perser durch den Verrat des Sittas der Stadt Martyropolis (3). Die Römer vermochten sie nicht zurückzugewinnen und bauten sieben Stadien von ihr entfernt auf einer Anhöhe eine neue Stadt (4), die wohl Maurikiupolis hiess (5).

590 gewann der neue Feldherr Komentiolos durch die Kühnheit des Offiziers Herakleios die schon fast verlorene Schlacht bei Sisarbanon (6). Das Heer des Komentiolos belagerte darauf wieder Martyropolis ; er selbst machte von dort (wohl 591) einen Streifzug gegen Akbas (7), das also nach der Zerstörung von 583 von den Persern wieder aufgebaut worden war (8). In demselben Jahre besiegte Romanos weit von der Grenze entfernt bei *Κάντζακον* (Ganǧak) den Bahrām (9).

Die schweren inneren Wirren im Sāsānidenreiche führten zwar in dem Grenzkriege anscheinend eine Art Waffenruhe herbei ; doch blieben bei Nisibis starke Truppenmassen stehen (10), und auch die Verteidigung von Martyropolis wurde hartnäckig fortgesetzt (11). Ḫosrau II., der über Ambar und Anatho zu den Römern nach Kirkesion hatte fliehen müssen,

(1) Theophyl. Sim., II, 18, 7-25. Theophan., p. 259, 8-10 ed. DE BOOR.

(2) Theophyl. Sim., III, 3, 10. 4, 2. Theophan., p. 261, 6.

(3) Theophyl. Sim., III, 5, 11-13. Theophan., p. 262, 4. Euagr., VI, 14, p. 231, 30 sq. ed. BIDEZ-PARMENTIER ; Mich. Syr., II, p. 360. Maḥbūb von Manbiǧ, in *Patrol. Orient.*, VIII, p. 440.

(4) Euagr., VI, 14, p. 232, 31 ed. BIDEZ-PARMENTIER.

(5) « Maurīq » bei Maḥbūb von Manbiǧ, in *Patrol. Or.*, VIII, p.441.

(6) Euagr., VI, 15, p. 233, 4 sqq. Theophyl. Sim., III, 6, 1. Theophan., p. 262, 7.

(7) Theophyl. Sim., IV, 2, 1. Euagr., VI, 15, p. 233, 19 : *Ὄκβας*.

(8) MARQUART, *Osteuropäische und ostasiatische Streifzüge*, p. 481 sq.

(9) Theophyl. Sim., III, 7, 2 sq.

(10) Vgl. Theophyl. Sim., IV, 9, 1.

(11) Theophyl. Sim., IV, 12, 1.

versprach Maurikios für seine Hilfe bei der Rückgewinnung des Thrones die Rückgabe von Martyropolis, Dara und seinen Verzicht auf Armenien (1), während Bahrām für die blosse Neutralität Nisibis und das Gebiet bis zum Tigris anbot (2). Maurikios liess Ḫosrau durch seine Truppen nach Ktesiphon zurückführen. Martyropolis, wohin Ḫosrau zuerst den geheimen Befehl gesandt hatte, die Verteidigung fortzusetzen (3), musste den Römern sogleich zurückgegeben werden (4). Ebenso wurden schon unterwegs die Schlüssel von Dara übergeben und dem Kaiser zugesandt (5). In Ammodios, dem Grenzort, 14 mp. von Dara entfernt, kehrten die römischen Begleiter des Königs, d. h. wohl nur die Offiziere, um (6).

Die Wiedereinsetzung des Ḫosrau im Frühjahr 591 bildete den Abschluss des zwanzigjährigen Krieges. Ḫosrau, der sich selbst in einem Schreiben an Bahrām unter anderem als *εἰρηνάρχης*, *νικητής* und *βασιλεὺς μισοπόλμοες* bezeichnet haben soll (7), hatte Maurikios in seiner Bittschrift an ihn mit *εἰρηνικός* und *ἀμνησίκακος* angeredet (8). Tatsächlich verzichtete der Kaiser darauf, von dem König, der nur mit Hilfe der römischen Truppen seinen Thron hatte wiedergewinnen und behaupten können, weitere Gebietsabtretungen zu verlangen : *αἱ δὲ σπονδαὶ* (9) *Ῥωμαίων τε καὶ Περσῶν ἐν ἴσῃ μοίρᾳ προέρχονται* (10). Das kann nur heissen, dass, wie verabredet, die alte Grenze östlich von den zurückgegebenen Festungen Dara und Martyropolis wiederhergestellt wurde ; ebenso hatten Ḫosraus Gesandte versprochen, « Armenien lebewohl zu sagen » (11). Darunter ist offenbar nichts anderes zu verstehen

(1) Theophyl. Sim , IV, 13, 24.
(2) Theophyl. Sim., IV, 14, 8.
(3) Theophyl. Sim., IV, 15, 8.
(4) Theophyl. Sim., IV, 15, 12-18. Euagr., VI, 19, p. 234, 34 ed. Bidez-Parmentier. Maḥbūb in *Patr. Or.*, VIII, p. 446.
(5) Theophyl. Sim., V, 3, 10. Euagr., VI, 19, p. 235, l. Maḥbūb, l. c.
(6) Theophyl. Sim., V, 4, 4.
(7) Theophyl. Sim., IV, 8, 5.
(8) Theophyl. Sim., IV, 11, 1.
(9) Dölger, *Regesten*, 1. Teil, München und Berlin 1924, p. 13, N° 104.
(10) Theophyl. Sim., V, 15, 2.
(11) Theophyl. Sim., IV, 13, 24.

als ein Versprechen, sich in die Angelegenheiten Römisch-Armeniens nicht einzumischen. Dass es sich tatsächlich nur um dieses handelte, zeigt die bekannte Stelle der um 700 verfassten *Διήγησις* (*Narratio de rebus Armeniae*) (1) : Ḫosrau *ἔδωκε τὴν Ἀρμενίαν πᾶσαν Μαυρικίῳ Καίσαρι ἕως τοῦ Τιβή* (Dvin), sodass der *ποταμὸς Ἀζάτ* (der Garni-čai) die Grenze bildete (2). Östlich davon blieb also weiter das bisherige Persarmenien bestehen, zu dem z. B. *Ἀσπούρ[ακ]αν* gehörte (3). Aber das römische « Interessengebiet » wurde auch damals dem Reiche nicht unmittelbar einverleibt, sondern blieb unter seinen fast unabhängigen einheimischen Fürsten, wie Mušeł Mamikonean von Taron.

Der armenische Historiker Sebēos beschreibt genauer die Grenzen des Gebietes, das Ḫosrau « seinem Versprechen gemäss abtrat », nämlich « ganz Arvastan (= Bēṯ ʿArabāyē) (4) bis Mcbin (Nisibis) und von Armenien, soweit es unter seiner Herrschaft stand, das Land (Haus) Tanuterakan bis zum Flusse Hurazdan (jetzt Zanga), die Landschaft Kotaikʿ bis zum Dorfe Gaṙni und bis zum Ufer des Sees von Bznunikʿ (Wansee) und bis Aṙest-avan und den Kanton Gogovit bis nach Hacʿiun und Maku ». — (Andere Autoren nennen noch den Berg Encakʿisar südlich vom Wansee als Grenzpunkt).

« Die Landschaft Waspurakan-gund (Provinz Waspurakan) blieb unter der Herrschaft des Perserkönigs ; unter römischer Oberhoheit standen seitdem viele, unter persischer nur wenige Satrapen der Armenier. Er trat auch einen grossen Teil Iberiens bis zu der Stadt Tpʿḫis (Tiflīs) ab » (5).

Sebēos gibt hier nur die Grenzstrecke von der Nordostecke des Wansees bis zum Kur an ; das wichtige Stück zwischen Nisibis und dem Wansee fehlt. Da er aber ebenfalls Ḫosrau nur das abtreten lässt, « was er versprochen hatte », so

(1) *Narratio de rebus Armeniae*, ed. Combefis, *Historia Monothel.*, Paris 1648, p. 280.

(2) Ibid., p. 281. Gelzer, *Georgius Cyprius*, praefatio, p. liv.

(3) *Narratio de reb. Armen.*, loc. cit.

(4) Alle im Folgenden genannten Städte, *bis zu denen* die Grenze reichte, blieben selbst persisch. Vgl. Gelzer, *Georg. Cypr.*, p. liii. Hübschmann, *Indog. Forsch.*, XVI, p. 228.

(5) Sebēos, p. 33. 45 ed. Patkanean.

können wir auch in seinen Worten nur eine Bestätigung der griechischen Angaben finden, nach denen allein Dara, Martyropolis und Armenien (bis zu der angegebenen Grenze) versprochen und abgetreten wurde. Die übrige Grenzstrecke verlief demnach auf der (bei Dara bis 573) üblichen Linie am Chaboras und am Nymphios entlang.

Nach der jetzt herrschenden Ansicht soll Maurikios ausserdem noch die Provinz Arzanene gewonnen haben, da sie von Georgios Kyprios um 600 zum römischen Gebiet gerechnet werde (1). Georgios (2) nennt nach GELZERS Auffassung sechs Castra in Arzanene: *'Αφουμῶν, 'Αριβάχων, Φλωριανῶν, Δαφνούδιν, Βαλοῦος* und *Σαμοχάρτων*. Betrachten wir diese sechs Ortsnamen!

Aphumōn ist das syrische Phūm, jetzt Fūm bei Ilīğe (3), das bereits mindestens seit 578 römisch war. Arivachōn hielt TOMASCHEK (4) für das Ariyāwaš bei Pseudo-Wāqidī (5); F. C. ANDREAS (6) und J. MARKWART (7) vermuteten darin das jetzige Arwaḫ yailasi in der Provinz Mokkʻ (Moxoēne). MARKWART schliesst aus Sebēos (9), dass Mokkʻ von Maurikios annektiert worden sei. Bei diesem wird von der Flucht armenischer Aufrührer von Karin bis nach Kordukʻ und von ihrer Verfolgung durch den Feldherrn Herākleios und Hamazasp Mamikonean bis zur Festung (Zřēl?) am Ǧermay (jetzt Bohtānṣū) berichtet. Das vorhergehende (VI.) Kapitel handelt von der gemeinschaftlichen Bekämpfung armenischer Rebellen durch ein römisch-persisches Heer, das über Naḫčavan zum Kur zog. Über die Grenzfestungen von 591 kann man aus

(1) GELZER, *Georgius Cyprius*, p. LVI. HÜBSCHMANN, p. 229 sq. MARKWART, *Südarmenien*, p. 171, n. 1.

(2) Georg. Kypr., v. 939-944.

(3) Vgl. oben p. 23, n. 4 und unten, p. 34, n. 2.

(4) W. TOMASCHEK, *Sasun und das Quellengebiet des Tigris*, in: *Sitzungsber. Akad. Wien*, Bd. CXXXIII, IV, 1895, p. 15.

(5) *Geschichte der Eroberung von Mesopotamien und Armenien* von Mohammed ben Omar el-Wakedi... übers. von B. G. NIEBUHR, Hamburg 1847 (= *Schriften der Akademie von Ham.* Bd. I, III. Abt.), p. 54; dort neben Isʻird genannt.

(6) F. C. ANDREAS bei MARTIN HARTMANN, *Bohtan*, p. 127 = *MVAG*, 1897, I, p. 67.

(7) MARKWART, *Südarmenien*, p. 423 sq.

(8) Ibid., p. 424.

(9) Sebēos, p. 50, cap. VII (p. 33 trad. MACLER).

diesen Geschehnissen keinerlei sicheren Schlüsse ziehen; zudem ist die Darstellung weder frei von Fälschungen (1) noch immer chronologisch gesichert (2).

So gut sich auch die Namensformen Arivachōn und Arwaḫ entsprechen, geht es doch nicht an, wegen dieses Anklanges allein eine so grosse Ausdehnung des römischen Gebietes nach Osten anzunehmen, da Arwaḫ südöstlich von Šatāk und südlich von Van, also fast 200 km östlich vom Batman-ṣū liegt! Auch ein anderer Ort Arwaḫ, der wohl (3) südöstlich von Si'ird in der Landschaft Arwah (4) bei dem Dorfe Deh zu suchen ist (5), kommt schwerlich in Betracht.

In *Φλωριανῶν* vermutete Gelzer (6) *Χλομάρων*; die Namen haben freilich, von der Endung abgesehen, nur das *λ* und *α* an den entsprechenden Stellen gemeinsam! Weder von einer Einnahme von *Χλομάρων* (syr. Kelīmar) durch die Römer im Kriege noch von einer Abtretung der wichtigen Festung im Friedensvertrag ist irgendwo die Rede. Der Ortsname Floriana kommt auch in Pannonia Inferior vor (7); es könnte sich um eine Gründung des Kaisers Florianus (8) handeln, der freilich nur einen Teil des Reiches noch nicht drei Monate lang beherrscht hat.

Δαφνοῦδιν ist unbekannt. Ein anderes Daphnudion lag in Phrygia Salutaris (9); der Name ist wie *Κεφαλοῦδιν* (10) gebildet. Vielleicht ist Daphnudin im Quellgebiet des Dibene-ṣū oder Bylkalēn-ṣū zu suchen.

Βαλοῦος ist vermutlich nur eine Dublette von *Βαϊουλοῦος* (11),

(1) Markwart, *Südarmenien*, p. 76*, n. 2.

(2) Macler zu Sebēos, l. c., p. 37, n. 1.

(3) Gegen Markwart, *Südarmenien*, p. 423 sq.

(4) Sic! Lynch: Eiru, türkische Karte in 1:800.000: Eruh (Dih).

(5) M. Hartmann, *Bohtan*, p. 17 = *MVAG*, 1896, II, p. 101.

(6) Gelzer, *Georg. Cypr.*, p. 167-8 zu v. 941; ebenso Markwart, l. c., p. 14*.

(7) Pauly-Wissowa, *R.-E.*, VI, col. 2759.

(8) *R.-E.*, I, col. 2266, s. v. *Annius*, N°. 46.

(9) Vgl. Georg. Kypr., v. 1515. — Von Qasṭrā Daphnūdīn ist (nach Joh. Ephes., III, 8) K/pel zu Schiff (*δρόμων*) in wenigen Stunden erreichbar (ib., III, 9); es lag wohl auf der Insel Daphnusia-Thynias in Bithynien. — Ein Ort Difne liegt ca. 6 km. südöstlich von Ḥasankēf.

(10) Georg. Kypr., v. 582; jetzt Cefalù.

(11) Georg. Kypr., v. 955.

das Gelzer (1) in *Βαλοῦος* verbessert und mit Bālū, dem jetzigen Palu (2), gleichsetzt.

Σαμοχάρτων gehörte, wie wir oben sahen, seiner Lage nach ursprünglich zu Sophanene. Tomascheks Zusammenstellung des Namens mit dem des Gebirges Simn und Ansetzung « im Gebiet der Sanasun » (3) lässt sich nicht aufrecht erhalten ; er ist vielmehr mit Markwart (4) als « von *Σάμος* gemacht » (5) zu erklären.

Nach den folgenden Worten bei Georgios Kyprios (6) könnte es freilich scheinen, als ob das römische Gebiet nach 591 bis nach der *κλεισοῦρα Βαλαλείσων*, dem armenischen Bałēš (7) und jetzigen Bitlīs, gereicht hätte (8). Es ist jedoch ganz unwahrscheinlich, dass dieser Passus von Georgios Kyprios stammt, wie ich überhaupt den ganzen Abschnitt v. 945-965 mit geringen Ausnahmen dem Georgios Kyprios absprechen und dem Armenier Basileios zuweisen möchte (9). Als solche Ausnahmen betrachte ich nur Kitharizon (v. 953) und die Klimata Sophene (v. 958), Anzetine (959), Bilabetine (962) und Astianike (964).

Wäre wirklich ganz Arzanene bis nach Bitlīs nach Georgios Kyprios als römische Provinz zu betrachten, so müssten wir nicht nur die Erwähnung von *Χλομάρων*, das ja Gelzer durch eine etwas gewaltsame Korrektur bei ihm wiederfinden will, sondern auch die des wiederaufgebauten *Ἀκβάς* und der Haupt-

(1) Gelzer, *Georg. Cypr.*, p. 175.

(2) Bei Ps.-Wāqidī, loc. cit., p. 97 (cf. p. 161) : بالوا geschrieben.

(3) Tomaschek, *Sasun*, p. 5. 8.

(4) J. Marquart, *Osteurop. u. ostasiat. Streifzüge*, p.486, n. 1 ; vgl. schon Nöldeke, *ZDMG*, XXXIII, p. 144.

(5) Über die kommagenischen Könige des Namens Samos vgl. meinen Artikel *Kommagene*, *R.-E.*, Suppl.-Bd. IV, col. 982 sq. (wo col. 983, lin. 44 die Worte « in Arzanene » zu streichen sind) und Jalabert-Mouterde, *I.G.L. Syrie*, Paris 1929, p 11, n 3 ; p. 28, N° 5, lin. 11-12 ; p. 29, N° 7, adnotatio ; p. 30, N° 8, lin. 12 ; p. 47, N° 46, lin. 7.

(6) Georg. Kypr., v. 945-947 ed. Gelzer.

(7) Thomas Arcruni, p. 110 : Bałałēš.

(8) Gelzer, *Georg. Cypr.*, p. lvi. Tomaschek, *Sasun*, p. 8.

(9) E. Honigmann in : *Byzantion*, IX, Bruxelles 1934, p. 214, wo aber die Bemerkungen über Arzanene nach den hier folgenden Ausführungen zu revidieren sind.

stadt Arzan (Arzōn) unter den Städten und Festungen der Landschaft erwarten. Stattdessen lesen wir die Namen der oben besprochenen sechs Orte, von denen nur einer, Aphumon, zweifellos zu Arzanene gehörte, ein anderer aber, Samocharton, ebenso bestimmt in Sophanene, also westlich vom Nymphios, lag. Ist nun die Zuweisung der vier übrigen Orte zu Arzanene seitens Georgios Kyprios über jeden Zweifel erhaben? Diese Frage erscheint umso mehr berechtigt, als wir noch bei Parthey lesen (1) :

938 *κάστρον 'Ατταχᾶς κλίματος 'Αρζανικῆς*
939 *κάστρον 'Αφούβων* [l. *-μων*]

Hieran nahm freilich H. Kiepert mit Recht Anstoss (2), weil Attāḫ oder Hattāḫ westlich vom oberen Nymphios, dem jetzigen Qulb-ṣū, einem Nebenfluss des Batman-ṣū, liegt, Arzanene jedoch östlich davon. Gelzer bemerkt daraufhin zu der Stelle (l) : « *Sed boni libri dilucide regionem Arzanenen a castro Attacha discernunt, verbaque κλίματος 'Αρζανινῆς minio rubro in codice Barocciano scripta sunt, ita ut cum sequentibus coniungenda sint. Tituli loco sunt verba κλ. 'Αρζανηνῆς et revera castra quae deinde Georgius enumerat in Arzanene provincia sita sunt, velut Aphumon, Samocharton et Chlomaron (si recte ita Φλωριανῶν emendavimus)* ». Für Samocharton ist diese Bemerkung, wie wir sahen, unrichtig, da es unzweifelhaft in Sophanene lag; nur Aphumon oder Phumon, das gerade unmittelbar auf die Worte *κλίματος 'Αρζανηνῆς* folgt, gehörte mit Sicherheit zu Arzanene. Sind diese also wirklich mit Gelzer als Überschrift aufzufassen, so können wir sie offensichtlich nur auf diese eine Zeile beziehen; eher darf man aber in ihnen einen Marginal- oder Interlinearzusatz erblicken, der bald auf das vorhergehende, bald richtig auf das folgende Kastron bezogen worden ist. Dem Umstand, dass der Schreiber des cod. Baroccianus den Zusatz *minio rubro* geschrieben hat, wird ausser Gelzer

(1) Hieroclis *synecdemus* et *Notitiae Graecae episcopatuum*, ex recogn. Gustavi Parthey, Berolini 1866, p. 89.
(2) H. Kiepert in : *Monatsberichte der Akad. Berlin*, 1873, p. 184, n. 1.
(3) Gelzer, *Georg. Cypr.*, p. 165 zu v. 938 (vielmehr 938a).

schwerlich jemand Beweiskraft beimessen. Das Wort ἐπαρχία, dem hier nach GELZER κλίματος Ἀρζανηνῆς als Überschrift entsprechen soll, steht stets im Nominativ, und die übrigen Klimata sind nirgends den Kastra übergeordnet wie die Provinznamen, sondern getrennt von ihnen hintereinander aufgezählt.

Also ist als einzige Grenzberichtigung des Jahres 591 die Einverleibung von Aphumon anzusehen, das, wie wir sahen, bereits 578 von dem Comes Maurikios erobert worden war und in den Friedensverhandlungen von 578/9 *neben* Arzanene erscheint (1). Es lag übrigens nicht, wie es auf GELZERS sehr ungenauem vierten Kärtchen zu Georgius Cyprius fälschlich eingetragen ist (2), östlich vom Batman-ṣū und von Attachas, sondern nordwestlich von letzterem nahe bei Ilīğe, also nur jenseits des westlichsten der Quellflüsse des Batman-ṣū, noch westlicher als die Stadt Martyropolis! Auch in Mesopotamien, wo eine Grenzerweiterung für die Romäer einen viel wertvolleren Gewinn bedeutet hätte, finden wir bei Georgios Kyprios die alte Limesgrenze von 363 unverändert.

Somit betrachte ich die ganze Reihe von 32 Kastra, die in *Μεσοποταμία* [ἄνω] (3) ἤτοι Δ̄ Ἀρμενία hinter den drei Städten Amida, Martyropolis und Daras aufgezählt werden, als solche, die teils am alten Limes, teils im Hinterlande (wie Abarne) lagen, mit dem arzanenischen Aphumon als

(1) Vgl. oben, p. 23.

(2) HÜBSCHMANN, *Indog. Forsch.*, XVI, p. 308, sucht mit Unrecht nach einer Begründung dieser Ansetzung von Fūm bei GELZER, die gewiss nur auf Unkenntnis der wahren Lage beruht. Die von HÜBSCHMANN angeführte Stelle bei Ps.-Moses Ḫoren. p. 37 ed. SOUKRY, ist hierfür völlig belanglos, da Fūm dort garnicht genannt wird!

(3) Von einer *Μεσοποταμια κάτω* ist nirgends die Rede. Doch bezeichnet Basileios von Ialimbana Osrhoëne ebenfalls als *Μεσοποταμία* (*Georg. Cypr.*, v. 918) und die beiden Provinzen des Zweistromlandes als *Ἀσυρία* (v. 912), d. i. armenisch Asorikʻ (E. HONIGMANN, *Byzantion*, IX, p. 213). Die Armenier unterschieden zwei Asorikʻ mit den Hauptstädten Edessa und Amitʻ (vgl. Koriun, *Vita des hl. Mesrop* ed. Venedig 1894, p. 18. 20. 32; übers. v. J. MARQUART, *Über den Ursprung des armenischen Alphabets*, Wien 1917 [*Studien zur armenischen Geschichte*, I], p. 27. 45). Das Wort ἄνω ist demnach ein Zusatz des Basileios.

einzigem Zusatz, der sich aus dem Friedensschluss von 591 ergab.

Gelzer legt seiner ganzen Ausgabe des Georgios Kyprios die Handschrift A = cod. Barocc. CLXXXV zugrunde, die hier entschieden schlechtere Lesarten bietet, als z. B. cod. B = Coislin. CCIX und damit übereinstimmend die « schlechten » Ausgaben, deren Schreibungen Gelzer selbst in seinem Kommentar hier mehrfach für die richtigeren erklärt (1).

Die vielfach entstellten Namen der mesopotamischen Kastelle möchte ich nach Möglichkeit in folgender Weise wiederherstellen :

913	*κάστρον*	*'Ρισκηφᾶς*	jetzt Ḥasankēf?
	»	*Τουράβδιος*	Ṭūr ʿAbdīn ; jetzt Ḥātim Ṭā'ī Qalʿesy
915	»	*Μάρδης*	jetzt Mārdīn
	»	*Λόρνης*	nahe östlich von Mārdīn (2).
	»	*<'Ιδ>ρίφθον*	jetzt Qasr Ibn Melikʿ Dārā?
	»	*"Ισφριον* (3)	
	»	*Τζαύρας*	jetzt Ṣōr
920	»	*Αὐδάσσων*	
	»	*'Αβάρνης* (?)	jetzt Čermük(?)
	»	*Τζινοβίας*	
	»	*'Ινζιετῶν* (4)	
	»	*Βαναβήλων*	jetzt Benābil (5)
925	»	*Χούδδων* (6)	

(1) Gelzer, l. c., p. 163 zu v. 930, 931.

(2) Vgl. oben, p. 12, n. 4.

(3) Cf. supra, p. 13, n. 2. *"Ισφριος* A.

(4) Nach Markwart, *Südarmenien*, p. 104 das syrische Anzīṭ, arab. Ziyāṭ, jetzt Ammane.

(5) Die Gleichsetzung mit dem angeblichen *Οὐαλαρσεκούπολις* durch Markwart, *Südarmenien*, p. 552, ist zu streichen. Über dieses vgl. N. Adonc, *Armeniya....*, p. 39, n. 1, und Honigmann, *Byzant. Ztschr.*, XXV, p. 82, n. 1.

(6) Vielleicht nach der Königin Hodda (CIL, VI, 1797) von Osrhoëne, das sich zeitweilig weit nach Osten erstreckte, genannt? Vgl. Odē, die Schwester Abgars von Edessa und Mutter des Sanatrūk (Moses Ḫoren., II, 36. F. Justi, *Iranisches Namenbuch*, Marburg 1895, p. 231). Andererseits hat man in *Χούδδων* das assyrische Uda vermutet.

926 κάστρον Ἀΐσου- <Δα>δοῦος (1)
μᾶς ? -φρόνας
» Βασιλικόν (2)
» Σπήλαιον Ὀδήλων (3)
930 » Βηΐου<δ>αΐθας
» Μασσάρων (4)
» Βιρθαχαβράης (5)
» Σιτέων Χίφας (6)

(1) Der Name Ἀΐσουμᾶς ist meines Erachtens als linke Hälfte der beiden Zeilen (v. 926-927) abzutrennen. — Zum Namen Daduos vgl. Δαδόκερτα bei Steph. Byz. (zwischen Armenien und Medien). Oder ist κάστρον Δαουίδος zu lesen? (Vgl. den Ort Mela Dā'ūd, bei R. Kiepert-v. Oppenheim unrichtig *Maladand*, am Tigris etwas oberhalb der Mündung des Batman-ṣū). Falls mit Coisl. CCIX nur -δοῦος zu lesen ist, läge die Ergänzung [Μιν]δοῦος nahe (vgl. oben, p. 18).

(2) Nach Gelzer, p. 162 : « *haud dubie* τὸ Βασιλέων φρούριον » (cf. supra, p. 14).

(3) Cod. Barocc. CLXXXV ist statt Σπῆλον καὶ Ὀ. zu lesen : Σπηλόγκαι Ὀ. = *Speluncae Odelorum*. Die Kombinationen von Markwart, *Südarmenien*, p. 107, n. 2, der Ἀγγῆλον statt Σπῆλον lesen wollte, sind daher aufzugeben. Über Höhlen in diesen Gegenden vgl. oben p. 26, n. 6.

(4) Gewiss das Ματζάρων bei Theophyl. Sim., II, 18, 7, das Weissbach, *R.-E.*, XV, col. 4, s. v. *Mazara* N° 2, mit Mezereh bei Ḫarpūt gleichsetzen will ; es lag aber an der Grenze Persiens, vermutlich zwischen dem Ṭūr 'Abdīn und dem Tigris, vgl. G. Hoffmann bei Gelzer, *Georg. Cypr.*, p. 163 zur Stelle, der dort die Gleichsetzung mit dem jetzigen Mathra (Karl Ritter) darum bezweifelt, weil dieses von der Grenze bei Μίνδουος = Middō zu weit entfernt sei ; doch hat er selbst später die Gleichung Μίνδουος = Middō wieder aufgegeben (bei Ahrens-Krüger, *Die sogenannte Kirchengeschichte des Zacharias Rhetor*, p. 366, Anm. zu p. 172, 21 ; vgl. oben, p. 18). Hoffmann schlägt vor, M. mit dem jetzigen Bāzār unterhalb von Ḥātim Ṭā'ī Qal'esy gleichzusetzen.

(5) Ein « Schloss » wie v. 937 ; vgl. Birtha bei Ammian. Marc. und Prokopios (o., p. 14, n. 2) und Bīrṯā auf dem Gebirge Galaš unweit von Ṭašītā (Nau, *ROC*, XV = 2. Ser. V, 1910, p. 60-61), oben, p. 13, n. 2.

(6) = Sitae der *Tab. Peut.* (H. Kiepert, *Monatsber. Akad. Berlin*, 1873, p. 181, n. 2). « Der Name Χίφας ist vom Rande hereingekommen, wo er als Glosse zu κάστρον Ῥισκηφᾶς v. 913 beigeschrieben war, und entspricht dem Cefae der *Not. dign.*, Or., XXXVI, 13, 30 » usw. (Markwart, *Südarmenien*, p. 173). Man könnte aber auch an einen Doppelnamen denken, wie wir sie mehrfach in der *Not. dign.* fanden (z. B. Resain-Theodosiopoli ; Mefana Cartha).

κάστρον Κάλωνος
» Βιβασάρων [1]
» Τζαύρας [2]
» Βίρθας [3]
» Ἀτταχᾶς jetzt Hattāḫ
» Ἀφουμῶν jetzt Fūm bei Ilīğe
» Ἀριβάχων
» Φλωριανῶν
» Δαφνοῦδιν
» Βαλοῦος
» Σαμοχάρτων.

Die Limesgrenze, die wir aus Georgios Kyprios kennen, hat freilich bald nach Abfassung seiner Schrift ihre Bedeutung völlig eingebüsst. Durch die grossen Kriegserfolge, die zuerst die sāsānidischen Heerführer, darauf Herakleios tief in die Länder ihrer Gegner eindringen liessen, spielten sich die Kämpfe des beginnenden vii. Jahrhunderts weit von dem Limes entfernt ab [4]. Und als bald darauf der siegenden Islām die politische Lage Vorderasiens gänzlich umgestaltete, hatte der alte *Limes Orientis* seine Rolle für immer ausgespielt.

(1) Nach Markwart, *Südarmenien*, p. 173, das Thalbasaris der *Tab. Peut.*, d. h. Tall Bāšar, wie *Βιβασάρων* ein Bēṯ Bāšar darstellt.

(2) Vielleicht das syrische Ṣūrṯā am Tigris an der Strasse (von Amida) nach der Burg Ziyāṭ (Johannes von Ephesos, *Commentarii de beatis orientalibus*, trad. Van Douwen-Land, Amsterdam 1889, p. 41, 6 = Land, *Anecdota Syriaca*, II, p. 61). Über Ziyāṭ, das jetzige Ammaneh, vgl. Markwart, *Südarmenien*, p. 101-102 (vgl. oben, p. 35, n. 4).

(3) Vgl. p. 36, n. 5, zu v. 932.

(4) Nur zu Beginn siegten die Truppen des Phokas über den angeblichen Sohn des Maurikios, Theodosios, bei Bēṯ Wašē unweit der alten Grenze (Nöldeke, *Die von Guidi herausgegebene syrische Chronik*, in : *Sitz.-Ber. Akad. Wien*, CXXVIII, 1893, Abh. IX, p. 16). Noch unter Phokas fielen die Festungen Dārā, Ṭūr'abdīn, Amida, Tellā und Rēš'ainā, unter Herakleios Edessa, Syrien und Ägypten in die Hand der Perser (Brooks, *The chronological Canon of James of Edessa*, in : *ZDMG*, LIII, 1899, p.323, nº 280 sqq.). Ebenso eroberte Aštat Yezdayar im 18. Jahre des Ḫosrau (608) in Armenien die Festungen Żit'aṙič (Kitharizon) in Hašteank' Sataɫ, Aṙastiay und Nikopolis (Sebēos, p. 76 ed. Patkanean ; vgl. Steph. Asoɫik, p. 147),

II

DIE BYZANTINISCH-ARABISCHE GRENZE

VOM VII. JAHRHUNDERT BIS 959 N. CHR.

I. Die arabische Grenzzone.

Dem siegreichen Vordringen der Muslimen folgte in Syrien und Mesopotamien eine überraschend schnelle Arabisierung der aramäischen Bevölkerung. Die landesfremden griechischen Ortsnamen verschwanden mit wenigen Ausnahmen und die alten semitischen Toponymen kamen wieder zum Vorschein, sobald die Römerherrschaft im Orient zusammengebrochen war. Erst am Tauroswall fand der islamische Ansturm einen stärkeren Widerstand; denn hier fiel ein natürlicher Grenzwall nahezu mit der ethnologischen Scheidelinie zusammen, die schon früher die semitische Welt von den Völkern Kleinasiens getrennt hatte, und die mit einigen Abweichungen auch der alten Begrenzung der Dioecese Oriens und des antiochenischen Patriarchats gegen das von K/pel entsprach. Zwei Jahrhunderte hindurch blieb freilich Anatolien das Angriffsziel der Araber, vor deren unaufhörlichen Einfällen auch die Taurosketten keinen wirksamen Schutz gewährten.

« Aber im Ganzen liessen sie den status quo der « Romania », wie er sich nach den Eroberungen unter dem Chalifen 'Umar gestaltet hatte, tatsächlich gelten; wenigstens auf dem hauptsächlichsten Kriegsschauplatze, in Kleinasien. Sie suchten nicht Schritt für Schritt ihr Gebiet vorzuschieben und das der Romäer zu verringern; sie setzten nicht viel daran, um sich in den festen Städten zu behaupten, die sie bezwungen hatten. In der Regel machten sie nur jeden Sommer durch den Amanus oder den Taurus eine Razzia, die sich mehr oder minder weit erstreckte und zuweilen auch den Winter über dauerte. Durch diese unaufhörlichen Razzien wurde ein ziemlich weiter Strich zwischen den beiden Reichen wüste gelegt, das sogenannte Aussenland (arab. *aḍ-Dawāḥī* Ṭab. II 1317, 17. Ibn al-Aṯīr IV 250, 23), das als herrenloses Grenzgebiet galt. Theophanes A. M. 6178 (1) sagt, alle zur ʿAbbāsidenzeit im Besitz der Araber befindlichen Städte an der Grenze, von Mopsuestia an bis zum vierten Armenien, seien unter dem Umaijiden unbefestigt und unbewohnt gewesen. Die arabischen Ueberlieferer reden nur von einer verwüsteten Zone zwischen Antiochia und Mopsuestia, oder auch zwischen Alexandria (am Meerbusen von Issus) und Tarsus. Nach Ṭab. I 2396. Bal. 163 hatte der Kaiser Heraklius, als er Syrien räumen musste, die dort gelegenen Städte zerstört und entvölkert, um den Muslimen die Passage zu erschweren, wenn sie keine Kultur vorfänden ; nach Theophanes A. M. 6278 (2) sorgten die Mardaiten, als Militärgrenzer in romäischem Dienst, für die Erhaltung dieser schützenden Einöde. Nach anderen Angaben scheint aber die Verwüstung von den Arabern ausgegangen zu sein, welche die festen Städte bei ihren Razzien nicht im Rücken haben wollten. Sie zerstörten sie, um sich den Heimweg zu sichern, und trieben die Bewohner aus. Das geschah besonders unter Muavia, wurde jedoch auch später fortgesetzt ; unter Valid I. wurde zum Beispiel Tyana geschleift und evakuiert. Die alte Bevölkerung der Grenzstriches wich einem bunten Mischmasch neu zugewanderter oder deportierter Elemente ; es wohnten dort Mardaiten, christliche Araberstämme, Zuṭṭ und Saiābiğa, Perser und Slaven » (3).

So hatten sich allmählich, trotz des vorherrschenden Kriegszustandes, die Besitzverhältnisse der beiden Grossmächte so konsolidiert, dass die Taurosgrenze sich zu einer scharfen und ziemlich konstanten Scheidelinie zwischen ihnen entwickelte. Auch später, als die Romäer zuerst zaghaft, dann seit dem 9. Jahrhundert immer energischer die Offensive

(1) Theophan., I, p. 363, 17 ed. de Boor.

(2) Lies 6178 ! Theophan., p. 363, 19 ed. de Boor.

(3) J. Wellhausen, *Die Kämpfe der Araber mit den Romäern in der Zeit der Umaijiden*, in *Nachr. der. K. Gesellsch. d. Wissensch. zu Göttingen*, phil.-hist. Kl., 1901, Heft 4, p. 414 sq. (S.-A., p. 1-2)

ergriffen, blieb ungeachtet vereinzelter Gebietsannexionen dieser Zustand unverändert. Bezeichnend für die Beharrlichkeit, mit der man an der Taurosgrenze festhielt, ist die Tatsache, dass bis zur Mitte des 10. Jahrhunderts alle wesentlichen Gebietsveränderungen an der leichter zugänglichen armenischen Front stattfanden.

Hieraus ist auch das Verhalten der beiden Staaten gegenüber den Mardaiten (Ǧarāǧima) zu erklären. Dieses christliche Räubervolk (1) im Amanos drang in romäischem Sold (wohl zur See) bis zum Libanon vor, als ʿAbdalmalik mit Ibn Zubair und anderen Empörern im Kampfe lag (689 n. Chr.). Als unter Walīd I. das Amanosgebiet wieder fester Besitz der Araber war und die Mardaiten als Grenztruppen in arabischen Dienst überzutreten begannen, rief Iustinian II. sie (oder einen Teil von ihnen) in sein Land und verpflanzte sie, offenbar wegen ihrer Seetüchtigkeit, nach Attaleia in Pamphylien, dessen Bevölkerung noch jetzt deutliche Kennzeichen ihrer syrischen Herkunft aufweist, da « sehr viele Griechen in Adalia und besonders die dortigen Frauen ganz exquisit semitisch aussehen (2) ». « Der vom Kaiser erwählte *κατεπάνω τῶν Μαρδαιτῶν Ἀτταλίας* nahm in der Heeresadministration neben dem *στρατηγὸς τῶν Κιβυρραιωτῶν* eine wichtige Stellung ein » (3). Die Kibyrraioten waren bekanntlich die Hauptvertreter der byzantinischen Marine. Dass die Mardaiten mit ihren *γαλλοῖαι* die sarakenischen Küsten beobachteten oder brandschatzten (4), erwähnt auch eine Notiz im Cod. graec. Marcian. 335 (saec. xv), fol. 420, die von ihrem Kalender und dem der Kibyraioten handelt (5). Korsaren von Attaleia kaperten um 910/1 bei Askalon das Schiff, auf dem sich Hārūn ibn Yaḥyā befand (6).

(1) Vgl. über sie Sachau, *Sitz.-Ber. Preuss. Akad.*, 1892, p. 320-325. Lammens, *Enzykl. d. Isl. s. Djarādjima* und *Mardaiten*. Wellhausen, *a.a.O.*, p. 429-431 (S. A., p. 16-18). K. Amantos, *Μαρδαῖται*, in *Ἑλληνικά*, V, 1932, p. 130-136.

(2) Petersen und v. Luschan, *Reisen in Lykien, Milyas und Kibyratis*, II, Wien 1889, p. 208 sq.).

(3) Tomaschek, *Sitz.-Ber. Akad. Wien*, 1891, VIII Abh., p. 54.

(4) Konst. Porph., *de caer.*, p. 657,4.

(5) Boll, *Sitz.-Ber. Akad. Heidelberg*, 1910, 16. Abh., p. 24.

(6) Ibn Rusta, in *Bibliotheca Geogr. Arab.* (*BGA*), VII, p. 119. Marquart, *Streifzüge*, p. 208. A. Vasiliev, *Harun-ibn-Yahya and*

Dafür, dass die Herrscher beider Reiche an der Taurosgrenze festhielten und es bei Einfällen in das feindliche Gebiet nur auf Raub und Plünderung, nicht aber auf Annexionen absahen, spricht auch ihr Verhalten in vielen Einzelfällen. Um die Mitte des 8. Jahrhunderts zerstörten die Byzantiner Malaṭya, Ḥiṣn Qalaudia und Qālīqalā, ohne eine dauernde Besitzergreifung dieser wichtigen Festungen zu beabsichtigen. Wie bereits erwähnt, wurde das 708 von Maslama und ʿAbbās ibn al-Walīd eroberte Tyana nicht besetzt, sondern entvölkert zurückgelassen (1). Wert legte man nur auf die Annexion einzelner Burgen und Städte, die unmittelbar im Grenzgebiet gelegen waren und die Schlüssel zu den wichtigsten Pässen bildeten. So nahm ʿAbdallāh ibn ʿAbdalmalik im Jahre 702 Taranda (j. Derendeh), Hārūn ar-Rašīd 797/8 Ḥiṣn Ṣafṣāf in Besitz ; um Lulon (Lu'lu'a), al-Hadaṯ, Marʿaš, Zibaṭra und andere Festungen wurde immer von neuem mit Erbitterung gestritten.

Um 800 begannen die Araber die Städte im Grenzgebiet stark zu befestigen. Das freiwillige Verteidigungswesen wurde planmässig organisiert und neben den Grenzprovinzen, den ʿAwāṣim, die etwa den kaiserlichen Provinzen der römischen Kaiserzeit oder den byzantinischen Grenzthemata entsprachen, wurde noch eine besonders befestigte Grenzzone, die Ṯughūr (2), geschaffen. Unter al-Ma'mūn sicherte 814 n. Chr. Ṯābiṯ die kilikische Ebene durch zwei in die kilikischen Pässe (*κλεισοῦραι*) eingebaute Tore, die mit Wachtposten versehen wurden (3), und zu derselben Zeit befestigte an-Nāṣir die Stadt Kaišūm (*Cesum*) durch eine dreifache Mauer (4). Ein Jahrhundert später hatte sie sogar fünf Mauern (5).

Als Festungen der syrischen Grenze nennt Ibn Ḫurdāḏbih (6)

his description of C/ple, in *Seminarium Kondakovianum*, V, Prag 1932, p. 154. G. Ostrogorsky, *Zum Reisebericht des Harun-ibn-Jahja*, ibid., p. 251-257. Zur Datierung: H. Grégoire, *Byzantion*, VII, 1932, p. 669-671.

(1) Wellhausen, *l.c.*, p. 436.

(2) Aehnlich den Limesstreifen oder den byzantinischen Kleisurai.

(3) Michael Syr., *Chron.*, III, p. 27 ed. Chabot. Barhebr., *Chron. Syr.*, p. 137 ed. Bedjan.

(4) Barhebr., *ibid.*

(5) Mich. Syr., III, p. 53. Barhebr., p. 141.

(6) Ibn Ḫurdāḏbih in *BGA*, VI, p. 70, 72.

um 846 ʿAin Zarba, al-Hārūniya, Kanīsat as-Saudā, Tall Ǧubair (1) unter dem Vorort Ṭarsūs, ferner an der mesopotamischen Grenze Salaghūs, Kaisūm, Šimšāṭ (2), Malaṭya, Zibaṭra, al-Ḥadaṯ, Ḥiṣn Manṣūr, Qūrus, Marʿaš, Dulūk, Raʿbān und Kamaḫ unter dem Vorort Malaṭya (3). Dazu kamen später infolge der steigenden Bedeutung des armenischen Kriegsschauplatzes nach Qudāma (um 928) an der Grenze von Diyār Bakr (Tughūr al-Bakrīya) die Festungen Šimšāṭ, Ḥānī, Malikyan, Ǧamaḥ (4), Ḥaurān und al-Kilis (5). Im Norden bildeten Qālīqalā und zeitweise auch Kamaḫ die äussersten Vorposten des arabischen Reiches (6).

II. Die byzantinische Grenzzone.

Auf byzantinischer Seite spricht sich die erhöhte Sorge um die Grenzverteidigung in der häufigen Umgestaltung der Themata und Kleisurai an der Ostgrenze aus. Wie die Araber die Ṯughūr im « Lande der Pässe » (Bilād ad-durūb) geschaffen hatten, richteten die Herrscher von Byzanz längs der Sarakenengrenze eine Kette von Kleisurarchien ein, nämlich die von Seleukeia, Klein-Kappadokien, Charsianon, Sebasteia und Koloneia (7). Fast alle wurden später ihrer stra-

(1) 8 Mīl von Ṭarsūs.

(2) Lies Sumaisāṭ (M. Canard).

(3) Über abweichende Angaben anderer Geographen vgl. *Enzykl. d. Isl.* s. *ʿAwāṣim* und *al-Thughūr*.

(4) Wohl das jetzige Gomkʿ (gesprochen Komkh) bei Ḫarput (Hübschmann, *Indog. Forsch.*, XVI, p. 420), nördlich vom Gölǧik-See (Karte von Lynch).

(5) Qudāma p. 254 ed., p. 195 trad. de Goeje (*BGA*, VI); vgl. zu einzelnen: Markwart, *Südarmenien* p. 247-250. Canard, *Sayf al Daula*, Alger-Paris 1934, p. 65 sq.

(6) Über sie vgl. unten p. 56 sqq.

(7) Ch. Diehl, *L'origine du régime des thèmes dans l'Empire byzantin* (in: *Études d'hist. du moyen-âge dédiées à G. Monod*), Paris 1896. H. Gelzer, *Die Genesis der byz. Themenverfassung* (*Abh. Sächs. Ges. d. Wiss.*, XLI = *Phil.-hist. Kl.* XVIII, N° 5), Leipzig 1899. E. W. Brooks, *Arabic lists of Byzantine themes*, in *Journ. of Hell. Stud.* XXI, 1901, p. 67-77. Kulakovskij, *Istoriya Vizantii*, III, Kiev 1915, p. 387-431, Ekskurs III-V. E. Stein, *Studien*, p. 117-140; *Byz.-neugriech. Jahrb.*, I, 1920, p. 76. 84 sq.

tegischen Bedeutung wegen zu Themata erhoben : Seleukeia unter Romanos Lekapenos [1] ; Kappadokien nach der Zeit des al-Ğarmī und vor der des al-Mas'ūdī, Koloneia vor 863, wohl zur Zeit der Theodora, Charsianon zwischen 867 und 873.

Über Lage und Umfang dieser für die Grenzbestimmung wichtigen Kleisurarchien sind wir nur ungenau unterrichtet. *Seleukeia* grenzte am Flusse al-Lāmis (Lamos) an das Gebiet des Emirs von Ṭarsūs. Es umfasste ausser der Hauptstadt 10 Festungen, die Konst. Porph. [2] aufzählt : *Γερμανικούπολις* (j. Ermenēk), *Τιτιούπολις* (Lage unbekannt), *Δομετιούπολις* (wohl Dindebōl), *Ζηνούπολις* (Iznebōl), *Νεάπολις* (Fōl), *Κλαυδιούπολις* (Mūd), *Εἰρηνούπολις* (Irnebōl), *Καισάρεια* (= Diokaisareia, j. Uzunğa-burğ [3]),*Λαύζαδος* (Lawḏā) und *Δαλισανδός* (Sinabič ?).

Die Kleisurarchie *μικρὰ Καππαδοκία*, aus einer Turma des Themas Anatolikon entstanden [4], umfasste zuerst auch das Gebiet der *τοῦρμα Κασῆς* [5] und die *τοποτηρησία Νύσσης μετὰ τῆς Καισαρείας*, die später zum Thema Charsianon geschlagen wurden [6]. Konst. Porph. [7] nennt unter den Grenzen Klein-Kappadokiens unter anderem *Καισάρεια*, *'Ροδεντόν*, das *φρούριον Λούλου* und *Ποδεντόν*. Da Kaisareia zu seiner Zeit ausserhalb des Themas lag, dürften auch die übrigen, als Grenzen genannten Orte jenseits seiner Grenzen zu suchen sein, also auch die drei im Taurosgebiete gelegenen Festungen wohl zur Zeit der Erhebung Kappadokiens zum Thema als selbständige Kleisurai abgetrennt worden sein [8]. Rhodenton ist

(1) Konst. Porph., *De them.* p. 31 sq.

(2) Konst. Porph., *De them.* p. 36, 7 sqq.

(3) Vgl. J. Keil und A. Wilhelm, *Monumenta Asiae Minoris Antiqua*, III, Manchester 1931, p. 44 sq.

(4) Konst. Porph., *De adm. imp.* 50, p.224, 18 sq. Beneševič, *Byz.-neugr. Jahrb.*, V, 1926-27, p. 155 zu no. 95.

(5) Nach Grégoire, *Bull. Corr. Hell.*, XXXIII, p. 130 das j. Hassa köi in der Ebene Budak Owa, das er auch mit Ḥaṣīn (s. u., p. 45, n. 9), gleichsetzt. Doch dürfte *Κασή*, das mit Ariaratheia zu einem Bistum vereint war, östlicher gelegen haben, vgl. u., p. 51, n. 9.

(6) Konst. Porphyr., *De adm. imp.*, p. 226, 1 sq.

(7) *De them.*, p. 19, 21 sq.

(8) H. Grégoire, *Bull. Corr. Hell.*, XXXIII, 1909, p. 119 sqq.

das jetzige Faraša (Φάρασσα, Φαρασσόνι) (1), wie uns die von Grégoire entdeckten Inschriften lehren, nach denen es Ἀριαράμνεια und in byzantinischer Zeit κάστρον Ῥοδανδόν hiess (2). Unter den Kaisern Leon (IV.) und Konstantin (VI.) wurde nach der einen Inschrift (um 778) der kaiserliche Spatharios Symeon dorthin gesandt (3). Das φρούριον Λούλου ist die arabisch Lu'lu'a («Perle») genannte Burg, deren Ruinen in der Nähe von Ulu Qyšla (4) liegen (5). Podenton ist das bekannte Podandos, das jetzige Bozanti.

Ursprünglich hatte also die Kleisurarchie vom Halys bis an die Taurosgrenze gereicht. Eine Anzahl von Festungen Kappadokiens nennt Ibn Ḫurdāḏbih (6), nämlich ausser dem φρούριον Κόρον (7), dem arabischen Qurra (8), noch Ḥaṣīn (9),

(1) Vgl. auch Alishan, *Sissouan*, Venedig 1899, p. 169.

(2) Arab. Ardandūn; vgl. Canard, Anhang zu Vasiliev, I (frz.), p. 403, n. 3.

(3) ἀπελύθη, womit Grégoire das ἀπολύσας bei Theophanes, p. 452, 6 de Boor, vergleicht.

(4) Faustinopolis; *CIL*, III, 12213: *Colonia Faustiniana. Notitia eccles.* des cod. Athen. 1371: *Φαυστινούπολις* (G. de Jerphanion, *Les églises rupestres*, p. lix); ebenso Hierokl., *Synekd.*, p. 700, 3.

(5) Ramsay, *Geogr. Journ.*, 1903, p. 401-404.

(6) Ibn Ḫurdāḏbih, *BGA*, VI, p. 108 ed., 80 trad. de Goeje, nach al-Ǧarmī.

(7) Konst. Porph., *De them.*, p. 21, 5. Vasiliev, *Vizant. i Arab.* (russ.), I, p. 85, n. 3.

(8) Nach der ansprechenden Vermutung von H. Grégoire ist der Name Qurra in dem des jetzigen Küre erhalten, das auf R. Kieperts Karte 30 km nordöstlich von Ortaköi eingetragen ist.

(9) Var. Ḥaḍr; nach Grégoire, *BCH*, XXXIII, p. 130, das jetzige Hassaköi. Der Ortsname kann allerdings modernen Ursprungs sein (von Ḫāṣṣa «Domäne»?). In folgendem Falle ist der Namensanklang sicher nur scheinbar: Barhebraeus (*Chron. syr.*, p.160 ed. Bedjan; Ms. Bodl. Huntingdon, N° 52, ed. Ernest A. Wallis Budge, London 1932, fol. 53r, lin 26) nennt das Schlachtfeld, auf dem 863 'Umar fiel, «*Margā de-ḥasyā* («Feld des Ehrwürdigen», d. h. des Bischofs) an der Grenze von Melitene». Das ist gewiss eine Übersetzung des arabischen Marǧ al-usquf, dessen Lage allerdings damit sehr vage bezeichnet wird (über sie vgl. Bury, *Journ. Hell. Stud.*, XXIX, 1909, p. 120-129. Grégoire, *Byzantion*, V, 1930, p. 332 sqq.; VIII, 1933, p. 536-8). Ibn Ḫurdāḏbih (*BGA*, VI, p. 102; Übers. p. 74) nennt in einem Itinerar Marǧ al-usquf zwischen Balīsa (j. Valisa) und Falū'arī; al-Idrīsī gibt als Distanzen an: von Belqiš (lies Balīsa) 9, von Falūgharī 12 Mīl (*Géographie* d'Edrisi, trad. A. Jau-

Anṭīghū (1), al-Aḫrab (2) und Ḏu'l-Kilā' (Qilā'), d. i. Ǧusasṭrūn (3). Ausser diesen besitze Kappadokien noch 14 Festungen, unter ihnen in der Gegend der unterirdischen Höhlen (Maṭāmīr) : Māǧida, Balīsa, Malandasa, Qūniya, Malaqūbiya, Tawāla (4), Bārbawā und Sālamūn. Grégoire (5) hat ihre Lage bestimmt ; er sieht in Bārbawā (6) die 'Ορβάδων κώμη, das jetzige Eski Aravan, in Balīsa das j. Valisa (7) ; an Malandasa erinnern noch die modernen Namen Melendiz Dāgh und Melendiz Ova. In Qūniya (8) vermutet Grégoire Karba-

bert, II, Paris 1840, p. 308). Dieses lese ich Qalū'arī und sehe darin das jetzige Gelvere, griech. Kalvari(*Καλβαρή* Ramsay, *As. Min* , p. 285). Marǧ al-usquf entspricht demnach der Ebene Melendiz Ovasy.

(1) *τὸ τῶν Τυράννων* [Grégoire : *Τυάνων*] *φρούριον ὁ 'Αντιγοὺς κέκληται* Leon Diak., p.122, 2 sq. ed. Bonn. Vasiliev, I, p. 93, n. 4 ; syr. Anṭigōn : *Corp. script. christ. orient.*, *Chron. min.*, text. p. 234, vers., p. 177, 28 ad ann. 717 Chr. = 98 H., zu dem Ṭabarī, II, p. 1335, Z. 3 v. u. (vgl. schon p. 1306,2 anno 97 H.) einen Zug nach Ḥiṣn al-Mara'a bei Malaṭya erwähnt. Doch sind beide Orte zweifellos von einander zu unterscheiden (gegen Brooks, *BCH*, XXI, 1899, p. 32, Nachtr. zu XVIII, p. 196, 2). Nach Ṭabarī, III, p. 1104 lag A. auf dem Wege von Aḏana nach Hiraqla (Eregli).

(2) So Vasiliev, p. 94, n. 2 nach dem *Kitāb al-'uyūn*, ed. de Goeje, *Fragm. hist. arab.*, I, p. 374 ; bei Ibn Ḫurd. al-Aǧrab punktiert.

(3) Bei al-Mas'ūdī, *Kitāb at-Tanbīh* p. 178 : Kiyūsṭra, d.i. *Κύζιστρα*, Gelzer, *Genesis d. byz. Themenverf.*, p. 84, n. 4. Brooks, *Engl. Hist. Review*, XVI, 1901, p. 86, note 195. Die Festungen Ḏu'l-Kilā' und Akšūṯā bei Canard, Anhang zu Vasiliev, I, p. 399, n. 1.

(4) Var. : Badāla, Bārbawā.

(5) H. Grégoire, *BCH*, XXXIII p. 139.

(6) Var. : Barawiyā.

(7) Ob der Name des um 1143 erwähnten Bistums *Βαλβίσσα* (nicht Balissa !) bei Le Quien, *Or.Chr.*, I, p. 401. 406 (vgl. Rott, *Kleinasiat. Denkmäler*, Leipzig 1908, p. 109. Grégoire, *l.c.*, p. 140, n. 3) damit identifiziert werden darf, ist fraglich. Die Schreibung seines Namens, die Le Quien zu *Βαρβαλισσοῦ* verunstaltete, scheint sicher : Leo Allatius, *De ecclesiae Occidentalis atque Orientalis perpetua consensione*, Coloniae Agr. 1648, II, 12, col. 671 : *ἀπὸ τῆς ἐνορίας τοῦ Τυάνων ψευδοεπισκόπου, τοῦ τε Σασίμων καὶ τοῦ Βαλβιάτου*, wofür jedoch die lateinische Übersetzung « *Balbissae* » bietet, ebenso wie col. 672, wo auch der griechische Text *καὶ τῷ Βαλβίσσης Λεωντίῳ* (*sic*) bietet. Unter den Suffraganen von Tyana nennt der cod. Athen. 1371 hinter Sasima nach de Jerphanion (*Églises rupestr.* p. LIX) : « Balbèsa (?) ».

(8) Varr. : Qarniya, Qarbiya, Qūtiya.

la, j. Gelvere (1), Malaqūbiya ist *Μαλακοπέα,* jetzt Melegob, Tawāla das alte Andabalis, j. Andaval. Ibn al-Faqīh nennt ausser Qurra die Distrikte (*bilād*) Qūriya (Qūniya), Malaqūbiya (2) und Ğardīliya (3). Nach al-Mas'ūdī (4) lag Māğida, wo sich unterirdische Kornmagazine befanden, etwa 30 Mīl (67,5 km) von Lu'lu'a entfernt. Als Bistum wird *ὁ Μαγίδων* neben *'Ανδίδων* unter Mokissos genannt (5). G. DE JERPHANION sieht freilich in ihnen nur Dubletten der pamphylischen Bistümer *Μάγυδος* und *Σάνδιδα.* Ausser Kyzistra (6) und Qūniya (7) nennt Mas'ūdī noch Wādī Sālamūn (8), Wādī Ṭāmisa (9), die Festung Qurra und Badaqsī (10), das von DE GOEJE (11) in unmöglicher Weise mit Eudoxias in Galatia Salutaris (12) gleichgesetzt wird.

Ob die von Hārūn ar-Rašīd 806 n. Chr. eroberten Festungen sämtlich zur Kleisurarchie Kappadokien gehörten, wie GELZER (13) annahm, ist fraglich ; weder aus ihrer Aufzählung (*τὸ Ἡρακλέως κάστρον, Θήβασαν, Μαλακοπέαν, Σιδηρόπαλον, 'Ανδρασόν... ἕως 'Αγκύρας*) noch aus den arabischen Paralleltexten lässt sich die genaue Lage von Sideropalos und Andrasos (14) ermitteln, da nach den letzteren die drei arabischen

(1) Zur Lesart Qūniya würde Gönye am Melendiz Dāgh bei R. KIEPERT passen.

(2) So statt Malaqūniya zu lesen.

(3) Yāqūt, *Mu'ğam al-buldān,* II, p. 865, 1 sq.

(4) Mas'ūdī, *Kitāb at-tanbīh* (*BGA,* VIII), p. 178 ; trad. CARRA DE VAUX, *Le livre de l'avertissement et de la révision,* p. 242.

(5) DE BOOR, *Zeitschr. f. Kirchengesch.,* XII, 1891, p. 527, no. 361 ; DE JERPHANION, *Les Églises rupestres de Cappadoce,* t. I, 1, 1925, p. LIII.

(6) S. o. p. 46, n. 3.

(7) P قرنيه, L قونه.

(8) Nach GRÉGOIRE (*Byzantion,* VIII, p. 86, n. 1) das jetzige Tal von Selme (H. ROTT, *Kleinasiatische Denkmäler,* Leipzig 1908, p. 263).

(9) Wie GRÉGOIRE (*loc. cit.*) erkannt hat, das Tal von *Ταμισός* (LEVIDIS, *Αἱ ἐν μονολίθοις μοναὶ τῆς Καππαδοκίας καὶ Λυκαονίας, ἐν Κπόλει,* 1899, p. 122), jetzt Damsa (ROTT, *loc. cit.,* p. 239).

(10) Cod. L ; P بدفسى.

(11) DE GOEJE, *BGA,* VIII, p. 178. Anm. f

(12) *R.-E.,* VI, col. 926 sq.

(13) GELZER, *Genesis der byz. Themenverfassung,* p. 105.

(14) BROOKS (*Engl. Hist. Rev.,* XVI, 1901, p. 86, Adn. 195) will

Feldherren in drei verschiedenen Richtungen vordrangen.

An der Schlacht bei Podandos (al-Badandūn) im Jahre 264 H. (878 Chr.) nahmen nach Ṭabarī (1) der Baṭrīq (Patrikios) von Salūqiya, der Baṭrīq von Qadaidiya (2) und der Baṭrīq von Qurra, Kaukab und Ḫaršana teil (3). Die Orte Qurra und Kaukab (4) beziehungsweise Tyana stehen hier für Kappadokien.

In der *Taxis* Leons des Weisen und des Patriarchen Nikolaos Mystikos (901-907) finden sich in der griechischen (5) und armenischen (6) Rezension unter der Metropolis Kaisareia eine Anzahl von Bistümern in Kappadokia I., die zu den in früheren Listen aufgezählten hinzugefügt sind. Sie wurden neuerdings mehrfach besprochen, nach den förderlichen Ausführungen von Grégoire (7) auch von G. de Jerphanion (8).

Namen und Lage der kappadokischen Bistümer, soweit sie sich feststellen lassen, zeigen, dass die *Taxis* den Besitzstand vor der endgültigen Einrichtung des Themas Likandos repräsentiert. Unmittelbar an der Taurosgrenze lagen von

ersteres mit Ḏu'l-Kilāʿ und Andrasos mit aṣ-Ṣafṣāf gleichsetzen, meines Erachtens ohne Recht (s. unten, p. 86, n. 8).

(1) Ṭabarī, III, p. 1917, 1.

(2) Vasiliev, II, p. 69, n. 3 : *Καρύδιον*. Lies *Fiḏīdiya (Fizīdiya) = *Πιοιδία* (cf. Stein *Studien* p. 136-40. Beneševič, *Byz. ngr. Jb.*, V, p 147)? Vgl. Qaḏāḏiba bei Canard im Anhang zu Vasiliev, I (französ. Ausg), p. 406?

(3) Vgl. Ibn al-Aṯīr, VII, p. 216, 8, bei dem der zweite fehlt, und Barhebr., *Chron. syr.*, p. 163 Bedjan, der die Patrikier von Salūqiya, Tyana und Kharšanā nennt.

(4) Zu diesem vgl. Vasiliev, II p. 69, n. 5. Bury, *JHSt.*, XXIX, p. 122.

(5) Gelzer, *Ungedruckte... Texte der Not. episc.*, in *Abh. bayer. Akad.* XXI, III, 1901, p. 551 sq. 560-562.

(6) Conybeare, *Byz. Z.*, 1896, p. 127.

(7) H. Grégoire, *L'évêché cappadocien d'Aragina*, in : *Βυζαντίς* I, Athen 1909, p. 51-56. Statt *ὁ 'Αραγένης ἤτοι Μάνδων* las der Armenier (*Byz. Z.*, V p. 127) offenbar *ἤτοι μάνδρων* (in *pʿarakn*, i.e. to the Sheepfold) ; doch sind seine Lesarten meist schlechter als die der griech. Rezensionen, und auf der Inschrift bei Rott, *Kleinasiat. Denkm.*, p. 197, ist gewiss mit Grégoire *Μά(ν)δη[ς]* zu ergänzen. Einen *[Ζη]νόβ(ιον) 'Ηρ[α]γινέα* nennt eine Inschrift aus Siwghin (Levidis bei Marquart, *Philol.*, Suppl. X, p. 125.

(8) G. de Jerphanion, *Égl. rup.*, p. LIII sqq.

ihnen nur ganz wenige. Vielleicht *Κισκίση*, falls dieses dem jetzigen Keskin (*Κίσκε*) südöstlich von Fraktin entspricht (1). *Ἀρ<ι>αράθεια* bezeichnet ein Tumulus oberhalb des jetzigen ʿAzīziye. *Τζαμάνδων* lag ebenfalls am Zamanti-ṣū (2). Weiter südlich *Σιριχά*, wenn es mit Sirica, dem j. Kemer am Saris-ṣū, gleichgesetzt werden darf. Die Identifizierung des durch sein heiliges Kreuz berühmten pontischen Klosters *Συριχᾶ* (3) mit dem Orte Timios Stavros (4) nördlich von Terzili Ḥammām ist kaum möglich, da das Kloster, das später dem Metropoliten von Melitene unterstellt wurde, viel weiter östlich zu suchen ist (5). Gelzer spricht also hier unzutreffend von einer « ephemeren Fülle von Bistümern im östlichen Kappadokien ». Die wenigen Neugründungen im Taurosgebiete und östlich davon kennen wir erst aus den Notitien der Zeit des Konstantinos Porphyrogennetos und Ioannes Tzimiskes.

Im Thema *Charsianon* (7) lag das gleichnamige *κάστρον Χαρσιανόν* (8), nach Theophanes continuatus (9) nicht allzu weit von Hypsele, dem jetzigen Ipsala, gelegen, weshalb es Tomaschek nördlich oder nordöstlich von Sīwās suchte (10). Die Gleichsetzung mit dem j. Chorzana am Qyzyl Yrmaq östlich von Sīwās durch Adonc (11) scheint mir unmöglich, da Charsianon zweifellos westlicher als Sebasteia lag! Wie schon Ramsay (12) sah, kommt als Sitz des Kleisurophylax wohl nur die den Pass zwischen dem Aq-Dāgh und dem

(1) Levidis, *Αἱ ἐν μονολίθοις μοναὶ τῆς Καππαδοκίας, ἐν Κπόλει* 1899, p. 102.

(2) Zur Lage s. u., p. 65-66.

(3) Theoph. cont., p. 396. Mich. Syr., III, p. 298 : Sarīkhā.

(4) So heisst der Ort (Ramsay, *As. Min.*, p. 218), nicht « Stavros Sirichas », was Jerphanion nach Ramsay's Karte irrig für den modernen Ortsnamen hält (*Églis. rup.*, p. lxiii).

(5) Tomaschek, *Festschrift f. H. Kiepert*, p. 149 sq.

(6) H. Gelzer, *Ungedr. Texte...*, p. 562.

(7) Arab. Ḫaršanūn, wie statt Ḫarsīūn mit dem Frg. Bodleianum (C) bei Ibn Ḫurdaḏbih p. 108, 2 zu lesen ist.

(8) Arab. Ḥiṣn Ḫaršana.

(9) Theophan. cont., p. 427, 3 sq.

(10) Tomaschek, *loc. cit.*, p. 148 sq.

(11) N. Adonc, *Armeniya v epohu Justiniana*, St.Petersb. 1908, p. 83. — Sebasteia (u. p. 52) lag in Armenia II., Charsianon in Kappadokia!

(12) Ramsay, *Hist. Geogr. of Asia Minor*, p. 265.

Massiv des Yildiz-Dāgh beherrschende Festung Mušālim Qal'a in Betracht, « which must have been a central point in the defence of Kharsiana, was his headquarters, and on the military road. » RAMSAY vermutete darin Hypsele, das jedoch, wie schon TOMASCHEK betonte, noch jetzt Ipsala heisst. Ich glaube, das « lofty castle » Mušālim Qal'a kann nur Charsianon selbst entsprechen, das in der *Vita S. Michaelis Maleini* (1) als *ἔρημα μὲν ὑπάρχον ἀνεπιχείρητον καὶ βαρβαρικαῖς ἐφόδοις δυσπρόσιτον* (2) bezeichnet wird.

Die ursprünglich zum Thema Armeniakon gehörige Turma Charsianon wurde, wohl nach dem Aufstande von 793/4 (3) als selbständige Kleisurarchie von jenem Thema losgetrennt(4). Lage und Umfang der alten Turma bzw. Kleisurarchie, die bei ihrer Erhebung zum Thema stark erweitert wurde, sind schwer zu ermitteln. Die Erhebung zum Thema fällt vor das Jahr 873, in dem Genesios (5) einen *στρατηγέτης τοῦ Χαρσιανοῦ* erwähnt. Zur Zeit des al-Ğarmī (um 845) besass das Thema Ḫaršanūn ausser Ḫaršana noch vier Festungen (6). Man darf diese jedoch nicht mit GELZER (7) mit den vier Stadtbezirken der Kappadokia I. gleichsetzen, die Konst. Porph. (8) dem *Synekdemos* des Hierokles entnommen hat (9), nämlich Kaisareia, Nyssa, Therma und Regepodandos, von denen ja nur die beiden ersten, wie wir sahen, nachträglich zum Thema Charsianon geschlagen worden waren. Vielmehr heissen sie nach Ibn al-Faqīh (10) : Dāriğa (lies Ṣāriḫa), Rmḥsw, Bā-

(1) *Vita S. Michaelis Maleïni*, ed. L. PETIT, *ROC*, VII, 1902, p. 549-68.

(2) *Loc. cit.*, p. 550, 20 sq.

(3) Theophan. p.468 sq. GELZER, *Genesis d. byz. Themenverf.*, p.95.

(4) Ein Kleisurarch von Charsianon wird 863 erwähnt : Theoph. cont. p. 181, 15. 183, 9, der vom dem *ἐν τῷ Χαρσιανῷ θέματι μεράρχης Μαχαιρᾶς* (Genesios, p. 97) zu unterscheiden ist, von dem 'Amrs Sohn erst nach der Schlacht bei Poson jenseits des Halys gefangen genommen wurde, während der Kleisurarch selbst an der Schlacht teilgenommen hatte (gegen VASILIEV, II p. 201, n. 4).

(5) Genesios, p. 122, 21 sq.

(6) Ibn Ḫurdāḏbih p. 80 ; Uebers. p. 108.

(7) GELZER, *Genesis der byz. Themenverfassung*, p. 101.

(8) Konst. Porph., *De them.*, p. 20, 20-21, 2.

(9) Hieroclis *Synecd.*, p. 698 sq. ed. WESSELING ; p. 33 = 57 ed. BURCKHARDT.

(10) Bei Yāqūt, II, p. 865, 4-5.

rūqṭa (1) und Mākṭīrī und sind zweifellos nördlich des Halys zu suchen. Michael Syrus rechnet noch nach den alten, von der Hierarchie beibehaltenen Provinzen Kharsianon zu Kappadokien (2), Sarīkhā zum Lande Pontos (3). Genesios (4) nennt zum Jahre 873 die Orte *Ἀγράναι* und *Σίβορον* (= Agriane und Sibora) im Thema Charsianon. Der Verfasser der Inschrift von Zarzma westlich von Aḫalc'iḫē, Ivanē, Sohn des Sula, rechnet zum « Land Charsianon » den Ort Sarwenis (5), d. i. *Aquae Saravenae* (6). Leon VI. vergrösserte das Thema sehr, indem er Teile der Nachbarthemata hinzufügte : vom Thema Bukellarion die drei Banda *τοῦ Μυριοκεφάλου, τοῦ τιμίου Σταυροῦ* und *Βερινουπόλεως*, aus denen die neue Turma *Σανιάνα* gebildet wurde, vom Thema Armeniakon die Banda *τοῦ Κωμοδρόμου* (7) und *Ταβίας* (8) und vom Thema Kappadokien die gesamte Turma *Κασῆς* (9) und die Topoteresia *Νύσσης μετὰ τῆς Καισαρείας* (10). Unter Kaiser Leon war *Κυμβαλαιός* eine Turma von Charsianon (11). In diesem Thema

(1) Lies *Bādūqṭa? = *Πηδαχθόη*, jetzt Buduḫtun (vgl. darüber F. Cumont, *L'archevêché de Pédachtoé et le sacrifice du faon*, in *Byzantion*, VI, 1931, p. 521-533)? Dieses Erzbistum lag in Armenia II.

(2) Mich. Syr., II p. 501. Ebenso Kedrenos (II, p. 800), die *Vita Maleïni* u. a. griechische Autoren (cf. *Κάππαδοξ Χαρσειανίτης Byz. Z.*, I, p. 92).

(3) Mich. Syr., III p. 298.

(4) Genesios, p. 122, 20 sq.

(5) Vgl. Brosset, *Rapports sur un voyage archéol. dans la Géorgie et dans l'Arménie*, 2e rapport, St-Pétersb. 1851, p. 134, sowie unten, p. 150, n. 13.

(6) Schlumberger, *Épopée byz.*, I, p. 426. Zur Lage vgl. Ruge, *R.-E.* I A, col. 2427, s.v. *Saravene* : wohl das jetzige Qir-šehir (oder das 1/4 Std. davon entfernte Karghan Kayan, griech. *Θερμά*? Vgl. *Enz. des Islām*, s. v. Ḳir-shehir).

(7) Zum Namen vgl. K. Amantos, *Κορασοδρόμος*, in *Ἑλληνικά*, V, 1932, p. 210.

(8) D.i. Tavium, jetzt wohl Nefesköi.

(9) *Κασή*, das als Bistum mit Ariaratheia, dem j. 'Azīziye, vereint erscheint (s. o., p. 44, n. 5), halte ich für das heutige Gesi, 13 km nordöstlich von Kaisareia, das nach Rott (*Kleinasiatische Denkmäler*, Leipzig 1908, p. 200) von den Griechen jetzt *Νέα Κασσιανή* genannt wird.

(10) Konst. Porph., *De adm. imp.*, p. 225, 15 - 226, 2.

(11) *Ib.* p. 227, 7. Grégoire, *Byzantion*, VIII, p. 86, hat darin *Καμουλιανά* erkannt.

lag ein *μοναστήριον τῆς ἁγίας 'Ελιζάβετ* (1).

Nordöstlich vom Thema Charsianon lag das von *Sebasteia* und weiterhin das von *Koloneia* (2). Das Gebiet beider gehörte um 840 noch zum Thema Armeniakon, dessen Metropolis in älterer Zeit Koloneia gewesen war (3). Der Stratege von Koloneia wird zuerst 863 erwähnt (4). Bei al-Maqdisī (5) heisst die Hauptstadt Qalūniyat al-ʿAufī. Zum Thema Sebasteia gehörten die Turmai *Ἄβαρα*, die unter Romanos Lekapenos Kleisura wurde, und Larissa (6). Beide Themen nennt das *Taktikon* Beneševič (7), das nach 913 (8) und vor 935 entstanden ist (9). Dahinter wird in ihm (v. 40) der *στρατηγὸς Λεοντοκόμεως* erwähnt (10). Die Lage dieses ephemeren Themas Leontokomis ist unbekannt (11). Ebenso unbekannt ist die nur im *Taktikon* Uspenskij (12) erwähnte Kleisurarchie *Σωζοπόλεως* (13). Das pisidische Sozopolis, an das Beneševič (14) denkt, kommt für eine Grenzmark nicht in Betracht. Da die Romäer (15) im Jahre 841 al-Ḥadaṯ, Marʿaš und die Umgegend von Malaṭya eroberten, liegt es nahe, hier eine falsche Auflösung einer Abkürzung (*Σωζοπ.*) von *Σωζοπέτρας* (Zibaṭra) anzunehmen, was auch das schnelle Verschwinden des Namens erklären würde. Der Araber al-Masʿūdī nennt Koloneia eine « Gegend » (d. h. Kleisurarchie) des Themas Paphlagonien, was natürlich irrig ist (16).

(1) Theoph. cont., p. 374, 10 sq.

(2) Konst. Porph., *De them.*, p. 31 sq.

(3) Ibn Ḫurdāḏbih, p. 80; Übers., p. 108.

(4) Theoph. cont., p. 181, 12.

(5) al-Maqdisī, p. 150, 11 ed. de Goeje (*BGA*, III).

(6) Konst. Porph., *De adm. imp.*, p. 228, 22 sq. Über ihre Lage s. unten p. 55 und 64.

(7) Beneševič in *Byz.-neugr. Jahrb.*, V, p. 118. 120, v. 32. 39.

(8) Beneševič, p. 164.

(9) E. Stein, *Götting. Gel. Anz.*, 1931, p. 118.

(10) Nach Konst. Porph., *De caer.*, II, 50, p. 697, 7 unter Kaiser Leon eine Kleisurarchie.

(11) Vgl. Beneševič, *l. c.*, p. 149 sq.

(12) Verfasst zwischen 842 und 856: Bury, *The imperial Administrative System in the Ninth Century*, London 1911, p. 12.

(13) Beneševič, *l. c.*, p. 140, no. 97.

(14) Beneševič, *l. c.*, p. 156 oben.

(15) Nach Michael Syrus, III, p. 102.

(16) Brooks, *J.H.St.*, XXI, p. 69, n. 3.

Zu den älteren Themata gehört wiederum *Chaldia* [1]. Es war vielleicht zuerst ein Ducatus [2], wird aber schon in den früheren, auf al-Ǧarmī basierenden arabischen Listen als Thema erwähnt. Dagegen fehlt es bei al-Mas'ūdī, und ebensowenig wird sein Stratege 863 in der Schlacht bei Poson genannt [3], was vielleicht mit Brooks dadurch zu erklären ist, dass das Thema zeitweise eingezogen wurde oder in dem Paulikianerkriege dem Reiche verloren ging. Die Metropolis war Trapezunt. Zu ihm gehörten die Landschaften *Κελτζηνή*, *Συϱίτης* [5] und *Γοιζάνον* [6]. Die Residenz des Strategen von Ḫāldiya nennen die Araber Aqrīṭa oder Iqrīṭa [7], auch Aqrīṭiya [8]. Ob dieser Ortsname durch ein Missverständnis aus *ἀκϱῖται* entstanden ist, vermag ich nicht zu entscheiden. Neben der Namensform Ḫāldiya [9] kommt bei den Arabern auch der Plural Ḫālidiyāt vor [10], vielleicht zur Unterscheidung von einem Dorfe al-Ḫāl(i)diya im Distrikt von Mōṣul auf dem Wege von dort nach Barqa'īd [11]. Die Ausdehnung des Themas unter Konstantinos Porphyrogennetos,

(1) Konst. Porph., *De them.*, p. 30, 8-19.

(2) Bury, *l. c.*, p. 43, n. 2.

(3) Theoph. cont., p. 181, 9-20.

(4) Brooks, *l. c.*, p. 70, n. 1.

(5) Lies *Σπιϱῖτις* = Sper, nach Markwart, *Südarmenien* p. 546, n. 2. Jetzt Ispir.

(6) *Γυζάνον* = Bizana, j. Wiǧan in Derǧan : Markwart, *ibid.*

(7) Ibn al-Faqīh al-Hamaḏānī bei Yāqūt, II p. 865, 14.

(8) Wohin die Araber a. 175 H. = 791/2 Chr. vordrangen : aṭ-Ṭabarī, III, p. 612, 10. Ibn al-Aṯīr, VI, p. 83, 11. de Goeje, *Zeitschr. f. Assyriol.*, X, p. 100. Brooks, *Engl. Hist. Review*, XV, p. 740 mit Anm. 111. Weil, *Geschichte der Chalifen*, II, p. 156, n. 2 hielt es fälschlich für Kreta (Iqrīṭiš).

(9) Ibn Ḫurdāḏbih, p. 108, 5 sq. Qudāma, p. 254, 4. 255, 2. 258, 20 sqq., und andere.

(10) Kamāl al-Dīn bei Freytag, *ZDMG*, XI, p. 193. Yaḥyā ibn Sa'īd al-Anṭākī, ed. Rosen, *Zapiski Imp. Ak. Nauk*, XLIV, arab. Text p. 2, 1. 22, 17. 25, 8 = russ. Uebers. p. 1, 15, 24, 21. 27, 3 ; ed. I. Kratchkovsky et A. Vasiliev, p. 164. 216. 221 = *Patrologia Orientalis*, tome XXIII, Paris 1932, p. 372. 424. 429. al-Maqdisī p. 150, 10 ed. de Goeje, Var. al-Ḫālidāt.

(11) *ZDMG*, X, p. 466. Yāqūt, *Mu'ǧam*, III, p. 389. Meine Vermutung, Ḫālidiyāt sei *Χαλδία* und *Κελτζηνή* (*Byz. Z.*, XXXI, p. 399), war verfehlt, da es zu einer Zeit erwähnt wird, in der Keltzene längst zum Thema Mesopotamia gehörte.

also nach Abtrennung von Keltzene, bezeichnen die sieben Bistümer der *Nea Taktika* (1) : *ὁ Χεριάνων* (2) *ὁ Χαμάτζουρ* (3), *ὁ Χαλίου* (4), *ὁ Παἰπερ* (5), *ὁ Κεραμέως* (6), *ὁ Λερίου* (7) und *ὁ Βιζάνων* (8).

Die östlichsten Grenzpunkte des Themas waren wohl die Städte Sper (j. Ispir, s. o.) und Ḫałtoyaṙič, das jetzige Kaghdariğ, in dessen Namen der Stamm *Ḫald-* steckt, und nach der die Ḫałtoyaṙič Klēsurawn (*κλεισοῦραι*) hiessen (9). Zum Thema Chaldia gehörten zweifellos die Turma *τοῦ 'Ακαμψῆ* am Čoroḫ und *Μουργούλη* an dessen linkem Nebenfluss unweit der Mündung, Murgul-ṣū (10).

Diese Themata erstreckten sich ziemlich geradlinig von Südwesten nach Nordosten und wurden durch den Tauros und die Bergzüge nahe dem linken Ufer des oberen Halys begrenzt. Die Araber hatten für die Grenzgebirge auf beiden Seiten des Euphrat, nach Westen mindestens bis in die Gegend von Sīwās, den gemeinsamen Namen Ğabal Muzūr; auf ihm entsprangen die westlichen Nebenflüsse des Euphrat : Nahr Lūqiya, Nahr Ğarğarīya und Nahr Zamra ebenso wie

(1) *Nea Taktika*, v. 1641-1648, in GELZER's *Georg. Cypr.*, p. 77-78. Armenisch in der Neubearbeitung der sog. *Ἔκθεσις* des hl. Epiphanios (ed. F. N. FINCK, Marburg 1902, p. 34 ; ed. CONYBEARE, *Byz. Ztschr.*, V, 1896, p. 132) : 1. Seranon. 2. Ḫamatzuron. 3. Šašiu. 4. Papēu. 5. Keramēon. 6. Leriu. 7. Bizonin. Die Namen sind offensichtlich aus einem griechischen Original transkribiert.

(2) Jetzt Ulu Šeiran nordwestlich von Kelkid ; bei LYNCH Sharian.

(3) Ein -ğur « Wasser ».

(4) Lies *Χαλχαίου*, später *Καλκέτι* : *Βέης*, *Byzantion*, I p. 119 ; j. Kelkid.

(5) Jetzt Bāiburt.

(6) Vielleicht das *πολίχνιον Κεράμου* westlich von *Κελεσίνη* nahe dem Euphrat bei Mich. Attaleiot., p. 136, 2?

(7) = *Κουάζι* bei *Βέης*, *l.c.*, p. 120 ; j. Lerri am oberen Ḫaršūt.

(8) Jetzt Wiğan in *Τερτζάν*-Terğan. Die meisten dieser Bistümer hat schon H. KIEPERT (*Ztschr. d. Ges. f. Erdk. Berlin*, XXV, 1890, p. 326) richtig angesetzt. Den Lokalisierungen in der gelehrten Abhandlung von *Βέης* (*Byzantion*, I, p. 117-137) kann ich leider nur selten beistimmen. — Die weiteren elf Bistümer des Cod. Athen. 1372 bezw. acht der etwas jüngeren *Notitia III* ed. PARTHEY sind erst in der Zeit zwischen 1036 und 1054 als byzantinisch nachweisbar (MARKWART, *Südarmenien* p. 469 sq.) ; vgl. über sie unten, p. 192-197.

(9) Steph. Asoł., III, 15, p. 192.

(10) Vgl. Konst. Porph., *De adm. imp.*, p. 211, 14.

der Nebenfluss des Arsanās, Nahr Salqiṭ (1), der von dem *Μούζουρον* (2) oder *Μούντζαρον ὄρος* (3), arm. Mzur, jetzt Mezūr Dāgh, kommt.

Erst nach der Niederwerfung der Paulikianer war es möglich, die Grenze im Osten planmässig vorzurücken. Anscheinend wurden schon vor dieser Zeit einige Neugründungen vorgenommen, denen nur eine kurze Dauer beschieden war ; so entstanden, wie wir sahen, um 850 die Kleisurarchie von Sozopolis(?) und später, zwischen 913 und 935, das Thema von Leontokomis. Es ist auffallend, dass eine byzantinische Okkupation des Gebietes von Tephrike nach der Niederwerfung der Paulikianer sich nicht mit Sicherheit nachweisen lässt. So gefährlich diese fanatische Sekte dem Reiche gewesen war, so wenig bedeutete der Besitz des von Bergzügen umgebenen Talkessels, an dem alle wichtigen Strassen vorbeizogen, für das Reich. Nach Zerstörung der Festungen und Verwüstung der Umgebung begnügte sich Basileios offenbar damit, Abara und wohl auch Taranta (j. Derende) zu besetzen, die den Weg nach Melitene beherrschten. *Ἄβαρα* (4) oder *Ἄμαρα* (5) wurde später eine Turma des Themas Sebasteia, dann unter Romanos Lekapenos (919-944) eine Kleisura (6). Anderson (7), dem Vasiliev (8) und Laurent (9) folgen, sucht es in Manğulik am oberen Balikly-(Čarmurlu-)ṣū, wie mir scheint, viel zu weit westlich. In dieser Gegend möchte ich eher Larissa und die Wüste Symposion (10) suchen. Amara und

(1) Suhrāb, p. 120, 7 sq. 13. 122, 3-5 ed. von Mžik (*Bibliothek arab. Histor. und Geographen*, V, Leipzig 1930).

(2) Mich. Attal., p. 133, 10.

(3) Skylitz., p. 682, 8.

(4) Konst. Porph., *Vita Basilii*, in Theoph. cont., p. 267.

(5) Skylitz.-Kedren., II, p. 154.

(6) Konst. Porph., *De adm. imp.*, p. 228, 22 sq.

(7) Anderson, *J.H.St.*, XVII, Pl. I : *Map of Eastern Asia Minor.*

(8) Vasiliev, *Viz. i Arab.*, II, p. 30.

(9) J. Laurent, *L'Arménie entre Byzance et l'Islam*, Paris 1919, p. 257, n. 1.

(10) Gelzer, *Ungedr. u. ungenügend veröff. Texte....* (1901), p. 561, und Grégoire, *Byzantion*, VIII, p. 86, halten Symposion für identisch mit *Σόβεσον* (j. Suveš). Als « Einöde » (*χερσαῖα*, d. i. *χώρα χέρσος*, vgl. Papavassiliu, *'Εφ. ἀρχ.*, 1907, p. 27) erscheint die Gegend von Aghača-Qal'e (Aranda) ca. 41 km. südwestlich von Divrighi schon auf der dort gefundenen Inschrift (Cumont, *C.-R. Acad. Inscr.*,

Argaūn (j. Arguwān) waren nach Skylitzes (1) die ersten Städte, die von den Paulikianern mit Hilfe des Emirs von Melitene noch vor Tephrike gegründet worden waren. Abara oder Amara lag anscheinend zwischen Tephrike und Taranta-Derende (2) und entspricht vielleicht dem jetzigen Emirköi (3) auf der Karte von Cuinet (4), das allerdings bei R. Kiepert fehlt; es liegt nahe der Strasse von Sebasteia nach Melitene durch das Tal des Quru-čai, nordöstlich von Ḥasan Baṭrīq und westlich von Arguwān.

Die beiden wichtigsten Grenzfestungen am Euphrat, deren Besitz erst eine weitere Expansion des Reiches nach Osten und wohl auch Südosten hin ermöglichte, waren Kamacha am linken Ufer des Stromes und Melitene unweit des rechten. Welchen Wert die Araber darauf legten, sie nicht zu verlieren, lehrt ein Blick auf die Schicksale der beiden Städte. *Kamacha* (5), das nach Konst. Porph. (6) früher eine Turma von Kolonia, später — seit Leon VI. — von Mesopotamia war, hatte eine wechselvolle Geschichte hinter sich, die wir besonders durch al-Balāḏurī (7) kennen (8). Die Araber eroberten es zuerst 679 (59 H̄.) (9), später nach Theophanes (10) durch Verrat 710 n. Chr. (11), dann 105 H. (723/4 n. Chr.) unter Marwān ibn Muḥammad (12), erneut unter Maslama ibn ʿAbdalmalik (seit 727 Statthalter von Armenien).

1905, p. 93 sqq. Th. Reinach, *Rev. Ét. Gr.*, XVIII, 1905, p. 159). — Larissa ist wohl von dem Ort dieses Namens zwischen Arasaxa und Komana (*Tab. Peut.*; Geogr. Rav., p. 94, 8) zu unterscheiden.

(1) Kedrenos-Skylitzes, II p. 154, 18.

(2) Konst. Porph., *Vita Basil.*, p.267, 15. Kedren.-Skylitz., p.207, 1.

(3) « Emirkeuī » westlich von Arghavoun, nicht Emerly bei Yarpuz, wie ich *Enzy. d. Isl.* s.v. *Malaṭya* (deutsche Ausg., col. 214b) schrieb.

(4) *Vilayet de Mamouret-ul-Aziz*, in *La Turquie d'Asie*, II, p. 315.

(5) Arab. Kamaḫ, Kamḫ; syr. meist Qamaḥ.

(6) Konst. Porph., *De adm. imp.*, p. 226, 8. 22 sq.

(7) al-Balāḏurī, p. 184 sq. ed. de Goeje.

(8) Der Artikel *Kemākh* der *Enzykl. d. Islām* (II, p. 907) gibt kein ausreichendes Bild von den Geschicken der Stadt in dieser Zeit.

(9) Ibn-al-Aṯīr, III, p. 434.

(10) Theophan., p. 377, 21 de Boor.

(11) Wellhausen, *Nachr. Götting. Ges.*, 1901, p. 437, spricht fälschlich von « Commagene » statt Kamachon (ein durch A. v. Gutschmid, *Neue Beiträge zur Geschichte des alten Orients*, Leipzig 1876, p. 65 sq. veranlasstes Missverständnis?).

(12) Ibn al-Aṯīr, V, p. 94, 12; Brooks, *J.H.St.*, XVIII, p.198, n. 1.

Abū Ǧa'far befestigte 133 (750/1 n. Chr.) die Stadt gegen die Byzantiner (1); doch finden wir sie schon 754/5 im Besitz des Kaisers Konstantin (2). Darauf soll sie al-'Abbās 149 H. (766) eingenommen haben. Die nächste Einnahme fand 177 H. (793) statt (4). Nach ihrem Verlust zur Zeit der Bürgerkriege des Muḥammad (al-Amīn) ibn Rašīd (809-813) nahm sie 'Abdallāh ibn Ṭāhir unter Ma'mūn (829) wieder ein; später verrieten sie einige Christen von Šimšāṭ und Qālīqalā zusammen mit Baqrāṭ ibn Ašōṭ, dem Baṭrīq von Ḫilāṭ (826-851), den Romäern. Wenn Ibn Ḫurdāḏbih (5) sie richtig zu den Ṯughūr al-Ǧazarīya rechnet, scheint sie um 846 wieder arabisch gewesen zu sein. Im Jahre 872 liess Basileios die Chalder und Koloniaten in das Land zwischen Euphrat und Arsinos einfallen (6); damals waren Kamacha und Keltzene zweifellos byzantinisch, wie auch zur Zeit, als al-Balāḏurī schrieb. *Malaṭya* wurde von den Romäern wiederholt zerstört, 695 von Leontios, 740/1 vom Strategen von Armeniakon und 750/1 von Konstantin (7); doch an eine dauernde Besitzer-

(1) Ibn al-Aṯīr, V, p. 342.

(2) Mich. Syr., II, p. 522. Barhebr., *Chron. syr.*, p. 123 Bedjan, bei denen der Name Kāmākh geschrieben ist. Nach al-Ya'qūbī, II, p. 447 ed. Houtsma wurden 141 H. (758/9) die Städte Kamaḫ, al-Muḥammadiya und Bāb von den Romäern wiederaufgebaut. Doch ist hier wohl, wie Brooks annimmt (*Engl. Hist. Rev.*, XVI, 1901, p. 87, n. 201), eine nördlichere Stadt gemeint. Brooks denkt vermutlich an Kalmaḫ in Taik' (Brosset, *Hist. de la Géorgie, Addit. et éclairc.*, 1851, p. 159, n. 5), dessen Name auch bei Marquart, *Osteurop. Streifzüge*, p. 404, lin. 6, vielleicht auch p. 405, lin. 1, einzusetzen ist.

(3) Vgl. jedoch Theoph., p. 444, 14, der zum Jahre 769 [A.M. 6261] ebenso wie Dionysios von Telmaḥrē, p. 74 sq. 96. 102 trad. Chabot nur von einer Belagerung spricht. J. Laurent, *L'Arménie entre Byzance et l'Islam*, Paris 1919, p. 198, n. 2. 211 setzt sie ungenau um 795 an; als Datum der byzantinischen Wiedergewinnung wird p. 211, n. 4. 250, n. 1 das Jahr 816 nach Steph. Asolik, II, 6 p.107, und Samuel von Ani (Brosset, *Coll. d'hist. armén.*, II, Pbg. 1876, p. 421) angegeben; bei ersterem ist aber nur von einer Stadt Kamaṙak' die Rede (trad. Dulaurier, Paris 1883, p. 171; trad. Gelzer-Burckhardt, p. 107, 10), die schwerlich in Armenien lag, und deren Name wohl auch bei Samuel von Ani einzusetzen ist.

(4) Theoph. p. 469, 16.

(5) Ibn Ḫurdāḏbih, p. 70.

(6) Konst. Porph., *Vita Basil.*, p 268, 16 sq.

(7) Vgl. *Enzykl. d. Isl.*, s.v. *Malaṭya.*

greifung war nicht zu denken. Erst im 9. Jahrhundert wurden mehrere Versuche gemacht, die Stadt von allen Seiten zu isolieren und dadurch zur Übergabe zu zwingen. Theophilos zog 837 nach Asorik· (1), zerstörte Zubaṭrā (armen. Zurpata), brandschatzte die Umgegend von Melitene und zog dann nach Hanzīṭ hinüber. Darauf belagerte er Ašmušat (syr. Aršemšāṭ), schlug ein Entsatzheer von Banū Rabī'a und Melitenern zurück und verbrannte die Stadt. Hierauf brach er nach Osten zu den Grenzen Armeniens auf, wo er Cmu (2), Pałin, Meckert, Ankł in Dēgik‘ und Ḫozan einnahm und Armenia IV. verwüstete. Schliesslich bedrohte er Melitene mit Zerstörung, wagte aber die Stadt nicht anzugreifen (3). Unter Michael III. drangen Ende 856 (242 H.) die Byzantiner über Sumaisāṭ bis in die Gegend von Āmid vor (4), und 863 zog Petronas nach dem Siege auf dem Bischofsfelde über Šimšāṭ bis nach Maiyāfāriqīn und as-Silsila (der Antitauroskette). An den Tigrisquellen bei Halūris schlug er den Statthalter Armeniens, 'Alī ibn Yaḥyā (5). Auch Kaiser Basileios zog ein Jahrzehnt später im Paulikianerkriege ähnlich wie Theophilos im Bogen um Melitene herum. Nach Einnahme von Taranton plünderte er Zibaṭra und Sumaisāṭ (Samosata), lagerte dann südlich von Malaṭya am Flusse *Ζαρνούχ* (6) oder *'Ατζαρνούκ* (7), d. i. arab. az-Zarnūq, bei dem *Κεραμίσιον* (8) und belagerte dann Melitene, ohne es einnehmen zu können. Dann zog er zum Euphrat, wo er eine Brücke baute und jenseits des Stromes das *φρούριον 'Ραψάκιον*, wohl das jetzige 'Arab Ušagh am linken Ufer des Euphrat, einnahm. Den Chaldern und Koloniaten befahl er, in das Land zwischen Euphrat und Arsinos (Nahr Arsa-

(1) Syrien bezw. Mesopotamien.

(2) Lies *Cmnu?

(3) Steph. Asoł., II, 6, p. 144, verbessert von MARKWART, *Südarmenien*, p. 41-57, nach Dionys. von Telmaḥrē bei Mich. Syr., III, p. 88 sq.

(4) VASILIEV, I, p. 184.

(5) TOMASCHEK, *Sasun*, p. 23. VASILIEV, I, p. 203. MARKWART, *l.c.*, p. 233 s. 264 sq.

(6) Konst. Porph., *Vita Basil.*, p. 268, 20.

(7) Kedr.-Skylitz., II, p. 208, 2.

(8) Qasṭrā Kerāmīs bei Barhebr., *Chron. eccl.*, I, p. 460.

nās) einzufallen. Dann, berichtet sein Enkel, habe er die *φρούρια τό τε Κουρτικίου καὶ τὸ Χαχὸν καὶ τὸ Ἄμερ καὶ τὸ Μουρινὶξ καλούμενον καὶ τὸ Ἄβδελα* zerstört (1), er selbst aber (*αὐτὸς δέ*) sei gegen Melitene gezogen, das er wiederum erfolglos belagerte. Man pflegt diesen Feldzug jenseits des Euphrat nach dem Vorgang von Anderson für unhistorisch zu erklären (2), da die Lage der genannten Festungen unbekannt sei (3). Mehrere von ihnen lassen sich aber noch jetzt mit Sicherheit nachweisen. Kaiser Konstantin befolgt in seinem Bericht die gleiche Methode wie die altorientalischen Grosskönige, wenn er alle Erfolge seinem Grossvater persönlich zuschreibt. In Wahrheit nahm dieser, wie ja das folgende *αὐτὸς δὲ* schon deutlich erkennen lässt, nur an dem Brückenbau (ähnlich wie er 877 bei Überschreitung des Flusses Paradeisos [s. u.] « höchstselbst » Hand anlegte) und an der Eroberung von Rhapsakion teil. Den Einfall in das Land jenseits des Euphrat hingegen machte wohl eine Abteilung, die von dort ausgeschickt wurde und später den Aracani überschritt, um mit den von Norden her anrückenden Chaldern und Koloniaten zusammen zu operieren (4). Das *φρούριον Κουρτικίου* heisst nach einem Armenier K'urdik (5) ; der Name steckt auch in dem des Kurtik Dāgh südlich von Muš. Chachon ist vielleicht das jetzige Chōch (Ušaghy Ḫōḫ) südlich von Ḫar-

(1) Die Namensformen sind bei Kedrenos-Skylitz., II, p. 208, viel schlechter überliefert (*τὸ Καρκίνιον, τὸ Γλασχών, τὸ Ἄμαν, τὸ Μουρήξ, τὸ Ἄβδηλα*), wie sich unten zeigen wird.

(2) Anderson, *Class. Rev.*, X, 1896, p. 139 (cf. *J.H.St.*, XVII, p. 41) : « Constantine [Theoph. cont. 269] imagines that he is on the east of the Euphrates... The account cannot be accepted ; perhaps the movement is misplaced and refers to a crossing above Kamacha later on. » Cf. Vasiliev, II, p 40, n. 3.

(3) L.c. : « The site of these forts I have found no means of determining. »

(4) A. Vogt, *Basile I et la civilisation byz.*, Paris 1908, p.326, spricht von einigen Festungen « du côté de l'Euphrate que conquirent les thèmes de Chaldée et de Colonée ». Falls diese allein dort eindrangen, könnte Chachon entweder Hochos (Hotsha» am Euphrat unterhalb von Kamaḫ sein oder sein Name in dem des Ḫaḫačur Dāgh genau südlich von Kamaḫ stecken.

(5) Zum Namen : Markwart, *Südarmenien*, p. 295, n. 1. Er ist wohl von Kurtikios von Lokana (Kedr.-Skyl., II, p. 207, 11. Theoph. cont., p. 268,4) zu unterscheiden.

pūt (1). Der Name Ḫaḫ kommt auch sonst mehrfach vor (2). *Ἄμερ* ist vielleicht ein Landgut eines Emīrs (3); ein Ort Emirler liegt am Euphrat südlich der Einmündung des Murād-ṣū. *Μουρινίξ* ist das jetzige Murenik', Mōrenīk dicht bei Ḫarpūt (4), *Ἄβδελα* das jetzige 'Abdulī oder 'Abdallī (5) an der Mündung des Peri-ṣū in den Murād-ṣū am nördlichen Ufer von diesem.

Basileios selbst verwüstete nach vergeblicher Belagerung von Melitene noch die Festungen, *Ἀργαούθ* (j. Arguwān), *τὸ Κουτακίου καὶ Στεφάνου καὶ Ῥαχάτ* (6), die wohl alle südlich von Tephrike lagen. Im folgenden Jahre wurde Chrysocheir von den vereinigten Heeren der Themata Charsianon und Armeniakon *κατὰ τὸν Βαθυρρύακα* (7) eingeschlossen und überwältigt.

Damit hatte « die blühende Macht von Tephrike » ein Ende; von einer Einnahme der Stadt selbst ist freilich in den Berichten nicht die Rede.

Ein neuer Angriff auf die arabischen Festungen der Taurosgrenze fand 876 statt. Damals wurde die Manichäerburg *Καταβάταλα* (8) und im Westen Lulon eingenommen;

(1) Bei E. Huntington, *Zeitschr. f. Ethnol.*, XXXIII, 1901, p. 181 sq.: Hōkh.

(2) Vgl. Ḫaḫ bei Hübschmann, *Indogerm. Forsch.*, XVI, p. 286 (454); ferner die *μονὴ τοῦ Χαχοῦ* im *Typikon* des Gregorios Pakurianos (*Viz. Vrem.*, XI, 1904, Prilož, p. 55, 19)? Schon die Assyrer kennen ein Land und Goldgebirge Ḫaḫḫum oder Ḫaḫḫas (E. Honigmann, *Zeitschrift f. Assyriol.*, N. F. V, 1930, p. 302).

(3) Vgl. die « Ländereien der Emīre », ḍiyā' al-umarā', bei v. Kremer, *Denkschr. Akad. Wien*, XXXVI, 1888, p. 293.

(4) Hübschmann, *l. c.*, p. 301, n. 6.

(5) Vgl. *ὁ Ἀβδελᾶς* = 'Abdallāh bei Theoph. p. 446, 18 de Boor.

(6) Konst. Porph., *Vita Basil.*, p. 268, 21. Bei Kedr.-Skylitz., II, p. 209,4 *Ἀραράχ*, was Anderson (*Class. Rev.*, X, p. 140) für Arauraka hält. Die Namensformen bei Theoph. cont. sind aber durchweg besser erhalten, und Rhachat dürfte wie die beiden anderen eigentlich ein Personenname sein (etwa Erkat' « der Eiserne »?). Über Arauraka s. u., p. 70.

(7) Nach Tomaschek, *Festschr. f. H. Kiepert*, p. 140, vielleicht der Nahr Ghauṯ bei Suhrāb (p. 122, 6 ed. von Mžik), der jetzige Yazyǧa-ṣū. Er ist jedoch nahe bei Dazimon (j. Dazmana) zu suchen: Bury in *Βυζαντίς*, II, 1911, p. 218.

(8) Theoph. cont., p. 278, 8. Kedren.-Skylitz., II, p. 213, 10: *Μανιχαίων μητρόπολιν τὴν Κάμειαν.*

τὸ Μελοῦς κάστρον ergab sich freiwillig (1). Die Gleichsetzung des letzteren mit Meloë und dem jetzigen Meliss-tepe (2) beruht auf einem schwachen Namensanklang und der falschen Ansetzung von Andrassos und Kylindros (3). Die Festung ist viel weiter östlich zu suchen; sie entspricht dem späteren armenischen Kloster Molevon am Pass von Molevon unweit von Barźrberd (4) in Armenokilikien, dessen genaue Lage noch nicht festgestellt ist. Ališan (5) sucht es nach den allerdings recht unbestimmten Angaben der Armenier (6), wie mir scheint, passend im Tale des Korkoun (Körkün-ṣū) im Gebiete des Stammes der Melemenği (bei dem Melemenği Ḫān).

Im folgenden Jahre (877) (7) zog Basileios selbst von Kaisareia am Argaios aus gegen die Araber. Zu diesem Feldzuge bekennt Konstantinos Porphyrogennetos in der *Vita Basilii*, er habe nur noch eine dunkle Kunde von diesen lange zurückliegenden Ereignissen; von ihm ist Skylitzes (Kedrenos) abhängig. Die modernen Darstellungen schliessen sich sämtlich den topographischen Erklärungen Andersons (8) an, die ich für unzutreffend halte. Vor der Überschreitung des Onopniktes, der nur der Zamanti-ṣū (Karmalas) sein kann, werden sieben eroberte Festungen genannt, die nach Anderson sämtlich diesseits der Tauros ketten in nächster Nachbarschaft von Kaisareia gelegen haben sollen. In Wirklichkeit handelt es sich dabei, was Anderson schon selbst erwogen, aber dann wieder verworfen hat, bei mehreren der erwähnten Festungen deutlich um Orte in Syrien. Die Unklarheit ent-

(1) Theoph. cont., p. 278, 8. Kedr.-Skylitz., II, p. 213, 9.

(2) Ramsay, *Asia Min.*, p. 355. Vasiliev, II, p. 63.

(3) S. unten, p. 86.

(4) Arabisch: Barsbirt bei Abu'l-Fidā', ed. Reinaud, p. 251; trad. Guyard, II, 2, p. 29. — Nach Ps.-Moses Ḫoren., *Geogr.*, p. 24 ed. Soukry, besass Kilikien zwei unbezwingliche Pylen: Malis und Platan. Ich möchte darin Μελοῦς und Πλάτανος (bei Baghrās: Prokop., *aed.*, V, 5, 1) sehen (gegen Soukry, Übersetzung, p. 33, n. 3: Mallos und Paltos).

(5) L. Ališan, *Sissouan*, p. 151 a.

(6) Anhang zu Samuel von Ani, in *Rec. hist. crois.*, *Documents Armén.*, I, p. 637.

(7) Gegen Vasiliev's Datierung auf 879/80 vgl. Laurent, *L'Arménie...*, Paris 1919, p. 259, note 2.

(8) Anderson, *J.H.St.*, XVII, p. 34-36.

steht auch hier wieder daraus, dass der Purpurgeborene alle Erfolge seinem Grossvater selbst zuschreiben will und daher eine gleichzeitige, viel erfolgreichere Aktion eines Detachements in Syrien nur nebenhin als eine Folge des Ansturms des Kaisers erwähnt. Dieser selbst eroberte nur drei unbedeutende Kastelle, von denen das dritte, *Φαλακροῦ κάστρον*, vielleicht Fraktin (Faraḫeddīn) entspricht. Darauf flieht Abū 'Abdallāh ibn 'Amru (*ὁ τοῦ Ἄμβρου υἱὸς Ἀπάβδελε*), der Emir von 'Ainzarba, zusammen mit den Mannschaften von Melitene, also gewiss nach dieser Stadt. Anscheinend wurde er nun von einer Abteilung verfolgt, die dann vielleicht über Zibaṭra und Samosata, die möglicherweise von dem vorigen Feldzuge des Kaisers (872) her noch eine byzantinische Besatzung hatten oder einem mit Basileios verbündeten Emir unterstanden, nach Syrien eindrang und dort über Kaisūm Ra'bān und Ardil (*Καϊσοῦ, Ῥοβάμ, Ἀρδάλου*) wieder nach Westen zu einem konzentrischen Angriffe auf Mar'aš vorrückte. An diesem Angriffe wirkte schliesslich, was die *Vita Basilii* ebenfalls verschweigt, auch die byzantinische Flotte mit (1). Konstantinos Porphyrogennetos nennt die Brandschatzung jener Festungen nur « eine Folge des Ansturmes des Kaisers », während Skylitzes (Kedrenos) diese Worte fälschlich so verstand, dass der Kaiser sie selbst ausgeführt hätte (2). Vor dieser Umklammerung *floh* Sīmā aṭ-Ṭawīl, der türkische Gouverneur von Anṭākiya, der die *δυσχωρίας τοῦ Ταύρου* hatte verteidigen wollen, zum Kaiser, der nach der Darstellung seines Enkels damals offenbar noch nicht einmal den Onopniktes und Saros überschritten hatte. Wäre Sīmā nicht im Rücken bedroht gewesen, so hätte er sich nach Syrien zurückziehen können und vor niemandem zum Kaiser zu « fliehen » brauchen (3). Nach diesen Ereignissen erreichte das Heer Kukusos (j. Göksün) und zog von dort über Kallipolis, Padasia und die *στενὰ τοῦ Ταύρου* gegen Germanikeia (Mar'aš). Man pflegt Kallipolis und Padasia im Tale des Tekir-ṣū an einer Route, die Göksün mit Mar'aš fast

(1) Leonis *Tactica, constit.* XVIII, 140, bei MIGNE, *Patr. Gr.*, CVII, col. 980D.

(2) Kedren.-Skylitz., II, p. 214, 1 sq. Theoph. cont., p. 279, 5.

(3) Kedren.-Skylitz., II, p. 214, 6; Theoph. cont., p. 279, 12 sq.: *πρὸς τὸν βασιλέα κατέφυγε.*

geradlinig verbindet, zu suchen (1). Das ist aber unmöglich; Basileios muss den Pyramos an einer weiter oberhalb gelegenen Stelle überschritten haben. Gegen eine Benutzung der alten Römerstrassen über Arabissos freilich spricht, dass das Heer sich erst einen Weg durch unwegsame Wälder bahnen musste. Doch scheint der Kaiser den Fluss jedenfalls noch nördlich der Breite von Zaitūn überschritten zu haben; denn mit dem Taurosengpass ist gewiss der Pass el-Kussuk am Ǧaiḥān gemeint (2). Dass er diese Route gewählt hat, geht aus den *Taktika* Kaiser Leons VI. hervor (3), nach denen er auf seinem Zuge gegen Germanikeia in Syrien den *Παράδεισος ποταμός* vorher überschritt (*προκαταλαβόντα*). Diesen Fluss erwähnt bereits Plinius (4) als einen der binnenländischen Flüsse Kilikiens, mit denen nur Nebenflüsse der Hauptströme gemeint sein können (5), und ebenso später die *Chronographie* des Samuel von Ani (6), nach deren Angabe im Jahre 1111/2 nach Zerstörung der Festung Kindṙaskavị (bei Kizistaṙa-Kyzistra) durch Thoros I. die Einwohner « an das Ufer des Flusses Paṙatis verpflanzt wurden, der jetzt Nerkʻi (« Unter- ») Krakay heisst » (7). Der Paṙatis kann kein anderer Fluss sein als der Bertiz- oder Pertus-čai, der oberhalb von Marʻaš in den Ǧaiḥān mündet (8).

(1) Ramsay, *Asia Min.*, p. 266, map; p. 276. Anderson, *J.H.St.*, XVII, p. 28. Cf. Vasiliev, II, p. 78, n. 4.

(2) M. Sykes, *Daru'l-Islam*, London 1904, p. 82 sq.

(3) Leonis *tactica, constit.* IX, 14, ed. R. Vari, *Sylloge tacticor. Graec.*, III, I, Budapest 1917, p.217 = Migne, *P.G.*, CVII, col. 772, 6.

(4) Plinius, *nat. hist.*, V, 93.

(5) « *Intus flumina Liparis, Bombos, Paradisus* ». Der Liparis kann also hier nicht der Küstenfluss (jetzt Mezetly-ṣū) bei Soloi sein (Antig. Karyst., c. 135 [150]. Vitruv., VIII, 3, 8), sondern ist wohl einer der drei Flüsse des späteren Themas *Λαπάρα* (Ann. Komn., p. 219, 10 Reifferscн.), nahe bei deren Zusammenfluss Arabissos lag, das daher den Beinamen Tripotamos führte (*Corp. script. Christ. or., Scr. Syr.*, III, t. IV, p. 139. 147; versio p. 108. 114. Land, *Anecd. Syr.*, I, p. 116). Ebenso unrichtig ist die Ansetzung des Paradisus an der Küste bei Dulaurier, *Doc. Armén.*, I, p. 83, n. 2 (Serkendere-ṣū) und Tomaschek, *Sitz.-Ber. Akad. Wien*, 1891, p. 66.

(6) *Rec. hist. crois., Docum. Armén.*, I p. 449.

(7) Nach der *Chronik* des Smbat Sparapet, *Docum. Armén.*, I, p. 613, nach einem Orte Krakka am Paṙatis.

(8) Nach M. Sykes (*Daru'l-Islam*, p. 74 und Karte bei p. 87) heisst ein kleiner Fluss am Südausgang des Passes el-Kussuk « Ber-

III. Die neuerrichteten Themata an der Ostgrenze.

Waren auch die Angriffe auf Marʿaš und al-Ḥadaṯ von 877, auf dieselben Städte und Malaṭya im Jahre 881/2 und ein weiterer auf Ṭarsūs 883 fehlgeschlagen, so begann doch mit ihnen trotz mancher Erfolge der Araber in Kleinasien eine Periode unaufhörlichen Vordringens der Byzantiner an der Ostgrenze. Diese günstige Wendung ist hauptsächlich der militärischen Tüchtigkeit und der kolonisatorischen Arbeit der eingewanderten Armenier in den vorher verödeten Grenzgebieten zuzuschreiben. Ihnen hatten bereits die armenischen Paulikianer (1), die aus der Landschaft Mananali am Tuzla-ṣū in Derğan stammten (2), trotz ihrer Feindschaft gegen Byzanz vorgearbeitet (3).

Unter Kaiser Leon (886-912) bildeten die Turma *Λάρισσα* des Themas Sebasteia und die Turma *τὸ* (?) *Κυμβαλαιός* (4) des Themas Charsianon, die offenbar südlich des Halys lagen, das Grenzgebiet des Reiches und stiessen an die Wüste (*ἐρημία*) *Συμπόσιον* (5) in der Nähe *τῆς Λυκανδοῦ* (6). Damals

tiz River », während ein Ort Bertiz näher bei Marʿaš an einem anderen, bei « Batch Khan » in den Ğīḥān mündenden Flüsschen liegt. R. Kiepert (*Karte v. Kleinasien*, Blatt cv : Malaṭya) und die *Karte von Mesopotamien und Syrien* 1 : 400.000 (1 b. Aleppo) haben dafür zwei etwas abweichend von Sykes angesetzte Orte Berliz und Birtiz. Nach der Kartenskizze zu Aghassi, *Zeitoun*, Paris 1897, mündet der « Pertous-Tchai » bei Maskhitli ; Bertīz Čāi nördlich von Ğīhān Köprü bei B. Atalā'ī, *Marʿaš ta'rīḫi wa-ğughrafiyasi*, Stambul 1339 (1921), Karte bei p. 155. Die Festung Berdus (Pertus) erscheint übrigens schon seit 1107/8 unter diesem Namen (*Docum. Armén.*, I, p. 83. 179. 181. 350. 481. 635 sq.) ; zum Jahre 605 (1208/9 Chr.) erwähnt auch Kamāl ad-dīn die Stadt Bartūs (Paris, Bibl. Nat., fonds arab., ms. 1666, fol. 233v ; *Histoire d'Alep*, trad. E. Blochet, Paris 1900, p. 145 = *ROL*, V, p. 45. Bei Abu'l-Fidā' (*Annales Musl.*, ed. Reiske-Adler, IV, p. 232) ist der Name in Farqūs verschrieben.

(1) Arab. al-Bayāliqa, vgl. de Goeje's Note *e*) zu al-Masʿūdī, *Kitāb at-tanbīh*, p. 151, 8. Vgl auch P. Wittek, *Zur Geschichte von Angora, Festschrift G. Jacob*, Leipzig 1932, p. 336, n. 3.

(2) Vgl. Honigmann, *R.-E.*, s.v. *Μαναναλις*.

(3) Laurent, *L'Arménie...*, p. 256 sqq.

(4) Vgl. oben, p. 51, n. 11.

(5) Über *Συμπόσιον* vgl. oben p. 55.

(6) Konst. Porph., *De adm. imp.*, p. 227, 6-9.

lebten mehrere Armenier als Flüchtlinge in Melitene, nämlich Melias (armen. Mleh), die drei Brüder Baasakios (Wasak), Krikorikes (Grigorik) und Pazunes, endlich Ismael (vermutlich ein Araber). Diese schrieben an Kaiser Leon und an den Strategen von Charsianon, Eustathios Argyru, es möchte ihnen durch ein Chrysobull das Grenzgebiet zum Lehen gegeben werden, was auch geschah (1). Die drei Brüder siedelten sich in Larissa an, wo Wasak Kleisurarch wurde. Ismael bekleidete die gleiche Würde in Symposion, und Melias liess sich zum Turmarchen von Euphrateia, den Pässen (arab. ad-Durūb) und der Grenzwüste ernennen (*εἰς Εὐφράτειαν, εἰς τὰ Τρύπια* (2), *εἰς τὴν ἐρημίαν γενέσθαι τουρμάρχην*).

Da Ismael dann im Kampfe mit den Meliteniaten umkam, blieb Symposion wüst, und als Wasak wegen Verrats angeklagt und verbannt wurde, fiel Larissa wieder als Turma an das Thema Sebasteia zurück, wo damals Leon, der Sohn des eben erwähnten Strategen von Charsianon, die gleiche Würde innehatte. Melias, der in Euphrateia wohnte, besetzte zu der Zeit, als dem Dux Konstantinos das Thema Charsianon zugewiesen wurde, das *παλαιὸν κάστρον τὴν Λυκανδόν* (3), befestigte es und residierte dort; von Kaiser Leon wurde es zur Kleisura erhoben. Dann zog er *εἰς τὸ ὄρος τῆς Τζαμανδοῦ* und gründete dort eine Festung, die ebenfalls eine Kleisura wurde. Endlich machte er Symposion zum Turmarchat.

Tz·mandos (4) lag also auf einem Berge und, wie der Name sagt, am Zamanti-ṣū. Kaiser Romanos IV. Diogenes hörte 1068 auf dem Rückwege von Syrien in **Γυψάριον* (5), einem

(1) *Ibid.* p. 227, 12 sqq. Über Melias: Grégoire, *Byzantion*, VIII, p. 79 sqq. und 726.

(2) Was Schlumberger, *Sigillographie*, p. 273 unter « *Euphratèse trypique* » verstehen wollte, ist unklar. Mit der alten syrischen Euphratesia hat die Euphrateia, die etwa in der Gegend nördlich von Melitene zu suchen ist, nichts zu tun. Die Namensform entspricht der arabischen al-Furātīya (Quatremère, *Hist. des Sult. Maml.*, II, I, p. 177); diese lag aber auch in Syrien.

(3) Konst. Porph., *De adm. imp.*, p. 228, 7; cf. *De them.*, p. 34, wonach es schon zur Zeit Kaiser Iustins I. bestanden hatte.

(4) Syrisch Sīmandū, arab. Samandū oder Ṣamandū, armen. Camndav, türkisch Zamanti.

(5) Mich. Attal., p. 121, 14: *Τυψάριον*; Ioann. Skyl., p. 677, 23: *Γυτάριον*.

Orte *τῆς Ποδανδοῦ κλεισούρας*, dass die Türken nach Amorion vorgedrungen seien. Der Stratege von Melitene hatte selbst *ἐν τῷ τοῦ Τζαμαντοῦ ὀχυρώματι* mit seinem Heere gestanden, als sie in geringer Entfernung *ἐν τῇ τοῦ Χαλκέως τοποθεσίᾳ* lagerten, aber nicht gewagt, sie anzugreifen ; ja, die Türken hatten auf dem Rückzug sogar Tzamantos eingeschlossen. Chalkis (1) muss also an der west-östlichen Heerstrasse (2) unterhalb des hochgelegenen Tzamandos gesucht werden. Nun ist auf R. Kieperts Karte ca. 7 km. westlich von ʿAzīzīye (Ariaratheia) an einer Brücke über den Zamanti-ṣū ein Ort Halka Čayr (« Wiese Halka ») und oberhalb davon ebenso wie über ʿAzīzīye ein Tumulus verzeichnet. Dieser Tumulus bezeichnet vermutlich die Lage von Tzamandos, und Halka Čayr die von Chalkis (3).

Zu Beginn der Regierung von Konstantinos und Zoe (914 n. Chr.) wurde *Likandos* (4) eine Strategis (= Thema), und der Kleisurarch Melias wurde zu ihrem Strategen erhoben.

In der Darstellung dieser Ereignisse bei Konstantinos Porphyrogennetos (5) ist nicht recht ersichtlich, aus welchem Grunde anfangs die Turma Kymbalaios (6) und später der Stratege Konstantinos von Charsianon (7) erwähnt werden. Zweifellos lag diese Turma ebenso wie die Turma Kasē und die

(1) Mich. Att., p. 121, 21. Skyl., p. 678, 4.

(2) Diese Passstrasse, arabisch Darband (entsprechend Sīmandū bei Barhebraeus, *Chron. syr.*, p. 247 ed. Bedjan) durchzog vielleicht auch Arīsyaghī im J. 1070 (Cahen, *Byzantion*, IX, p. 625, n. 1) ; allerdings führte sie nicht nach Sebasteia.

(3) Auf der kürzlich (1934) erschienenen türkischen Generalstabskarte in 1 : 800.000 (Blatt Malatya) ist 40 km östlich von Kayseri, 8 km nördlich von Zerezek « Zamanti (Elbaşi) » eingetragen ; es entspricht dem Ilbashi auf der *Karte von Kleinasien* von R. Kiepert. Vermutlich handelt es sich aber bei dieser Hauptstadt einer Nāḥiye um eine der zahllosen türkischen Umnennungen der Zentren von Verwaltungsbezirken aus neuester Zeit. Da dieses Zamanti von dem gleichnamigen Fluss ca. 14 km entfernt ist und Ilbaši wenigstens nach R. Kieperts Karte völlig in der Ebene liegt, ist es sehr fraglich, ob es mit dem alten Tzamandos etwas zu tun hat.

(4) So geschrieben *De caerim.* p. 697, 5, im *Taktikon* Beneševič, in *Byz.-neugriech. Jahrb.*, V, p. 120, nr. 38 und wohl auch sonst meist in den Hss.

(5) Konst. Porph., *De adm. imp.*, p. 227, 6 - 228, 21.

(6) *Ibid.*, p. 227, 7. Vgl. oben p. 51 und 64.

(7) *Ibid.*, p. 228, 5.

Topoteresia von Nyssa mit Kaisareia [1] südlich vom Halys. Nach den *Notitien* [2] war Kasē mit Ariaratheia zu einem Bistum vereinigt. Vielleicht hatten Tzamandos und Likandos, die vorher wüst und unbewohnt gewesen waren [3], zur Turma Kymbalaios gehört und Melias es erst gewagt, sie sich anzueignen, als das Thema Charsianon nicht mehr seinem Wohltäter Eustathios unterstand. Dem Strategen von Likandos war gewiss auch die von ihm gegründete Kleisurarchie Tzamandos und das verödete Turmarchat Symposion untergeordnet ; auch sonst suchte der dies- und jenseits der byzantinischen Grenze recht selbständig auftretende Armenier sein Thema nach Möglichkeit zu vergrössern. Erfolgreich beteiligte er sich an der Offensive gegen die Araber. Nachdem der Emir von Tarsos « die Festung des Malīḥ al-Armanī », wohl Tzamandos, eingenommen und verbrannt hatte [4], unternahm Melias im Ǧumādā I 303 H. (Nov./Dez 915) einen siegreichen Feldzug gegen Marʿaš ; von dort und aus dem Gebiet von Ṭarsūs wurden 50 000 Gefangene fortgeschleppt [5] Ein *Γεώργ(ιος) α' σπαθ(άριος) β(ασιλικὸς) στρατ(ηγὸς) Μαμίστρ(ας), 'Αναβάρζ(ης), Τζαμαν(δοῦ) ὁ Μελιήας* erscheint auf einem Siegel des *Cabinet des médailles* [6]. Falls damit, wie Schlumberger annimmt, unser Melias gemeint ist, so könnte allerdings sein Thema diese Ausdehnung von Miṣṣīṣ in Kilikien bis zum oberen Zamanti-ṣū höchstens von 915-917 gehabt haben. Denn 304 (916/7) und 305 (917/8) drangen die Araber wieder von Malaṭya und Ṭarsūs aus siegreich in Kleinasien vor, während die Byzantiner durch den Bulgarenkrieg beschäftigt waren [7]. Es ist aber fraglich, ob überhaupt unser Melias gemeint ist, und Schlumbergers Behauptung [8],

(1) *Ibid.*, p. 226, 1 sq.

(2) Gelzer, *Ungedr. Texte*, p. 552. 560. Vgl. oben p. 44, n. 5.

(3) Konst. Porph., *De them.*, p. 32, 17 sq.

(4) Nach Barhebr., *Chron. Syr.*, p. 171 ed. Bedjan im Jahre 911 ; gemeint ist aber vielleicht der Feldzug des Bišr von 302 H. = 914/5 Chr.

(5) Barh., p. 172. Ibn Ẓāfir, *cod. Gothan.*, bei Weil, *Gesch. der Chal.*, II, p. 634, 2.

(6) Schlumberger, *Sigillogr.*, p. 274 sq.

(7) Runciman, *Romanus Lecapenus*, p. 84 sq.

(8) Schlumberger, *l. c.*, p. 270-275.

der kilikische Teil der Strategie sei später zum Thema Seleukeia geschlagen worden, ist völlig aus der Luft gegriffen. Das Siegel dürfte eher aus derZeit zwischen 965 und 973 stammen, in der wir erst mit Bestimmtheit ʿAinzarba (seit 961/2) und al-Maṣṣīṣa (seit Juli 965) als byzantinisch nachweisen können. Der Stratege Meliēas war dann der spätere Domestikos Mleh, der 973 auf seinem Zuge gegen Āmid in Gefangenschaft geriet (1).

Skylitzes (Kedrenos) bezeichnet *Λάπαρα* (= *λιπαρά*) als einen Teil Kappadokiens, der neuerdings Likandos heisse (2). Gagik II. von Ani erhielt 1043 von Konstantinos IX.Monomachos als Entschädigung für sein Reich die Städte Kalonpelat und Pizu zugewiesen (3) ; nach Skylitzes-Kedrenos (4) lagen diese *χωρία πολυπρόσοδα κατά τε Καππαδοκίαν καὶ τὸν* (sic) *Χαρσιανὸν καὶ τὸν Λικανδόν*. Etwa in derselben Gegend erhielten auch Senekʿerim von Waspurakan 1021/2 Sebasteia, Larissa und Abara (5) und Gagik von Kars 1064 Tzamandos (armen. Camndav) angewiesen (6). Das Thema Likandos wird ferner 1068 bei dem Zuge des Romanos Diogenes erwähnt (7). Einen Gau Karberd in der Provinz Likanton nennt Stephan Asołik (8), Lika<n>ton auch noch um 1156 Gregor Presbyter (9). Dagegen möchte ich das Bistum Lulenday (10) nicht mit Markwart (11) in *Lukenday = Likandos verbessern, noch einen der Erklärungsversuche Maclers (12) akzeptieren, sondern sehe darin mit Gelzer (13) die Festung Lulon-Lu'lu'a, von

(1) Markwart, *Südarmenien*, p. 107*, 3.
(2) Kedren.-Skylitz., II, p. 422, 21 sq.
(3) Matth. von Edessa, I, 65, p. 111 ed. Jerusalem ; p. 78 trad. Dulaurier. Vgl. unten, p. 175, n 3.
(4) Kedren.-Skylitz., II, p. 559, 7.
(5) Kedr.-Skyl., II, p. 464, 15. Über Senekʿerim unten, p. 168 sq.
(6) Matth., II, 88, p. 181 ed. Jerus. ; unten, p. 188, n. 6.
(7) Mich. Att., p. 97, 1. Ioann. Skyl., p. 670, 4.
(8) Steph. Asołik, III, 7, p. 175, 20.
(9) Fortsetzung des Matth. v. Edess., c. 267, p. 343 trad. Dulaurier.
(10) Steph. Asoł., III, 31, p. 258.
(11) Markwart, *Südarmen.*, p. 43*, Anm.
(12) Steph. Asołik, trad. Macler, p. 141, 3.
(13) Gelzer, *Ungedr. Texte*, p. 563, n. 2.

der uns, worauf Ramsay hinwies (1), schon 879 ein Bischof *Φίλιππος Λούλου* bezeugt ist (2). Ein Eustathios *στρατηγὸς Ἀντιοχίας καὶ ΛΙΚΑ'ΔΟΥ* (also aus der Zeit zwischen 969 und 1085) wird auf einem Aachener Reliquiar genannt (3). Ein anonymer Kommentar zu dem arabischen Dichter al-Mutanabbī (4) nennt zum Jahre 343 H. (954/5 Chr.) den Theodoros, den Schwager des Nikephoros Phokas und Neffen des Kaisers Romanos II., « Baṭrīq von Samandū und Luqandū ».

Wie im Westen Likandos, so gründete Leon im Osten das neue Thema *Mesopotamia* (5), das der Lage nach nichts mit dem antiken Mesopotamien (arab. al-Ǧazīra) zu tun hat. Es entstand aus dem armenischen Gau *τὸ Τεκῆς*, d. i. westarmenisch * Tēkikʿ für Dēgikʿ-*Διγισηνή* (6), den der Kaiser dem Fürsten Manuel und seinen vier Söhnen abnahm. Dieser Gau lag nach der *Geographie* des Ps.-Moses Ḫorenacʿi (7) am Euphrat nördlich der Einmündung des Aracani und westlich vom Čimišgezek-ṣū ; in ihm lagen die Burgen Kṙni, Kʿrvik (8) und Sok (9). Samuel von Ani nennt ausserdem die Festung Ankł in Dēgikʿ (10).

Das neue Thema wurde dem Orestes, vorher Strategen von Charsianon, unterstellt und die von Kolonia abgetrennte Turma Kamacha und später (*εἶθα*), wohl auch noch unter Leon, die von Chaldia abgetrennte Turma Keltzine ihm ange-

(1) Ramsay, *Asia Min.*, p. 449, Add. zu p. 353.

(2) Mansi, XVII, p. 376, lin. 1.

(3) Schlumberger, *Fondation Eugène Piot, Monuments et mémoires*, XII, Paris 1905, p. 201-205.

(4) Paris, Ms. arab. 3091, fol. 137v, abgedruckt bei Marius Canard, *Sayf al Daula, recueil de textes.....*, Alger-Paris 1934, p. 107 ult. (*Bibliotheca Arabica*, VIII).

(5) Konst. Porph., *De adm. imp.*, p. 226, 3 - 227, 5 ; *De them.*, p. 30, 20-31, 5 ; armenisch Miǧagetkʿ.

(6) J. Laurent, *Byzance et les Turcs Seldjoucides*, Nancy 1913 [1919], p. 30, 7. Markwart, *Südarmenien*, Wien 1930, p. 54 (= *Handes Amsorya*, Jg. XXVIII, 1914, p. 49).

(7) Moses Ḫorenacʿi. p. 30 ed. Soukry.

(8) Lies Arvik, jetzt Avrik? (M. Sykes, *The Caliphs' last heritage*, London 1915, p. 370. 372 ; auf seiner Karte verschrieben : Akrik ; danach bei R. Kiepert.)

(9) Jetzt Sovuk.

(10) Hübschmann, *Idg. Forschungen*, XVI, p. 303. Markwart, *Südarmenien*, p. 41. 45.

gliedert. Als Thema erscheint Mesopotamia im *Taktikon* Beneševič (1).

Romanos Lekapenos schlug nach Einnahme von Melitene (934) die nach ihm genannte Kleisura Romanupolis und *τὸ Χανζίτ* (Anzitene, Hanzīṭ), die vorher zum Gebiete von Malaṭya gehört hatten, zu Mesopotamia. Das geschah sicher vor dem Ḏu'lqa'da 326 = Sept. 938, in dem Saif ad-Daula gegen die griechischen Burgen Dādim, at-Tall, Ḥiṣn Ziyād und Ḥiṣn Salām zog. Die Grenze gegen die Sarakenen bildete seitdem *τὸ Φατιλάνου ὄρος* (Ğabal Faḍlān) (2).

Dem Thema Mesopotamia entspricht anscheinend genau die neue Dioecese Kamachos (3). Sie hatte zuerst fünf Bistümer (4), zu denen nach der Einverleibung von Chanzit und Romanupolis noch zwei (5) oder drei (6) weitere hinzukamen.

1. *ὁ Κελτζινῆς*, d. i. der Bischof der von Chaldia abgetrennten, zu Mesopotamia geschlagenen Turma Keltzine (Ekełeac') (7).

2. *ὁ Ἀραβράκων*. Durch die Itinerare ist die Lage von Aravraka ziemlich genau festgelegt (8). Es lag an der Strasse von Satala (jetzt Sadagh) nach Carsaga, das mit Cumont (9) dem jetzigen Melik Šerif gleichzusetzen ist, also etwa im Quellgebiet des Kömür-čai (10). Nach St.-Martin (11) soll Arōraka oder Arznc'ik' dem modernen Acpter im Kanton Ašharhi dašt entsprechen ; doch liegt dieses Ezbider in der Aškar Ova viel zu weit westlich! Ganz verfehlt ist die seit Anderson (12) oft wiederholte Gleichsetzung von Aravraka mit Ararach oder Rachat (13) und dem jetzigen 'Arabgīr!

(1) Beneševič, *Byz.-neugriech. Jahrb.*, V, p. 120, No. 37.

(2) Markwart, *l.c.*, p. 177, n. 1.

(3) Gelzer *Ungedr. Texte*, p. 565 sq. 580 sq.

(4) *Nea Taktika*, v. 1749-53. Cod. Athen. 1372 bei Gelzer, *l. c.*, p. 580.

(5) Cod. Athen. 1374. 1379 ; Gelzer, *l. c.*, p. 580.

(6) Cod. Athen. 1371 ; cod. Metoch. 522 ; Gelzer, *l.c.*, p. 565. 580.

(7) Über die spätere Dioecese Keltzene s. unten, p. 198-210

(8) Hirschfeld, *R.-E*, II, col. 400 sq. Ramsay, *Asia Minor*, p. 275. F. Cumont, *Studia Pontica*, II, p. 329.

(9) F. Cumont, *loc. cit.*, p. 327.

(10) Nicht nördlich des Čimen-Dāgh, wo es R. Kiepert ansetzt.

(11) Saint-Martin, *Mém. sur l'Arménie*, I, p. 188.

(12) Anderson, *J.H.St.*, XVII, p. 41.

(13) Oben, p. 60 n. 6.

3. *ὁ Βαρζανίσσης* ist wohl der Bischof von Vardenik' (Lokativ Vardenis), arabisch « Wartanīs, eine Festung in den Ländern von Sumaisāṭ (lies Šimšāṭ?)» bei Yāqūt (1), jetzt Vartenik am Muzūr Dāgh östlich von Egin (2). Ist der an achter Stelle genannte Bischof *ὁ Βαρζανίσσης ἤτοι Θαλουάσης* von unserem verschieden, so steckt der Name dieses Tall Wašē (3) vielleicht in dem von Baš Vartenik südlich von Vartenik (4).

4. *ὁ Μελοῦ,*

5. *ὁ Μελοῦ ἕτερος.* Dieses Bistum, das demnach zwei Bischöfe hatte (5), vermag ich nicht nachzuweisen. Steckt der häufige Flussname *Μέλας*-Qara-ṣū darin, den die Armenier mit Melos oder Mełos wiedergaben (6)? Eine Ausdehnung des Themas über den Euphrat hinaus in westlicher Richtung wegen des bekannten rechten Nebenflusses dieses Namens ist aber schwerlich anzunehmen.

Nach der Einnahme von Melitene (7) kamen durch die Erweiterung des Themas Mesopotamia zur Dioecese Kamachos hinzu:

6. *ὁ Ῥωμανουπόλεως* (8).

7. *ὁ τοῦ Τιλίου (Τιλείου).* Gelzers Annahme (9), damit sei T'il, T'iln avan in Ekełeac' gemeint, erfüllt wenigstens die Voraussetzung, dass der Ort in der Dioecese von Kamachos lag, während Markwart (10) in völlig unmöglicher Weise an eines der *τρία Τίλια* im Thema Likandos (11) bei Albistān denkt. Wenn er fortfährt: « Der Einwand, dass man dann *Τίλιον* der Eparchie Melitene zugeteilt erwarten sollte, trifft

(1) Yāqūt, IV, p. 919. Ṣafī ad-dīn, *Marāṣid*, III p. 284.
(2) Hübschmann, *Indogerm. Forsch.*, XVI, p. 471, Nr. 4.
(3) Markwart, *Südarmenien*, p. 181 Anm.
(4) Zu dem nur scheinbar türkischen Baš vgl. die Gleichsetzung von assyr. Uasi (Uaiais) mit Baš Qal'a bei Lehmann-Haupt, *Klio*, XV, 1918, p. 439 sq.
(5) Gelzer, *l. c.*, p. 565, spricht fälschlich von den « beiden Melon » und p. 566 vom « Bischof des ersten Melos » [sic].
(6) Saint-Martin, *l.c.*, I, p. 183.
(7) S. unten, p. 73.
(8) Ueber die Lage der Stadt, vgl. unten, p. 90-92.
(9) Gelzer, *Ungedr. Texte*, p. 580.
(10) Markwart, *Südarmenien*, p. 177, n. 1.
(11) Ann. Komn., II, p. 219, 14 Reifferscheid.

ebenso auch Romanopolis », so widerspricht dem die ausdrückliche Angabe des Konstantinos Porphyrogennetos (1), dass Romanupolis zum Thema Mesopotamia geschlagen worden war, das, wie wir sahen, genau der Dioecese Kamachos entsprach! Mir scheint, dass bei dieser Angliederung von Romanupolis und Chanzit auch die Zahl der Bistümer um zwei vermehrt wurde, und dass Tilion der Hauptstadt von Hanzīṭ, dem jetzigen Til-enzīṭ, Telanzīṭ (2) entspricht. Es ist wohl auch die Burg at-Tall, gegen die Saif ad-Daula im Sept. 938 von dem nahen Dādim (jetzt Tādem) aus seine Reiterei unter Ḥasan ibn ʿAlī al-Qawwās sandte (3).

Durch die Einrichtung der neuen Themata Mesopotamia und Likandos wurde unter den Kaisern Leon und Konstantinos das Gebiet von Malaṭya stark eingeengt. Die Stadt selbst gehörte nach dem Einnahmebudget des ʿAbbāsidenreiches, das im Jahre 306 H. (918/9) für die Jahre 303-304 (915-917) zusammengestellt wurde und im Geschichtswerke des Waṣṣāf erhalten ist (4), zu den unmittelbar dem Ḫalīfen unterstehenden Steuerbezirken. Unter diesen finden wir: 19. aṯ-Ṯughūr aš-Šāmiya. 20. Šimšāṭ (lies Sumaisāṭ) und Ḥiṣn Manṣūr. 21. Samsāṭ (lies Šimšāṭ) und Malaṭya.

Nach den ersten Erfolgen des Ioannes Kurkuas gegen die Stadt (927) musste ihr Emīr, sein Sohn und der Stadtkommandant die Oberhoheit des Kaisers anerkennen (5). Byzanz betrachtete das Gebiet der Meliteniaten wenigstens seit dieser Zeit als einen selbständigen Staat, der an das Ḫalīfenreich grenzte (6), ähnlich wie den der Ḥamdāniden. Aus dem geographischen Werke des Suhrāb, das nach November 904 (7) und vor dem Falle von Malaṭya verfasst ist, erkennen wir, wie die Grenzen nähergerückt sind: in byzantinischem Ge-

(1) Konst. Porph., *De adm. imp.*, p. 227, 4.

(2) Huntington, *Ztschr. f. Ethnol.*, XXXIII, 1901, p. 181 sq.; Haussknecht bei R. Kiepert, *Karte von Kleinasien*, Blatt *Diarbekr.*

(3) Freytag, *ZDMG*, X, p. 465. M. Canard (*Sayf al Daula*, Alger-Paris 1934, p. 71, n. 3) vermutet darin Tell Arsanās.

(4) v. Kremer, *Denkschr. Akad. Wien*, XXXVI, 1888, p. 301. 310.

(5) E. Honigmann, *Enz. Isl.*, s. Malaṭya.

(6) Konst. Porph., *De adm. imp.*, p. 226, 6 sq. 227, 12. 22.

(7) Suhrāb, *Kitāb ʿaǧāʾib al-aqālīm as-sabʿa*, ed. v. Mžik, p. 130, 6 (*Bibl. arab. Hist. u. Geogr.*, V).

biet (Bilād ar-Rūm) entspringt nicht nur der Nahr Ǧarǧāriya in der Gegend der Festung Ḫaršana (1), sondern auch der Nahr Qubāqib (jetzt Toḫma-ṣū) und sein Nebenfluss, der Nahr Qarāqīs (jetzt Sulṭān-ṣū), der unweit von Zibaṭra aus einem See kommen soll (2). Nach Qudāma (3), der um 930 schrieb,schnitt damals die byzantinisch-arabische Grenze den Euphrat zwischen N'rb(?) (4), Malaṭya und Sumaisāṭ (lies Šimšāṭ), also dicht bei Malaṭya. Auch er rechnet Zibaṭra ebenso wie Kamaḫ bereits zum romäischen Gebiet, während al-Ḥadaṯ dicht an der Grenze lag und es auch hinter Mar'aš nur noch feindliche Ländereien gab (5).

Am 19. Mai 934 nahmen Ioannes Kurkuas und Melias Melitene ein. Es entstand jedoch zunächst kein neues Thema (6), sondern der Kaiser « machte es wieder » (*ἀποκαταστήσας ὁ βασιλεύς*) zu einer *κουρατωρία* (7), d. h. zu kaiserlichem Land (8). Da die Einwohner die Stadt räumten und die Mauern geschleift wurden, lag sie 35 Jahre lang öde und ihr Gebiet war schutzlos den Einfällen des Saif ad-Daula und seines Mamlūken Naǧā' preisgegeben.

Unter der Metropolis Melitene nennen die *Nea Taktika* des Konstantinos Porphyrogennetos (um 940) folgende Bistümer (ihre armanischen Namen (9) in Parenthese):

(1) *Ibid.*, p. 120, 13. Über den Nahr Ǧarǧāriya vgl. oben, p. 54.

(2) *Ibid.*, p. 121, 1. 122, 7 sq.

(3) Qudāma, ed. DE GOEJE (*BGA*, VI), p. 233, 11.

(4) MARKWART, *Südarmenien*, p. 39*, n. 4: Abrīq? Ich möchte Ṯaghr Malaṭya vorschlagen. Oder steckt in *N'rb* ein älterer Name von Arabgīr? (« It is known in the old Turkish fiscal archives as Nareen » (TAYLOR, *JRGS*, XXXVIII, London 1868, p. 311).

(5) Qudāma, p. 216 ed., 165 trad. DE GOEJE.

(6) Von einem Thema Melitene oder seiner « incorporation... into a theme of the Empire » (RUNCIMAN, *Rom. Lecapenus*, p. 142) ist damals nirgends die Rede. Erst seit 1041 sind uns Strategen von Melitene bekannt (Mich. Attal., p. 22, 10. 121, 15).

(7) Theophanes cont., p. 417, 1. Symeon Magist., p. 742, 6 sq. Leo Gramm., p. 318, 11.

(8) *Κουρατωρία*: SOPHOKLES, *Greek lex.*, s. v.: « public treasury?? ». REISKE, *Const. Porph.*, ed. Bonn, II, p. 844 zu I, p.717, 18: *Quidquid peculium esset Imperatoris, curatoria dicebatur.* BURY, *Imp adm. syst.*, p. 88 sq., no. 7: « Imperial estates (*res privata*) ».

(9) Nach Ps.-Epiphanios, *Ἔκθεσις*, ed. FINCK, p. 26, 12 sqq.

α'. ὁ Ἄρκης γ'. ὁ Ἀραβισσοῦ (Arap'su)
β'. ὁ Κουκουσοῦ καὶ λοιπῶν (1)
(Kokison Hayoc')

Diese « übrigen » sind nach den codd. Athen. 1372. 1379 die gleichen, die schon im 7. Jahrhundert die sogenannte *Notitia des hl. Epiphanios* (2) und im 9. Jahrhundert der Armenier Basileios (3) anführen :

δ'. ὁ Ἀριαράθης ε'. ὁ Κομάνων (Čomēčn)

Zunächst war man also bestrebt, die kirchlichen Provinzen in ihrer alten Ausdehnung (4) wiederherzustellen. Aus diesem Grunde wurde auch Ariaratheia, das vorher zu Kappadokia I. gehört hatte, wieder Melitene unterstellt, dessen Dioecese nunmehr ungefähr die neue Kuratoria und das Thema Likandos umfasste. Vier neue Bistümer nennt cod. Athen. 1371 (5) :

α'. ὁ Ταράντων (Tarenda) ς'. ὁ Ἀρωμάνης (Ṛomann)
δ'. ὁ Ζερβῆς η'. ὁ Ἰβήρων.

Taranta (j. Derende) hatte bereits Basileios im Paulikianerkriege eingenommen. Arōmanē, bei Anna Komnene (6) Ῥωματ̃να, ist das Ḥiṣn ar-Rummāna (7) oder Qaryat Rummān (8) der Araber, das jetzige Ḫurman-Qal'esy. Ein Ἀβράμιος ἐπίσκοπος Ἀρωματ̃νης subskribierte auf einer Synode von 1031/2 (9).

(1) GELZER, der schon 1890 im *Georg. Cypr.*, p. 67 gedruckt hatte : [δ'.] καὶ Λυπῶν, sagt noch 1901 (*Ungedr. Texte*, p. 579, n. 1) : « Ich vermag den Zusatz nicht zu erklären » !

(2) GELZER, *Ungedr. Texte*, p. 538, col. 2. Epiphan., ed. FINCK, *l.c.*

(3) Georg. Kypr., v. 247 sq.

(4) τὰς ἐνορίας τῶν ἀρχιερατικῶν θρόνων : MANSI, XVII, p.488. GELZER, *ibid.*, p. 573.

(5) GELZER, *ibid.*, p. 579.

(6) Anna Komn., II, p. 219, 12 REIFFERSCHEID.

(7) Ibn Ḥauqal in *BGA*, II, p. 131, 15. al-Maqdisī in *BGA*, III, p. 150, 4. Ibn Bībī ed. HOUTSMA in *Recueil de textes rel. à l'hist. des Seldjoucides*, IV, p. 152, 14.

(8) al-'Umarī, *Bericht über Anatolien*, ed. TAESCHNER, I, Leipzig 1929, p. 9, 1. an-Nuwairī bei QUATREMÈRE, *Sult. Maml.*, I, 2, 1840, p. 142, n. 178.

(9) GERH. FICKER, *Erlasse des Patriarchen von K/pel Alexios Studites*, Kiel 1911, p. 27, 22 ; zur Datierung : VITALIEN LAURENT in : *Echos d'Orient*, XXVIII, 1929, p. 297. — Der Name des Bistums

Die beiden anderen Bistümer kann ich nicht identifizieren; an ihrer Stelle finden wir Aplast'ayn *τὰ Πλαστά*, j. Albistān) und Honin (j. Hunu in der armenischen Version Mit den monophysitischen Klosterbistümern der syrischen Chronisten (1), die fast alle nahe am Euphrat unterhalb von Melitene lagen, haben sie nichts zu tun.

Ein Jahr nach der Eroberung von Melitene (935) taucht zum erstenmal ein neues Thema, *τὸ Χαρπεζίκιον*, auf, das nur bis um die Mitte des Jahrhunderts bestanden haben kann; es wird zum letztenmal 949 erwähnt und kommt überhaupt nur in der Schrift *de caerimoniis* (2) des Konstantinos Porphyrogennetos vor (3). Da es in dem zwischen 949 und 952 verfassten (4) Traktat *de administrando imperio* fehlt, vermutet E. Stein, dass es zu dieser Zeit in die Themen *τοῦ Χοζάνου* und *τοῦ Ἀσμοσάτου* zerlegt worden sei, die dort an seiner Stelle genannt werden. Stein sucht es also ebenso wie schon Julian Kulakovskij (5) in Armenien und vermutet, dass sein Name mit dem der Stadt Ḫarpūt zusammenhängt. Nun sieht allerdings der Name Charpezikion wie ein armenisches Deminutiv von *Χάρπετε* aus, wie diese Stadt bei Skylitzes (6) heisst. Für die Aussprache des *τ* als *ζ* könnte man in *Βαρζάνισσα* = Vartenis (7) eine Analogie finden. Doch wäre dann die armenische Deminutivendung -ik an die griechische Form *Χάρπετε* statt, wie zu erwarten, an das armenische Ḫarberd angefügt (8) Jedenfalls aber ist Charpezikion von Charpete zu unterscheiden, ob nun sein Name « Klein-Charpete » bedeutet oder nicht Das Thema ist unmittelbar nach der Einnahme von

ist wohl aus dem inschriftlich (Sterrett, *Papers of the American School at Athens*, II, n. 352; auch bei Ramsay, *Hist. Geogr. of Asia Minor*, p. 309) genannten antiken *Σαρρομάηνα* entstanden. Tomaschek, *Festschrift für H. Kiepert*, p. 144, hielt es für Ḫurmanköi.

(1) Gelzer, *Ungedr. Texte*, p. 579 sq.

(2) Konst. Porph., *de caer.*, p. 662, 18. 666, 22. 667, 7. 669, 6.

(3) E. Stein, *Götting. Gelehrte Anzeigen*, 1931, p. 118 sq.

(4) Bury, *Byz. Ztschr.*, XV, p. 517-577.

(5) J. Kulakovskij, *Drung i drungarij*, in: *Viz. Vrem.*, IX, 1902, p. 18, n. 1.

(6) Kedren.-Skylitz., II, p. 419, 13, cod. Coislin. 136 (= Skylitzes).

(7) S. oben, p. 71.

(8) Vgl. das benachbarte Berdek (« Schlösschen »), jetzt Pertek am Murad-ṣū.

Melitene, also zweifellos aus einem Teil des melitenischen Gebietes, entstanden. Von modernen Ortsnamen kommen zwei als Aequivalente in Betracht. Ein Ort Charpazuk liegt 16 km. nordwestlich von ʿArabgīr (1). Entspricht er Charpezikion, so wäre das Thema aus Landstrichen nördlich von Melitene gebildet worden. Wahrscheinlich aber ist das Thema vielmehr mit Stein östlich des Euphrat zu suchen. Da die Gegend südlich vom Arsanias mit Chanzit (2) und dem südlich davon gelegenen (3) Romanupolis nach 934 zu Mesopotamia geschlagen wurde, so kommen nur, wie Stein erkannt hat, die einst sarakenischen Gebiete östlich davon, also Chozanon und Asmosata (4), in Betracht. Das letztere, arabisch Šimšāṭ, scheint jedoch im September 938 noch arabisch gewesen zu sein, da Saif ad-Daula, der damals Ḥiṣn Ziyād (Ḫarpūt) belagerte, sich vor dem Domestikos gegen Šimšāṭ hin zurückzog (5).

Das neugegründete Charpezikion stellte vielleicht zunächst den Grundstock für ein Thema dar, das später durch Angliederung weiterer Eroberungen vergrössert werden sollte, so wie Dēgikʿ zum Thema Mesopotamia anwuchs. Selbst

(1) J. G. Taylor, *Journ. of the R. Geogr. Soc.*, XXXVIII, 1868, Karte bei p. 281 ; danach bei R. Kiepert.

(2) Armenisch Anžitʿ mit den beiden Orten Cowkʿ und Hoiĕ-berd, d.i. Ḫarberd oder Ḫarpūt, von dem Stein, *l.c.*, p.119, n.1 mit Unrecht bestreitet, dass es zu Chanzit gehörte (vgl. Ps.-Moses Ḫoren., p. 30 ed. Soukry). *Χάρπετε* wird auch 976 zum Thema Mesopotamia gerechnet (Kedren.-Skylitz., II, p. 419, 13). Der zur Orthodoxie bekehrte monophysitische Bischof Moses von Ḥesnā de-Ziyād (Mich. Syr., III, p. 141. 143) d. i. Ḫarpūt, wird in einem Synodalerlass vom Mai 1030 als *ὁ ἀπὸ Μεσοποταμίας Μωϋσῆς* bezeichnet (G. Ficker, *Erlasse des Patriarchen von Konstantinopel Alexios Studites*, Kiel 1911, p. 13, lin. 16). Abbeloos und Lamy hielten in ihrer Ausgabe von Barhebraeus' *Chronicon ecclesiasticum* (p. 430), in der er nur Moses von Ḥesnā genannt wird, dieses Bistum für Ḥiṣn Manṣūr, Ficker (*l. c.*, p. 13, n. 4) trotz Kenntnis der Stelle bei Michael Syrus für Ḥiṣn Kaifā « in Mesopotamien », da ihm bei diesem das byzantinische Thema nicht in den Sinn kam !

(3) S. unten, p. 90-92.

(4) Konst. Porph., *De adm. imp.*, p. 226, 3 sq.

(5) Ǧamāl ad-Dīn ibn Ẓāfir, *Kitāb ad-duwal al-munqaṭiʿa*, bei Freytag, *ZDMG*, X, p. 465 ; der Text bei Canard, *Sayf al Daula*, p. 71 sq., wo p. 72, n. 1 nach p. 427 zu verbessern ist.

das kleine Dēgik' scheint Leon erst allmählich (1) durch Verhandlungen mit den Söhnen Manuels erworben zu haben, die ihm nicht den Gau im Ganzen, sondern ihre *κα-στέλλια* (2) einzeln überliefert haben mögen.

Dēgik' reichte bis zum Flusse von Č'emeškacagk', da diese Stadt schon zu Ḫozan gehörte (3). Etwa 20 km ostsüdöstlich von ihr verzeichnet R. Kiepert (4) eine Festung « Kurmizak Kale ». Kieperts Quelle ist Taylor, der jedoch (5) von « old ruins... called Kurmizak or *Kurbizak* Kalla » spricht. Dieselbe Burg ist auf der türkischen Karte in 1 : 200.000 von 1332 H. (1916/7), Blatt Ḫarpūt (am oberen Rande) eingetragen, wo der Name Čarpīzik- (*Črpyzk-*) qal'esy geschrieben ist. Bei anderer Punktierung des ersten Buchstabens (ḫ statt č) liesse er sich Ḫurpīzak oder Ḫarpēzik lesen, könnte also dem des Themas Charpezikion entsprechen. Auch Barhebraeus (6) nennt die Festung Khārbīzag neben Ḥesnā de-Zaid (Ḫarpūt) ; Markwart (7) hält ihren Namen mit Unrecht für eine Verschreibung von Ḫārberd. Im Gebiete dieser Festung möchte ich die Anfänge des späteren Themas Chozanon sehen, das als solches erst um 950, vermutlich nach Besetzung der gleichnamigen Hauptstadt (jetzt Ḫozat), entstanden sein wird.

In dieselbe Zeit, jedenfalls zwischen 938 und 952, fällt die Errichtung des Themas *τοῦ 'Ασμουσάτου* (8). Seine gleichnamige Hauptstadt war damals wieder kirchliche (autokephale?) Metropolis (9), was sie früher schon gewesen war, wie die

(1) Vgl. den Wechsel von Aorist und Perfekt in *De adm. imp.*, p. 226, 16. 18 sq.

(2) Konst. Porph., *De them.*, p. 31, 4.

(3) Matth. von Uṙhay, I, 15, p. 23 Jerus., p. 16 trad. Dulaurier. Hübschmann, *Indogerm. Forsch.*, XVI, p. 304.

(4) R. Kiepert, *Karte von Kleinasien*, Blatt B V, Sivas.

(5) Taylor, *JRGS*, XXXVIII, p. 321.

(6) Barhebraeus, *Chron. syr.*, p. 471. 533 ed. Bedjan.

(7) Markwart, *Südarmenien*, p. 105, n. 1.

(8) Konst. Porph., *De adm. imp.*, p. 226, 4.

(9) *Nea Taktika* in Gelzer's *Georg. Cypr.*, v. 1774 : *τῶν 'Ασμωσάτων* ; cod. Athen. 1374, fol. 482v. 488v, bei Gelzer, *Ungedr. Texte*, p. 567.

Unterschrift des Ἀβραάμιος μητροπολίτης Ἀμιδῶν καὶ Σαμοσάτων Ἀρμενίας (nicht des syrischen Samosata!) vom Jahre 879 beweist (1). Von einem Metropoliten Nikolaos, der auf einem Konzil von 1031/2 subskribierte (2), ist auch eine Bleibulle erhalten (3). Eine andere Bleibulle mit der Aufschrift Κ(ύριε) βοήθ(ει) Ταυτούκᾳ προέδρῳ καὶ κατεπάνῳ Σαμουσάτω(ν) stammt nach einer Vermutung SCHLUMBERGERS (4) von Tautukas (5), dem Sohne Manuels von Dēgikʻ (6). Dieser ist nach MARKWART mit Μουδάφαρ (7) d. i. arab. al-Muzaffar, identisch, den Kaiser Leon mit hohen Ehren und Ländereien ἐν Τραπεζοῦντι belohnte. Der Name kommt freilich auch sonst vor (8).

Über die Lage von Ašmušat, arab. Šimšāṭ, in der Gegend von Ḫarāba und Yarymǧa (9) berichtet HUNTINGTON (10) : nach Angabe eines « alten Buches » im Besitze eines Bewohners von Nāǧarān habe dort einst eine Stadt gestanden, deren zwei Teile Samusat und Ašmušat geheissen hätten ; ebenso hörte ERNST LOHMANN (11), Ḫarāba entspreche Samosad und Nāǧarān sei Ašmušat. Vermutlich handelt es sich dabei allerdings nur um gelehrte Kombinationen einheimischer Armenier ; denn die Namen Arsamosata und Ašmušat bezeichnen sicherlich dieselbe Stadt.

Ob *Chozanon* (12) jemals Sitz eines Bischofs war, wissen wir nicht.

(1) MANSI, XVII, p. 445.

(2) G. FICKER, *Erlasse des Patr. v. Kpel Alex. Stud.*, p. 27, n. 1.

(3) V. LAURENT, *Echos d'Orient*, XXVIII, 1929, p. 295-298.

(4) G. SCHLUMBERGER, *Sigillogr.*, p. 316, wo jedoch fälschlich von einer Rebellion des Pankratukas die Rede ist und Σαμουσάτων mit Samosata statt Asmosata = Ašmušat identifiziert wird (ebenso von J. LAURENT, *Byz. et les Turcs Seldj.*, p. 30). Als Strategensitz τῶν Παρευφρατιδίων ist Samosata erst um 1030 nachweisbar (Kedren.-Skylitz., II, p. 500, 17. LAURENT, *l.c.*, p. 30. 31, n. 4.)

(5) Mittelarmen. Tavtʻuk, ein Hypokoristikon zu Tavitʻ : MARKWART, *Südarmenien*, p. 55 sq., n. 1.

(6) Konst. Porph., *De them.*, p. 31, 3.

(7) Konst. Porph., *De adm. imp.*, p. 226, 15. 18.

(8) Syr. Tabtūg : Mich. Syr., III, p. 198 trad. CHABOT.

(9) Vgl. MARKWART, *Südarmenien*, p. 240 sq.

(10) HUNTINGTON in *Ztschr. f. Ethnol.*, XXXII, 1900, p. 149.

(11) E. LOHMANN in *Globus*, XC, 1906, p. 53.

(12) Michael Syrus (IV p. 678, linke Kolumne ; III p.321 trad. CHA-

Eine etwas längere Dauer als Charpezikion war dem Thema von *Theodosiopolis* (1) beschieden. Nachdem Theophilos, der Bruder des Ioannes Kurkuas, die Stadt nach einer Belagerung von sieben Monaten eingenommen hatte (2), wurde er zu ihrem Strategen ernannt (3). Zu dem Thema kam wohl auch das

BOT) spricht zum Jahre 1474 (1163 Chr.) von der Festung des Šumuškīg, Khīzan, Khorsen und Tell Paṭrīq. Mit den drei ersten sind wohl Č'emeškacagk', Ḫozan und Ḫorzeank' gemeint; die vierte Festung lag am Euphrat unweit vom jetzigen Keban Ma'den.

(1) Arab. Qālīqalā, armen. Karin, jetzt Erzerūm.

(2) Das wichtige Ereignis lässt sich merkwürdigerweise nicht sicher datieren. Mich. Syr., III, p. 123, erwähnt die Einnahme gleich nach der von Melitene, also etwa 934 oder 935. Weder Konst. Porph., *De adm. imp.*, p. 204, 25, noch die *Georgische Chronik* helfen weiter. MARQUART (*Osteurop. Streifzüge*, p. 428) spricht vom Jahre 939 unter Berufung auf MURALT, *Essai de Chronogr. byz.*, I, p. 509. Dieser führt aber die gleichen Stellen schon p. 505 zum Jahre 928 (so auch RAMBAUD, *L'empire grec au Xe siècle*, 1870, p. 422) an, zum Teil sogar schon p. 501 zu 923! Die arabischen Autoren schweigen völlig von der Einnahme. Was WEIL (*Gesch. d. Chal.*, II, p. 638, n. 2) zum Jahre 316 (928) von Erzerūm meldet, bezieht sich in Wahrheit auf Arzan bei Se'ert (Ibn al-Aṯīr, VIII, p. 146)! RUNCIMAN (*Roman. Lecapenus*, p. 139, n. 6. 140), der die Einnahme vermutungsweise schon in das Jahr 930/1 setzt, behauptet p. 140, die Griechen seien noch 939 gegen Erzerūm gezogen und hätten es erst 949 endgültig eingenommen. Doch ist zu 939 nur von einem Zuge des Saif ad-Daula gegen die Stadt (arab. Qālīqalā) und vom Bau der Festung Hafǧīǧ gegenüber von ihr die Rede, und 949 eroberten die Griechen nach Yaḥyā ibn Sa'īd al-Anṭākī « die Stadt Kilīkiyā » (so die Hss BLS und CHEIKHO), deren Namen VASILIEV, auch *Patrologia Orientalis*, XVIII, p. 768, 1 (wie ich aus der ungenauen Schreibung schliessen möchte, ohne handschriftliche Gewähr) in Qalīqalā (richtig Qālīqalā!) geändert hat. Nach Steph. Asołik, III, 7, p. 38 trad. MACLER soll Karin allerdings 949/50 (398 der armen. Aera) vom Domestikos Tzimiskes erobert worden sein. — Die Erwähnung einer Einnahme von Theodosiopolis in Leons *Taktika* (*Constit.* XVIII, 141, bei MIGNE, *P. G.*, CVII, col. 981A) dürfte die Einnahme durch Kaiser Konstantinos Kopronymos im Jahre 751 (al-Balāḏurī, p. 199 ed. DE GOEJE) oder 754/5 (Barhebraeus, *Chron. syr.*, p. 123 ed. BEDJAN: a. 1066 Gr., ; Łevond, p. 129 ed. EZIAN, Pbg. 1887) betreffen. RAMBAUD's Versuche (*l. c.*, p. 88), einige Stellen der *Taktika* erst auf die Mitte des x. Jahrhunderts zu beziehen, sind misslungen (vgl. HIRSCH, *Goetting. gelehrte Anzeig.*, 1873, p. 496 sq.); über ihre Datierung vgl. GRÉGOIRE, *Byzantion*, VII, p. 671.

(3) Konst. Porph., *De adm. imp.*, p. 204, 2.

Land südlich des Araxes (Ἔραξ ἤτοι Φάσις) (1) mit den Festungen *Μαστάτου* (Lage mir unbekannt) und *Ἀβνίκου* (jetzt Awnīk oder Ǧiwān Qal'a), die vorher zum Gebiete der Theodosiopoliten gehört hatten. Als Saif ad-Daula 328 (940) gegen Qālīqalā zog, waren die Griechen mit dem Bau von Hafǧīǧ (2), armen. Havčič' (3), am Bingöl-Dāgh beschäftigt. Sie brannten es zwar damals nieder und flohen ; doch finden wir es im 11. Jahrhundert wieder als Bistum unter Trapezunt. Später (978) wurde Theodosiopolis (Karin) dem Kuropalaten Davit' von Iberien überlassen (4).

Die Entstehung der übrigen armenischen Themata fällt erst in das 11. Jahrhundert und soll daher an anderer Stelle behandelt werden (5).

IV. Die Taurosgrenze.

Von dem Verlauf der Grenzlinie zu einem Zeitpunkte zwischen 934 und 968 besitzen wir noch eine kurze, aber wertvolle Beschreibung. Sie steht in der Schrift *περὶ παραδρομῆς πολέμου*, die nach Aufzeichnungen des Feldherrn und späteren Kaisers Nikephoros Phokas von einem Offizier herausgegeben wurde (6), und zwar erst nach dem Tode seines Mörders Tzimiskes unter dessen beiden Nachfolgern, also nach 976 (7). Die ursprünglichen Aufzeichnungen sind aber kaum verändert, und der Herausgeber erwähnt nur im Anfange des Prooimions, dass ihr Inhalt eigentlich (seit der Eroberung grosser Teile Syriens und Mesopotamiens) zur gegenwärtigen Lage nicht mehr passe (8). Er bezieht sich ausschliesslich auf den Kleinkrieg des Caesars Bardas Phokas und seiner drei Söhne Nikephoros, Leon und Konstantinos gegen den Ḥam-

(1) *Ibid.*, p. 203, 21.
(2) *Χαβτζίτζιν*, unten, p. 194-196.
(3) Steph. Asoł., p. 276. Markwart, *Südarmenien*, p. 492 sq.
(4) Steph. Asoł., III, 15.
(5) Unten, p. 146 sqq.
(6) *De velitatione bellica*, ed. C. B. Haase im Bonner Corpus hinter Leo Diac., p. 186, 3 sq. ed. Bonn.
(7) Haase's praef., p. xxiii.
(8) *Ibid.*, p. 183.

dāniden Saif ad-Daula, also auf die letzten Jahre des Konstantinos Porphyrogennetos und die ersten des Romanos II., etwa von 945 bis 960. Das zeigt auch die Grenzbeschreibung, die anscheinend nach der Einnahme von Samosata (958) und vor dem siegreichen Zuge gegen Beroia (962), also wohl noch unter Romanos II., verfasst ist (1). Genauer gesagt ist es eine Beschreibung der Passwege, auf denen die Sarakenen nach ihren Einfällen in Kleinasien sich in ihr Gebiet zurückzuziehen pflegten (2): *δι' οἵας γὰρ ὁδοῦ διελθεῖν βουληθῶσιν, ἀπό τε τῶν ἐν Σελευκείᾳ κλεισουρῶν καὶ τοῦ τῶν 'Ανατολικῶν θέματος, καθὰ τὰ Ταυρικὰ ὄρη τήν τε Κιλικίαν διορίζουσι Καππαδοκίαν τε καὶ Λυκανδόν· πρὸς τούτοις δὲ* (3) *καὶ τὰ παρακείμενα Γερμανίκειάν τε καὶ 'Αδατᾶν καὶ τὸ Καησοῦν, καὶ τοῦ Δαουθᾶ Μελιτήνην τε καὶ τὰ Καλούδια· καὶ τὰ πέραθεν τοῦ Εὐφράτου ποταμοῦ διορίζοντα τήν τε τοῦ Χανζῆτι λεγομένην χώραν καὶ τὴν πολεμίαν ἄχρι 'Ρωμανουπόλεως· ἐν ὅλοις τοῖς τοιούτοις θέμασι, δι' οἵας ἂν ὁδοῦ ὑποστρέφοντες διελθεῖν πρὸς τὴν ἰδίαν βουληθῶσιν, κ.τ.λ.*

Diese Schilderung der Tauropässe erläuterten schon Ramsay (4) und Anderson (5), deren Ausführungen jedoch, wie mir scheint, einige Berichtigungen notwendig machen.

Die Grenze begann im Westen am Lamos-Flusse (Nahr al-Lāmis), an dessen Ufern gewöhnlich der Austausch der Gefangenen stattfand, nach al-Mas'ūdī (6) zuerst im Jahre 189 (805), zum zwölftenmal 335 (946/7 n. Chr.) (7). Barhebraeus (8) nennt ihn unrichtig den « Fluss von Selūqiya, der an der

(1) S. unten, p. 87.

(2) Cap. 23, p. 250, 15 sqq. ed. Bonn; Migne, *P.G.*, CXVII, col. 1000B.

(3) Scil. *τοῖς θέμασι* (zu ergänzen aus dem Schluss *ἐν ὅλοις τοῖς τοιούτοις θέμασι*, allerdings nur im allgemeinen Sinne: « Gegenden »), nicht was Anderson (*J.H.St.*, XVII, p. 332, n. 2) ergänzt! Dem Sinne nach handelt es sich freilich um eine Aufzählung der Taurospässe.

(4) Ramsay, *As. Min.*, p. 349-356: The Passes over the Taurus.

(5) Anderson, *J.H.St.*, XVII, p. 22-31.

(6) al-Mas'ūdī, *Kitāb at-tanbīh*, p. 189-196; trad. Carra de Vaux, p. 255-263.

(7) Auch bei Theoph. cont., p. 443, 10 Bonn zum Jahre 945 erwähnt, in dem die Verhandlungen begannen.

(8) Barhebraeus, *Chron. syr.*, p. 154 Bedjan.

Grenze von Ṭarsos ist ». Auch sonst fanden die Auswechselungen an Grenzflüssen statt; so z. B. 938 in Badandūn am gleichnamigen Flusse (1), oder im Raǧab 355 (Juli 966) in al-Maʿqula am Ufer des Euphrat (2). RAMSAY sucht die « *Pässe* (*κλεισοῦραι*) *in* [*dem Thema*] *Seleukeia* » viel zu weit westlich, da er zufälligen Namensanklängen zuliebe Kylindros mit Kelenderis und Andrassos mit Adrassos gleichsetzt (4). Es kann sich bei diesen Pässen nur um die leicht versperrbare Strasse handeln, die am Rande des zerklüfteten, unpassierbaren Karstgebirges an der isaurischen Ostküste entlang nach Seleukeia führte (5). Die Quelle des Lamos lag an der äussersten Südostecke des Themas Anatolikon.

Von dort streichen die Tauroskämme nach Nordosten als Grenze zwischen Kilikien (Ṯughūr aš-Šām) einerseits und den Themen Kappadokien und Likandos andererseits. In diesem Grenzabschnitt liegen die bekannten kilikischen Pässe nördlich von Tarsos. Die Schrift *de velitatione bellica* spricht (6) von dem Einfalle in Kilikien, den der ältere Nikephoros Phokas im Jahre 900 machte, um die Araber von der Belagerung des *κάστρον Μισθείας* im Thema Anatolikon (7) abzuziehen. Der Feldherr fiel *διὰ τῆς ὁδοῦ τῆς τοῦ Μαυριανοῦ* in das Gebiet von Adana ein, verwüstete es und drang bis zum Meere vor, lagerte dann an der Kydnosbrücke, über die der Weg nach Adana führte (8). Als nun die Belagerer von Mistheia zurückeilten, entging er ihnen mit seiner Beute *διὰ τῆς ὁδοῦ τοῦ Καρυδίου λεγομένης*, während sie ihn auf dem Maurianischen Wege erwarteten. Da Nikephoros zuerst nach Adana, dann zum Kydnos gelangte, ist gewiss der Hinweg östlicher zu suchen als der Rückweg. Unter Karydion

(1) RUNCIMAN, *Romanus Lecapenus*, p. 143, n. 1.

(2) al-Muḥsin at-Tanūḫī, *Nišwār al-Muḥaḍara*, ed. D. S. MARGOLIOUTH, London 1921, p. 251; transl. 1922, p. 261.

(3) RAMSAY, *Asia Minor*, p. 367 und öfter.

(4) S. unten, p. 86, n. 4.

(5) Vgl. KEIL und WILHELM, *Denkmäler aus dem Rauhen Kilikien*, in *Monumenta Asiae Minoris Antiqua*, III, 1931, p. 2.

(6) *De velitatione bellica*, c. 20; p. 242, 3-25 Bonn; MIGNE, *P.G.*, CXVII, col. 989C. 992B.

(7) RAMSAY, *Asia Minor*, p.332: jetzt Monastir westlich von Qōnīya.

(8) Tarsos wird sonderbarerweise hier nicht erwähnt.

(« Nussbaum ») will RAMSAY [1] die Strasse nördlich von Podandos über Fündükly verstehen, und GRÉGOIRE [2] vermutet in der « *porta quae dicitur Juda* » bei Albertus Aquensis [3] einen Anklang von Karydion an Karia, die Heimat des Judas Ischariot. Doch dürfen wir wohl in beiden nur mit TOMASCHEK [4] den Pass al-Ǧauzāt (« die Nussbäume ») der Araber [5], also die bekannten kilikischen Pässe (Gülek Boghāz) sehen. Die Maurianische Strasse führte demnach wohl durch das Tal eines Nebenflusses des Saros, entweder des Körkün-ṣū oder des Zamanti-ṣū.

Von demselben Ereignis berichten wohl auch die *Taktika* Kaiser Leons [6], wo als Beispiel für die gleiche Kriegslist von dem Einfall des Emirs *Απουλφέρ* nach Kappadokien und einer gleichzeitigen Verwüstung von Tarsos (d. h. der Umgebung der Stadt) und ganz Kilikien durch Nikephoros die Rede ist [7]. An einer anderen Stelle in Leons *Taktika* [8] hören wir von einem Zuge des Nikephoros nach Syrien, auf dem er dem gleichen Eunuchen Apulpher entging; wahrscheinlich handelt es sich in diesem Falle um die Expedition

(1) RAMSAY, *l. c*, p. 351. VASILIEV, II, p. 119, n. 5.

(2) GRÉGOIRE in *Bull. Acad. R. de Belg.*, Cl. des lettres, 5. Sér., XVII, 1931, p. 486-488.

(3) Albertus Aquensis, *Hist.*, III, 5, in *Hist. occid. des crois.*, IV, p. 342 C.

(4) TOMASCHEK, in *Sitz.-Ber. Akad. Wien*, 1891, VIII Abh., p. 84 sq.

(5) Ibn Ḫurdāḏbih, p. 73 ed., p. 100 trad. DE GOEJE.

(6) Leonis *Tactica, const.* XVII, c. 83; MIGNE, *P.G.*, CVII, col. 933C: *Τοιοῦτον πεποίηκε Νικηφόρος ὁ ἡμέτερος στρατηγός. Ἀπουλφέρου γὰρ τοῦ τῶν Σαρακηνῶν ἀμηρᾶ τὴν Καππαδοκίαν καταδραμόντος, αὐτὸς τὴν Ταρσὸν καὶ πᾶσαν Κιλικίαν κατεληΐσατο, πολλὴν Σαρακηνοῖς ἐργασάμενος τὴν βλάβην.*

(7) Unrichtig referiert bei RAMBAUD, *l. c.*, p. 87, der an Saif ad-Daula anno 951 denkt.

(8) Leonis Imp. *Tactica*, const. XI, c. 25; MIGNE, *P. G.*, CVII, col. 800A: *Τοῦτο δὲ καὶ Νικηφόρον ἴσμεν τὸν ἡμέτερον στρατηγὸν πεποιηκέναι, ὅτε κατὰ Συρίαν ἀπεστάλη παρ' ἡμῶν μετὰ δυνάμεως ἱκανῆς, πολλήν τε ποιησάμενος λεηλασίαν, καὶ οὕτω μετατεθεὶς ἐν μέσῃ τῇ πολεμίᾳ, τῶν ἐχθρῶν αὐτοῦ που συνηγμένων οὓς Ἀπουλφὲρ ὁ εὐνοῦχος ὁ τῶν Σαρακηνῶν στρατηγὸς ἐπεφέρετο, ἤγουν τῶν βαρβαρικῶν δυνάμεων τήν τε αἰχμαλωσίαν τὴν βαρβαρικὴν καὶ πᾶσαν τὴν ἄλλην πραῖδαν ἣν εἶχεν ἀβλαβῶς διεσώσατο λεηλατήσας τὴν πολεμίαν.* Vgl. VASILIEV, *Vizantiya i Arabi*, II, p. 120, n. 2

nach Kaišūm im Jahre 900, bei der die Romäer 15.000 Gefangene fortschleppten (1). « Zu derselben Zeit », fährt die Schrift *de velitatione bellica* nach dem oben angeführten Berichte über Nikephoros' Zug nach Kilikien fort, « pflegte der Stratege von Likandos (den es seit 914 gab) und den benachbarten Grenzthemen, wenn *'Αλὴμ ὁ υἱὸς τοῦ Χαμβδᾶ* (2) in die Romania einfiel, auf anderen Wegen in das Gebiet von Chalep und Antiocheia einzudringen » (3). Hier begeht freilich der Verfasser der Schrift einen grossen chronologischen Irrtum, indem er den Feldherrn des Kaisers Leon mit dem jüngeren Nikephoros Phokas, dem Gegner des Saif ad-Daula und späteren Kaiser, zusammenwirft, wie aus den Worten *ἐν τοῖς αὐτοῖς χρόνοις* hervorgeht. Unter dem Strategen von Likandos und den benachbarten Grenzthemen ist vielleicht Theodoros der Einäugige (al-a'war), der Patrikios von Samandū und Luqandū, zu verstehen (4).

Bei diesen Zügen nach Syrien überschritt man den Tauros meiste auf den östlichen Passstrassen bei Germanikeia und Adatā.

Die Hauptstrasse nach Germanikeia-Mar'aš führte am Pyramos (Ǧaiḥān) entlang. Wenigstens eine Strecke auf ihr muss, wie wir sahen, Kaiser Basileios I. gezogen sein, wie sie auch schon Herakleios im Jahre 626 (5) und mancher seiner Nachfolger eingeschlagen hatte (6). Im 3. Kapitel unserer Schrift (7) erinnert der Verfasser daran, dass der Ḥamdānide dreimal in grosse Gefahr geraten war und auf Umwegen hatte fliehen müssen, zweimal unter Konstantinos Porphyrogennetos, einmal unter Romanos. Das erste Mal wurde Saif ad-Daula auf den Rückwege von seinem Zuge nach Samandū,

(1) Barhebraeus, *Chron. syr.*, p. 170 ed. Bedjan.

(2) 'Alī ibn Ḥamdān, bekannt als Saif ad-Daula, der erste Ḥamdānide von Ḥalab, war seit 333 H. (944) in Syrien und begann 336 (947) die Sommerfeldzüge (aṣ-ṣā'ifa) gegen die Byzantiner.

(3) *De velitatione bellica*, p. 243, 6 sqq.

(4) Über Theodoros von Samandū und Luqandū (s. o., p. 69) vgl. M. Canard, *Sayf al Daula*, p. 107, n. 5. 152, n. 1. 314, n. 1, 315, n. 2.

(5) Theoph., p.312 sq. de Boor. Anderson, *J.H.St.*, XVII, p.33 sq.

(6) Schon der umaiyadische Hofdichter 'Adī b.ar-Riqā' (um 710 Chr.) nennt den Fluss Ǧaiḥān al-ǧuyūš, « Heeres-Ǧaiḥān » (Nöldeke *ZDMG*, XLIV, 1899, p. 699 sq.).

(7) *De velit. bell.*, p. 191, 16 sqq.

Ḫaršana und Ṣāriḫa vom Domestikos am 6. Ǧumādā 339 (20. Novemb. 950) in dem Engpass Darb al-Kankarūn im Gebiete von al-Ḥadaṯ überfallen (1). Der Name (2), mit leichter Änderung Kankrūt lesbar, erinnert an das armenische Kangṙot (« Artischokenort ») und das Gebirge Konkernat, die in der Nähe von Zaitūn, wohl auch westlich des Ǧaiḥān, zu suchen sind (3). Die Variante al-Ḥauzāt, lies al-Ǧauzāt (« die Nussbäume »), die sich dafür findet (4), lässt uns ebenso wie die Lokalisierung in der Nāḥiye von al-Ḥadaṯ vielmehr an das Gebiet östlich des Ǧaiḥān bei dem jetzigen Engüzek-Dāgh denken, dessen Name wohl von dem der Festung Enkuzut (« nussreich ») abzuleiten ist (5).

Mit der zweiten Niederlage des Saif ad-Daula ist wohl die Schlacht bei Ra'bān im Ša'bān 347 (Okt./Nov. 958), also genau ein Jahr vor Konstantinos' Porphygennetos Tode, gemeint, die den Griechen den Besitz von Samosata sicherte (6). Das dritte Mal geriet er am 15. Ramaḍān 349 (8. Novemb. 960) auf dem Rückwege von einem Siegeszuge nach Ḫaršana in einen Hinterhalt, den ihm der Domestikos Leon Phokas zusammen mit dem Strategen von Kappadokien, Maleïnos, und denen der anderen Themen in den *δυσχωρίαι* (7) gelegt hatte. Diesen Engpass nennen die Araber Darb maghārat al-kuḥl (8) oder al-kuǧuk (9); die Byzantiner bezeichnen ihn entweder nach dem benachbarten Ort *'Ανδρασσός* (10)

(1) Yaḥyā ibn Sa'īd trad. I. KRATCHKOVSKY et A. VASILIEV p. 70 = *Patrol. Oriental.*, XVIII, p. 768, 7. *ZDMG*, XI, p. 188. CANARD, *l. c.*, p. 92, n. 3.

(2) In CHEIKHO's Ausgabe, p. 122, 14 die Variante: Darb al-Kīkarūn, was schon MURALT (*Chronogr.*, p. 525) mit « Défilé de Ciceron » wiedergab!

(3) ALISHAN, *Sissouan*, p. 196a.

(4) FREYTAG, *ZDMG*, XI, p. 188, n. 1. CANARD, *Sayf al Daula*, p. 375, n. 2. Zu unterscheiden von dem westlichen Pass al-Ǧauzāt, oben p. 83.

(5) TOMASCHEK, *Festschrift für Kiepert*, p. 142. HÜBSCHMANN, *Altarmen. Ortsnamen, Indog. Forsch.*, XVI, p. 429.

(6) Yaḥyā, p. 77 = *Patr. Or.*, XVIII, p. 775. *ZDMG*, XI, p. 194.

(7) Leon Diak., p. 22, 15 Bonn.

(8) Yāqūt, I, p. 929, 4.

(9) So die Hss des Yaḥyā, p. 83 ed. KR.-VAS. = *Patrol. Orient.*, XVIII, p. 781, lin. 8.

(10) Theoph. cont., p. 479, 21. Kedren.-Skylitz., II, p. 341, 11.

oder als τὴν κλεισοῦραν τὴν οὕτω καλουμένην Κύλινδρον (1). Es ist wohl der Pass al-Kussuk am Ǧaiḥān (2), bei dem sich noch jetzt eine Höhle findet (3). Ramsay (4) wollte Andrassos mit Adrasos in Isaurien (5) und Kylindros mit Kelenderis gleichsetzen. Dann hätte aber Saif ad-Daula noch nach der Katastrophe an der Hauptstadt des Themas Seleukeia vorbeiziehen müssen! Zudem erzählen die arabischen Autoren, die Hilfstruppen von Tarsos hätten ihn gewarnt, denselben Pass wie auf dem Hinwege zu wählen, und ihm geraten, mit ihnen zusammen zurückzuziehen, was er aber ablehnte. Da er von Ḫaršana kam und nach dem Überfall über al-Ḥawānīt (6) nach al-Maṣṣīṣa floh, ist ein Zug durch Isaurien, auf dem er übrigens auch an Tarsos vorbeigekommen wäre, völlig undenkbar. Wie wenig der Gleichklang der Ortsnamen besagt, geht schon daraus hervor, dass Ἀνδρασσός ausserdem noch als alter Name von Tarsos (7) und als der einer Stadt Kappadokiens (8) vorkommt.

Der Pass von Ἀδατᾶ, d. i. arab. al-Ḥadaṯ (9), dessen Name hier in der syrischen Form Ḥadatā erscheint (10) und nicht « clearly wrong » (11) geschrieben ist, heisst bei den Arabern Darb al-Ḥadaṯ oder Darb as-Salāma (12).Abu' l-Fidā rechnet(13)

(1) « Iul. Polydeuk. » im Cod. Vatic. 163, fol. 60v in Hase's *Notae in Leon. Diac.*, p. 418 Bonn.

(2) M. Sykes, *Daru'l-Islam*, London 1904, p. 82 sq.

(3) Auf R. Kiepert's Karte « Saurik Maghara ».

(4) Ramsay, *Asia Minor*, p. 350-367. [Gegen Ramsay jetzt auch Canard, *Sayf al Daula*, p. 381, n. 3].

(5) Am Adras-Dāgh : Heberdey-Wilhelm, *Denkschr. Akad. Wien*, XLIV, Karte.

(6) Plur. von Ḥānūt, syr. Ḥanūtā : « Wirtshäuser, Meiereien ».

(7) Suidas, s. v. Μέδουσα.

(8) Theophan., p. 481, 10. 482, 6 de Boor. Ohne triftige Gründe von Ramsay (p. 340. 445. 448) mit Ǧusasṭrūn, von Brooks (*Engl. Hist. Rev.*, XVI, 1901, p. 86, n. 195) mit aṣ-Ṣafṣāf, von de Boor im Index zu Theophanes, t. II, p. 568 mit unserem Andrassos gleichgesetzt.

(9) Bei dem jetzigen Inekly.

(10) Barhebr., *Chron. eccl.*, I, p.431, n. 3. Wright, *Catal. Syr. Mss. Brit. Mus.*, p. 23 b. 418 a. Nöldeke, *ZDMG*, XXVII, p. 198.

(11) Anderson, *J. H. St.*, XVII, p. 33, n. 1.

(12) al-Balāḏurī, p. 189-191.

(13) Abu'l-Fidā', p. 263 nach al-'Azīzī.

von al-Ḥadaṯ 12 Mīl (27 km) bis zur « Furt des ʿAlīden » (Maḫāḍat al-ʿAlawī) am Ǧaiḥān, deren Name sich wohl im jetzigen ʿAlīšehir am ʿAlīšehir-Dāgh erhalten hat. Von Darb al-Ḥadaṯ 15 Mīl nach Kleinasien zu lag Rahwat Mālik (1). Der Pass (2) ist im Nordwesten von al-Ḥadaṯ zu suchen.

Καησοῦν (3), ist das jetzige Kēsūn am Ṭawāš-ṣū. Nördlich davon führt die Strasse nach Bahasnā (j. Besnī) über den Pass Čalkač-Boghāz. Schon mehrmals waren die Griechen (4) nach Kaisūm vorgedrungen, zuletzt im Jahre 288 (901); endgültig besetzt wurde jedoch die Stadt wohl erst nach der Einnahme von Sumaisāṭ und dem Siege des Ioannes Tzimiskes bei Raʿbān im November 958.

Die Worte *τοῦ Δαυθᾶ, Μελιτήνην τε καὶ τὰ Καλούδια* ergeben nur nach Streichung des Kommas hinter *Δαυθᾶ* einen Sinn. Dann haben wir in Dauthā offenbar einen einheimischen Namen für die neue Dioecese Melitene, die sich aus dem Thema Likandos und dem Gebiete der Kuratoria von Melitene zusammensetzte, zu erblicken, zu dem im Westen, wie uns die kirchlichen Notitien lehrten, wieder Ariaratheia und Komana geschlagen worden waren. Nun wird ersteres in der oben erwähnten armenischen Notitia (5) noch als *kappadokisches* Bistum « *Ararathia quae est in Dauthn* » (d. i. *tauṯ* « Hitze, Wärme ») genannt. Die richtige Erkenntnis, dass dieses Dautʿn unserem Dauthā entspricht, hat Anderson (6), dem H. Grothe (7) folgt, verleitet, Dauthā ebenso wie *Καησοῦν* in Kappadokien (am Pass Quručai-Bel) zu suchen. Der Zusatz des Armeniers, der viel später (8) schrieb,

(1) Balāḏurī, p. 191. Nicht mit Rahwa zwischen Tarsos und Podandos (Ibn Ḫurdāḏbih, p. 100) zu verwechseln, wie es Brooks tat (*J.H. St.*, XIX, 1899, p. 33, Nachtr. zu seiner Übersetzung des Balāḏurī, *ibid.*, XVIII, p. 208, lin. 17).

(2) Bei Michael Syr., III, p. 95 : Kleisura von Ḥadatā.

(3) Cesum der *Tab. Peut.* ; arab. Kaisūm, syr. Kaisūm, bei Theorianos, Migne, *P.G.*, CXXXIII, col. 277 A. 296 A : *Κεσσούνιον*.

(4) Barhebr., *Chron. syr.*, p. 129. 137. 141. 170 Bedjan.

(5) Cod. Vat. Arm. 3, ed. Conybeare, *Byz. Ztschr.*, V, p. 127-133.

(6) Anderson, *loc. cit.*, p. 29.

(7) H. Grothe, *Meine Vorderasienexpedition*, II, Leipzig 1912, p.28.

(8) Nach Conybeare wohl vor 1180.

kann offenbar nur bedeuten, dass das einst kappadokische Bistum zu seiner Zeit zu Daut'n, d. h. der Dioecese von Melitene, gehörte. Diesen armenischen Namen persischen Ursprungs (1), der hier ebenso wie *'Αδατᾶ* mit syrischer Endung (*Jαυθᾶ*) versehen ist, gaben die aus Hocharmenien eingewanderten Ansiedler dem Lande wohl wegen seines verhältnismässig wärmeren Klimas.

In der Nähe von Melitene und Kaludia (2) lagen die Pässe Darb al-Qulla (3), Darb Mauzār (4) und Darb al-Ḫayyāṭīn (« Schneiderpass ») (5). Die genaue Lage von Qalaudiya ist noch nicht festgestellt (6). Ganz verfehlt ist J. H. Mordtmanns Vermutung (7) : « Möglicherweise ist es identisch mit dem bekannten Ḥiṣn Manṣūr (Adiamān) » ! Falls die Distanzen der *Tabula Peutingeriana* genau sind, führen sie für « Glaudia » etwa auf die Stelle am Čaqčaq-(Šaqšaq-) Dāgh, an der es R. Kiepert eingetragen hat. Für die Festlegung wichtig wäre die Lagebestimmung von Abdehar oder Abdahīr der Syrer. Michael Syrus berichtet als Augenzeuge, wie im Jahre 1152 bei einem Hochwasser gewaltige Erdmassen und Felsblöcke in den Giessbach zwischen Abdehar qasṭrā und dem Dorfe Toršenā stürzten und weiter in den Euphrat hinabgeführt wurden ; durch diese Massen wurde der Strom drei Stunden

(1) Hübschmann, *Armen. Grammatik*, I p. 254.

(2) *Κλαυδιάς* Ptolem., *Geogr.*, V, 6, 24, p. 892, 8 ed. Müller.

(3) *Kommentar zu Mutanabbī*, Paris, Ms. arab. 3091, fol. 127 ; Canard, *Sayf al Daula*, p. 97, n. 3. 99, n.3. 103, n. 1. Der Pass al-Qulla heisst nach einem nördlich von al-Ḥadaṯ und südlich vom Nurhak-Dāgh an dessen Fusse gelegenen Orte.

(4) Freytag, *ZDMG*, XI, p. 191 ; bei Vasiliev, II, p. 66 nach Yaḥyā, p. 73 ed. Kratchk.-Vasil. = *Patrol. Orient.*, XVIII, p. 771, 4 : Darb Marwān. Darb Mauz[ār] ist auch zu ergänzen bei Rudolph Dvořak, *Abû Firâs, ein arabischer Dichter und Held*, Leiden 1895, p. 91. Über seine Lage vgl. Canard, *Sayf al Daula*, p. 97, n. 5, 103, n. 1, 376, n. 2.

(5) *ZDMG*, XI, p. 191. Yaḥyā, p. 75 = *Patr. Or.*, *l. c.*, p. 773, 1. Canard, *Sayf al Daula*, p. 116, n. 3. 192, n. 2. 378, lin. 6. 413, n. 5 ; in einem Kommentar zu Mutanabbī (Canard, p. 413, lin. 5) heisst er Darb Bāqasāyā. Es ist gewiss der Pass bei Romanupolis (s. u., p. 92), jetzt Deve Boyunu an der Quelle des Arghana-ṣū.

(6) Ruge, *R.-E.*, III, col. 2661 sq. s.v. Claudias.

(7) J. H. Mordtmann, *Enz. Isl.*, II, p. 735.

lang in seinem Laufe gehemmt, und seine Fluten, die bis zu dem auf einem Berggipfel gelegenen Dorfe Prōsīdīn (1) stiegen, erfüllten die Täler des Gebirges von Qlaudiā, ehe sie abliefen (2). Den Berg Abdehar nennt Michael noch mehrmals (3), Qlaudiā recht häufig (4). Schon Johannes von Ephesos erzählt in den *Viten der morgenländischen Seligen* (5), wie Šem'ōn Ṭūrāyā zu den rauhen Bergen am Euphrat gelangte, « die zu Abdahīr gehören, einem Dorfe, das an das Gebiet von Qlaudiā stösst ». NÖLDEKE (6) bemerkte zu dem Namen des Dorfes : « Abdahir auch auf neueren Karten ». Auf eine Anfrange, welche Karten er hier im Sinne hatte, antwortete mir Prof. NÖLDEKE am 27. 10. 1924, er habe alles Kartenmaterial, das er noch besitze (zum grössten Teil Geschenke von H. KIEPERT und von M. HARTMANN) zweimal durchmustert, um den Ort (Abdahir) zu finden, leider vergeblich. In der Form Abdahir konnte auch ich den Ortsnamen auf keiner Karte finden. Vielleicht ist jedoch Abitahir gemeint, das z. B. auf dem Blatte « *Asia Minor* (*Eastern Sheet*) » zu MURRAYS *Hand-Book for Trevellers in Turkey in Asia*, London 1878, eingetragen ist, und zwar zwischen Isory und Gelmeni, also ungefähr gegenüber der mutmasslichen Lage von Qlaudiā, während neuere Karten es etwa 16 km. östlicher an die Nordostspitze des Winkels, den der Euphrat bei Telek beschreibt, verlegen. Die türkische Karte in 1 :200.000 schreibt Abū Ṭāhir, was demnach eine falsche Arabisierung des alten Abdahīr wäre. Jenseits des Euphrat liegt 6 km. stromaufwärts davon Mezra'a, bei Michael Syrus (7) « Agursā (8) ein Dorf im Gebiete von Qlaudiā ». Die übrigen Dörfer und Klöster bei Qlaudiā, die Michael Syrus nennt, vermag

(1) Einem *Praesidium*.

(2) Mich. Syr., III, p. 306 sq., zum Teil ergänzt durch Barhebr., *Chron. syr.*, p. 319, 8 BEDJAN.

(3) Michael Syr., III, p. 249. 295 (= Barh., *l. c.*, p. 303, 6 v. u.); vielleicht auch p. 469 : Kloster Abadhar.

(4) Mich. Syr., ed. CHABOT, Index, p. 19*.

(5) LAND, *Anecd. Syr.*, II, p. 128 = *Patr. Orient.*, XVII, 1923, p. 232.

(6) TH. NÖLDEKE in *ZDMG*, XXXIII, 1879, p. 164, n. 2.

(7) Mich. Syr., III, p. 34, ad ann. 1128 Chr.

(8) = ἀγρός; in der arabischen Version : Qaryat al-Mazra'a.

ich nicht zu identifizieren; dem « Gebirge des Mār Barṣaumā » entspricht offenbar der heutige Šaqšaq-Dāgh. Dass Qlaudiā noch bis zur Neuzeit bestanden habe, wurde bisweilen aus der Erwähnung bei J. Otter (1) gefolgert. Doch dessen « Arcloudia » stammt zweifellos, wie Mordtmann (2) zeigt, aus literarischen Quellen, nämlich von Ḥağğī Ḫalfa (3) und bei diesem wiederum von Ḥamdallāh al-Mustaufī (4).

Die ὄρη (5), die jenseits des Euphrat Chanzit vom Feindeslande bis nach Romanupolis hin scheiden, bilden den östlichsten Teil der Grenze. Ebenso nennt Konstantinos Porphyrogennetos die Kleisura Romanupolis und den Berg des Phatilanos als Grenzpunkt der Meliteniaten und später der Romäer gegen die Sarakenen (6).

Χανζῆτι ist, wie Tomaschek (7) erkannte, das Baṭn Hanzīṭ der Araber (8), das Tal des Bokydere, in dem noch jetzt Tilenzīṭ liegt. *Romanupolis* wurde verschieden angesetzt. Die naive Gleichsetzung mit Qalʿat ar-Rūm in Syrien bei Gfroerer (9) ist mit Recht unbeachtet geblieben, und die ebenso unhaltbare mit Ḫarpūt durch Th. Menke hat Gelzer (10) zurückgewiesen, der seinerseits die Stadt für das jetzige Palu und Chanzit fälschlich für den *östlichen* Gau Anzitene hielt. Hiergegen wendet sich Markwart (11), nachdem bereits Gelzer selbst später (12) seine Gleichsetzung mit Palu « nicht mehr so bestimmt zu behaupten gewagt » und Romanupolis richtig mit dem Qlīsūrā der Syrer (13) gleichgesetzt hatte. In letzterem folgt ihm Markwart, setzt aber diese Kleisura

(1) J. Otter, *Voyage en Turquie et en Perse*, II, Paris 1748, p. 283 sq., n. 1.
(2) J. H. Mordtmann in *Enz. Isl.*, II p. 601.
(3) Ḥağğī Ḫalfa, *Ğihān Numā*, p. 601.
(4) Ḥamdallāh al-Mustaufī al-Qazwīnī, *Nuzhat al-Qulūb*, p. 99 ed. Le Strange: Arqalūdiya.
(5) Oder ist θέματα zu τά zu ergänzen?
(6) Konst. Porph., *De adm. imp.*, p. 226, 5 sq.
(7) W. Tomaschek, *Festschr. f. Kiepert*, p. 137.
(8) Yāqūt, III, p. 146.
(9) Gfrörer, *Byz. Geschichten*, III, p. 725.
(10) Gelzer, *Georg. Cypr.*, p. 177.
(11) Markwart, *Südarmenien*, p. 180, Anm.
(12) Gelzer, *Ungedr. Texte*, p. 580, n. 3.
(13) Barhebr., *Chron. eccl.*, p. 412.

westlich von Hanzīṭ bei dem heutigen Kömürḫān oder bei Izoly an (1), weil zufällig ein Bischof von Qlīsūrā auf der Flucht auf dem Berge Abdehar umkam (2). Dabei hat er aber unseren Text unbeachtet gelassen, nach dem eine Lage von Romanupolis am Euphrat völlig unmöglich ist. Aber auch Palu, das übrigens schon Matthēos von Uṙhay unter diesem Namen bekannt ist (3), kann ihm nicht entsprechen. Denn Romanupolis läge dann östlich von Asmosata ; aus Konstantinos Porph. (4) geht aber hervor, dass früher Romanupolis zu Melitene, Asmosata den Sarakenen gehört hat. Asmosata also gewiss nicht zwischen Melitene und Romanupolis lag! Da unser Text die Taurosgrenze beschreibt, Romanupolis eine Kleisura war und am Berge des Phatilanos lag, ist es an einem Gebirgspasse zu suchen. Von Romanupolis aus führte ein Weg nach *Χλιάτ* hinab durch Engpässe (5). Dieser Weg nach Ḫlatʿ (arab. Ḫilāṭ) am Wansee zog schwerlich über Palu am Aracani (Murād-ṣū) entlang, wie GELZER und MARKWART (6) annahmen, sondern eher am Arghana-ṣū hinab über Maiyāfāriqīn, Arzan und Bidlīs. Schon 863 drang Petronas bis Maiyāfāriqīn vor, und 927 nahm Kurkuas Ḫilāt und Bidlīs ein (7). Ioannes Tzimiskes durchquerte allerdings 973 Ṭarōn, das seit 966/7 romäisch war (8), auf seinem Zuge nach Syrien, aber wir wissen nicht, auf welchem Wege, und im allgemeinen mieden wohl die romäischen Heere den Durchmarsch durc Čapaɫġur und Ṭarōn, das enge, noch heut nicht genau erforschte Tal des Murād-ṣū, da sie dort den Überfällen der Sanāsana mehr ausgesetzt waren als in dem offenen Feindesland der Merwāniden. Auch kein arabisches Itinerar führt durch das obere Aracani-Tal (9). Michael At-

(1) MARKWART, *l.c.*, p. 179 Anm., was ich leider in meiner Besprechung (*Byz. Ztschr.*, XXXI, p. 395 und Karte) ohne Widerspruch übernommen habe.
(2) Mich. Syr., III, p. 249.
(3) Matth. Edess., III, c. 234, p. 307 trad. DULAURIER.
(4) Konst. Porph., *De adm. imp.*, p. 226, 4-6.
(5) *κάθοδος διὰ στενωπῶν* Mich. Attal., p. 132, 1 sq.
(6) MAKWARRT, *Südarmenien*, p. 180, Anm.
(7) Ibn al-Aṯīr, VIII, p. 146.
(8) Steph. Asoɫ., III, 8, p. 183, 11 sq. MARKWART, p. 107*, 463.
(9) MARKWART, p. 247 (= 259). 249. 252 sq.

taleiates gibt uns noch einen weiteren Anhalt für die Lage von Romanupolis: Romanos IV. Diogenes zog 1069 von dort aus, statt wie geplant gegen Chliat, nach Norden (1), gelangte über viele rauhe, unwegsame Hügel *εἰς τοὺς λεγομένους Ἀνθίας* und von dort aus nach einigen Tagen über den Tauros oder *Μούζουρον ὄρος* nach der Kelesine am Euphrat. Da Anthiai, ein von hohen Bergen umgebener *τόπος πεδινός τε καὶ εὔυδρος* (2), gewiss Hanzīṭ entspricht (3), von wo aus der Kaiser den Murād-ṣū überschritt und die Täler des Peri-ṣū und Mezūr-čai aufwärts weiter nach Norden zog, muss Romanupolis südlich davon gelegen haben, und zwar wegen der vor der Ankunft in Anthiai passierten vielen *λόφοι* (4) noch südlich von den Höhen rings um den Sumnīn-(Gölğik-) See, also am Taurosdurchbruche des Tigrisquellflusses Arghana-ṣū, etwa wo R. Kiepertd as *Corvilu* der *Tabula Peutingeriana* ansetzt.

Dort war somit der östlichste Pass der byzantinischen Taurosgrenze und früher der Meliteniaten, während im Hinterlande das Thema Asmosata allerdings um ein geringes (10-15 km.) weiter nach Osten reichte. Wenn Matt'ēos von Edessa (5) die Gründung von Romanopolis im Zusammenhang mit den Kämpfen an der Strasse von Samosata nach Uṙhay (Edessa) erwähnt, so müsste er sich, falls die gleiche Stadt gemeint ist (6), ihre Lage ebenso falsch vorgestellt haben wie ihre Gründungszeit, da er ja ihren schon unter Romanos I. nachweisbaren Namen fälschlich auf Romanos III. zurückführen will. Doch wäre es verfehlt, bei ihm die Lesung Ašmušat statt Samosata herstellen zu wollen; denn er spricht tatsächlich von dieser Stadt, wie die folgende Erwähnung von Ltar, dem jetzigen Lidar am linken Euphratufer 13 km. oberhalb von Samosata (7), zeigt. Daher dürfte Adontz mit Recht annehmen, dass es sich um ein sonst unbekanntes anderes Romanopolis nahe bei Edessa handelt.

(1) Mich. Attal., p. 132, 18 = Io. Skyl., p. 682, 1.
(2) Mich. Attal., p. 133, 3. Skyl., p. 682, 5.
(3) Markwart, *Südarmenien*, p. 26. 67. 71.
(4) Mich. Att., p. 133, 2.
(5) Matth. Edess., c. 44, p. 71 ed. Jerusalem, p. 50 trad. Dulaurier.
(6) Was jedoch Prof. N. Adontz bezweifelt; vgl. unten, p. 137.
(7) K. Ritter, *Erdkunde*, X, p. 877.

III

DIE BYZANTINISCH-ARABISCHE GRENZE

VON 960 BIS 1071 N. CHR.

Mit der Mitte des 10. Jahrhunderts beginnt eine Periode, in der durch Eroberungen und Erbverträge weite Gebiete in Syrien, Mesopotamien und Armenien an das Byzantinische Reich fielen. Hatte die Arabergrenze vorher mit geringen Veränderungen eine konstante, zusammenhängende Linie gebildet, deren Verlauf durch die Kämme des Tauros bestimmt war, so annektierten die Romäer im 10. und 11. Jahrhundert verschiedene Einzelterritorien, die zunächst ohne Zusammenhang blieben, und versuchten erst allmählich, sie nach Möglichkeit zu einem geschlossenen Gebiet abzurunden. Die bedeutende Verlängerung der Grenzen und die einschneidenden politischen Umwälzungen im Orient hatten während dieser Zeit häufige Veränderungen der territorialen Besitzverhältnisse zur Folge. Aus diesem Grunde empfiehlt es sich, die Geschichte der einzelnen Grenzprovinzen und ihre wechselnde Ausdehnung gesondert zu betrachten.

1. Syrien.

Nikephoros Phokas eroberte Anfang 962 ʿAinzarba und andere Festungen, später al-Maṣṣīṣa (13. Juli 965) und Ṭarsūs (16. August 965) und damit das ganze ebene Kilikien. Auch in Mesopotamien drangen die Griechen bis Āmid, Dārā und Niṣībīn vor. Nikephoros belagerte 966 Manbiǧ, verschonte aber die Stadt nach Auslieferung des *κεραμίδιον* (1)

(1) Arab. al-qirmīda: Yaḥyā al-Anṭākī, ed. et trad. par J. Kratchkovsky et A. Vasiliev, p. 107 = *Patrol. Or.*, XVIII, Paris 1924, p. 805. Vgl. *R.-E.*, Suppl. - Bd. IV, col. 740, lin. 14.

mit dem Christusbilde. Während eine Abteilung seines Heeres Bālis einnahm, zog Nikephoros selbst über Wādī Buṭnān, Qinnasrīn, Tēzīn und Artāḥ gegen Anṭākiya (23. Oktober), belagerte es aber nur eine Woche lang und kehrte dann nach Konstantinopel zurück (1).

Gegen Ende des Jahres 357 H. (968) zog der Kaiser nach Diyār Muḍar (Osrhoëne). Über Arzan und Maiyāfāriqīn gelangte er nach Kafartūṯā. Von dort wandte er sich nach Syrien zurück, wo er Anṭākiya wiederum nur zwei Tage lang belagerte. Dann eroberte er Ma'arrat Maṣrīn, Ma'arrat an-Nu'mān, Ḥamāh, Ḥimṣ, Ṭarābulus, 'Arqa (2) und auf dem Rückwege an der Küste Ḥiṣn Anṭarṭūs, Maraqīya, Ǧabala und al-Lāḏiqīya (3).

Gegenüber von Anṭākiya liess er am Amanospasse (addarb) die Festung Baghrās (Pagrai) ausbauen und setzte dort Michael Burtzes als Befehlshaber ein (4). Am 28. Oktober 969 wurde Anṭākiya eingenommen. Die Bewohner von Ḥalab und Ḥimṣ erkauften sich im Ṣafar 359 H. (Dez.-Jan. 969/70) von dem Stratopedarchen Petros den Frieden durch grosse jährliche Tributleistungen (5).

Die Grenzlinie, die darauf zwischen dem byzantinischen Gebiet und dem des Qarghūya und Bakǧūr festgesetzt wurde, ist uns durch Kamāl ad-Dīn (6) genau bekannt : zu Ḥalab und Ḥimṣ gehörten Ǧūsiya (7), Salamya, Ḥamāh, Šaizar, Kafarṭāb, Afāmiya, Ma'arrat an-Nu'mān, der Ǧabal as-Summāq, Ma'arrat Maṣrīn, Qinnasrīn, al-Aṯārib mit der benachbarten Ortschaft al-Balāṭ (8), Arḥāb (9), Bāsūfān (10),

(1) Yaḥyā b. Sa'īd al-Anṭākī, *l. c.*, p. 107 sq.

(2) Auch bei Barhebraeus, *Chron. syr.*, p. 191 ed. BEDJAN ist 'Arqā statt Gāzā zu lesen.

(3) Kamāl ad-Dīn (FREYTAG, *ZDMG*, XI, p. 228) nennt ausserdem Kafarṭāb und Šaizar.

(4) Yaḥyā, p. 116-119 = *P. O.*, p. 814-817.

(5) Yaḥyā, p. 125-126 = *P. O.*, p. 823-824.

(6) FREYTAG, *ZDMG*, XI, p. 232. M. CANARD, *Sayf al Daula*, Alger-Paris, 1934, p. 419-424.

(7) So ist bei FREYTAG, *l. c.*, statt Ǧūziya zu lesen!

(8) 7 km. nordwestlich von al-Aṯārib ; vgl. M. CANARD, *l. c.*, p. 419, n. 4.

(9) Jetzt Irḥāb, vgl. E. LITTMANN, *Zeitschr. f. Semitistik*, I, p. 176 ; s. auch ebenda, p. 28, n° 69. CANARD, *l. c.*, p. 420, n. 1.

(10) So statt Māsūfān zu lesen ; vgl. zum jetzigen Bāṣūfān : H. LAM-

Kīmār (1), Barṣāyā (2) und das Feld bei A'zāz südlich der Grenze. Von dort zog sie nach Osten zum Wādī Abī Sulaimān (3), dem Pass Sunyāb (4), Nāfūḏā, Awānā, Tall Ḫālid (5) rechts von dem Flusse as-Sāǧūr bis an dessen Mündung in den Euphrat.

Demnach lief die Grenze von der Gegend von 'Arqa und Ṭarābulus an zunächst am Orontes (Nahr al-'Āṣī) entlang, jedoch etwas westlich von ihm, da wenigstens Šaizar an seinem Westufer den Muslimen verblieb, dann auf den Höhenzügen östlich des Nahr 'Afrīn, vom Ǧabal Bārīšā über den Ǧabal Sim'ān bis zum Ǧabal Barṣāyā, und von dort etwa über Ḥarbeta am Nahr Quwaiq nach Tall Ḫālid und am Sā-

MENS, *MFOB*, II, 1907, p. 380. *Publications of the Princeton University Archaeological Expedition to Syria in* 1904-1905, Division II, Section B, p. 284. DUSSAUD, *Topogr. hist. de la Syrie*, p.224. CANARD, *l. c.*, p. 420, n. 2.

(1) CHAPOT, *BCH*, XXVI, 1902, p. 184. LAMMENS, *l. c.*, p. 367, 371, 382, 395. CANARD, *l. c.*, p. 420, n. 3 (ca. 12 km. nördlich von Bāsūfān).

(2) Der Parsa-Dāgh heisst noch jetzt arabisch Ǧebel el-Barsāya; vgl. M. HARTMANN, *Das Liwa Haleb*, in *Zeitschr. d. Gesellsch. f. Erdkunde zu Berlin*, Bd. XXX, 1895, p. 487. CANARD, *l. c.*, p. 420, n. 4.

(3) Unweit von Qūrus (Kyrrhos)? Vgl. ḥiṣn Salmān bei Qūrus (Balāḏurī, p. 149 sq.).

(4) Sunyāb an der Quelle des Nahr Quwaiq; Ibn Ḫurdāḏbih, p. 177 ed. DE GOEJE; p. 138 der Übersetzung. Suhrāb, *Kitab 'aǧā'ib al-aqālīm as-sab'a*, ed. H. v. MŽIK, Leipzig 1930, (*Bibliothek arab. Histor. u. Geogr.*, V) p. 144, lin. 10. Ibn Rusta, in *Bibl. Geogr. Arab.*, VII, p. 91. Yāqūt, IV, p. 206, 21. Ibn aš-Šiḥna p. 134-135 ed. Bairūt. Es ist wohl am jetzigen Sinob-ṣū zu suchen, aber schwerlich südöstlich von Killiz, wie CANARD, *l. c.*, p. 420, n. 5, annimmt (« laissant Killiz en territoire byzantin »). Auf einigen modernen Karten (vgl. R. KIEPERT-V. OPPENHEIM), die den Sinob-ṣū nördlich von Killiz (am Kēfiz Dāgh) entspringen und südöstlich davon in den Quwaiq münden lassen, ist sein Ober- und Unterlauf wie zwei gesonderte, scheinbar sogar durch Höhenzüge voneinander getrennte Flüsse gezeichnet (so auf der *Karte von Mesopotamien und Syrien* in 1 :400.000 der Preuss. Landesaufnahme, 1918, Blatt 1 b : Aleppo), sodass der Unterlauf bei Tell Ḫabeš östlich von Killiz zu entspringen scheint! Der Pass (faǧǧ) von Sunyāb ist doch wohl im Quellgebiet des Sinob-ṣū zu suchen.

(5) Hier wie *ZDMG*, XI, p. 200 irrig Tall Ḥāmid geschrieben, wie ein Ort in Kilikien hiess.

ǧūr abwärts bis zu seiner Mündung. Der Ort Bānaqfūr heisst vermutlich nach dem Kaiser (« Haus des Nikephoros ») (1). Der nördliche Teil der Grenze fällt ungefähr mit der heutigen türkisch-arabischen Sprachgrenze zusammen. Von der Einmündung des Sāǧūr in den Euphrat ab lief die Grenze gewiss talaufwärts am Ufer des Stromes; die Expedition nach Mesopotamien hatte also keine Gebietsannexionen zur Folge. Allerdings fehlen darüber bestimmte Nachrichten.

Leon Diakonos (2) spricht zwar auch von der Einnahme von Edessa, wobei er behauptet, der Kaiser habe dort den bekannten Ziegelstein mit dem Christusbilde erbeutet; aber diese Angabe beruht nur auf einer Verwechslung des edessenischen *μανδύλιον* mit dem *κεραμίδιν* in dem danach erwähnten *Μέμπετζε* (3), welch' letzteres er überdies am Libanon zu suchen scheint. Yaḥyā von Anṭākiya (4) berichtet, dass zu dieser Zeit Mināzkird eingenommen (5), das fruchtbare Gebiet von Diyār Muḍar, Diyār Rabī'a und Diyār Bakr, also der ganze Norden Mesopotamiens, durch jährliche Einfälle verwüstet wurde und dem Kaiser ohne Widerstand sämtliche Städte der Ṯughūr aš-Šāmiya und Ṯughūr al-Ǧazariya zufielen. Auch diese Angabe zeigt, dass das eigentliche Mesopotamien nicht von Nikephoros annektiert wurde. Skylitzes (6) erwähnt nur die eroberten Städte in Kilikien, Syrien und Phoinike Libanesia, darunter als bedeutendste Anazarbos, Adana, Mopsuhestia, Tarsos, Pagras, *τὸ Συννέφιον* (7),

(1) Meiner Erklärung des Namens Bānaqfūr, durch die wir eine genauere Bestimmung der Grenzen gewinnen, stimmte Prof. E. Littmann brieflich (21. 3. 1921) zu; er hat sie auch *Ztschr. f. Semitist.*, I p. 171 übernommen.

(2) Leon Diakonos, IV, 10, p. 70, 14 ed. Bonn.

(3) Ibid., p. 71, 13.

(4) Yaḥyā, p. 127-128 = *PO*, XVIII, p. 825-6.

(5) Nach Steph. Asol., III, 8: im Jahre 418 armen. =969/70.

(6) Kedren.-Skylitz., II, p. 364, 20 sq. ed. Bonn.

(7) Kedren.-Skylitz., II, p. 364, 23. *Συνέφιον*: Glykas, p. 570, 5 Bonn. Vielleicht ist das der Name eines « an die Wolken stossenden » (*συννέφιον*) *φρούριον* im Amanos; vgl. dazu Kedren., II, p. 365, 6: *διέρχεσθαι τὸν Ταῦρον, ὃ Μαῦρον ὄρος ἐγχωρίως λέγεται, φρούριον κατὰ τὸ μέσον τοῦ ὄρους δομησάμενος ἔν τινι λόφῳ ἐρυμνοτάτῳ.* Damit dürfte Ḥaǧar Šughlān, jetzt Ša'lān Qal'e, gemeint sein. Oder ist *Συννέφιον* = Sunyāb (cf. oben, p. 95, n. 4.)?

Laodikeia und *Χάλεπ* (1), während Tripolis und Damaskos tributpflichtig wurden. Ganz schematisch verfuhr der Redaktor der Neurezension des von Hierokles verfassten *Synekdemos*, indem er den Text mit Tyros (2) abbrach, wodurch die neuerworbenen Gebiete ganz ungenau angegeben werden (3).

Wie wenig gefestigt die griechische Herrschaft in dem Gebiete westlich des Orontes war, zeigt sich darin, dass Sa'd ad-Daula damals über Ḥamāh, Rafanīya, Ḥimṣ und Ma'arrat an-Nu'mān herrschte und nach der Zerstörung von Ḥimṣ durch die Griechen (Ḏu'l-Ḥiǧǧa 358 = Okt.-Nov. 969) von Roqtāš, dem Kommandanten der Burg Barzūya, unterstützt wurde (4); liegen doch Rafanīya und Barzūya wie Šaizar westlich des Orontes.

Durch die Ermordung des gefürchteten Kaisers (11. Dez. 969) erschien der Bestand der syrischen Eroberungen sehr gefährdet. Ein ägyptisches Heer unter Futūḥ belagerte 360 (970-71) fünf Monate lang Anṭākiya (5). Der Patrikios Nikolaos schlug vereint mit den Truppen des Strategen von Mesopotamia das überlegene Belagerungsheer zurück (6). Nach Ibn al-Aṯīr (7) wurde im Muḥarram 361 (Okt.-Nov. 971) ar-Ruhā' eingeäschert und in al-Ǧazīra einige Truppen zurückgelassen. Erst nach Beendigung des Bulgarenkrieges war Ioannes Tzimiskes imstande, sich dem Orient zuzuwenden. Den Domestikos des Orients (den Armenier Mleh) sandte er 972 gegen Niṣībīn, das die Griechen nach Yaḥyā (8) am 1. Muḥarram 362 (12. Okt. 972), nach Ibn Ẓāfir am 17. des

(1) Ḥalab hatte Nikephoros schon als Domestikos am 23. Dezember 962 eingenommen (Yaḥyā, p. 89 = *PO*, XVIII, p. 787).

(2) Hierokles, *Synekdemos*, p. 715, 6 ed. Wesseling.

(3) So fielen gerade Tripolis und Antarados fort, während Tyros fälschlich genannt wird. Hierokl., p. 42 ed. Parthey; p. xvi, xxvii, 40 ad loc. ed. Burckhardt. Gelzer, *Abriss d. byzant. Kaisergesch.*, p. 986, nennt unrichtig Mesopotamien unter den fortgelassenen Provinzen.

(4) *ZDMG*, XI, p. 235.

(5) Yaḥyā, p. 142 = *Patrol. Orient.*, XXIII, Paris 1932, p. 350.

(6) Kedren., II, p. 383, 2. Zonaras, III, p. 522, 12 ed. Büttner-Wobst.

(7) Ibn al-Aṯīr, VIII, p. 454 unten.

(8) Yaḥyā, p. 145 = *PO*, p. 353.

Monats (29. Okt.) einnahmen (1). Dem Ḥamdāniden Abū Taghlib wurde gegen einen jährlichen Tribut Einstellung der Feindseligkeiten versprochen. Trotzdem versuchten die Griechen ohne Erfolg, Maiyāfāriqīn zu gewinnen. Der Domestikos (Mleh) überwinterte in Baṭn Hanzīṭ. Im folgenden Sommer (973) wurde er bei Ausal (Ōsl) vor den Toren von Āmid von Abu'l-Qāsim Hibat Allāh geschlagen und gefangen genommen (2).

Der Kaiser selbst erschien 974 im Orient. Bei Aiceacʻ-berd und Muš in Taron verhandelte er mit Ašot, der ihm 10.000 Armenier als Hilfstruppen zur Verfügung stellte. Dann drang er nach Mattʻēos von Edessa « bis an die Grenzen von Bałdat (Baghdād) » vor und zerstörte 300 Festungen; Uṙhay und Āmid wurden verschont.

Über seinen Zug nach Palaestina(975) erzählt ausführlich der Siegesbericht (3), den er nach seinen Siegen an König Ašot III. Bagratuni von Armenien schrieb, und den Mattʻēos Uṙhayecʻi vollständig in sein Geschichtswerk aufgenommen hat (4). Zu Beginn deutet er an, dass sein Heer zuerst in Gefahr geraten, dann aber in das innere Feindesland eingefallen war und sich schliesslich in die Winterquartiere zurückgezogen hatte. Der Kaiser selbst drang nach seinem weiteren Berichte 974 bis Niṣībīn vor. Dort glaubte er die Reliquien Jakobs von Nisibis zu erbeuten (5), obgleich sie bereits 600 Jahre früher nach Amida gebracht worden waren (6). Nach Leon Diakonos (7) plante er ursprünglich, bis « Ekbatana » vorzudringen, womit Baghdād gemeint ist (8), scheute

(1) G. Weil, *Geschichte der Chalifen*, III, p. 20, n. 1.

(2) Yaḥyā, l. c. Mattʻēos von Edessa, I, 13, p. 15 ed. 1898; p. 12 trad. Dulaurier. — Yaḥyā lässt fälschlich den Kaiser selbst 972 gegen Niṣībīn ziehen; vgl. dagegen D. N. Anastasievič, *Die Zahl der Araberzüge des Tzimiskes* in *Byz. Ztschr.*, XXX, 1929-30, p. 400-405.

(3) Über dessen Postscriptum, das als *ἀναφορά* bezeichnet, wird, vgl. N. Adontz, *Byzantion*, IX, 1934, p. 374.

(4) Mattʻēos, I, p. 21-27 ed. 1898. Chr. Kučuk-Joannesov, *Pismo imperatora Ioanna Zimisḫiya k Ašotu III*, in *Viz. Vrem.*, X, 1903, p. 91-101. N. Adontz, in *Byzantion*, l. c., p. 371-376.

(5) Mattʻēos, p. 20; trad. Dulaurier, p. 17.

(6) P. Peeters, in *Anal. Bolland.*, XXXVIII, 1920, p. 317 sq.

(7) Leon Diak., X, 1, p. 162, 13. 18.

(8) Gfrörer, *Byzantinische Geschichten*, II, Graz 1873, p. 543 sq.

sich aber, die Καρμανῖτις ἔρημος (!) zu durchqueren [1]. Die beiden Feldzüge von 972 und 974 wurden infolge ihres ähnlichen Verlaufs von alten und modernen Historikern meist zusammengeworfen und die Ereignisse nur unter einem der beiden Jahre berichtet.

Im April 975 brach Tzimiskes an der Spitze seiner Kavallerie zur Verfolgung der in Syrien (aš-Šām) eingedrungenen « Afrikaner » von Antiocheia auf, um gegen Phoinike und Palaestina zu ziehen. Der Marsch ging zuerst durch Gegenden, die nach den eigenen Worten des Kaisers zwar bereits vorher erobert worden waren, aber von neuem unterworfen werden mussten. Über Hēms, das schon damals tributpflichtig war, drang er nach Ba'albek [2] vor, das am 29. Mai [3] eingenommen wurde. Eine Gesandtschaft von Damaskos, dessen Gouverneur « ein sehr verständiger Greis » war, bat den Kaiser um Schonung. Dieser machte dort zum Kommandanten einen Mann aus Bagdad namens T'urk' (der Türke), einen Christen, der ihm schon vorher gehuldigt hatte und jetzt mit 500 Reitern bei ihm eintraf. Die Damaskener verpflichteten sich unter anderem, « unsere Feinde zu bekämpfen ». Tzimiskes zog dann am See von Tiberias [4] vorbei nach Nazarēt'; beide Städte wurden verschont. Dann bestieg er den Tabor [5]. Dort traf eine Gesandtschaft von Ramlē und Jerusalem ein, die Unterwerfung und regelmässige Tributzahlungen versprach. In allen unterworfenen oder abhängigen Gebieten wurden Militärkommandanten eingesetzt: in Peniada (*Πανιάδα*) [6] « das auch Dekapōlis heisst » (!), in Genesaret und in « Arkea [7], auch Ptołmia genannt », dessen Einwohner dem Kaiser ihre Unterwerfung schriftlich mitgeteilt hatten.

(1) Vielleicht liegt eine Verwechslung von Karmanien mit den Qarmaṭen oder den Ḫurramiten vor(?).

(2) Armenisch « Watolwēk'n, auch Uloupōlis, d. i. Sonnenstadt genannt ».

(3) Yaḥyā, p. 160 = *PO*, p. 368.

(4) Tiberakan cown.

(5) T'aphōrakan leaṙn.

(6) Dulaurier, p. 383, zu xvi, 7 und die neueren Darstellungen falsch: Bethsan-Skythopolis; vgl. dagegen H. E[wald] in *Götting. Gel. Anzeig.*, 1859, I, p. 250.

(7) Das ist 'Akkā!

Dann wandte sich Tzimiskes gegen Kesaria « am Gestade des Okeanos », das sich ergab ; doch scheint er selbst nicht bis dorthin vorgedrungen zu sein, sondern nur das Hochland, d. h. die Ausläufer des Karmel, unterworfen zu haben, da « die verfluchten Afrikaner sich in die Küstenfestungen geflüchtet hatten » und ihn dadurch an der Befreiung Jerusalems hinderten. Der Rückzug führte über Sidon (1) nach Bairūt (2), wo der Kaiser den Eunuchen Nuṣair (3) gefangennahm. Bibłon (4) wurde eingenommen. Im Pass von *Λιθοπρόσωπον* (5) wurden die Afrikaner von den *θέματα* und *τάγματα* (6) überwältigt. Ṭarābulus (7), dessen Umgebung verheert wurde, vermochte der Kaiser nicht einzunehmen (8) und verwüstete nur die Umgebung. Die Afrikaner, die ihm nachgezogen waren, wurden bis auf den letzten Mann vernichtet. Dann eroberte er Bulunyās (9), Ğabala und besetzte Barzūya und Ṣahyūn (10). Von diesen Festungen sagt Yaḥyā (11), dass sie seitdem bis zu seiner Zeit (12) den Griechen gehörten, was, wie wir sehen werden, nach seinen eigenen Angaben nicht völlig zutrifft. Nach dem Bericht des Kaisers hat er in Gabauon (Ğabala) die Sandalen Christi und die Haare Johannes' des Täufers aufgefunden ; das klingt auffällig, da schon vorher Nikephoros Phokas diese Stadt eingenommen hatte (13). Im

(1) Barhebr., p. 194 ed. BEDJAN. Matt'ēos, p. 24, nennt Sidown fälschlich hinter Berytos.

(2) Armenisch « Wřiton, das jetzt Bērout' heisst ».

(3) Armen. : Nouseri.

(4) Byblos, jetzt Ğubail.

(5) armen. K'areres ; vgl. meinen Artikel *Θεοῦ πρόσωπον* in der *R.-E.* von PAULY-KROLL-MITTELHAUS.

(6) Armen. T'imat-c'isn ; Tašḫamata-c'isn.

(7) Armen. Tripōlis.

(8) Yaḥyā, p. 161 = *P.O.*, p. 369.

(9) Bulunyās = *Βαλανέως*, jetzt Bāniyās. Ibn aš-Šiḥna (p. 265 ed. Bairūt) setzt irrtümlich Fālānāōn (so zu lesen bei DUSSAUD, *Topographie hist. de la Syrie*, Paris 1927, p. 140), d. i. *Βαλανέων*, mit al-Qadmūs gleich.

(10) Armenisch (in veränderter Reihenfolge) « Čouēln, auch Gabauon genannt ; Wałaneac'n ; Sihoun ; Zourzau.

(11) Yaḥyā, p. 161 = *P.O.*, p. 369.

(12) Seine Annalen reichen bis 417 H. (1026-27 n. Chr.) ; gestorben ist er 1066.

(13) Yaḥyā, p. 89 = *Patr. Orient.*, XVIII, p. 787.— Leon Diakonos,

September zog Tzimiskes wieder in Antiocheia ein, was er in seinem Briefe an Ašot erwähnt; am 10. Januar 976 starb er durch Vergiftung auf dem Rückwege nach K/pel.

Um die Bedeutung dieser Feldzüge und die angebliche Besitzvermehrung, die sie zur Folge hatten, richtig einzuschätzen, bietet uns die orientalische Überlieferung wertvolle Hinweise. Es ist wohl kein Zufall, dass die Züge des Kaisers zeitlich mit bedeutsamen politischen Umwälzungen im Orient zusammenfielen, die von ihm geschickt ausgenutzt wurden. Im ʿAbbāsidenreiche bekämpften sich die türkischen und dailamitischen Söldnerschaaren. Die Revolten, die schliesslich zur erzwungenen Abdankung (5. VIII. 974) des Ḫalīfen al-Muṭīʿ führten, sollen allerdings in der Einnahme von Niṣībīn 972 ihren ersten Anlass gehabt haben (1). Dagegen werden die angeblichen grossen Siege des Kaisers im Jahre 974 weder von griechischen noch ʿarabischen Autoren erwähnt, und seine eigenen Prahlereien lassen gerade in ihrer Unbestimmtheit erkennen, dass er keinen positiven Erfolg über das 972 Erreichte hinaus zu verzeichnen weiss. Ebenso günstig wie damals war 975 für ihn die Lage in Syrien. Der erste fāṭimidische Ḫalīf, al-Muʿizz, herrschte erst seit sechs Jahren in Ägypten, und erst 359 (970) hatte sein Feldherr Ǧaʿfar ibn Falāḥ Damaskos erobert (2); auch in Baʿalbek wurde ein ägyptischer Statthalter eingesetzt. Von Damaskos aus war Futūḥ (970/1) gegen Anṭākiya gezogen. Nach fünfmonatiger Belagerung zog er wieder ab, nach griechischen Quellen vom Patrikios Nikolaos zurückgeschlagen, nach arabischen vom Ḫalīfen zurückgerufen, um die Qarmaṭen zu vertreiben, die unter al-Aʿṣam vor Damaskos erschienen waren.

Anfang 975 zog der Eunuch Raiyān gegen die Griechen,

p. 165, 22, verlegt ihre Auffindung nach *Μέμπετζε*, das er in Palaestina sucht; doch liegt dem gewiss eine Verwechslung des Tzimiskes mit Nikephoros Phokas zugrunde. Dann nennt er noch als weitere Etappen des Marsches: *Ἀπάμεια*, *Δαμασκός*, den Libanos, *τὴν Βορζῶ* (arab. Barzūya), Phoinikien mit *Βαλαναία*, *Βηρυτός*, *Τρίπολις*, p. 165, 17-168, 4. Von der falschen Reihenfolge abgesehen, hat der Kaiser Apameia schwerlich erobert; wir finden es noch in demselben Jahre im Besitz des Saʿd ad-Daula, vgl. *ZDMG*, XI, p. 237.

(1) Yaḥyā, p. 146 = *Patr. Orient.*, XXIII, p. 354.

(2) Yaḥyā, p. 141 = *P.O.*, p. 349.

drang an der Küste entlang vor und nahm Ṭarābulus ein (1); doch auch er wurde nach Damaskos zurückbeordert. Aber bald darauf bemächtigte sich dieser Stadt, etwa zu der Zeit, in der Tzimiskes von Antiocheia aufbrach (April 975), der türkische Söldnerführer Alftakīn (2), der, aus dem ʿIrāq vertrieben, über Ḥimṣ herbeigezogen war. Im Šaʿbān 364 (16. IV.-14. V. 975) liess er die Ḫuṭba (das öffentliche Gebet) nicht mehr für Muʿizz, sondern für den ʿAbbāsiden aṭ-Ṭāʾīʿ sprechen, suchte aber auch mit Ägypten in gutem Einvernehmen zu bleiben. Alftakīn ist der « Türke », den der Kaiser seinem Briefe zufolge zum Kommandanten der Stadt gemacht hatte und nach dem Falle von Baʿalbek zu sich kommen liess. Freilich kann er ihn nur in seiner Herrschaft bestätigt haben, da der Türke Damaskos bereits besass, als der Kaiser Baʿalbek einnahm (29. Mai). Um dieselbe Zeit (Šaʿbān 364) siegte der Eunuch Naṣīr (Nuṣair), der im Ǧumādā I. (17. Jan.-15. Febr.) gegen die Griechen abgesandt worden war, unweit von Ṭarābulus über sie, wurde aber bald darauf von dem Kaiser, wie dieser auch selbst berichtet, bei Bairūt geschlagen und gefangengenommen. Raiyān, der darauf die Führung übernahm, vereinigte seine Truppen mit dem geschlagenen Heere, folgte den Griechen und schlug sie bei Ṭarābulus. Dieser Sieg, von dem al-Muʿizz hocherfreut Kenntnis nahm, muss identisch sein mit jenem « Sieg » bei Tripolis, den der Kaiser für sich ebenfalls in Anspruch nimmt, während er seine erfolglose Belagerung der Stadt (3) verschweigt. Doch beide Herrscher freuten sich nicht mehr lange ihres « Sieges » : der Ḫalīfe starb am 26. November 975, der Kaiser am 10. Januar 976, und Alftakīn benutzte sogleich die günstige Gelegenheit, Ṣaidāʾ zu erobern und bis ʿAkkā und Ṭabarīya vorzudringen (4). In Dimašq herrschte er noch bis zu seiner Gefangennahme (15. August 978). Doch dürfte er sich schon zur Zeit der Eroberung von Ṣaidāʾ, dessen Bewohner sich ein Jahr zuvor dem Kaiser « für immer » unter-

(1) Ibn al-Aṯīr, VIII, p. 472.
(2) Oder Aftakīn, Haftakīn.
(3) Yaḥyā, p. 161 = *P. O.*, p. 369.
(4) Ibn al-Aṯīr, VIII, p. 484.

worfen hatten, seiner Verpflichtungen gegen Byzanz ledig gefühlt haben.

Dies zeigt, dass die Gebiete in Palaestina und Phönikien, in denen der Kaiser stolz seine Strategen eingesetzt hatte, sofort, wahrscheinlich schon durch das ihm nachziehende Heer des Raiyān, verloren gegangen waren. Die in dem grosssprecherischen Siegesbulletin des Kaisers aufgebauschten Erfolge sind demnach auf ein Minimum zu reduzieren. Während er uns glauben lässt, ähnlich wie 974 Baghdād sei 975 Jerusalem beinahe in seine Hände gefallen, lassen ihn die Orientalen von Damaskos unmittelbar nach der Küste von Bairūt ziehen. In Byzanz freilich glaubte man gern an die Eroberung Palaestinas. Noch in dem geheuchelten Teilungspakt, den Bardas Phokas Anfang September 987 am Ǧaiḥān dem Skleros vorschlug (1), hiess es: *Σὺ μὲν ἄρξεις Ἀντιοχείας καὶ Φοινίκης καὶ Κοίλης Συρίας καὶ Παλαιστίνης καὶ Μεσοποταμίας* (2). Dabei hatte Phokas kurz vorher selbst die Feldzüge in Mittelsyrien geführt, bei denen er nur wenig über Ḥimṣ hinaus vorgedrungen war. Es ist also wohl nicht als reiner geographischer « Irrtum » anzusehen, wenn die Byzantiner Mesopotamien im westlichen Armenien, Ekbatana in Baghdād, die karmanische Wüste bei Nisibis und Palaestina in Nordsyrien suchten!

Die Kämpfe der nächsten Jahrzehnte bestätigen uns, dass die Romäer kaum imstande waren, die nordsyrische Grenze des Nikephoros Phokas zu halten. Gleich nach seiner Thronbesteigung liess Basileios den Michael Burtzes einen Einfall in das islāmische Gebiet bis nach Ṭarābulus machen. Der Aufruhr des Skleros scheint auch in Syrien Gebietsverluste verursacht zu haben. Bakǧūr zahlte noch regelmässig seinen Tribut an Byzanz; so zogen *Σαρακηνοὶ ἐκ τῆς πρὸς ἑῴαν Βερροίας τὰ ἐτήσια τέλη Ῥωμαίοις κομίζοντες* 977 vor dem Treffen bei Oxylithos zwischen den feindlichen Schlachtreihen hindurch (3). Als aber Abu'l-Ma'ālī (später Sa'd ad-Daula genannt) Ḥalab eingenommen hatte (Ende 977), huldigte er Aḍud ad-Daula und stellte die Tributzahlungen ein (4).

(1) Yaḥyā, p. 214 = *P.O.*, p. 422.
(2) Kedren.-Skylitz., II, p. 443, 12-14.
(3) Kedren.-Skylitz., II, p. 425, 13 sq.
(4) *ZDMG*, XI, p. 239.

Antākiya, das zeitweise auf seiten des Skleros gestanden hatte, trat Anfang 987 wieder zum Kaiser über. Darauf nahm Maḥfūẓ b. Ḥabīb b. al-Baghīl, der dem christlichen Araberstamm der Banū Ḥabīb angehörte (1), die Festung Artāḥ (2) ein und zog mit einem zum Teil aus Armeniern bestehenden Heere gegen Anṭākiya, ohne aber etwas auszurichten. Eine Revolte der Armenier in der Stadt hatte ebensowenig Erfolg, wie 370 (980/1) ein Vorstoss des Nazzāl und Ibn Šākir von Ṭarābulus gegen al-Lādiqīya (3). Dagegen scheint um diese Zeit nördlich von Ḥalab die Grenze weit zurückgeschoben worden zu sein. Denn nach Beendigung des Aufstandes eroberten die Griechen 981 das feste Schloss des Ibn Ibrāhīm in der Stadt Ra'bān (4) etwa 80 km, nördlich von dem an der Grenze des Nikephoros Phokas gelegenen Tall Ḫālid. Im November erschien der Domestikos Bardas Phokas vor Halab und zog erst wieder ab, als Sa'd ad-Daula versprach, seinen jährlichen Tribut wieder zu zahlen (5). Als Bakǧūr von Ḥimṣ gegen Sa'd ad-Daula revoltierte und ihn im September 983 in Halab belagerte, zog diesem Bardas Phokas zu Hilfe, nahm am 29. Oktober Himṣ ein und verfolgte den nach Damaskos fliehenden Bakǧūr bis Tall Ḫalīfa (6).

Im Sommer 985 wurde Killiz von Bardas Phokas eingenommen (7), das nach dem Vertrage von 969/70 dicht an

(1) Rosen, *Zapiski Imperat. Akad. Nauk*, XLIV, p. 96-122, n. 42.

(2) Über Artāḥ siehe unten, p. 117, n. 8.

(3) Yaḥyā, p. 199 = *P.O.*, p. 407.

(4) Yaḥyā, p. 197 = *P.O.*, p. 405; nach al-Makīn, dem Schlumberger folgt, erst 983.

(5) Yaḥyā, p. 199 = *P.O.*, p. 407. *ZDMG*, XI, p. 239.

(6) Yaḥyā, p. 205 = *P.O.*, p. 413. Ganz abweichend Kamāl ad-Dīn (*ZDMG*, XI, p. 239 sq.; vollständig bei Rosen, *Zap. Imp. Akad. Nauk*, XLIV, XLIV, p. 162-165), nach dem der Zug gegen Ḥalab gerichtet war und Bardas vor der Stadt von den Aleppinern, die ein Maghribiner befehligte, geschlagen wurden. « König T-r-ṯyābīl (lies Ṯortbānīl = Č'ortvanēl ?) von Georgien (al-Ǧurzīya), der den Vortrab der Griechen befehligte, fiel. Das verfolgende Heer zerstörte Dair Sim'ān ». Hieran schliess sich eine fromme Erzählung zur Verherrlichung eines heiligen Mannes (Ibn 'Alī Numair 'Abd ar-Razzāq b. 'Abd as-Salām), die daneben auch für das Jahr 421 (1030) überliefert wird, zu dem die Einzelheiten besser passen.

(7) Yaḥyā, p. 207 = *P.O.*, p. 415.

der Grenze gelegen haben muss. Dann zog der Domestikos gegen Afāmiya und Kafar Ṭāb, wurde aber vom Kaiser zurückgerufen, da Qarghūya in seinem Rücken Dair Sim'ān eingenommen hatte (2. September 985?). Zu derselben Zeit fiel Bulunyās (Balaneai) in die Hände der Aegypter (1), denen es der Feldherr Leon Melissenos erst nach zweimaliger Belagerung entreissen konnte. Nachdem Skleros den Bardas Phokas überwältigt hatte (13. April 989), belehnte ihn der Kaiser mit den Ländern (balad, bilād) al-Arminyāqūs (2) und Ra'bān ; vielleicht war auch letzteres damals ein Thema.

Als Bakǧūr im April 991 gegen Ḥalab zog, bat Sa'd ad-Daula den Kaiser um Hilfe. Michael Burtzes, der Statthalter von Anṭākiya und der Grenzgebiete (Ṯughūr) (3), vereinigte auf dem Marǧ Dābiq seine Truppen mit denen des Ḥamdāniden, der seinen Gegner bei Dair ar-Rāhib schlug und in der Festung an-Nā'ūra hinrichten liess (4).

Al-'Azīz schickte 382 (992) den Türken Banǧūtakīn nach Syrien, um Ḥalab zu erobern. Michael Burtzes (al-Burǧī) zog ihm entgegen und lagerte bei Qasṭūn in ar-Rūǧ. Nach einem Sieg über die ḥamdānidischen Truppen bei Afāmiya belagerte der Türke Ḥalab 33 Tage lang ; dann wandte er sich gegen Burtzes, der seinen Gesandten gefangen gesetzt hatte, eroberte Ḥiṣn 'Imm (Imma) im Gebiete von Artāḥ, das Burtzes gehörte, und brannte es nieder. Dann siegte er bei der Eisernen Brücke (5) und drang bis Anṭākiya vor. Der Magistros wagte nicht einmal, einen Ausfall zu machen. Das ägyptische Heer zog über Būqā und Baghrās wohl bis vor Mar'aš, und über ar-Rūǧ und Afāmiya nach Dimašq zurück (6). Diese Schwäche des Burtzes hatte einen Aufstand

(1) Yaḥyā, p. 208 = *P.O.*, p. 416, entgegen p. 161 = *P.O.*, p. 369 ; vgl. oben p. 100, n. 12.

(2) Dem *θέμα 'Αρμενιάκων* ; cod. : al-Amīnāfuwīn.

(3) Ibn Ẓāfir bei Rosen, *l. c.*, p. 233 a). Schlumberger, *L'Épopée byzantine à la fin du Xe siècle*, II, p. 62, n. 1, macht aus dieser « Grenzprovinz » « un certain Sougour, très probablement quelque renégat » !

(4) Kamāl ad-Dīn in *ZDMG*, XI, p. 242.

(5) Arab· Ǧisr al-ḥadīd : *ZDMG*, XI, p. 246, n. 1 = Rosen, *l.c.*, p. 246.

(6) Kamāl ad-Dīn, *ZDMG*, XI, p. 248, und bei Rosen, p. 248-253, wo dieser Zug teils zum Jahre 383/993, teils schon zu 382 berichtet wird.

in al-Lādiqīya zur Folge, den er aber sogleich unterdrückte. Banǧūtakīn erschien 993 von neuem in Nordsyrien, nahm Afāmiya und Šaizar ein und belagerte wieder Ḥalab. Als Burtzes und Leon Melissenos gegen ihn zogen, schlug er beide zusammen mit den Truppen des Ḥamdāniden am 15. Sept. 994 in der « Schlacht der Furt » des Orontes (al-Maqlūb) in den al-Arwāǧ, d. h. der westlich und der östlich des Flusses gelegenen Landschaft ar-Rūǧ (1). Hierauf besetzte der Türke das ganze Land um Ḥalab, das er wieder belagerte ; auch A'zāz fiel ihm in die Hände (2).

Kaiser Basileios erschien 384 (995) selbst in Syrien und lagerte auf dem Marǧ Dābiq (3). Banǧūtakīn zog darauf über Marǧ Qinnasrīn eilig nach Dimašq ab. Der Kaiser besetzte darauf Šaizar, Ḥimṣ und Rafanīya (4) ; vor Ṭarābulus zogen ihm al-Muẓaffar b. Nazzāl und seine Anhänger entgegen, um ihm die Stadt auszuliefern ; doch wurden sie nicht wieder hineingelassen und mussten mit dem Kaiser abziehen. Anṭarṭūs, damals in Ruinen, wurde wieder aufgebaut (5) und mit Armeniern besetzt. Zum Dux von Antiocheia wurde Damianos Dalassenos ernannt, der im nächsten Jahre die Vorstädte von Ṭarābulus und 'Arqa überfiel, im Jahre 997 wieder gegen Ṭarābulus und dann nach Rafanīya, 'Auǧ (6) und al-

(1) Schlumberger, *Épopée*, II, p. 80, wirft die Schlacht der Furt und die an der Eisenbrücke zusammen, während er die Einnahme von 'Imm zweimal erzählt (p. 75 und 83).

(2) Yaḥyā, p. 232 sq. = *P.O.*, p. 440 sq. Kamāl ad-Dīn, p. 248 sq.

(3) Yaḥyā, p. 234 = *PO.*, p. 442. *ZDMG*, XI, p. 250 : im 'Amq.

(4) Barhebr., *Chron. syr.*, p. 200 ed. Bedjan hat statt dessen : Ḥesnā dhe-Sīrīn, wofür wohl Bārīn (dicht neben Rafanīya gelegen) zu lesen ist. Die Franken nannten Bārīn *Monsferrandus*, *Montferrand* (Dussaud, *Topogr. hist. de la Syrie*, Paris 1927, p. 99), gräzisiert *τὸ Μουντάφαρας φρούριον* (Ioannes Kinnamos I, 8, p. 18, 9 ed. Bonn ; vgl. Du Cange zur Stelle, p. 318 Bonn = Migne, *P. G.*, CXXXIII, col. 329).

(5) Schlumberger, *Épopée*, II, p. 95. 96, 97, n. 1, macht daraus drei Städte : Anṭarṭūs, Tortosa und die bei Stephan. Asolik, III, 35, p. 200, 11, erwähnte Stadt ohne Namen, in der er den Hafen von Antiocheia, St. Symeon, vermutet !

(6) M. Hartmann in *ZDPV*, XXIII, p. 30, nº 343. R. Dussaud, *Topographie historique de la Syrie*, Paris 1927, p. 145, n. 2.

Lakma [1] zog und die letztgenannte Festung einnahm [2]. Banğūtakīn griff 996 wieder Ḥalab und dann Anṭarṭūs an, floh aber beim Herannahen des Dux Dalassenos [3]. Dem Ḫāriğiten ʿAlāqa, der in Ṣūr (Tyros) gegen al-Ḥākim revoltierte, sandte der Kaiser auf dem Seewege die erbetene Hilfe ; doch wurde die Stadt bald wieder unterworfen (Juni 998) und die Besatzung eines griechischen Schiffes getötet [4]. In demselben Jahre belagerte der Dux Damianos Dalassenos die durch eine Feuersbrunst heimgesuchte Festung Afāmiya und besiegte dort ein Hilfsheer des Ğaiš b. Ṣamṣām von Dimašq, dem die Truppen von Tripolis, Berytos und Tyros beistanden [5] ; es floh bis nach Baʿalbek. Doch bei seiner Verfolgung erhielt der Dux eine tödliche Verwundung (19. VII. 998), worauf die Griechen ihrerseits die Flucht ergriffen und dabei grosse Verluste erlitten [6]. Der Kaiser erschien im folgenden Jahre selbst in Syrien, brach am 20. IX. 999 von Ğisr al-ḥadīd auf und liess bei Afāmiya die Gebeine der ein Jahr zuvor dort gefallenen Griechen begraben [7]. Dann nahm er Šaizar, dessen Einwohner zum Teil die Stadt verliessen und durch Armenier ersetzt wurden, zog durch das Wādī Ḥairān nach Ḥiṣn Abū Qubais und zerstörte Ḥiṣn Maṣyāṯ und Rafanīya [8]. In (oder : Bei?) Ḥimṣ wurde die Konstantinskirche, in die sich viele Einwohner geflüchtet hatten, von den russischen Söldnern verbrannt. Der Kaiser rückte bis in die Gegend von Baʿalbek vor [9]. Dann verbrannte er ʿArqa und zog gegen Ṭarābulus. Ein nach Bairūt und Ğubail

(1) Dussaud, *Topographie*, p. 147 sq. Rosen in *Zap. Imp. Akad. Nauk*, XLIV, St. Petersb. 1883, p. 267, n. 216.

(2) Yaḥyā, p. 235 sq. = *P.O.*, p. 443 sq.

(3) Yaḥyā, p. 241 sq. = *P.O.*, p. 449 sq.

(4) Yaḥyā, p. 247 = *P.O.*, p. 455.

(5) Kedren, II., p. 448, 1-6.

(6) Yaḥyā, p. 247 sq. = *P.O.*, p. 455 sq.

(7) Kamāl ad-Dīn in *ZDMG*, XI, p. 251.

(8) Kamāl ad-Dīn bei Rosen, *Zap. Imp. Akad. Nauk*, XLIV, p. 309. Nach al-ʿAinī (Ms. Leningrad, Asiat. Mus., fol. 99 a) eroberte der Kaiser 389/999 Šaizar und die Gebirgsländer Bahrāʾ und ar-Rawādīf (Rosen, *Zap. Imp. Akad. Nauk*, XLIV, p. 311, n. 261). Über letzteres, zu dem Rosen ein Fragezeichen setzte, vgl. unten, p. 110, n. 5 ; über den Ğabal, Bahrāʾ unten, p. 109, n. 4.

(9) Yaḥyā, p. 250 = *P.O.*, p. 458.

gesandtes Korps machte viele Gefangene; das Heer des Kaisers erlitt aber bei einem Ausfall der Tripolitaner (13.XII. 999) grosse Verluste und kehrte vier Tage später über al-Lādiqīya nach Anṭākiya zurück, wo Basileios den Nikephoros Uranos (Kyklos?) zum Statthalter einsetzte (1). Nach Skylitzes (2), der den Feldzug fälschlich *nach* dem iberischen ansetzt (3), sollen die Emire von Tripolis, Damaskos, Tyros und Berytos sich dem Kaiser unterworfen haben, was jedoch nach dem tatsächlichen Verlauf und Ergebnis des Feldzuges kaum denkbar ist. Den Winter verbrachte Basileios in Kilikien, wo er Ostern 1000 die Nachricht vom Tode des David von Georgien erhielt (unten, p. 156). Zwischen ihm und al-Ḥākim wurde 1001 ein zehnjähriger Waffenstillstand abgeschlossen (4).

Ein Abenteurer al-Aṣfar drang 395 (1005) mit einer Araberschaar in das griechische Gebiet nach Šaizar und dann nach einem Überfall auf den Wālī von Artāḥ über Ǧisr al-ḥadīd bis Mahrūya (5) vor, wurde aber von einem Patrikios Bīghās (6) zurückgeschlagen. Nikephoros Uranos zog 1006 gegen ihn bis nach Kafar ʿAzūn bei Sarūǧ und besiegte dort auch die Banī Numair und Banī Kilāb unter Waṯṯāb b. Ǧaʿfar, dem Herrn von al-Ǧazīra (7). Doch war die Bestrafung des al-Aṣfar der einzige Zweck dieser Expedition; Gebietserweiterungen folgten ihr nicht.

Als Manṣūr von Ḥalab, der Sohn des Lu'lu', 1016 von Ṣāliḥ b. Mirdās vertrieben nach Anṭākiya floh, wurde er vom Kaiser reich beschenkt, unter anderem mit dem Dorfe Šīḥ al-Lailūn (8), wo er sich eine Burg baute. Damals liess der Kaiser auch die Burg von Anṭākiya verstärken (9). Wohl zu der-

(1) Yaḥyā, p. 250 sq. = *P.O.*, p. 458 sq.

(2) Kedren., II, p. 448, 1 sq.

(3) Vgl. dagegen SCHLUMBERGER, *Épopée*, II, p. 166, n. 1.

(4) Yaḥyā, p. 253 = *P.O.*, p. 461.

(5) *Μερόη* bei Antiocheia.

(6) *Πηγάσιος*?

(7) Kedren., II, p. 454, 8 (Skylitzes) nennt ihn *Κιστρινήτης*, den Führer *τῶν Νουμεριτῶν καὶ Ἀταφιτῶν Ἀράβων*.

(8) D. h. Šīḥ im Ǧabal Lailūn (oder Lailūl, Laulūn); vgl. über das Gebirge (Yāqūt, IV, p. 374): M. HARTMANN, *Das Liwa Haleb*, in *Ztschr. Gesellsch. f. Erdk. Berlin*, XXIX, 1894, p. 186, n. 1; über den Ort Šīḥ unten, p. 109, n. 2.

(9) Yaḥyā, p. 53 ed. ROSEN, *Zap. Imp. Ak. Nauk*, XLIV, p. 53, lin. 19-21.

selben Zeit wurden die Handelsbeziehungen zu dem Fāṭimidenreich abgebrochen. Viele Flüchtlinge, die unter al-Ḥākim Ägypten verliessen, unter ihnen der Chronist Yaḥyā b. Sa'īd, fanden in al-Lādiqīya, Anṭākiya und anderen griechischen Städten eine Zuflucht (1). 'Azīz ad-Daula Fātik, der am 1. Februar 1017 als Gouverneur des al-Ḥākim Ḥalab besetzte, erkannte bald die Oberhoheit des Kaisers an, der ihm dafür eine wichtige Monopolstellung im Orienthandel zugestand. Vom Ḫalīfen sagte er sich los und prägte eigene Münzen. In demselben Jahre überfielen Maghribiner zweimal das Kloster Dair Sim'ān bei Ḥalab und Šīḥ ad-dair (2).

Im Šawwāl 411 (Jan.-Febr. 1021) trat Muḥammad b. Ḫulaid al-Bahrānī dem Kaiser die Festung al-Ḫawābī(3) im Ǧabal Bahrā' (4) und die Stadt Maraqīya an der Küste ab (5). Dies zeigt, dass die Grenze nach dem unglücklichen Rückzuge von 999 bis weit nördlich von Anṭarṭūs zurückgezogen worden war, anscheinend bis nach Bāniyās.

Zu dieser Zeit hatten sich drei Führer von Beduinenstämmen von Ägypten unabhängig gemacht und Syrien untereinander geteilt (415 H. = 1024). Filasṭīn gehörte dem Ḥassān b. al-Mufarriǧ b. al-Ǧarrāḥ vom Stamme der Ṭaiyiten, Dimašq dem Sinān b. 'Ilyān, dem Kalbiten, und Ḥalab dem Ṣāliḥ b. Mirdās von den Banī Kilāb. Die fāṭimidischen Truppen unter Anūštakīn ad-Duzbarī wurden bei 'Asqalān zu-

(1) Yaḥyā, ed. KRAČKOVSKIJ-VASILIEV, p 311 = *Patr. Or.*, XXIII, p. 519. SCHLUMBERGER, *Épopée*, II, p. 453.

(2) Yaḥyā, p. 55, lin. 8 ed. ROSEN (l. c.) : Šaiḫ ad-Dair = « Vorstand des Klosters » in ROSENS russ. Übersetzung, p. 58, 17. Es ist vielmehr Ortsname, jetzt kurdisch Šādir (LAMMENS, *MFOB*, II, p. 383) ; nach E. SACHAU, *Sitzungsber. Akad. Berlin*, 1892, pl 322, n. 1, identisch mit dem p. 108, n. 8 erwähnten Šīḥ al-Lailūn. Šīḥ ad-Dair wird auch um 1147 erwähnt : Anonymi auctoris *Chronicon (syriacum) ad annum Chr.* 1234 *pertinens*, ed. CHABOT, II, Parisiis 1916, p. 154, lin. 30 ; vgl. dazu CHABOT, *C.-R. Acad. d. Inscr.*, 1918, p. 441.

(3) Jetzt Qal'at al-Ḫawābī nordöstlich von Tortosa. Zur Lage vgl. DUSSAUD, in : *Rev. arch.*, 1897, I, p. 343. SOBERNHEIM, *Corp. Inscr. Arab.*, IV, p. 69, n. 2.

(4) Über dieses Gebirge vgl. ROSEN, *l. c.*, p. 366, n. 361. DUSSAUD, *Topographie historique de la Syrie antique et médiévale*, Paris 1927, p. 146, n. 3. Oben, p. 107, n. 8.

(5) Yaḥyā, p. 56, lin. 12-14 ed. ROSEN.

rückgeschlagen, und Ṣāliḥ zog am 17. Januar 1025 wieder in Ḥalab ein, wo die ägyptischen Führer sich auf die Zitadelle zurückgezogen hatten. Von Ḥassān von neuem zuhilfe gerufen, bat er den Katepano von Anṭākiya, Konstantinos Dalassenos, den Sohn des Damianos Dalassenos, ihm auserwählte Bogenschützen zu senden, um schneller die Zitadelle zu erobern. Der Katepano sandte ihm 300 Mann, forderte sie aber bald darauf auf Befehl des Kaisers zurück, der über ihre Absendung sehr ungehalten war. Ṣāliḥ liess den Abu' l-Marǧā Sālim b. Mustafād als Gouverneur von Ḥalab und seinen Sekretär Abū Manṣūr Sulaimān b. Ṭauq als Belagerer der Zitadelle zurück und zog selbst am 4. Mai nach Palaestina. Die belagerten Ägypter pflanzten vom 22.-24. Juni Kreuze auf den Mauern auf und riefen: *Βασιλείου τοῦ βασιλέως πολλὰ τὰ ἔτη*! Vergebens hofften sie dadurch die Hilfe der Griechen zu gewinnen. Am 30. Juni wurde die Zitadelle durch den Verrat des Berbers Abū Ǧum'ah eingenommen. Ṣāliḥ besetzte damals noch Ḥimṣ, Ba'albek, Ṣaidā' und Ḥiṣn bin 'Akkār (1) in der Nāḥiya von Ṭarābulus, während sich schon vorher ar-Rahba, Manbiǧ, Bālis und ar-Raqqa (2) in seinen Händen befunden hatten, und kehrte am. 4. Oktober nach Halab zurück (3).

Unter Konstantinos VIII. zog 1026 der Katepano von Antiocheia Michael Spondyles gegen Ḥalab; er wurde aber geschlagen und Antiocheia von den Aleppinern angegriffen (4). Im folgenden Jahre (1027) baute Spondyles die Burg *Μενῖκος* (5) und gab sie dem Araber *Μουσάραφ*, d. i. Naṣr ibn Musaraf ar-Rawādifī, dem Herrn des Gebirges ar-Rawādīf und der Umgegend, der bereits zweimal in griechische

(1) Schlumberger, *Épopée*, II, p. 611, sagt unrichtig, *Sinān* habe diese Festung erfolglos *belagert* und die anderen Festungen besessen.

(2) Kamāl ad Dīn, p. 15 trad. J. J. Müller (*Historia Merdasidarum*, Bonnae [1829]), hat dafür unrichtig Rafanīya.

(3) Yaḥyā, p. 63-65 ed. Rosen.

(4) Kedren., II, p. 490, 20. Glyk., p. 582, 1.

(5) Arab. al-Manīqa (Dussaud, *Topogr.*, p. 140 sq.); jetzt Qal'at Manīqa. Es lag « à l'extrémité » des Ǧabal ar-Rawādīf (an-Nuwairī, Paris ms. arab. 1578, fol. 64r, bei Quatremère, *Histoire des Sultans Mamlouks*, I/2, Paris 1840, p. 112, n. 134).

Gefangenschaft geraten war (1). Dieser lieferte sie aber dem Emir von Tripolis und dem Anūštakīn ad-Duzbarī (*Τούσβερ*) aus (2). Skylitzes stellt fest, dass die Araber seit dieser Zeit in Syrien den Römern überlegen blieben (3).

Nachdem Ṣāliḥ bei al-Uqḥuwāna am Jordan gefallen war (420/1029), folgte ihm in Ḥalab sein Sohn Šibl ad-Daula Naṣr, während dessen Bruder Mu'izz ad-Daula Abū Ulwān Ṯimāl anfangs die Zitadelle innehatte. In diesem Jahre zog der Katepano von Anṭākiya, Michael (Spondyles), ohne kaiserlichen Befehl gegen Ḥalab. Als er die Burg von Qaibār (4) belagerte (14. Juli 1029), wurde er von Naṣr und Ṯimāl angegriffen und mit seinem Heere in die Flucht geschlagen. Der Kaiser setzte ihn ab und Konstantinos Karantenos an seine Stelle (5). Kaiser Romanos erschien selbst, nach einer Version von Naṣr gegen seinen Bruder um Hilfe gebeten, in Zorn über die Niederlage Michaels bei Qaibār mit 600.000 Mann in Anṭākiya und forderte die Übergabe von Ḥalab. Naṣr bat ihn, von einem Kriege abzustehen, und versprach ebenso Tribut zu zahlen, wie ihn die Ḥamdāniden dem Kaiser Basileios gezahlt hatten. Der Kaiser lehnte dies ab, behielt den Gesandten, Muqallid b. Kāmil, in Haft bei sich und zog von Anṭākiya nach Qaibār. Dort kam es zu einem Gefecht, in dem die Griechen siegten. Im Heere des Romanos waren die Könige der Bulgaren, Russen, Abḫazen, Grusinier, Ar-

(1) Baron Rosen sagte mit Unrecht, die Araber hätten *Μουσάραφ* nicht gekannt (*Zap. Imp. Akad. Nauk*, XLIV, p. 321, n. b). Nur heisst er bei an-Nuwairī (fol. 64r) « Naṣr ibn Musaraf » (vgl. Quatremère, *l. c.*, der « Mousrif » schrieb); nach ihm war dieser Naṣr nach Befestigung der Stadt al-Manīqa damit beschäftigt, « d'en construire une encore plus forte ». Hierbei kann es sich wohl nur um Argyrokastron handeln, das nach Kaiser Romanos Argyros (12. Nov. 1028-12. April 1034) hiess; vgl. unten, p. 114, n. 5, und p. 125, n. 5.

(2) Kedren., II, p. 490, 15 sq.; *Μενῖκος* p. 495, 5.

(3) Kedren., II, p. 491, 10.

(4) Yāqūt, IV, p. 211; Ṣafī ad-Dīn, *Marāṣid*, II, p. 465: « Festung zwischen Anṭākiya und den Ṯughūr »; noch jetzt das Doppeldorf 'Arša wa-Qaibār, vgl. M. Hartmann, *Das Liwa Haleb*, p. 522, n° 2. H. Lammens, *MFOB*, II. 1907, p. 383; R. Dussaud, *Topographie*, p. 228-230. Dort befindet sich die Brücke Ǧisr Qaibār über den Nahr 'Afrīn: Ibn aš-Šiḥna. p. 167, 3 ed. Bairūt 1909.

(5) Kedren., II, p. 491, 12-15.

menier, Pečenegen und Franken (1). Der Kaiser zog dann mit seinem Heere nach dem an der Grenze des ḥalabinischen Gebietes gelegenen Dorfe Tubbal (2) unweit von einem Berge (3). Dort lagerte das Heer in wasserloser Gegend ; von dort sandte er den Patrikier Leon Choirosphaktes gegen A'zāz (4). Die Kilābiten überfielen diesen aber plötzlich, nahmen ihn gefangen, verjagten sein Heer und griffen das Lager des Kaisers an. Als auch Konstantinos Dalassenos geschlagen in das Lager zurückkehrte und das Heer unter grosser Wassernot und Krankheiten litt, wurde der Rückmarsch beschlossen. Am 10. August 1030 wurde das Lager verlassen (5), das Naṣr sogleich plünderte. Als dieser mit 900 Reitern dem kaiserlichen Heer nachsetzte, eilte dieses in wilder Flucht in die Berge, wo ein grosses Blutbad angerichtet wurde. Der Kaiser floh in das Gebiet der byzantinischen Stadt Qūrus (Kyrrhos), wobei er mit Mühe der Gefangenschaft entrann (6). Die nachsetzenden Araber drangen bis zum *θέμα Τελούχ* (7) vor und verlangten von dem Strategen Georgios Maniakes, er solle ihnen Teluch ausliefern. Georgios ging scheinbar darauf ein, überfiel sie aber nachts und nahm ihnen viele Beute wieder ab. Der Kaiser ernannte ihn zum Lohn dafür zum Katepano von *Κάτω Μηδία* (8).

Bei seinem Abzuge machte Romanos den Eunuchen Niketas aus Mistheia zum Hegemon von Antiocheia und trug ihm auf, Menikos zurückzuerobern, um den Einfällen des *Μουσάρας* nach Nordsyrien ein Ende zu bereiten. Nach Kamāl ad-Dīn (9) eroberte wirklich dieser qaṭabān von Anṭākiya, Ni-

(1) Arabisch : al-Bulghar, ar-Rūs, al-Abḫāz, al-Ḫazar (lies : al-Ġurz), al-Arman, al-Bağnāk, al-Afranğ.

(2) Jetzt Tibil 20 km. nordöstlich von A'zāz.

(3) Nämlich dem jetzigen Parsa-Dāgh oder Ğebel el-Barsāye, der schon 969/70 auf der byzantinisch-arabischen Grenzlinie gelegen hatte, s. oben, p. 95, n. 2.

(4) Kedren., II, p. 492, 7 : *Ἀζάζιον φρούριον*.

(5) Kedren., II, p. 493, 6 sq.

(6) Kamāl ad-Dīn bei Rosen, *Zap. Imp. Akad. Nauk*, XLIV, p. 322-326.

(7) Arab. Dulūk, griech. *Δολίχη*.

(8) Kedren., II, p. 494.

(9) Kamāl ad-Dīn bei Rosen, p. 325 sq. Nach an-Nuwairī (bei Quatremère, *Histoire des Sultans Mamlouks*, I, 2, p. 112, n. 134

qīṭā, 421 (1030) die Festung al-Manīqa und zerstörte die Mauern von Rafanīya,wo er 10.000 Einwohner gefangen nahm. Im folgenden Jahre (1031) nahm er Ḥiṣn Bani'l-Aḥmar (1), Ḥiṣn Banī Ghanāğ und andere Burgen ein und zerstörte sie. Naṣr erreichte schliesslich von ihm, dass er die Feindseligkeiten einstellte und zwischen ihm und dem Kaiser Frieden vermittelte (2). Später (423/1032) zog Niketas gegen die Drusen, die sich unter Naṣr im Ğabal as-Summāq (bei Qinnasrīn) festgesetzt hatten, und rief dann auch Naṣr gegen

zog Niqīṭā erst 422 (1031) gegen al-Manīqa und belagerte es zuerst ohne Erfolg. Erst bei einem zweiten Angriff bemächtigte er sich der Burg und zerstörte ihre Verteidigungswerke völlig.

(1) D. i. das spätere Balāṭunus, jetzt Qal'at el-Mehēlbe. Nach an-Nuwairī begann der Stamm der Banu' l-Aḥmar diese Festung zu bauen, doch wurde sie ihm von Niqīṭā vor ihrer Vollendung entrissen, und dieser führte den Bau zuende (van Berchem, *Inscriptions arabes de Syrie*, Le Caire 1897, p. 78; *Voyage en Syrie*, I, p. 285). Neben Balāṭunus findet sich auch die Namensform Aflāṭunus (Yāqūt, *Mu'ğam*, I, p. 331. *Mārasid*, I, p. 81. Kugler, *Boemund und Tankred*, p. 77, n. 68. van Berchem, *Inscriptions*, p. 100; *Voyage*, p. 285, n. 3), die anscheinend nicht auf Platanus, sondern auf ein griechisches *Πλάτωνος* (*φρούριον, χωρίον*) zurückgeht (arab. Aflāṭūn = Platon). An den hl. Platon von Ankyra ist kaum zu denken. Prof. Grégoire hält einen Zusammenhang mit dem Philosophen für wahrscheinlicher, der im Mittelalter für einen Wundertäter galt, und weist mich auf die Ortsnamen Iflāṭūn Bunar in Kleinasien hin (vgl. Ramsay, *Hist. Geogr. of Asia Minor*, p. 39, n. 5); dazu sei an den unterirdischen Gang erinnert, der nach ad-Dimisqī (p. 208 sq. ed., 284 sq. trad. Mehren) von Ğabala, das er für den Hafen von Balāṭunus hält, oder von dieser Festung aus (?) unter das Meer geführt haben soll (van Berchem, *Inscriptions*, p. 81, n. 2). Man könnte auch an eine Verwechslung mit Paltos seitens der Byzantiner (die Araber kannten Balda oder Bulda, vgl. Yāqūt, I, p. 718. Dimišqī, p. 209) denken, dessen Name schon in den Hss der *Geographie* des Ptolemaios (1/2, p. 961 ed. Müller) als *Πλάτος* und in der syrischen *Notitia Antiochena* (ed. Ignazio Ephrem II. Rahmani, *I fasti della chiesa patriarcale Antiochena*, Roma 1920, p. II. E. Honigmann, *Byz. Ztschr.*, XV, p. 73, adn.; 76) als Plāṭōn vorkommt. Man beachte, dass die Araber Balāṭunus fälschlich für eine Küstenstadt hielten und dass sie in ähnlicher Weise Qadmūs irrig mit Fālānāōn = *Βαλανέων* zusammenbrachten (vgl. oben, p. 100, n. 9).

(2) Nach Kedren-Skylitz., II, p. 498, traf im September 1031 bei dem Kaiser der Sohn des Emirs ein und bot ihm Tributzahlung an; der Friedensvertrag wurde von dem Protospatharios Theophylaktos von Athen abgeschlossen.

sie um Hilfe an (1); vielleicht kämpfte er dort im Bündnis mit Ḥassān b. al-Ǧarrāḥ gegen die Ägypter (s. u.). Abweichend hiervon berichtet Skylitzes (2), Niketas sei durch einen nächtlichen Ausfall schimpflich von Menikos zurückgetrieben worden, worauf der Kaiser den Protospatharios Theoktistos als Strategen mit einem grossen Heere nach Syrien sandte und ihm befahl, mit dem von Ägypten abgefallenen Emir *Πινζαράχ* von Tripolis vereint gegen den von Ägypten gegen ihn gesandten Türken *Τούσβερ* (Anūštakīn ad-Duzbarī) zu kämpfen. Pinzarach, der oben erwähnte Ḥassān b. Mufarriǧ b. al-Ǧarrāḥ (3), hatte sich zum Kaiser Romanos begeben und ihn um Waffenhilfe gegen Tusber gebeten. Der Kaiser befahl dem Theoktistos, ihm zu helfen und die Festung Menikos anzugreifen. Der Oberfeldherr Tusber zog sich bei dem Herannahen ihres Heeres nachhaus (d. h. nach Dimašq) zurück, und auch Musaraph floh aus Menikos und wurde unweit der Grenze (4) von Tripolis ergriffen und getötet. Theoktistos nahm Menikos und eine andere Festung, die auf einem steilen Felsplateau lag, namens *Ἀργυρόκαστρον* (5). Später

(1) Kamāl ad-Dīn, übers. v. J. J. Müller, *Historia Merdasidarum*, p. 21 sq.

(2) Kedren., II, p. 495, 3-9.

(3) Rosen, *l. c.*, p. 321, n. b).

(4) Kedren., II, p. 496, 6: *καὶ περὶ τὰ ὅρια Τριπόλεως συσχεθεὶς ἀνῃρέθη*; lat. Versio: ac deprehensus *in montibus* apud Tripolin occisus est. Danach Gfrörer, *Byz. Gesch.*, III, Graz 1877, p. 185: « im Gebirge bei Tripolis »; Schlumberger, *Épopée*, III, p. 92: « montagne de Tripoli »!

(5) Kedren., II, p. 496, 10. Argyrokastron wird noch einmal zusammen mit Laodikeia, *Μαρχάπιν* (= Marqab) und Ǧabala unter den *πρὸς θάλατταν πολίχνια* erwähnt, die im Jahre 1104 Kantakuzenos einnahm (Anna Komn., XI, 11; t. II, p. 138, 13 ed. Reifferscн.). Die Gleichsetzung mit dem fränkischen Chastel Blanc, jetzt Ṣāfītā durch Clermont-Ganneau (*Rec. d'arch. orient.*, II, p. 170, n. 1; danach van Berchem, *Journ. Asiat.*, 1902, p. 395 und andere) ist sehr unsicher; der Name *Σαφιθᾶ*, der für eine Stadt Palaestinas (jetzt Tell eṣ-Ṣāfiye) durch die *Karte von Mādabā* bezeugt ist, kann mit « Argyrokastron » nicht gleichbedeutend sein. Die Burg dieses Namens wurde gewiss nach dem damaligen Kaiser Romanos III. Argyros (1028-1034) genannt (so auch Schlumberger, *Épopée*, III, p. 92). Ich möchte sie viel nördlicher als in der Gegend von Ṣāfītā suchen. Vielleicht entspricht sie der späteren Ismā'īlierburg Qal'at 'Ullaiqa.

erschien auch Pinzarach selbst, von dem ἄρχων von Antiocheia, Niketas von Mistheia, geleitet, bei dem Kaiser, der ihn gnädig empfing und mit reichen Gaben heimschickte (1).

Das wichtigste Ereignis dieses Jahres war die Erwerbung von Edessa, die in dem Abschnitt über diese Stadt (unten, p. 134-146) behandelt werden soll.

Der Emir Pinzarach von Tripolis erschien 1032, von den Ägyptern bedrängt, zum drittenmal bei dem Kaiser, der ihn mit dem Hetaireiarchen Theoktistos und einem grossen Heere nach Syrien schickte (2). Dieser Pinzarach (Bin al-Ğarrāḥ) ist nach Baron Rosens Vermutung identisch mit dem Phylarchen Ἀπελζαράχ (= Abu'l-Ğarrāḥ), der nach dem *Strategikon* des Kekaumenos (3) zweimal zu Kaiser Romanos reiste, von ihm das erstemal ehrenvoll aufgenommen und reich beschenkt in seine Heimat entlassen, das zweitemal aber verachtet und wie ein Gefangener in der Hauptstadt festgehalten wurde, bis ihn der Kaiser nach zwei Jahren wieder freiliess. Falls es sich tatsächlich um unseren Pinzarach handelt, könnte freilich nur eine spätere, vierte Reise nach Byzanz gemeint sein, da er auch das zweite und dritte Mal sehr gnädig empfangen und nicht erst nach zwei Jahren entlassen worden war. Wichtig ist in dieser Erzählung, dass der Phylarch περάσας τὸ Σιδηρογέφυρον τὸ ἐκεῖθεν Ἀντιοχείας wieder τὰ ὅρια Ἀράβων betritt (4), dass also der Orontes, über den die Eisenbrücke (5) östlich von Anṭākiya führte, damals die Grenze bildete.

Nach Ibn al-Aṯīr (6) entriss 422 (1031) der Ṭā'ite Ḥassān b. al-Mufarriğ, der vor ad-Duzbarī zu den Griechen geflohen war, mit deren Hilfe (wohl der des Niketas, s. o.) den Ägyp-

(1) Kedren., II, p. 496, 13 sq.

(2) Kedren., II, p. 502, 6-9.

(3) Kekaumenos, cap. 221, ed. B. Wassiliewsky et V. Jernstedt, Petropoli 1896, p. 78 = *Sověty i razskazy vizantijskago bojarina XI věka*, S.Pbg. 1881, p. 125 sq.

(4) Kekaumenos, *l. c.*, p. 78, 16. 21.

(5) Noch jetzt Ğisr al-ḥadīd. Rosen, *l. c.*, p. 246, n. a) M. van Berchem, *Voyage en Syrie*, I, Le Caire 1914, p. 239, n. 1.

(6) Ibn al-Aṯīr, IX, p. 286 bis (die Seiten 280-289 sind doppelt gezählt !).

(7) Rosen, *l. c.*, p. 321, n. b).

tern Afāmiya ; die Festung wurde zerstört und entvölkert (1). Im Jahre 420 (1034/5) zogen die Romäer gegen Ḥalab, wurden aber von Šibl ad-Daula (Naṣr) nach A'zāz zurückgetrieben (2). Der Anlass zu diesen Kämpfen war wohl, dass die Aleppinern den vom Kaiser zu ihnen gesandten *ἁρμοστής* vertrieben hatten (3).

Anūštakīn ad-Duzbarī besiegte im Ša'bān 429 (9. V.-6. VI. 1038) die Mirdāsiden und bemächtigte sich der Hauptstadt Ḥalab, nachdem er vorher dem Kaiser brieflich versprochen hatte, den gleichen Tribut wie Naṣr an ihn zu entrichten (4). Von einem Kriege im Jahre 431 (1039/40) hören wir nur, dass die Antiochener die Aleppiner besiegten und darauf beide Heere heimkehrten (5).

Bald nach dem Tode des Anūštakīn wurde Ṯimāl wieder Herr von Ḥalab. Kaiserin Theodora hatte er gegen den Türken Sabuktakīn, den er in der Zitadelle belagerte, um Hilfe gebeten und ihr seine Ergebenheit versichert. Dafür machte sie ihn zum Magistros von Ḥalab, seinen Neffen Muqallid b. Kāmil zum Komes, andere zu Patrikiern ; Ṯimāl musste seinerseits denselben Tribut zahlen, wie früher sein Bruder Naṣr (6). Diese freundschaftlichen Beziehungen mochten eine beträchtliche Verminderung der in Syrien garnisonierenden Truppen gestatten ; die in *Τελούχ*, in dem *Μαῦρον ὄρος* und in *Κάρκαρον* (jetzt Gerger) stehenden Reiterregimenter, zusammen gegen 20.000 Mann, wurden 1050 gegen die Pečenegen abberufen (7). Ṯimāls Gesandter Šaiḫ ad-Daula wurde 443 (1051/2), als er den Tribut nach K/pel brachte, zum Komes ernannt, Muqallid zum Magistros und Ṯimāl selbst zu einer noch höheren Würde befördert (8) ; auf seine Bitte wurde 446 (1054/5) die Komeswürde des Šaiḫ ad-Daula auf den Gesandten die-

(1) Abu' l-Fidā', *Annales Muslemici*, opera Io. Iac. Reiske, ed. J. G. C. Adler, III, Hafniae 1791, p. 78.

(2) Ibn al-Aṯīr, IX, p. 302. Abu'l-Fidā', *Ann. Musl.*, III, p. 82.

(3) Kedren., II, p. 511, 21. Schlumberger, *Épopée*, III, p. 188 sq.

(4) Kamāl ad-Dīn, trad. J. J. Müller, *Hist. Merdas.*, p. 23.

(5) Kamāl ad-Dīn, trad. Müller, p. 27.

(6) Kamāl ad-Dīn, trad. Müller, p. 31.

(7) Kedren., II, p. 602, 20.

(8) Kamāl ad-Dīn, trad. Müller, p. 36.

ses Jahres, Sālim, übertragen (1). Auch Ṯimāls Neffe Maḥmūd b. Naṣr, der 452 (1060/1) vorübergehend Ḥalab in Besitz nahm, wandte sich an den Kaiser um Unterstützung; doch kehrte sein Gesandter erst zurück, als Ṯimāl die Stadt wiedergewonnen hatte (2).

Im Jahre 454 (1062) bauten die Muslimen die Festung al-Marqab auf, erklärten sich aber dann bereit, sie den Griechen zu verkaufen. Nach Empfang der Kaufsumme behielten sie aber diese und die Festung (3).

Kurz vor Ṯimāls Tode kam es zum Kriege mit dem Statthalter von Antiocheia (4). Die Griechen erbauten (5) im Muḥarram 454 (15. I.-13. II. 1062) die Festungen Qasṭūn (6) und ʿAin at-Tamr (7), anscheinend auf aleppinischem Gebiet. Darauf nahm ihnen Muʿizz ad-Daula Ṯimāl die Festung Artāḥ fort. Als die Griechen um Frieden baten, verlangte er von ihnen, die beiden Festungen niederzureissen, die Burg Lailūn ihm auszuliefern und für Artāḥ Lösegeld zu zahlen (8). Als die Griechen dies zu tun versprachen, kehrte er am. 2. Rağab (12. VII.) nach Ḥalab zurück; freilich hielten jene nicht Wort und suchten sogar Maʿarrat Maṣrīn durch Verrat zu gewinnen. Im Šawwāl (8. X.- 5. XI.) verbrannten sie eine Festung (9), wurden aber von einer kleinen Araberschaar

(1) Kamāl ad-Dīn, p. 37.

(2) Kamāl ad-Dīn, p. 47.

(3) Abū Ghālib Himām ibn al-Faḍl al-Muhaḏḏab al-Maʿarrī, *Ta'rīḫ*, zitiert bei Yāqūt, IV, p. 500. Usāma ibn Munqiḏ, *Ta'rīḫ al-qilāʿ wa'l-ḥuṣūn*, zitiert bei Abu'l-Fidā', p. 255 ed Reinaud- de Slane. Vgl. van Berchem, *Voyage en Syrie*, I, Le Caire 1913 (*Mém. publ. par les membres de l'Inst. Franç. d'Archéol. Orient. au Caire, XXXVII*). p. 300. E. Honigmann, Art. *al-Marqab* in der *Enzykl. d. Islām*.

(4) Nikephoros nach Mich. Attal., p. 189, 20 ed. Bonn.

(5) Mich. Attal., p. 181, 8: *κατασκευὴ φρουρίων*.

(6) Qasṭūn in ar-Rūğ, 25 km. westlich von Maʿarrat an-Nuʿmān liegt östlich vom Orontes (Dussaud, *Topogr. de la Syrie*, p. 169 sq.); an Gaston (= Baghrās nach Dussaud, *l. c.*, p. 433) ist nicht zu denken. Vgl. oben, p. 105.

(7) Ein ʿAin at-tamr in Syrien wird sonst wohl nirgends erwähnt.

(8) Kamāl ad-Dīn, trad. Müller, p. 51. Über Artāḥ, jetzt Irtāḥ, vgl. Dussaud, *Topogr.*, p. 225-228.

(9) Quatremère, *Mém. géogr. et hist. sur l'Égypte*, II, Paris

zurückgetrieben, und Timāl selbst erstürmte um die Mitte des Monats (22. X.) die Stadt Qaibār und plünderte sie (1). Bald darauf erkrankte er und starb am 25. Du'l-Qa'da 454 (30. XI. 1062) (2). Er hatte kurz vor seinem Tode seinen Bruder 'Aṭīya zu seinem Nachfolger bestimmt, der aber von seinem Neffen Maḥmūd sehr bedrängt wurde. Daher rief er den Türken Hārūn b. Ḫakān zu Hilfe und liess sich von den Griechen mit Geld unterstützen (3). So blieb er im Besitz von Ḥalab, während Maḥmūd im Frieden vom Muḥarram 457 (13. XII. 1064-11. I. 1065) das Land südlich von al-Aṯārib erhielt. Doch bald suchte er sich der Türken zu entledigen. Hārūn zog erst nach dem byzantinischen Gebiet, woran ein griechisches Heer erfolglos ihn zu hindern suchte (4), dann zu Maḥmūd, der nun seinerseits durch griechisches Geld unterstützt 'Aṭīya auf dem Marğ Dābiq schlug (11. Rağab 457 = 18. Juni 1065) und Ḥalab einnahm ; 'Aṭīya behielt das Land östlich und nördlich von Ḥalab mit Raḥba, A'zāz, Manbiğ und Bālis (5). Ein grosses türkisches Heer unter Führung des Afšīn (6) brach 459 (1066/7) in Syrien ein ; ein Teil belagerte Dulūk (Doliche), ein anderer verwüstete im Šawwāl (15. VIII.-12. IX.) das Gebiet von Anṭākiya völlig, das die Bewohner in wilder Flucht verliessen (7). Der Statthalter von « Koilesyrien »(Antiocheia), Nikephoros, der bereits vorher einmal, wohl von 1062-65, abgesetzt worden war, fiel damals nach dem Tode des Kaisers bei Eudokia in Ungnade und wurde eingekerkert (8). Im folgenden Jahre (1068) zog Afšīn aus dem Gebiete von Ḥalab, wo er die Beute verkauft hatte, wieder gegen Anṭākiya und belagerte es, wurde aber von Alp Arslān nach dem 'Irāq zurückgerufen (9). Der neue

1811, p. 339 : « une place forte ». Kamāl ad-Dīn, trad. MÜLLER, p. 52 : « *Acabam* » (?).

(1) Kamāl ad-Dīn, p. 52.

(2) Kamāl ad-Dīn, p. 53.

(3) Kamāl-ad-Dīn, p. 56.

(4) Kamāl ad-Dīn, p. 57 sq.

(5) Kamāl ad-Dīn, p. 59.

(6) In früherer Zeit der Titel des Fürsten von Usrūšana.

(7) Kamāl ad-Dīn, p. 61 sq. Matt'ēos, Urh., p. 156-157 trad. DULAURIER. P. PEETERS, *Anal. Boll.*, XLVI, 1928, p. 244, n. 3.

(8) Mich. Attal., p. 181, 16-19. 24. DÖLGER, *Regesten*, Abt. I, 2. Teil, München-Berlin 1925, p. 15, nr. 962.

(9) Kamāl ad-Dīn, p. 62.

Dux von Antiocheia, Nikephoros Botaneiates, war gegen die Türken machtlos (1). An diesen beiden Einfällen, zu denen sich die *Χαλεπῖται* den Türken beigesellt hatten, nahm auch der byzantinische Überläufer *'Αμερτικής* teil (2). Am 17. Ša'bān [?] 460 (21. Juni [?] 1068) wandten sich die Türken gegen Artāḥ, wo viele Christen wohnten, deren höchster Beamter damals dort residierte (3). Hārūn belagerte die Stadt schon fünf Monate, als ein griechisches Heer herannahte und bei dem « antiochenischen Tore » (4) lagerte, um den Türken zu Friedensverhandlungen zu bewegen. Diese waren aber fruchtlos ; Hārūn eroberte die Stadt und die benachbarte Burg 'Imm (5). Auch bei Afāmiya, gegen das die Griechen zogen, erlitten sie Verluste (6).

Im folgenden Jahre (461 = 1068/9) beschloss Kaiser Romanos Diogenes selbst in den Orient gegen den « südlichen » Feind zu ziehen, der Koilesyrien, Kilikien und selbst das Gebiet von Antiocheia verwüstete (7). Über die Täler von Kokusos und Germanikeia gelangte er nach dem *θέμα Τελούχ*. Zuerst belagerte er Manbiğ und nahm die Stadt ausser der Burg ein. Während ihrer Belagerung versuchten Maḥmūd (8) und Amertikes sie zu entsetzen, wurden aber nach anfänglichen Erfolgen am 20. November 1068 vernichtend geschlagen. Nach Barhebraeus (9) bestand das arabische Heer aus « Ma'dāyē (10) *κυνικοί*, d. h. Kalbāyē » (Banī Kalb). Nach Einnahme der Burg wurde dort der Iberer *Φαρεσμάνης βέστης ὁ 'Αποκάπης* als Kommandant zurückgelassen (11). Sie wurde neubefestigt und blieb seitdem sieben Jahre im Besitz der

(1) Skylitz., p. 662, 13 ed Bonn.
(2) Skylitz., p. 662, 9.
(3) Kamāl ad-Dīn, p. 62 sq.
(4) Von Artāḥ? Oder ist Bāb Anṭākiya hier und 11 Zeilen weiter unten der Name eines benachbarten Ortes?
(5) Barhebraeus, *Chron. syr.*, p. 244 sq. ed. Bedjan.
(6) Kamāl ad-Dīn, p. 63.
(7) Skylitz., p. 670, 2.
(8) Skylitz., p. 673, 19 : *Μαχμούτιος*.
(9) Barhebraeus, *Chron. syr.*, p. 244 ed. Bedjan.
(10) Ma'dāyē = « Beduinen », vgl. Baethgen, *Abh. f. d. Kunde d. Morgenlandes*, VIII, N° 3, 1884, p. 140, n. 1.
(11) Skylitz., p. 675, 23. Mich. Attal., p. 116, 10 : *Φαρασμάτιον β. τὸν 'Α.* ; vgl. auch Kedr., II (Skyl.), p. 591, 4 : *Βασίλειος ὁ ἀπὸ Κάπης* (so gedruckt !) ; p. 654, 19 : *'Αποκάπης Βασίλειος*.

Griechen; unter dem Ḫalīfen al-Muqtadī entrissen ihnen die Araber 468 (1075/6) die neue Zitadelle von Mabbog, die sie bereits jahrelang zerniert hatten (1).

Der Kaiser zog dann gegen A'zāz, wo er eine zeitlang lagerte. Da brach eine Epidemie im Heere aus, die zahlreiche Soldaten und, wie der Kaiser später dem ägyptischen Gesandten erzählte, an *einem* Tage 3000 Pferde hinraffte (2). Romanos verheerte in der Landschaft *Αὐσουῖτις* (3) die Ortschaft *Κάτμα* (4), die seit altersher dem Emīr von Ḥalab gehörte, und nahm den Ort *Ταρχωλά* (5) oder *Τερχαλᾶ* (6) ein. Von dort aus kam er auf griechisches Gebiet (7) und besetzte Artāḥ (8), dessen arabische Besatzung geflohen war, und 'Imm (9) und kehrte über *'Αλεξανδρῶνα* (10) und den Tauros nach Kleinasien zurück, wo sich der weitere Krieg mit den Türken abspielte. Während er dann durch Armenia IV. und die Themata Kolonia und Armeniakon zog, drangen die Türken über Ikonion nach Kilikien ein, wo ihnen *Χατατούριος* (11) ohne Erfolg den Rückzug zu verlegen suchte, lagerten *ἐν τῇ*

(1) Also noch vier Jahre lang nach der Schlacht bei Mantzikert. Vgl. die Belege bei CAHEN, *Byzantion*, IX, p. 641, n. 3, darunter Kamāl ad-Dīn (Paris, Bibl. Nat., ms. arab. 1666; fol. 95r). Nach der oft fehlerhaften Übersetzung von J. J. MÜLLER (*Historia Merdasidarum*, p. 64) soll die Stadt 70 Jahre lang im Besitz der Griechen geblieben sein, was zweifellos ein Schreib- oder Übersetzungsfehler für « 7 Jahre » ist! — Schon 1070 musste Manuel Komnenos einen Teil seines Heeres Hierapolis zu Hilfe schicken (Skyl., II. p. 685).

(2) Kamāl ad-Dīn, p. 63 sq. Skylitz., p. 676, 11, und Mich. Attal., p. 116, 16. 117, 1: *'Αζᾶς*.

(3) Skylitz., p. 676, 19. Attal., p. 117, 19.

(4) Noch jetzt Qaṭma zwischen A'zāz und dem Nahr 'Afrīn.

(5) Skylitz., p. 676, 21.

(6) Attal., p. 117, 21.

(7) Attal., p. 118, 16.

(8) Attal., p. 118, 23: *'Αρτάχ*; danach zu ergänzen bei Skylitz., p. 677, 4.

(9) Barhebraeus, *Chron. syr.*, p. 245 ed. BEDJAN.

(10) Syrisch = « Klein-Alexandreia ». Skylitz., pl 677, 17. Attal., p. 120, 6: *'Αλέξανδρον*.

(11) Var. *Κατατούριος*, ein armenischer Name (Ḫač'atur); doch wird dieser Ḫ. von keinem armenischen Historiker erwähnt, und die übliche Gleichsetzung mit Peḫt (= *βέστης*) bei Matt'ēos von Edessa lässt sich nicht aufrecht erhalten: vgl. JOSEPH-FR. LAURENT, *Le duc d'Antioche Khatchatour* 1068-1072, in: *Byz. Ztschr.*, XXX, 1929-30, p. 405-411.

Βαλτολιβάδι ([1]) und kehrten über *τὸ Σαρβάνδικον ὄρος* ([2]) nach Ḥalab zurück (1069).

Anfang Šaʿbān 461 (beginnt 26. V. 1069) eroberten der Statthalter und der Dux von Anṭākiya die Festung Asfūna ([3]), die ihnen aber Maḥmūd sogleich wieder entriss. In einem Friedensvertrage mussten die Griechen sich verpflichten, ihm 14.000 Dīnār zu zahlen, während Maḥmūd seinen Sohn Naṣr als Geisel stellen und Asfūna zerstören sollte, was bald darauf ausgeführt wurde ([4]). Der Türke Ṣundaq ([5]) drang 462 aus griechischem Gebiet gegen Ḥalab vor, zog von al-Urtīq ([6]) in al-Ǧazr ([7]) nach Maʿarrat an-Nuʿmān, Kafarṭāb, Ḥamāh, Ḥimṣ und Rafanīya und kehrte erst gegen Ende des Winters in das griechische Gebiet zurück ([8]).

Alp Arslān erschien selbst Mitte Ǧumādā 463 (18. Febr. 1071) vor Ḥalab und schloss die Stadt ein. Auf die Nachricht, dass der Kaiser in Armenien eingerückt sei und nach Ḫurāsān

(1) Skylitz., p. 684, 12. Attal., p. 138, 1-2 : *Βλατιλιβάδι*. Im Digenis Akritas : *Βλαττολιβάδιν*, vgl. H. Grégoire, *Byzantion*, VII, 1932, p. 287, n. 2. Zu neugriech. *βάλτος* = « Sumpf » = bulg. *blato* cf. *Byz. Ztschr.*, II, p. 346.

(2) Attal., p. 138, 4. Skylitz., p. 684, 13 : *Σαρβαδικόν*. So hiess der nördliche Amanos bei der Festung Sarwandi-kʿar (armen. = « Stein, Fels von Sarwand ») arab. Sarwandkār oder Sarfandkār, syr. Kēfā dhe-Serwand (Barhebr., *Chron. syr.*, p. 523. 526 ed. Bedjan), türk. Serfendkyar, jetzt vielleicht Sawuran Qalʿe südlich vom Ḥamuṣ-ṣuyu. Vgl. Quatremère, *Histoire des Sultans Mamlouks de l'Égypte*, I/1, Paris 1837, p. 234 (Sarfand). Dulaurier zu *Matthieu d'Édesse* (1858), p. 440, n. 3. *Pacte du Seigneur de Sarvantikar avec les chevaliers de l'ordre teutonique. Document arménien de l'an* 1271. Traduction et notes. Venise : Impr. Armen. de St.-Lazare 1873. 8° mit 1 Tafel (Tiré du Journal *Polyhistor*, vol. XXXI). L. Alishan, *Sissouan ou l'Arméno-Cilicie*, Venise 1899, p. 238.

(3) Dussaud, *Topographie histor. de la Syrie*, p. 186, n. 3. 191, sucht es mit Rey im jetzigen Asfen westlich von Sermīn ; doch ist es auch nach unserer Stelle eher bei Maʿarrat an-Nuʿmān (cf. Yāqūt, I, p. 249) und Kafarṭāb zu suchen.

(4) Kamāl ad-Dīn, p. 65 trad. Müller.

(5) Vgl. über ihn auch C. Cahen, *Byzantion*, IX, p. 630 sq.

(6) M. Hartmann, *Das Liwa Haleb*, p. 490-491, n. 1.

(7) Über al-Ǧazr cf. Lammens, *MFOB*, I, p. 239-241 ; Honigmann, *Ztschr. f. Semitistik* I, 1922, n. 31 (syr. Gazarā bei Mich. Syr., II, p. 312). Dussaud, *Topographie hist. de la Syrie*, p. 213, n. 8. 512.

(8) Kamāl ad-Dīn, p. 65 sq. trad. Müller.

vorzudringen beabsichtige, kehrte er nach Ādarbaiǧān zurück, nachdem sich kurz vorher Maḥmūd unterworfen hatte (1).

Aus einer Notiz bei Nikephoros Bryennios (2) wissen wir, dass auch Laodikeia 1074 in der Hand der Byzantiner war.

Zur Zeit der entscheidenden Ereignisse bei Mantzikert zog Maḥmūd gegen Dimašq, und während er fern bei Ba'albak lagerte, zog sein Oheim 'Aṭīya, der damals bei den Griechen weilte, mit einem griechischen Heere unter dem Statthalter von Anṭākiya gegen Ma'arrat Maṣrīn und verbrannte dessen Vorstädte. Als ein türkisches Heer aus Palaestina Maḥmūd zu Hilfe kam, zogen die Griechen ab. 'Aṭiya kehrte nach K/pel zurück, wo er 464 starb. In diesem Jahre (1071/2) trieb Maḥmūd ein griechisches Heer, das in die Gegend von A'zāz eingebrochen war, bis nach Anṭākiya zurück und eroberte am 9. Ǧumādā 466 (10. Januar 1074) eine Burg (3). Im folgenden Jahr starb er.

Der Türke Aḥmad-Šāh belagerte 470 (1077/8) mit einem aleppinischen Heere Anṭākiya, zog aber wieder ab, als die Einwohner ihm 5000 Dīnār zahlten. Er kehrte zuerst nach Ḥalab zurück; als aber Tāǧ ad-Daula Tutuš heranrückte, floh er nach Ḥiṣn al-Ǧisr (4), das Abu' l-Ḥasan 'Alī b. Munqiḏ in diesem Jahr wiederaufgebaut hatte, um die am anderen Orontesufer gelegene griechische Burg Šaizar zu schädigen (5). Am 19. XII. 1081 entriss er den Griechen diese Burg (6).

In den letzten Jahren der mirdāsidischen Herrschaft wurde Syrien von den Türken furchtbar verheert. Die Byzantiner versteckten sich bei jeder Gefahr hinter den Mauern ihrer Festungen und überliessen das Land der Plünderung durch die feindlichen Horden.

Der Begründer des Salǧūqenreiches von Qōniya, Sulaimān b. Quṭulmiš, bereitete 477 (1084) der byzantinischen Herrschaft in Syrien ein Ende. Die syrische Hauptstadt wurde ihm in Abwesenheit des letzten Statthalters, des *σεβαστὸς*

(1) Kamāl ad-Dīn, p. 67-71.

(2) Nikeph. Bryenn., II, 28, p. 98, 2 ed. Bonn.

(3) Kamāl ad-Dīn, p. 79: « *Sennum* ». — Manbiǧ fiel 1075/6 (o., p. 120).

(4) Zur Lage vgl. M. van Berchem, *Journ. Asiat.*, 1902, p. 400-404.

(5) Kamāl ad-Dīn, p. 85.

(6) Vgl. *Enzyklopädie des Islām*, s. v. *Shaizar.*

Philaretos Brachamios (arabisch : Filardūs ar-Rūmī) von dessen Sohne, den man eingekerkert hatte, und seinem Stellvertreter, dem Perser Ismā'īl, ausgeliefert, nachdem Sulaimān schon vorher Antarados und Tarsos eingenommen hatte (1). Nach Ibn Mullā (2) kam er zur See nach Syrien. Er zog von der Küste durch Bergschluchten, liess unterwegs alle Einwohner von al-'Imrānīya (3) töten, um nicht verraten zu werden, und gelangte vor das ahnungslose Anṭākiya, in das er in der Nacht zum 10. Ša'bān durch das Tor Bāb Fāris eindrang. Die Zitadelle ergab sich erst am 12. Ramaḍān. Wir besitzen noch eine Beschreibung der Einnahme der Stadt durch einen Augenzeugen, den Mönch und Priester Mīḫā'īl al-Anṭākī in der Einleitung zu der von ihm verfassten *Vita des Ioannes Damaskenos*, die in einer Handschrift von Kefrbū bei Ḥamāh (4) erhalten ist (5). Nach diesem Bericht begann Sulaimān b. Quṭulmiš die Stadt von dem östlich von ihr gelegenen Berge al-Qīṯāqīl oder al-Qīšāqīl aus am Sonntag, dem 1. Kānūn A. M. 6593 (1. Dezember 1084), im 8. Jahre seiner Herrschaft, zu belagern und nahm sie nach drei Tagen ein. Die Einwohner flohen in die Zitadelle. Mīḫā'īl selbst verliess erst bei Nacht sein Versteck und kam morgens an das Tor der Burg, als eine Anzahl von Antiochenern herausgeritten kam, zusammen mit einer Türkenschaar aus Ḥiṣn Artāḥ, deren Beistand gegen Sulaimān sie mit vielen Golddīnāren erkauft hatten. Aber kurz darauf eilten sie zurück, von den Türken Sulaimāns verfolgt, die sogleich alles Volk, darunter Mīḫā'īl selbst, als Gefangene von der Burg hinab

(1) Barhebraeus, *Chron. syr.*, p. 257 ed. BEDJAN. — Über Philaretos vgl. unten, p. 143, n. 8.

(2) Bei Ibn aš-Šiḥna, *ad-Durr al-muntaḫab fī ta'rīḫ mamlakat Ḥalab*, Bairūt 1909, p. 211, 3 sq.

(3) Ibn aš-Šiḥna, p. 211, 9.

(4) Nach M. LIDZBARSKI, *Ephemeris für semitische Epigraphik*, III, p. 165, n. 3. ist Kefar-Bō die lokale Aussprache des Ortsnamens, der offiziell Kafrbuhum heisst.

(5) *Biographie de Saint Jean Damascène*, ed. QUSṬANṬĪN BāšĀ (BACHA). Texte original arabe, Ḥarīṣā 1912 (auch London 1912), p.7-10. Deutsche Übersetzung von G. GRAF in *Der Katholik*, XCIII (= 4. Folge, XII), 1913, p. 168-171. Dieses Vorwort hat auch Ibn aš-Šiḥna in sein Werk aufgenommen (p. 212 sq. ed. Bairūt). Vgl. noch P. PEETERS, *Anal. Boll.*, XXXIII, 1914, p. 78-81.

auf eine Wiese führten (Mittwoch, 4. Dezember) Mīḫā'īl flehte die hl. Barbāra und Anbā Yūḥannā ad-Dimašqī um ihre Fürbitte an ; da wurde verkündet, Sulaimān habe befohlen, die gefangenen Einwohner freizulassen, und unbehelligt kehrten sie in ihre Häuser zurück.

Auch die benachbarten griechischen Schlösser fielen in die Hände Sulaimāns (1). Der ʿUqailide Muslim b. Quraiš von Ḥalab forderte darauf von ihm die Weiterzahlung des Tributes, den bisher der griechische Statthalter von Antiocheia ihm entrichtet hatte. Als Sulaimān dies ablehnte, zog Muslim gegen ihn, fiel aber 478 (Juni 1085) vor Anṭākiya (2). Sulaimān selbst nahm sich im folgenden Jahre, von seinem Vetter Tutuš vor Ḥalab geschlagen, das Leben. Bald darauf geriet Anṭākiya in die Hände des Malikšāh ; 484 (1091) fiel ein grosser Teil der Stadt durch ein Erdbeben in Trümmer (3). Im Rağab 491 (Juni 1098) wurde sie von den Franken erobert (4).

Der byzantinische Feldherr Tatikios, der sich dem Heere der Kreuzfahrerfürsten angeschlossen hatte, um die eroberten Gebiete im Namen des Kaisers Alexios Komnenos als ihres Lehnsherrn in Empfang zu nehmen, verliess sie schon Anfang Februar vor Anṭākiya und fuhr von Hafen *Σουδί* (5) nach Kypros zurück (6). Als Fürst von Antiocheia verweigerte Bohemund von Tarent dem Kaiser den Lehnseid, worauf dieser 1099 den Krieg gegen ihn begann. Der kaiserliche Feldherr Butumites eroberte Marʿaš (7) und liess dort Monastras als *ἡγεμών* zurück (8). Dieser nahm 1100 die kilikischen Städte Longinias, Tarsos, Adana und Mamista (al-Maṣṣīṣa)

(1) Ibn aš-Šiḥna, p. 166.
(2) Ibn al-Aṯīr, X, p. 89 sq.
(3) *Ta'rīḫ an-nuğūm az-Zāhira* bei Ibn aš-Šiḥna, p. 213 sq.
(4) Ibn aš-Šiḥna, p. 214 sq.
(5) D. i. as-Suwaidiya bei dem alten Seleukeia Pieria.
(6) Anna Komn., XI, 4 ; t. II, p. 113 ed. REIFFERSCHEID.
(7) *τὸ Μαράσιν*.
(8) Anna Komn., XI, 9 ; t. II, p. 132, 11 sq. Anna Komnene setzt die Ereignisse um vier Jahre zu spät an, vgl. B. KUGLER, *Boemund und Tankred*, Tübingen 1862, p. 59-60, n. 7 ; RALPH BAILEY YEWDALE, *Bohemond I, prince of Antioch*, Princeton 1924, p. 87, n. 13. Vgl. auch F. CHALANDON, *Les Comnène*, I, Paris 1900, p. 234.

ein (1) ; in den folgenden Jahren entrissen die Griechen und Tankred einander wiederholt diese Festungen. Auch um Laodikeia (al-Lāḏiqīya), dessen Bevölkerung noch grösstenteils griechisch war, wurde jahrelang mit wechselndem Erfolg gestritten (2). Andronikos *ὁ Τζιντζιλού* , nahm es 1099 in Besitz, ebenso der Dux von Kypros, Eumathios, die Städte *Μαρακέως* und *Βαλανέως* (3), die freilich erst 1109 endgültig den Christen zufielen. Der Feldherr Kantakuzenos eroberte 1104 (4) *τό τε Ἀργυρόκαστρον, τὸ καλούμενον Μαρχάπιν* (al-Marqab), *τὰ Γάβαλα* und einige andere Festungen bis an die Grenze von Tripolis (5), ebenso Laodikeia ausser der Akropolis oder *κουλᾶ* (6).

Da Bohemund in diesem Jahre nach Europa zurückkehrte, übernahm Tankred (*Ταγγρέ*) die Herrschaft in Antiocheia und kämpfte 1107 in Kilikien erfolgreich gegen den byzantinischen Feldherrn, den Armenier Aspietes (7).

Im Oktober 1107 landete Bohemund bei Dyrrhachion und belagerte diese byzantinische Festung erfolglos. Alexios und eine venezianische Flotte schlossen von allen Seiten sein Normannenheer ein, das in grosse Bedrängnis geriet. So sah Bohemund sich gezwungen, im Vertrag von Diabolis (Děvol) 1108 die Lehnshoheit des Kaisers über Antiocheia anzuerkennen, das nach seinem Tode an Byzanz fallen sollte und somit damals wenigstens auf dem Papier noch einmal byzantinisch wurde. Tatsächlich aber behielt es Tankred, der nach dem Tode Bohemunds in Apulien (Februar 1111) die Ansprüche des Kaisers energisch zurückwies, in seinem Besitz.

(1) Anna Komn., XI, 11 ; t. II, p. 140, 5.

(2) R. Röhricht, *Geschichte des Königreichs Jerusalem*, Innsbruck 1897, p. 45, n. 8.

(3) Anna Komn., XI, 7 ; t. II, p. 125, 9 sq.

(4) Zur Datierung vgl. Yewdale, *l. c.*, p. 101.

(5) Anna Komn., XI, 11 ; t. II, p. 138, 14. Das Gebiet von Tripolis dürfte sich damals noch immer (wie 1021 und 1031) bis in die Gegend von Bāniyās erstreckt haben ; die Worte *μέχρις αὐτῶν συνόρων Τριπόλεως* können daher nicht als Argument für die südliche Ansetzung von Argyrokastron (oben, p. 114, n. 5) geltend gemacht werden (wie es van Berchem, *Journ. Asiat.*, 1902, p. 395 tat).

(6) = qal'a ; Anna Komn., *l. c.*, p. 138, 29.

(7) Anna Komn., XII, 2, p. 147, 8.

Den Umfang der Gebiete, die dem Bohemund *διὰ χρυσοβούλου λόγου* vom Kaiser « verliehen » wurden, kennen wir genau durch Anna Komnene (1), die das wichtige Schriftstück, in dem Bohemund jene Ansprüche ihres Vaters anerkannte, in seinem vollständigen Wortlaut in ihre *Alexias* aufgenommen hat. Es werden darin folgende Territorien aufgezählt (2) :

Ἡ κατὰ τὴν Κοίλην Συρίαν Ἀντιόχου πόλις μετὰ τῆς περιοχῆς αὐτῆς καὶ τῆς διακρατήσεως σὺν αὐτῷ Σουετίῳ (3), *ὃ παρὰ τὴν θάλασσαν ἥδρασται ·*

τὸ Δοὺξ (4) *μετὰ τῆς διακρατήσεως αὐτοῦ πάσης σὺν τῷ τοῦ Καυκᾶ* (5), *τό τε τοῦ Λούλου* (6) *λεγόμενον καὶ* <*τὸ*> *τοῦ Θαυμαστοῦ ὄρους* (7).

καὶ τὰ Φερέσια (*Φέρσια*) (8) *μετὰ τῆς ὑπ' αὐτὰ πάσης χώρας ·*

ὁ Ἅγιος Ἠλίας (9) *ἡ στρατηγὶς μετὰ τῶν ὑπ' αὐτὴν πολιχνίων ·*

(1) Anna Komn., XIII, 12 ; t. II, p. 216, 29 sqq. ed. Reiff. ; weitere Literatur bei Dölger, *Regesten*, Abt. I, Teil 2, 1925, p. 51 sq., nr. 1243.

(2) Vgl. dazu Röhricht, *Gesch. d. Kgr. Jerusalem*, p. 66, n. 1. 3. 4. Die Erklärungsversuche bei F. Chalandon, *Les Comnène*, I (*Essai sur le règne d'Alexis Ier Comnène*), Paris 1900, p. 247 sq., sind fast ohne Ausnahme unzutreffend.

(3) as-Suwaidiya ; cf. p. 124, n. 5.

(4) Syrisch Dūqsā, das neben dem Schwarzen Gebirge (Ṭūrā Ukāmā) und dem Eberkap (Rēšā dhe-Ḥazīrā) in einer syrischen Hs. von 1046 erwähnt wird (Wright, *Catalogue of the syr. mss. in the Brit. Mus.*, London 1870-72, p. 201 b). Gegen Burkitts Gleichsetzung von Dūqsā mit Adqus vgl. M.-J. Lagrange in *Rev. bibl.*, XXXIV, 1925, p. 501 sq. P. Peeters, *Anal. Boll.*, XLVI, 1928, p. 274, n. 5.

(5) D. i. der Kasios oder *Καύκασος, Καυκάσιος*, der jetzige Ǧebel el-Aqra'. Vgl. *ZDPV*, XLVII, 1924, p. 7 sq., n° 248.

(6) Nach R. Dussaud, *Topographie hist. de la Syrie*, p. 441, n. 4, der Ǧabal Lailūn oder Laulūn (o., p. 108, n. 8).

(7) Der Ǧabal Mār Sim'ān am rechten Ufer des Orontes unterhalb von Anṭākiya.

(8) *Φερέσια* die älteren Ausgaben ; *Φέρσια* Reifferscheid. Es ist wohl al-Aṯārib, das jetzige Tērib (F. Cumont, *Études syriennes*, Paris 1917, p. 3 sq.), das in fränkischen Urkunden *Terepha, Cerept, Cerez* (Rey, *Les colonies Franques de Syrie*, Paris 1883, p. 330) heisst, das alte Litarbai. Richtiger ist die Namensform *Φέρεπ* (Niket. Akom., p. 37, 7. 38, 9) ; zum Wechsel von ṯ und f vgl. meinen Art. *Maṣyād* in der *Enz. d. Islām*, am Anfang.

(9) W. Wright, *Catalogue of the syr. mss. of the Brit. Mus.*, p. 198

ἡ στρατηγὶς τὸ Βορζὲ (1) καὶ τὰ ὑπὸ ταύτην πολίχνια·
ἡ περὶ τὴν στρατηγίδα τὸ Σέζερ ἅπασα χώρα ἥντινα Λάρισσαν Ἕλληνες ὀνομάζουσι· (2)
ὡς δὲ καὶ τὸ Ἀρτὰχ (3) καὶ τὸ Τελοὺχ (4) αἱ στρατηγίδες μετὰ τῆς ἑκάστης περιοχῆς·
σὺν τούτοις ἡ Γερμανίκεια (5) καὶ τὰ ὑπὸ ταύτην πολίχνια·
τὸ Μαῦρον ὄρος (6) καὶ πάντα τὰ ὑπ' ἐκεῖνο ταττόμενα κάστρα καὶ ἡ ὑποκειμένη τούτῳ σύμπασα πεδιὰς ἄνευ δηλονότι τῆς τῶν Ῥουπενίων διακρατήσεως, Λέοντός τε καὶ Θεοδώρου τῶν Ἀρμενίων (7) γεγονότων ἀνθρώπων τοῦ κράτους ὑμῶν·
μετὰ τῶν ἀναγεγραμμένων τὸ στρατηγάτον Παγρᾶς (8), τὸ στρατηγάτον Παλατζά (9),

b. 201 b : « Kloster des Panteleemon, gewöhnlich Kloster des Propheten Elias genannt, in der Provinz Seleukeia im Schwarzen Gebirge am Eberkap » (oben, p.126 n. 4). Vgl. auch Dussaud, *Topogr.*, p.149. Eine Handschrift, die mehrere Abhandlungen des Theodoros Abū Qurra enthielt, wurde A. M. 6559 = 1051 n. Chr. von dem Mönche Agābi (Agapios) des Klosters Mār Elias auf dem Ğabal al-Lukkām geschrieben ; eine 1735 angefertigte Kopie von ihr hat Qusṭanṭīn Bāšā herausgegeben (*Mayāmir Theodūr Abī Qurra*, Bairut 1904. Vgl. al-Mašriq VI, 1903, p.634. Georg Graf, *Strassburger theol. Studien*, Freiburg i. B. 1905, p. 36 ; *Forschungen zur christl. Literatur- und Dogmengeschichte*, Bd. X, Heft 3/4, Paderborn 1910, p. 3, n. 6 (Graf sucht das Kloster irrig bei Tripolis).

(1) Leon Diakon., X, 4, p. 166, 17 : Βορζῶ ; arab. Barzūya, Burzāya, Burzaih, jetzt Qal'at Berze. M. van Berchem, *Journ. Asiat.*, 1902, I, p. 434 (S.-A., p. 50). Dussaud, *Topogr.*, p. 151 sq.

(2) Arab. Šaizar, jetzt Qal'at Sēğar.

(3) Arab. Artāḥ, jetzt Irtāḥ (o., 117, n. 8).

(4) Arab. Dulūk (o. p.112, n.7), jetzt Tell Dülük oder Duluḫ-baba bei 'Aintāb.

(5) Mar'aš.

(6) Der Amanos.

(7) Die Rubeniden Levon I. (Λεβούνης) und T'oros, Söhne des Kastandin.

(8) Arab. Baghrās.

(9) Offenbar ein Distrikt *Balgāṭ (?), dessen Hauptstadt vom Qaraṣū durchströmt wurde. Yāqūt (I, p. 709) wirft ihn (ebenso wie Rey, *ROL*, IV, p. 27) mit al-Balāṭ in der Kūra (χώρα) al-Ḥuwwār, dem Gebiet zwischen A'zāz und al-Ğūma (Yāqūt, II, p. 353), zusammen, dem Ort der Schlacht von 1119 (Kamāl ad-Dīn, *Rec. hist. orient. d. croisad.*, III, p. 617. Dussaud, *Topogr.*, p. 221, n. 6), indem er dieses zuerst unzutreffend einen Ruinenort zwischen Mar'aš und Anṭākiya nennt, dessen Distrikt vom Nahr al-aswad (Qaraṣū) bewässert wird, dann aber als Hauptort der Kūra von al-Ḥuwwār be-

τὸ θέμα τοῦ Ζοῦμε (1) *καὶ τὸ ὑπὸ ταῦτα πάντα κάστρα τε καὶ πολίχνια καὶ ἡ ἑκάστῳ προσήκουσα χώρα.*

Nach weiteren Bestimmungen über die Besetzung des antiochenischen Patriarchats durch einen orthodoxen Griechen werden die Gebiete aufgezählt, die der Kaiser vom Dukat von Antiocheia abgetrennt und seinem Reich einverleibt hatte. Über sie sollte der Kaiser nach Gutdünken verfügen (2) :

Τό τε θέμα τὸ Ποδανδὸν <*καὶ Λογγινιὰς*?> *καὶ πρὸς τούτοις τὸ στρατηγάτον τῆς Ταρσοῦ πόλεως καὶ ἡ Ἄδανα πόλις καὶ αἱ τοῦ Μόψου ἑστίαι καὶ ἡ Ἀνάβαρζα* (3) *καί, συνελόντα φάναι, ἡ χώρα πᾶσα τῆς Κιλικίας, ὅσην ὁ Κύδνος καὶ ὁ Ἕρμων* (4) *περιορίζουσιν·*

ὡς δὲ καὶ ἡ στρατηγὶς Λαοδίκεια τῆς Συρίας καὶ αὐτὸ δήπουθεν τὸ στρατηγάτον Γαβάλων, ὃ καὶ Ζέβελ ὑποβαρβαρίζοντες λέγομεν, τά τε στρατηγάτα Βαλανέως καὶ Μαρακέως (5) *καὶ ἡ Ἀντάραδος μετὰ τῆς Ἀνταρτοῦς· στρατηγίδες γὰρ καὶ ἀμφότερα* (6).

zeichnet. Auch « Ğulbāṭ (Ğalbāṭ) im Ğabal Lukkām, ein Distrikt zwischen Anṭākiya und Mar'aš, in dem eine Schlacht zwischen Saif ad-Daula und den Griechen [die G. LE STRANGE, *Palestine under the Moslems*, London 1890, p. 466, als « crusaders » erklärt !] stattfand » (Yāqūt, II, p. 97 = Ṣafī ad-Dīn, *Marāṣid*, I, p. 260), ist in *Balğāṭ zu verbessern. Es handelt sich wohl um die Schlacht bei Mar'aš im Rabī' I. 342 (Juli-August 953), in der Bardas Phokas verwundet und sein Sohn Konstantin gefangen genommen wurde (vgl. CANARD, *Sayf al-Daula*, p. 98, n. 6. 323, n. 1).

(1) Arab. al-Ğūma, jetzt Ğōm, Landschaft am Nahr 'Afrīn.

(2) Anna Komn., XIII, 12 ; t. II, p. 218, 4 sqq. ed. REIFFERSCHEID.

(3) Arab. 'Ain Zarba, jetzt Anavarza.

(4) Wohl der Pyramos. Prof. GRÉGOIRE verdanke ich den Hinweis auf Digenis Akritas, Escurialensis, v. 262 : *τὸν Ἕρμοναν ἀνέδραμεν καὶ τὸν Ζυγὸν ἐπιάσεν.* (D. C. HESSELING, *Le Roman de Digénis Akritas*, in *Λαογραφία*, III, 1912, p. 562). Der Ḫurman-čai, der nördlichste Quellfluss des Pyramos, entspringt (ebenso wie der Saros und der Nahr Qubāqib, armenisch Kavkava, jetzt Toḫma-sū) auf dem « Anṭiṭauros, der auch Zōgos heisst » (Jakob von Edessa, *Geographie*, ed. HJELT, *Études sur l'hexaméron de Jacques d'Edesse*, Helsingfors 1892, p. XXXVII, 1 ; ed. CHABOT et A. VASCHALDE in *CSCO, Scr. Syri*, Ser. II, t.LVI, Paris 1928, p. 114, col. I, lin. 18-19. Moses Ḫorenac'i, *Geographie*, p. 24 ult. ed. SOUKRY : Zigon [und] Basilikon ; p. 30, 20 : Zigon Wasit'ēon).

(5) Zur Namensform vgl. GELZER, *Byz. Ztschr.*, I, p. 262 ; HONIGMANN, *ibid.*, XXV, p. 78.

(6) Anna Komnene hält also (falls nicht Arados statt Antarados

Eine dritte Kategorie bilden die Gebiete, die Bohemund als Entschädigung für diese vom Dukat abgetrennten Distrikte erhalten sollte (1). Freilich waren sie damals noch in fremdem, teils sarakenischem, teils fränkischem Besitz :

τό τε θέμα τῆς Κασιώτιδος (2) *πάσης χώρας, ἧς μητρόπολίς ἐστιν ἡ Βέρροια, ὃ κατὰ τὴν τῶν βαρβάρων φωνὴν Χάλεπ λέγεται.*

Dann folgen die Städte des Themas *τῆς Λαπάρας*, die diesseits von Syrien lagen ; über sie hat W. Tomaschek (3) alles Nötige gesagt. Ferner :

τὰ δὲ ἀπὸ τῆς μέσης τῶν ποταμῶν θέματα, τὰ ἀγχοῦ που κείμενα τῆς πόλεως Ἐδέσης, τό τε θέμα τῶν Λιμνίων (4) *καὶ τὸ θέμα τοῦ Ἀετοῦ* (5) *μετὰ πάσης τῆς ἑκάστου τούτων περιοχῆς μηδὲ ταῦτα ἀμνημόνευτα κείσθω τὰ περὶ τῆς Ἐδέσης... προσδεδώρηται γάρ μοι διὰ τοῦ εὐσεβοῦς χρυσοβούλλου λόγου τῆς βασιλείας ὑμῶν καὶ τὸ δουκάτον**** (6) *ἐξ ὁλοκλήρου μετὰ τῶν ὑπ' αὐτὸ ἁπάντων φρουρίων τε καὶ χωρῶν*, und zwar nicht nur zur Nutzniessung, sondern als vererbbares Lehen (7).

zu lesen ist) Antarados und Anṭarṭūs für zwei verschiedenen Städte, ebenso wie offenbar an anderen Stellen Mopsuhestia und Mamista.

(1) Anna Komn., XIII, 12 ; t. II, p. 219, 8 sq.

(2) Wie ich schon *R.-E.*, s. v. *Λαοδικηνή*, ausführte, denkt Anna bei dieser sonderbaren Ansetzung der Kasiotis vielleicht an die Banī Qais, die Theophanes (I, p. 432, 2 ed. de Boor) *Κασιῶται* nennt.

(3) W. Tomaschek in *Beiträge zur alten Geschichte und Geographie*, Festschrift für H. Kiepert, Berlin 1898, p. 146 sq. ; vgl. auch J. Markwart, *Südarmenien und die Tigrisquellen*, Wien 1930, p. 176-180.

(4) Unbekannt.

(5) Unbekannt. Prof. Grégoire schlägt vor, es mit Qaraqūš (d. i. « Adler ») nördlich von Samosata gleichzusetzen.

(6) Reifferscheid zu II, p. 219, 27, ergänzt die Lücke passend : *τῆς Ἐδέσης*, indem er das *προσδεδώρηται γάρ* auf den vorhergehenden Satz bezieht. Yewdale (*Bohemond I, prince of Antioch*, Princeton 1924, p. 129, n. 69) lehnt das ab und schlägt vor : *τῆς Ἀντιοχείας*, « since Edessa was not considered as a duchy in the Byzantine administration ». Dies ist unzutreffend : der Bulgare Aaron war Magistros und Dux von Edessa (Schlumberger, *Sigillographie de l'empire Byzantin*, Paris 1884, p. 316 sq. M. Lascaris, *Sceau de Radomir Aaron*, in *Byzantinoslavica*, III-2, Praha 1931, p. 407 = S.-A., p. 6). Ausserdem wäre bei dem längst besprochenen Antiocheia das *προσ-* unverständlich !

(7) Ohne hinreichenden Grund nahmen Du Cange (*Ann.*, p. 106),

Ein Leo de Majopoli wird in fränkischen Urkunden von 1133 (Leo dux Meopoli), 1135 (Leo dux) und 1140 (Leo Maiopolus dux Antiochiae) offenbar als Titular des byzantinischen Dukats genannt (1) ; daneben freilich in einer anderen Urkunde ein Dux Gibelli und ein Dux Laodiceae (2) ; über deren staatsrechtliche Stellung wir nichts feststellen können (3).

Die letzten Versuche, Nordsyrien in die Gewalt der Byzantiner zu bringen, machten die beiden Nachfolger des Alexios. Ioannes Komnenos (arab. Kāluyānī) zog 1137 mit einem grossen Heere nach Kilikien (4), eroberte dort Mopsuhestia (5), Tarsos, Adana, Tall Ḥamdūn und andere Städte, die £evon (*Λεβούνης*) von Klein-Armenien den Griechen 1132/3 entrissen hatte. £evon musste sich ergeben und wurde gefangen nach K/pel geschickt. Balduin von Marʿaš (6) und Kaisūm bat den Kaiser um Hilfe gegen den Dānišmandiden Muḥammad b. Emīr Ghāzī, der Kaisūm belagerte und schon das Kloster Karmir Wankʿ (7) verbrannt hatte, aber auf die Nachricht vom Anmarsch des Kaisers wieder abzog (8). Im Juli 1137 nahmen die Romäer ʿAinzarba ein. Auch zwei Bergfestungen der Armenier, Gaban oder Gabnūpert und Vahka (9), wurden erobert ; freilich gewann sie Muḥammad b. Emīr Ghāzī bald

Lebeau, Röhricht (*Gesch. d. Kgr. Jerusalem*, p. 66, n. 2), Chalandon (*Les Comnène*, I, p. 249, n. 1) und Yewdale (*l. c.*, p. 129) an, dass zwei einander entgegenstehende Bestimmungen in dem Text bei Anna Komnene zusammengezogen sind.

(1) R. Röhricht, *Regesta regni Hierosolymitani*, Innsbruck 1893, n° 149. 157. 195. Du Cange (Ioann. Kinnam., ed. Bonn, p.318, Adnot. ad p. 19, 6) weist noch auf eine Erwähnung im Jahre 1154 hin (bei Ughelli, *Archiepisc. Pisan.*, p. 464).

(2) Röhricht, *Regesta*, n° 148, anno 1133.

(3) Chalandon, *Les Comnène*, II, p. 132, n. 3 in fine (p. 133).

(4) G. Weil, *Geschichte der Chalifen*, III, p. 281-285. Lebeau, *Hist. du Bas-Empire*, XVI, p. 28-50. R. Röhricht, *Gesch. d. Königr. Jerusalem*, p. 210 sqq. F. Chalandon, *Les Comnène, II : Jean II Comnène et Manuel I Comnène*, Paris 1912, p. 115-118 (Kilikien) ; p. 119-154 (Syrien).

(5) Syrisch Maṣīṣtā, wie bei dem Mönch Michael (Lyon, Ms. syr. 1, ed. Martin, *Journ. Asiat.*, XIII, 1889, p. 55) zu lesen ist.

(6) Ioann. Kinnam., p. 18, 4 : *Μαραύσιον*.

(7) 2 km. südlich von Kēsūn.

(8) Mattʿēos von Edessa, p. 368 ed. 1898 = p. 321 trad. Dulaurier.

(9) Kinnam., p. 20, 17 : *Βακᾶ, Καπνισπέρτι*.

wieder zurück. Noch im Jahre 1137 zog Ioannes Komnenos über al-Iskandarīya (Alexandrette), dessen Hafen restauriert wurde (1), vor Antiocheia, wo ihm Fürst Raimund von Poitier den Lehnseid schwor. Er versprach dem Kaiser, ihm Stadt und Fürstentum abzutreten, sobald dieser die Städte Ḥalab, Šaizar, Ḥamāh und Ḥimṣ ihm als erbliches Lehen übergeben haben werde, deren Eroberung für den nächsten Sommer geplant war (2).

Nachdem das Heer bei Tarsos überwintert hatte, näherte sich Ioannes 1138 auf der Strasse über Balāṭ (3) den agarenischen *Συροφοινίσσαις πόλεσι*, wie Niketas sie nennt, und kam nach dem Euphrat zu vorrückend, am 3. April vor Bizā'a (4) an, das nach wenigen Tagen (8. oder 11. April) kapitulierte. Der Kaiser überliess es dem Dux von Edessa. Auf eine Belagerung von Manbiğ (*Βέμπετζ*) verzichtete er, angeblich, weil es « zu leicht zu erobern » war (5). Durch den Kanton al-Wādī (= Wādī Buṭnān), wo er die in den Höhlen von al-Bāb versteckten Flüchtlinge durch Rauch ersticken liess, und über an-Nā'ūra zog er gegen Ḥalab und lagerte südlich der Stadt bei as-Sa'dà am Nahr Quwaiq. Schon nach drei Tagen (19.-21. IV.) gab er aber aus Futter- (6) und Wassermangel die Belagerung auf. Einen Teil des Heeres unter Thomas hatte er mit den Gefangenen aus Bizā'a und al-Wādī nach al-Aṯārib (7) gesandt, dessen Besatzung geflohen war. Als aber Thomas von dort weiterzog, wurde die Stadt von Saif ad-Dīn Sawār wiedergewonnen und die dort eingekerkerten Gefangenen befreit. Der Kaiser selbst marschierte über Ma'arrat an-Nu'mān und Kafarṭāb (8), das am 28. IV. im Vorbeimarsch genommen wurde, gegen Šaizar (9) und be-

(1) Ibn al-Aṯīr, XI, p. 35, lin. 5.

(2) DÖLGER, *Regesten*, Abt. I, 2. Teil, 1925, p. 61, nr. 1314.

(3) Ṭarīq madīnat Balāṭ. Lies *Balğāṭ? (Vgl. o. p. 127 n. 9).

(4) Ioann. Kinnam., p. 19, 11. Niket. Akom., p. 36, 11. 37, 6 : *Πιζᾶ φρούριον*.

(5) Niket., p. 37, 6. *R.-E.*, Suppl.-Bd. IV, col. 741, lin. 48 sq. s. v. *Hierapolis*.

(6) Lies *πυροῦ*.

(7) Niket., p. 37, 7. 38, 9 : *Φέρεπ*, cf. supra, p. 15, n. 26.

(8) Niket., p. 38, 12 : *Καφαρδὰ πόλις* ; Ioann. Kinnam., p. 19, 21 : *Χαμᾶ δὲ καὶ Χαβαρδᾶ φρούρια* ; Ḥamāh ist natürlich ein Irrtum !

(9) *Σέζερ, Σέσερ.*

setzte die Unterstadt, während er die Burg nicht einnehmen konnte. Ihr Emīr war nach Būqubais geflohen. Der Kaiser lagerte zuerst bei Madīnat al-ǧisr (1), am nächsten Tage auf dem Berge Ǧuraiǧis östlich von Šaizar gegenüber der Zitadelle, die er bis zum 21. Mai eingeschlossen hielt. Auf die Nachricht von der Einnahme von Adana durch Mas'ūd von Qōniya und von dem Anmarsch des Urtuqiden Qarā Arslān gegen Edessa schloss er an diesem Tage mit den Belagerten Frieden (2) und kehrte über Maḍīq Afāmiya (3) nach Anṭākiya zurück (4). Dort wurde er zuerst ehrenvoll empfangen, dann aber durch einen von Joscelin von Edessa inszenierten Volksaufstand bewogen, die Stadt zu verlassen.

Nach dem Abzuge des Kaisers gingen seine Eroberungen sofort wieder verloren. Kafarṭāb wurde noch an demselben Tage durch Ṣalāḥ ad-Dīn von Ḥamāh, Bizā'a am 26. September von 'Imād ad-Dīn Zengī, al-Aṯārib am 10. Oktober 1138 zurückgewonnen. Der erste Feldzug verlief also in Syrien völlig ergebnislos.

Zum zweitenmal zog der Kaiser 1142 nach Syrien, und zwar sofort gegen die Franken, die an dem Misserfolg von 1138 die Hauptschuld trugen. Er erschien plötzlich vor Turbessel (5) und zwang Joscelin, ihm Heerfolge zu leisten und seine Tochter Isabella als Geisel zu stellen (6). Dann kehrte er um,

(1) Niket. Akom., p. 38, 17: Ἴστριον πόλις... μέσης τῶν ποταμῶν, was offenbar auf einer Verwechslung des Wortes Ǧisr (« Brücke ») mit al-Ǧazīra (« Insel ») beruht. Überhaupt scheint Niketas von der Lage der bei ihm genannten Orte nur vage Vorstellungen besessen zu haben. — Gualterius cancellarius, *Bella Antiochena*, I, cap. IV, 2, p. 70, 9 ed. H. HAGENMEYER, Innsbruck 1896: *castellum Gistrum*. Ephraim, v. 3922: Πεζὰ, Χάλεπ, Ν ί σ τ ρ ι ο ν, Καρφαρᾶ, Φέρεπ.

(2) DÖLGER, *Regesten*, Abt. I, 2. Teil, p. 61, nr. 1318.

(3) Der jetzige Name von Apameia, Qal'at al-Muḍīq (« Schloss der Enge ») kommt in dieser Namensform (Maḍīq Afāmiya) hier wohl zum erstenmal vor.

(4) Kamāl ad-Dīn in *Rec. des hist. orient. des croisad., Hist. arab.* III, p. 673-678. Mich. Syr., III, p. 245 trad. CHABOT = Barhebr., *Chron. syr.*, p. 301 ed. BEDJAN.

(5) 24 mp. vom Euphrat entfernt (Guilelm. Tyr., XV, 19; *Rec. hist. croisad., hist. occid.*, I, p. 689), d. i. Tall Bāšir oder Tall Bāšar, vgl. DUSSAUD, *Topographie hist. de la Syrie*, p. 468; *Enzyklop. d. Islām*, s. v. *Tell Bāshir* und unten p. 146.

(6) Guil. Tyr., XV, 19, in *Hist. occid. des crois.*, I, p. 689.

lagerte am 29. September bei Gaston (1) und verlangte von Raimund die Auslieferung nicht nur der Burg, sondern der ganzen Stadt gegen dieselben Versprechungen wie vier Jahre vorher. Da die Franken dies ablehnten, plünderte er die Umgegend von Antiocheia und kehrte nach Kilikien zurück. Für das nächste Jahr plante er einen grossen Feldzug gegen Ägypten, starb aber schon am 8. April 1143 auf dem Marğ ad-Dībāğ (2).

Sein Sohn Manuel zog 1144 gegen Antiocheia und zwang Raimund, ihm zu huldigen. In demselben Jahre eroberte Zenkī Edessa. Byzantinische Truppen halfen 1149 den Franken bei dem Versuch, Gargar (3) zu befreien (4). Auch 1159 erschien Manuel in Kilikien und lagerte sieben Monate auf dem Mantelfelde. Unter den vielen Fürsten, die ihm dort huldigten, befand sich auch Rainald von Châtillon (5), der sich vor ihm als Vasall in den Staub warf, und König (6) Balduin III (7). Bald nach Ostern (12. April) zog er in Antiocheia ein und blieb dort acht Tage. Mit den Franken gemeinsam zog er dann bis zum Vadum Balenae (8), wo er mit Nūr ad-Dīn Frieden schloss, der ihm zahlreiche Gefangene ausliefern musste (9). Beunruhigende Nachrichten aus K/pel zwangen den Kaiser zu eiliger Rückkehr (10).

(1) Bei Baghrās, vgl. DUSSAUD, *Topogr.*, p. 433 und oben, p. 117, n. 6.

(2) « Mantelfeld », *pratum palliorum* bei Guil. Tyr., XIII, 27; zu ad-dībāğ = διβιτ[ζ]ίσιον cf. J. J. REISKE zu Konst. Porphyr., *de caerim.*, ed. Bonn, II, p. 424-426, zu I, p. 414, 8. Es lag nach Yāqūt (IV, p. 477) nur 10 Mīl von al-Maṣṣīṣa entfernt; nach dem Itinerar des Baibars a. 675 H. (1276) ist es jedoch vielmehr zwischen Dulūk und Göinük (arab. al-Ḥadaṯ, jetzt Inekly) zu suchen, entspricht also wohl der Ebene Yokary Pazarğyk (vgl. R. HARTMANN, *OLZ*, 1931, col. 972).

(3) *Κάρκαρον*, oben, p. 116; jetzt Gerger am Euphrat.

(4) Mich. Syr., III, p. 294 sq. trad. CHABOT.

(5) Fürst von Antiocheia, 1153-1160.

(6) König von Jerusalem, 1143-1162.

(7) DÖLGER, *Regesten*, Abt. I, Teil 2, p. 74, nr. 1429 sq.

(8) Armenisch: Palanē an der Grenze von Halp (Ḥalab). Zur Lage am Nahr ʿAfrīn vgl. DUSSAUD, *Topographie*, p. 229 sq.

(9) Guilelm. Tyr., XVIII, 25. Gregor. Presbyt., Anhang zu Mattʿēos, p. 420 ed. 1898 = p. 356 trad. DULAURIER.

(10) CHALANDON, *Les Comnène*, II, p. 417-468.

Noch im Jahre 558 H. (1163) nahm der griechische Feldherr Dūqas (Ioannes Dukas?) an dem Feldzuge der Franken gegen Nūr ad-Dīn und dem Siege bei al-Buqai'a unweit von Ḥiṣn al-Akrād teil (1). Doch im nächsten Jahre wurde er zusammen mit Bohemund II. von Antiocheia, Raymund von Tripolis und dem jungen Joscelin in einer Schlacht zwischen Ḥārim, 'Imm und aṣ-Ṣufaif (2) gefangen genommen. Mleh von Klein-Armenien (3) entriss mit Unterstützung des Nūr ad-Dīn den Griechen 568 H. (1172/3), also noch vor dem Tode Manuels (1180), Aḏana, Ṭarsūs und al-Maṣṣīṣa, ihren letzten Besitz östlich des Tauros (4).

2. Edessa.

Einen bedeutenden Gebietszuwachs erhielt Byzanz im Jahre 1031 im Orient. Der Protospatharios Georgios Maniakes, Sohn des Gudelios Maniakes, der damals Stratege *τῶν παρευφρατιδίων πόλεων* war (5) und in Samosata residierte, erwarb Edessa in Osrhoëne. Der Emir Naṣr ad-Daula Abū Naṣr Aḥmad b. Marwān (*'Απομερμάνης*) von Maiyāfāriqīn (6) hatte dort den Türken *Σαλαμάνης* (7) als Statthalter

(1) Kamāl ad-Dīn, *Histoire d'Alep*, trad. E. Blochet, Paris 1900, p. 26 = *ROL*, III, p. 534.

(2) Jetzt « Tahoun Sfēf » nördlich von Ḥārem auf der *Carte touristique et archéologique du Caza de Harem* (1 :150.000) von Froment in *Syria*, 1930, pl. XLVIII.

(3) Arab. Malīḥ ibn Līwun.

(4) Kamāl ad-Dīn, trad. Blochet, p. 46 = *ROL*, III, p. 554. Über die Erwähnung Manuels in einer Inschrift der Marienkirche von Bethlehem von 1168/9 vgl. G. de Jerphanion, *Orientalia Christiana Periodica*, I, 1935, p. 240-245.

(5) Der Samosatener Lukianos nannte sich selbst (*'Αλιεύς*, cap.19 ; *Opera*, ed. Jacobitz, I, p. 256, 24) einen *Σύρος τῶν 'Επευφρατιδίων*. Schon zum Jahre 858 nennt Skylitzes (Kedren., II, p. 161, 23, cod. C) Samosata eine *πόλις τῶν παρευφρατιδίων* (ebenso Zonar., XVI, 3, 8 ; III, p. 395, 2 ed. B.-W.), während Genesios (p. 91, 11) *πόλις 'Ισμαηλίτιδος* sagt. Über die byzantinischen Landschafts- bezw. Provinznamen wie *Παρίστρια*, *Παρεύρια*, *Παρέβριος*, *Παραδούναβον*, *Παραβαρδάριον* vgl. C. Amantos, *Παραδούναβον*, in *'Ελληνικά*, IV, 1931, p. 80. N. Bănescu, *Byzantion*, VIII, p. 289.

(6) *Μαρτυρόπολις ἤτοι Μιεφερκείμ*.

(7) Bei Aristakēs Lastivertc'i, cap. 7, p. 24 ed. Venedig 1844 : Salama, bei Matt'ēos, ed. 1898, p. 59 = p. 46 sq. trad. Dulaurier und bei Mich. Syr., III, p. 147 trad. Chabot : Salman.

eingesetzt. Dieser wurde von der Witwe des ermordeten Numairiten (Ibn) ʿUṭair so sehr bedrängt, dass er sich an Maniakes wendete und ihm die ihm anvertraute Festung gegen eine angemessene Entschädigung zu übergeben versprach. Maniakes erschien bei Nacht und erhielt von ihm drei starke Türme der Stadtbefestigungen. Vergebens versuchte der Emir von Maiyāfāriqīn im Winter 1030/31, ihn wieder daraus zu vertreiben, und musste abziehen, nachdem er die anderen Teile der von vielen Christen bewohnten Stadt geplündert und verbrannt hatte. Hierauf besetzte Maniakes auch die hochgelegene Burg und behielt ganz Edessa in seinem Besitz (1).

Wie wir sahen, war Maniakes vorher (August 1030) Stratege von Teluch ; noch 1030 wurde ihm das Katepanat von *Κάτω Μηδία* übertragen. Falls er dieses überhaupt angetreten hat, muss ihm schon im folgenden Jahre die Verwaltung einer dritten Provinz, der « Städte am Euphrat », übertragen worden sein (2). Vermutlich sind diese aber mit dem Thema Telukh identisch, das wohl auch Karkaron am Euphrat und das Schwarze Gebirge (*Μαῦρος ὄρος*) umfasste (3). Edessa scheint unter Maniakes eine Sonderstellung eingenommen zu haben, da er dem Kaiser von dort einen jährlichen Tribut sandte (4).

(1) Die ausführlichen Berichte über die Vorgeschichte der Übergabe von Edessa weichen stark von einander ab. Ibn al-Aṯīr, IX, p. 281 bis, und Barhebraeus, *Chron. syr.*, p. 214 ed. Bedjan nennen Ibn (Bar) ʿUṭair als denjenigen, der seinen Turm dem Maniakes gegen 20.000 Dareiken und vier Dörfer im Römerreiche, von denen eins den Namen Sinn Ibn ʿUṭair (nach Yāqūt, III, p. 169 eine Festung bei Sumaisāṭ) erhielt, abtrat. Vgl. ausserdem Aristakēs Lastivertcʿi, c. 7, p. 24 sq. Mattʿēos Uṙhayecʿi, c. 43, p. 58-62 (ed. 1898) = p. 46-49 trad. Dulaurier. Kedren.-Skylitz., II, p. 500, 12 - 501, 15. Mich. Syr., III, p. 147 trad. Chabot. R. Duval, *Histoire d'Édesse*, Paris 1892, p. 269-272. J. Laurent, *Byzance et les Turcs Seldjoucides*, 1914 [1919], p.21, n. 4. E. Honigmann, Artikel *Orfa* der *Enz. d. Islām.*

(2) J. Laurent, *Byzance et les Turcs Seldjoucides*, p. 32, n. 4, der sich mit Recht gegen die (von Schlumberger, *Épopée*, III, p. 89. Gelzer, *Abriss*, p.1000, u. a. vorgeschlagene) Gleichsetzung von Untermedien mit den Euphratstädten wendet, behauptet unzutreffend, Maniakes sei erst « deux ou trois ans après » deren Stratege geworden.

(3) Vgl. oben p. 116.

(4) Skylitz.-Kedren., II, p. 502, 5 sq.

Naṣr ad-Daula versuchte vergeblich, Edessa dem Kaiser (1) wieder zu entreissen, der 10.000 Reiter nach der Stadt sandte und ihre Befestigungen wieder völlig instandsetzen liess. Von Edessa aus begannen die Romäer, die Gegend von Aksās (2), Ḥarrān und Sarūǧ zu plündern, bis ihnen der Numairite Ibn Waṯṯāb von Ḥarrān Tribut zahlte (3). Mit ihm zusammen machten die Griechen von Edessa 426 (1034/5) eine Expedition gegen Naṣr ad-Daula (4), auf der sie vermutlich auch as-Suwaida (5) gewannen.

(1) Barhebraeus, *Chron. syr.*, p. 215, nennt zum Jahre 1031/2 als Kaiser fälschlich Michael (1034-1041).

(2) Vgl. unten, p. 140, n. 3.

(3) Barhebr., *Chron. syr.*, p. 215 ed. Bedjan.

(4) Ibn al-Aṯīr, IX, p. 301.

(5) Armenisch Sevaverak, Severak, syrisch Sēbābērak, jetzt Sīverak, Süverek. J. Markwart (*Südarmenien und die Tigrisquellen*, Wien 1930, p. 253-262) versuchte, neben dem alten Arsamosata ein zweites Šimšāṭ nachzuweisen, das nach ihm mit Severek identisch sein müsse. Keine der Stellen, auf die er seine Ansicht stützt, ist jedoch beweiskräftig. Ibn Ḥauqal lässt die von al-Marāgha aus gegen die Byzantiner gerichteten Raubzüge von « Ḥrān » (Tall Ḫūm?) ab über Šimšāṭ und Sumaisāṭ nach Malaṭya etwa fünf Tagereisen betragen. Das kann doch wohl nur heissen, dass von Ḥrān aus über Šimšāṭ wie über Sumaisāṭ nach Malaṭya etwa die gleiche Entfernung von fünf Tagen ist. Wenn al-Iṣṭaḫrī von Sumaisāṭ bis Šimšāṭ (ca. 170 km.) nur zwei Tage rechnet, so ist das wohl aus einer Karte Syriens abgelesen, deren Darstellung an den Rändern stark verkürzt war. Nach Ibn al-Azraq liegt Šimšāṭ « near Malaṭya »; dies beweist nichts, denn von Ḫarāba-Naǧaran und von Severek ist die Entfernung nach Malaṭya (Eskišehir) annähernd die gleiche. Dass syrisch Sāmqaṭ bezw. Sābukt aus Šimšāṭ entstellt sei, ist kaum denkbar. Die Stelle, an der bei dem Geographen von Ravenna *Arsamosatim* genannt wird (zwischen *Tygrinopolis* und *Arsinia*, dem jetzigen Arghana) beweist bei dessen sprunghaften Exzerpierungen gar nichts, und *ad Tygrem* der *Tabula Peutingeriana* ist gewiss nicht Amida, sondern die neben Amitʻ genannte Burg Dklatʻ bei Steph. Asolik, III, 36, p. 263 ed. Malḫasiancʻ (zum Jahre 444 armen. = 995/6 n. Chr.). Die namenlose Vignette 16 mp. von Coissa erklärt Markwart gewiss richtig als Arsamosata. Aber die Annahme, von dort sei eine Route nach Samosata zu ergänzen, ist ganz willkürlich.

Vor allem hat Markwart übersehen, dass Süverek, armenisch Sevaverak (seav = « schwarz » + averak = « Ruinen ») oder Severak arabisch *as-Suwaida* heisst; es konnte schwerlich daneben noch den zweiten arabischen Namen Šimšāṭ führen!

Nach Matt'ēos von Edessa (1) liess der Kaiser damals auch Romanapōlis erbauen und nannte es nach seinem Namen. Man pflegt hierin eine Verwechslung mit der schon von Romanos I. Lekapenos erbauten Festung (oben, p. 90-92) zu erblicken, die damals nur wieder instandgesetzt worden wäre. Prof. N. ADONTZ, jedoch glaubt (2), dass es sich hier um eine andere gleichnamige Festung bei Edessa handelt, die erst damals gebaut wurde.

Im folgenden Jahre marschierte Ibn Waṯṯāb von Ḥarrān mit einer Schaar von Kurden und Ma'dāyē gegen Alar (3) und as-Suwaida (armen. Sēbābērak), nahm sie im Bunde mit Ibn 'Uṭair und Naṣr ad-Daula ein und machte die griechische Besatzung nieder (4). Dann zog er im Rağab 427 H. (30. IV.-29. V. 1036) gegen Edessa, das er im Bunde mit Truppen des Naṣr ad-Daula belagerte und von aller Zufuhr abschnitt (5). Der Patrikios vermochte zu entfliehen und 5000 Reiter als Verstärkung herbeizuholen. Nach Matt'ēos überschritten sie, angeblich mit 60.000 Lanzenträgen (6), den Euphrat bei Ltar (westarmenisch Ldar) (7). Als sie nach Parsur (Barsur) kamen, überfiel sie Šipip (Šibib) (8), verfolgte sie bis Desna-

(1) Matt'ēos, p. 63 ed. 1898. WEIL, *Gesch. der Chalifen*, III, p. 89, n. 1.

(2) Nach mündlicher Mitteilung.

(3) Ibn al-Aṯīr, IX, p. 305. Abu' l-Fidā', *Annales Moslem.*, III, p. 86 ed. REISKE. Barhebr., *Chron. syr.*, p. 217 ed. BEDJAN. Zu Ma'dāyē vgl. oben, p. 119, n. 10.

(4) Nur erwähnt bei Matt'ēos, p. 65 = p. 52 trad. DULAURIER.

(5) Ibn al-Aṯīr, IX, p. 305. Barhebr., *l. c.* Matt'ēos, p. 61 ult. nennt ihn Šēpl von Ḫaran ; nach ihm waren mit ihm zu dieser *κοινοπραγία* gegen Edessa (Kedren., II, p. 515, 19) vereint (p. 62) : Saleh von Halp (Ḥalab), Memut (Maḥmūd) von Dēmšk (Dimašq), Mahmēt (Muḥammed) von Hēms (Ḥimṣ), Aziz von Misr, Ali von Mnpič, Ap[t]ola ('Abdallāh) von Bagdat, Ḫurēš (Quraiš) von Mōsl (Mōṣul) Nsrtōl (Naṣr ad-Daula) von Mup'argin (Maiyāfāriqīn), Ali von Amit', Pšara von Čzira (Ğazīrat ibn 'Umar), Ahmat von Ḫlat', Zura von Bałiš, Husēn von Her, Kutan von Sałamast, Ahi von Arzun (Var. Arzrumēn), Ahwar von Tizbon (Ktesiphon), Ahlu von Pasara (al-Baṣra), Wrēayn von Kerkesera, Šahwar von Nsepin (Naṣībīn) und 40 andere Emire (mehrfach abweichend p. 49 trad. DULAURIER). — Nsrtōl ist mit Ahmat identisch (MARKWART, *Südarmenien*, p. 488).

(6) Kondorack' = *κονταρᾶτοι* « Lanzenträger ».

(7) Jetzt Lidar am linken Ufer des Euphrat oberhalb von Samosata.

(8) Lies Šēpl? Vgl. SCHLUMBERGER, *Épopée*, III, p. 116, n. 1.

źor (Tesnaźor) und metzelte sie dort nieder. Nach langen Wirren aber fassten die Edessener wieder Mut und besiegten den Feind, worauf der Kaiser Frieden schloss (1). Nach Ibn al-Aṯīr (2) wurde dieser Überfall von Ibn Waṯṯāb und dem Führer der Truppen des Naṣr ad-Daula ausgeführt und der Patrikios gefangen genommen. Auf die Drohung, ihn und die gefangenen Griechen hinzurichten, öffneten die Einwohner die Tore der Stadt, die geplündert wurde, während die griechische Garnison sich in die Zitadelle zurückzog. Da eilte ihr der Ṭayite Ḥassān b. al-Ǧarrāḥ (d. i. *Πινζαράχ*) mit 5000 Arabern und Griechen zu Hilfe. Ibn Waṯṯāb wollte ihm den Weg verlegen; da rückten die Griechen gegen Ḥarrān vor, wurden aber von dem zurückeilenden Ibn Waṯṯāb blutig zurückgeschlagen. Nach vergeblichen Angriffen auf die Zitadelle von Edessa zogen die Araber mit ihren Gefangenen ab (3). Zwei Jahre später schloss Ibn Waṯṯāb mit dem Kaiser Frieden und verzichtete völlig auf Edessa. Die Stadt wurde darauf neu befestigt (4).

Kaiser Romanos setzte den verdienten Maniakes ab und Apuk'ap an seine Stelle (5); nach Skylitzes (6) war vielmehr Leon *Λεπενδρῆνος* sein Nachfolger. Als Leon in grosser Bedrängnis war, sandte ihm Konstantinos, der Bruder des Kaisers, aus Antiocheia Hilfstruppen nach Edessa.

Auch 1038 (A. M. 6546), als der Protospatharios *Βαρασβατζέ*, ein Iberer, Stratege in der Stadt war, wäre sie fast von den Arabern durch List überrumpelt worden (7).

Am 4. April 1059 war *Ἰωάννης ὁ Δουκήτζης κατεπάνω Ἐδέσης* (8). Er ist der von Matt'ēos (9) erwähnte Tukic, der

(1) Matt'ēos Uṙh., p. 63 ed. 1898 = p. 51 trad. Dulaurier.

(2) Ibn al-Aṯīr, IX, p. 305.

(3) Barhebraeus, *Chron. syr.*, p. 217.

(4) Ibn al-Aṯīr, IX, p. 313. Barhebraeus, *Chron. syr.*, p. 221.

(5) Matt'ēos Uṙh., p. 64 = p. 51 trad. Dulaurier.

(6) Kedren.-Skylitz., II, p. 515, 17.

(7) Kedren.-Skylitz., II, p. 520, 10-521, 6.

(8) Cod. Paris. Coislin. N°. 263; cf. H.-A. Omont, *Facsimilés des mss. grecs datés de la Bibl. Nat. du IXe au XIVe siècle.* Paris 1890, Notice des planches, p. 6. Sp. Lambros in *Νέος Ἑλληνομνήμων*, VII, 1910, p. 130 sq., n° 10. V. N. Zlatarski in *Byzantinoslavica*, I, Praha 1929, p. 34. Kougeas in *Ἑλληνικά*, III, 1930, p. 459. N. Bănescu in *Byzantion*, VIII, 1933, p. 294-295.

(9) Matt'ēos, p. 127 = p. 106 trad. Dulaurier.

also von dem in demselben Jahre zum Kaiser erhobenen Konstantinos Dukas (1) zu unterscheiden ist.

Die Türken, die schon 1062/3 die Gegend von T'lḫum (jetzt Tulḫum) verwüstet hatten (2), die wohl vorwiegend von Christen bewohnt war (3), zogen 1065/6 unter Slar Ḫorasan (4) erneut gegen diese Festung und dann in das Gebiet von Edessa, wo sie Severak (Sevaverak) angriffen, das von fränkischen Söldnern verteidigt wurde. Nach anfänglichen Misserfolgen kehrten sie mit Verstärkungen zurück, fielen wieder in das Gebiet von Severak und von Nsepin (5) ein und richteten ein grosses Blutbad an. Ein Vorstoss auf die nähere Umgebung von Edessa führte sie nach T'ořič und Nšenek (Var. Nšenik) (6). Damals befand sich der tapfere Dux von Antiocheia, der Armenier Peḫt (*Βέστης*) (7), gerade in Edessa. Als er gegen die Türken zog, wurde er auf Anstiften des Gouverneurs der Stadt, P'iłonit (8), und seines Proximos (Lieutenants) von seinem Heere im Stich gelassen und musste von Nšenek nach Culman(-berd) (9) flüchten, wo er

(1) Der in der *Chronik von Bari* des Lupus Protospatharius *Constantinus Dukizzi* genannt wird (MURATORI, *Script. ital.*, V, p. 152; vgl. GFRÖRER, *Byz. Geschichten*, III, p. 640, n. 1).

(2) Über T'lḫum vgl. unten, p. 185, n. 7.

(3) Vgl. Matt'ēos, p. 99 = p. 81 trad. DULAURIER.

(4) Über Slar Horasan (Ḫurāsān Sālār) vgl. unten p. 185, n. 3.

(5) Über Nsepin siehe unten, p. 141-142.

(6) DULAURIER, *Matthieu d'Édesse*, p. 411 : jetzt « Êndzéli dans le sandjak de Sévērag » (nach ČAMČIAN und INĞIĞIAN), d. i. wohl Anzeli ca. 26 km. von Urfa auf dem Wege nach Süverek. Ob diese Gleichsetzung irgendwie begründet ist, weiss ich nicht. Auf der neuen Karte des türkischen Generalstabes in 1 :800.000 (8 Blatt, 1933-5), Blatt Malatya, ist ein Nešenik nur 5 km. südlich von Čermük-Abarne (auf ihr Çemik geschrieben) eingetragen. Nach Matt'ēos von Edessa ist es aber viel näher bei Urfa zu suchen.

(7) Ohne Berechtigung pflegte man Peḫt mit Ḫač'atur zu identifizieren; vgl. dagegen J.-F. LAURENT, *Byz. Ztschr.*, XXX, 1929-30, p. 405-411.

(8) Varr. Płōnit, Piłōnid, Piłavnit. DULAURIER (*Matth. d'Édesse*, p. 411, n. 3 zu cap. XCI) hält es für « impossible de déterminer la véritable lecture ». Vgl. aber *Νικήτας ὁ Πηγονίτης* (a. 1034/5) unten p. 172.

(9) Matt'ēos, ed. 1898, p. 158 : Culman (DULAURIER, p. 131 : Dzoulman), dagegen p. 317 : Čulman (= DULAURIER, p. 275 : Dchoulman) geschrieben; nach dieser Stelle zog 1111/2 Maudud über T'lkuran

erfuhr, dass der Proximos sich zu Tēr Kōzman begeben hatte. Nach seiner Rückkehr veranlasste er den Kaiser, Pełonet (sic) und den Proximos zu bestrafen (1).

In demselben Jahre machte Slar-Ḫorosan (sic) einen neuen Einfall in den Gau von Edessa. Er marschierte gegen Ǧalap (2), erstürmte die Festung Tēp (Dēp), das jetzige Dībḥiṣār 30 km. nordnordöstlich von Edessa, und lagerte bei dem Orte K'sōs (3). Ein römisches Heer, das ihm bei T'lak unweit von K'sōs entgegentrat, ergriff die Flucht und erlitt grosse Verluste (4). Ein drittes Mal erschien in diesem Jahre Slar-Ḫorosan im Gau von Edessa und lagerte bei dem Orte Kupin (Gubin), dessen Umgebung verheert wurde (5),

Auch im folgenden Jahre (1066/7) zog der Türke Gomēš-Tikin (Gümüštekin) nach dem Distrikt von T'lḫum, erstürmte die Festung T'lēt'ut' (Var. T'lēt'uḫ), und drang dann in die Provinz Edessa ein. Dort zog er gegen die Festung Nsepin, vermochte sie aber nicht einzunehmen, überschritt darauf den Euphrat durch eine Furt und drang in das Gebiet von Harsan-msur (6) ein. Nachdem er es drei Tage lang verheert hatte, wollte ihn Aruandanos (7), der Kommandant von « Nse-

(jetzt Tell Gauran 78 km. ostnordöstlich von Urfa, vgl. Ainsworth, *Travels and researches in Asia Minor*, II, London 1842, p. 109), Gōtēt'il, Šēnav nach der Festung Ǧulman im gavaṙ von Edessa. Lynch verzeichnet auf seiner Karte (*Map of Armenia*) Shulmen 28 km. nördlich von Urfa, M. v. Oppenheim (*Petermanns Mitteilungen*, 1911, II, Tafel 18) Ǧelmān 22 km. nördlich davon.

(1) Matt'ēos, p. 156-158 = p. 130 sq. trad. Dulaurier.

(2) Arab. Ǧullāb (pers. = « Rosenwasser ») nahe der Quelle des Ǧullāb oder Ǧallāb (K. Regling, in *Klio*, I, p. 463. R. Dussaud, *Topographie de la Syrie*, p. 494).

(3) Syrisch Khesōs (Mich. Syr., III, 246 trad. Chabot : « Kissos ». Barhebr., *Chron. syr.*, p. 302 ed. Bedjan). Es ist wohl das Aksās zwischen Ḥarrān und Urfa bei den Arabern und das jetzige Kisās 17 km. ostsüdöstlich von Urfa (R. Kieperts *Karte von Syrien und Mesopotamien* zu den Reisen M. v. Oppenheims, 1893). Danach hiess zweifellos das südöstliche Tor von Edessa « la porte de Kss », deren Namen Chabot nicht zu deuten wusste (*Mélanges Schlumberger*, I, Paris 1924, p. 173, n. 8).

(4) Matt'ēos, p. 158 sq. = p. 132 trad. Dulaurier.

(5) Matt'ēos, p. 159 = p. 132 sq. trad. Dulaurier.

(6) Arab. Ḥiṣn Manṣūr, jetzt Adiyamān.

(7) Der Name Aruandanos ist vielleicht von dem der nordsyrischen Festung ar-Rāwandān am oberen Nahr 'Afrīn (nordöstlich von Qūrus,

pin, das die Stadt Sibar ist », am Euphrat überfallen, erlitt aber selbst bei der Festung Ōšēn ([1]) eine schwere Niederlage und wurde gefangen genommen. Die Reste seines Heeres retteten sich nach Ōšēn ; gegen ein hohes Lösegeld kaufte der Stratege von Edessa den Aruandanos wieder frei ([2]).

Nsepin hat DULAURIER unbedenklich mit dem über 200 km. entfernten bekannten Nisibis (Niṣībīn) gleichgesetzt. Matt'ēos nennt letzteres allerdings ebenfalls « Nsepi, das auch Mcbin oder Nsepin heisst » ([3]). Hier aber ist ein Ort am linken Euphratufer am Wege von Severak (Sevaverak) nach Ḥiṣn Manṣūr gemeint ([4]). Pseudo-Wāqidī ([5]) erwähnt zweimal as-Suwaida (= Sevaverak) neben Niṣībīn aṣ-ṣaghīr (« Klein-Nisibis »). Yāqūt ([6]) nennt dieses « Niṣībīn, eine Stadt am Ufer des Frāt, genannt das byzantinische Niṣībīn (Niṣībīn ar-Rūm), von Āmid und Ḥarrān je drei bis vier Tage entfernt, am Wege von Ḥarrān nach dem Lande Rūm » ([7]). Offenbar handelt es sich hier um eine Strasse von Ḥarrān nach Malaṭya oder um eine Umgehung des byzantinischen Gebietes von Edessa ; denn der gerade Weg von Ḥarrān nach Ḥiṣn Manṣūr führt über Urfa und Samsāṭ. Der Name dieser byzantinischen Festung Niṣībīn-Nsepin hat sich bis jetzt erhalten, findet sich aber, soviel ich sehe, nur auf der türkischen General-

südwestlich von Dulūk ; jetzt Rowanda) abgeleitet ; er erinnert aber auch an den alten kommagenischen Fürstennamen Aroandes.

(1) Bei Kamāl ad-Dīn, *Histoire d'Alep*, trad. E. BLOCHET, Paris 1900, p. 208 = *ROL*, VI, p. 2 : « Ušīn im Gebiet von al-Bīra » (?). Es ist aber eher in der Umgegend von Samosata zu suchen und entspricht wohl dem jetzigen Hoschun (AINSWORTH) 33 km. nordöstlich von Samsāṭ (KIEPERT-OPPENHEIM), Hošin auf der türkischen Karte in 1 :800.000.

(2) Matt'ēos, p 186-189 = p. 157-159 trad. DULAURIER.

(3) Matt'ēos, p. 245 = p 206 trad. DULAURIER ;Nsepin auch p. 62, cf. supra p. 137, n. 5.

(4) Matt'ēos, p. 157, vgl. oben, p. 139, n. 5.

(5) Pseudo-Wāqidī, *Geschichte der Eroberung von Mesopotamien und Armenien*, übersetzt von B. G. NIEBUHR, Hamburg 1847, p. 50.

(6) Yāqūt, *Mu'ğam*, ed. WÜSTENFELD, IV, p. 789, 16 sq.

(7) Dieses Niṣībīn habe ich (*ZDPV*, XLVII, 1924, p. 21, n° 331) fälschlich mit dem jetzigen Nizib in Syrien gleichgesetzt, das nicht am Euphrat, sondern am Sinek Dere, einem Nebenfluss des Kerzīn-čai, liegt.

stabskarte von 1333 (1917/18) (1), und zwar 32 km. ziemlich genau westlich von Siverak nahe bei einem Euphratknie, 2 ½ km. stromaufwärts von Qanṭara (2).

Alp Arslān zog 1070 von Manckert über Amit' nach T'lḫum, das er erstürmte, und dann in das Gebiet von Edessa. Das griechische Sebāberak (3) zahlte Tribut (4); die berühmte Festung T'lt'owrav unweit von Severak wurde ebenso wie Ar̄iucat'il (« Löwenhügel ») (5) eingenommen, und am 10. März wurde Edessa belagert, dessen Kommandant Wasil, der Sohn des Bulgarenkönigs Alōsian, war (6). Nach 50tägiger Belagerung (7) zog Alp Arslān unverrichteter Sache nach Ḥalab weiter (8). Auf die Nachricht von dem Einfall des Romanos Diogenes in Armenien kehrte er im Frühjahr über Edessa, dessen Kommandant ihm Pferde, Maultiere und Lebensmittel lieferte, nach Osten zum Gebirge Lesun zurück (9). Nach dem Siege bei Mantzikert oder Zuhra verlangte der Sulṭān von dem gefangenen Kaiser unter anderem Antiocheia, Edessa, Mabbog und Minazgerd (Mantzikert); aber dieser vermochte über sie nicht mehr zu verfügen, da bereits Michael VII. den Kaiserthron bestiegen hatte (10). Paulos, der Katepano von Edessa, verliess damals seinen besiegten Herrn und eilte nach K/pel, um dort von dessen

(1) Asiya-i 'uṯmāny Ḫarīṭasy in 1 :200.000, Blatt Sīverak - Ḫarpūt. Türkische Karte in 1 :800.000, Blatt Malatya (1934).

(2) Letzteres findet sich auch auf anderen Karten, die jedoch den Euphratlauf in dieser Gegend wohl sämtlich ganz abweichend von den neuen türkischen darstellen.

(3) Barhebraeus, *Chron. syr.*, p. 246 ed Bedjan; arabisch Ḥiṣn Suwaidiya bei Sibṭ ibn al-Ǧauzī (Paris, Bibl. Nat., ms. arab. 1506, fol. 127r, vgl. Cahen, *Byzantion*, IX, p. 626, n. 5).

(4) Von dieser Stadt erhielt er 1000 Dīnār (Barhebr., *Chron. syr.*, p. 246).

(5) Ein Arslān tepe? Vgl. Arslānly 23 km. südwestlich von Süverek?

(6) Vgl. die Table généalogique bei Michel Lascaris, *Sceau de Radomir Aaron*, in *Byzantinoslavica*, III, 2, Praha 1931, p. 413 (S-A., p. 12). V. Laurent, *Échos d'Orient*, 37e année, 1934, p. 392, note g.

(7) Dagegen Kamāl ad-Dīn, p. 67 übers. v. J. J. Müller: « *dies amplius triginta* ».

(8) Matt'ēos, p. 194-197 = p. 163-166 trad. Dulaurier. Ibn al-Aṯīr, X, p. 43. Barhebraeus, *Chron. syr.*, p. 246 ed. Bedjan.

(9) Matt'ēos, p. 199 sq. = p. 167 trad. Dulaurier.

(10) Barhebraeus, *Chron. syr.*, p. 249.

Vertrag mit den Türken zu berichten, durch den er sich offenbar bedroht fühlte (1).

Ein Emir Ḫosrow fiel 1081/2 von Persien her mit einem Heere in die Gegend von Edessa ein. Bei Mknik (Mgnig) unweit von der Festung Ltar (jetzt Lidar) wurden die vereinten Garnisonen der benachbarten Schlösser geschlagen und dann das muslimische Gebiet von Ḫaṙan bis Mutepēr ausgeraubt. Als Ḫosrow vor Ḫaṙan erschien, machte der Emir Šurēh-hečm, Sohn des Kuriš, mit dem Beinamen Šērēpʿ-Tōl (2), einen Ausfall (3), schlug die Türken und befreite ihre Gefangenen (4). Nach Ibn al-Aṯīr (5) schloss der Herr von ar-Ruhā' (Edessa) mit Muslim ibn Quraiš Frieden und prägte Münzen in seinem Namen.

Der Herr von Edessa, Wasil, der Sohn des Apuḫap (6), starb 1083, und die Bürger machten den tapferen Armenier Smbat zu seinem Nachfolger. Aber nach einem halben Jahre wurde er durch Išḫan aus dem Geschlechte der Arĝkʿtʿon gestürzt und an seiner Stelle Pʿilaṙtos (Philaretos Brachamios) am 23. September 1083 eingesetzt (7).

Philaretos eroberte sich als byzantinischer Vasall ein ephemeres Reich, das von Marʿaš bis Edessa und Malaṭya reichte (8). Sicher gehörte auch Samosata dazu, das aber schon 1085 von Šaraf ad-Daula von Ḥarrān den « Armeniern » entrissen wurde (9). Ebenso verlor Philaretos 1086/7 Edessa wie-

(1) Ioann. Skylitz., p. 702, 3. Über die folgende Zeit vgl. auch J. Laurent, *Des Grecs aux Croisés ; étude sur l'histoire d'Édesse entre 1071 et 1098*, in *Byzantion*, I, 1924, p. 367-449.

(2) Šaraf ad-Daula Muslim b. Quraiš.

(3) Nach Barhebr., *Chron. syr.*, p. 255, hatte er erst in diesem Jahre (1083) Ḥarrān erobert.

(4) Mattʿēos, p. 222 = p. 185 sq. trad. Dulaurier.

(5) Ibn al-Aṯīr, X, p. 78.

(6) So Mattʿēos, p. 223, 1 = 186 trad. Dulaurier ; oben hiess er Sohn des Alōsian von Bulgarien !

(7) Mattʿēos, p. 223 = p. 187 trad. Dulaurier. Barhebraeus, p. 255, sagt unrichtig, dass Pīlardōs die Stadt den Türken entrissen habe (ihm folgen Weil, *Geschichte der Chalifen*, III, p. 127, n. 2, und R. Duval, *Histoire d'Édesse*, Paris 1892, p. 277, n. 1, die Mattʿēos garnicht berücksichtigen).

(8) Barhebraeus, *Chron. syr.*, p.257. Über Philaretos vgl. J. Laurent, *Rev. des Études Armén.*, IX, 1929, p. 61-72. Adontz, *Byzantion*, IX, 1934, p. 377-82.

(9) Barhebr., p. 258.

der, da die Bewohner, bei denen er wegen seiner Grausamkeit verhasst war, die Stadt während seiner Abwesenheit dem Sulṭān Malikšāh anboten. P'ilaṙtos hatte dort als seinen Vertreter den Eunuchen Paṙakamanos (παρακοιμώμενος) zurückgelassen, der aber von dem Offizier Parsama (1) ermordet worden war (2). Vergebens eilte P'ilaṙtos nach Ḫurāsān, um auch dem Sulṭān zu huldigen, wofür er im Besitz der Stadt zu bleiben hoffte. Der Emir Buzān hatte sie auf Befehl des Malikšāh ein halbes Jahr lang belagert; da erhob sich die Bevölkerung gegen Parsama, und dieser stürzte sich verzweifelt von der Mauer, worauf die Stadt Buzān ausgeliefert wurde. Philaretos musste sich mit Mar'aš begnügen (3). Malikšāh machte Buzān zum Emir von Edessa, der seinerseits den Slar Ḫuluḫ (Var. Ḫsuluḫ) zum Praefekten der Stadt ernannte (4). Nach dem Tode des Malikšāh (1093) kehrte Buzān von seinen Feldzügen nach Edessa zurück, wo sich damals Tēr Barseł aufhielt, der darauf eilig nach Ani floh (5). Tutuš schlug 1094/5 Aqsonqor und Buzān bei Ruyān unweit von Ḥalab (6); anstelle des gefallenen Buzān machte er den Armenier T'oros, den Sohn des Het'um, zum Kommandanten der Stadt (7). T'oros (Theodoros), den früher Philaretos zum Gouverneur von Malaṭya gemacht hatte (8), muss auch in Edessa die Oberhoheit von Byzanz anerkannt haben, da er als griechischer Präfekt der Stadt galt und den Kuropalatentitel führte.

Als Tutuš (armen. Dduš) am 26. Februar 1095 bei ar-Raiy im Kampfe mit Barkiyārūq geschlagen und getötet worden war, retteten sich sein Sohn Riḍwān (armen. Ratuan) und Ału-

(1) Dulaurier : Barsouma (d. i. Barṣaumā ?).

(2) Matt'ēos, p. 233 = 195 trad. Dulaurier.

(3) Barhebraeus, *Chron. syr.*, p. 259 sq.

(4) Matt'ēos, p. 236 = p. 198 trad. Dulaurier.

(5) Matt'ēos, p. 243 = p. 203 sq. trad. Dulaurier.

(6) Ruyān lag am Flusse von Sab'īn bei Tall as-Sulṭān, 6 Farsaḫ von Ḥalab (*Recueil des hist.or.des crois.*, II/2, p.29. Yāqūt, II, p.873).

(7) Matt'ēos, p. 248 = p. 208 trad. Dulaurier. Unpubliziert ist meines Wissens noch die von M. von Oppenheim in Edessa gefundene « zerstörte Inschrift aus der letzten Zeit vor dem ersten Kreuzzuge, die den Kaiser Alexios Komninos nennt und die Befreiung von *τῆς τῶν Τούρκων ἐπικρατείας* zu erwähnen scheint » (F. Hiller von Gaertringen, in *Byz.-neugr. Jahrb.*, V, 1926, p. 215-216).

(8) Michael Syrus, III, p. 173 sq. trad. Chabot.

sian nach Edessa zu T'oros Kurapałat und von dort nach ihren Städten Ḥalab und Anṭākiya (1). T'oros suchte sich in Edessa, wo Tutuš eine türkische und armenische Garnison in die Zitadelle gelegt hatte, dadurch unabhängig zu machen, dass er den Teil der Stadt, den er besass, durch Mauern und 25 Türme befestigte (2). Er verteidigte die Stadt 1095/6 tapfer zuerst gegen Sugman den Sohn des Arduẖ (den Urtuqiden Sukmān) und den Emir von Samusat, den Dānišmandiden Paltuẖ, den Sohn des Amirẖazē (Emīr Ghāzī), dann gegen Riḍwān von Ḥalab und Ałusian von Anṭākiya (3). Um dieselbe Zeit lieferte der Armenier Mẖit'ar Patrik(ios) dem T'oros die Zitadelle, genannt « Festung des Maniakes », aus. Ein Detachement, das T'oros beauftragte, sich der Festung T'rsič zu bemächtigen, wurde von Paltuẖ von Samusat überfallen und geschlagen ; die Bewohner des Dorfes Andřanos wurden massakriert oder gefangen genommen (4). In demselben Jahre kam Alp'irak (Alpyārūq), ein Nachkomme des Gdlmš (Qutulmiš), von T'oros um Beistand gegen seine Feinde gebeten, nach Edessa, wurde aber nach 35 Tagen von diesem, da er ihm nach demLeben getrachtet hatte, vergiftet (5).

Edessa war damals eine byzantinische Enklave mitten in muslimischem Gebiet, zu dem selbst Samosata wieder gehörte. Nur in Malaṭya herrschte damals der Grieche H̱ōril (6), der Schwiegervater des Balduin von Bourg, Grafen von Edessa und späteren Königs von Jerusalem (7).

Als 1097/8 die Kreuzfahrer heranrückten, wurde dies T'oros brieflich angezeigt (8). Darauf rief dieser den Grafen Balduin,

(1) Matt'ēos, p. 249 = p. 209 trad. Dulaurier.

(2) Matt'ēos, p. 249 sq. = p. 210 trad. Dulaurier.

(3) Matt'ēos, p. 250 sq. = p. 210 trad. Dulaurier.

(4) Matt'ēos, p. 251 = p. 210 sq. trad. Dulaurier.

(5) Matt'ēos, p. 252 = p. 211 trad. Dulaurier. Ausführlicher die *anonyme syrische Chronik von* 1203/4, in *CSCO*, Ser. III, t. XV, p. 52 sq. ; cf. Chabot, *C.-R. Acad. Inscr.*, 1918, p. 431-442 (lies Alpyārūg statt al-Faridj !).

(6) Var. Ḫuril, d. i. die neugriechische Aussprache von Gabriel (Ḫawril). Vgl über ihn unter anderem : Mich. Syr. III, p. 173 sq. ; Krumbacher, *Byz. Literaturgesch.*, 2. Aufl., München 1897, p. 893. Hausrath, Art. *Syntipas*, in *RE* IV A, col.1466 oben (*παρὰ Γαβριὴλ, τοῦ Μεγιστάνων κλέους, δουκὸς σεβαστοῦ πόλεως Μελωνύμου*).

(7) J. B. Chabot. *C.-R. Acad. Inscr. Lettr.*, 1918, p. 431 sqq.

(8) Matt'ēos, p. 260-262 = p. 218-221 trad. Dulaurier.

der 1098 Tall Bāšar (armen. T'lpašar) erobert hatte, zum gemeinsamen Kampf gegen seine Feinde nach Edessa und empfing ihn mit grosser Freude (Febr. 1098). Aber 14 Tage später, nach der Rückkehr von einer unglücklichen Expedition gegen Paltuḫ von Samusat, wurde T'oros von der erregten Volksmasse getötet. Balduin, der nach syrischen und fränkischen Darstellungen das Schicksal des Armeniers bedauerte, während er nach Matt'ēos von Edessa ihn selbst in verräterischer Weise umgebracht haben soll, machte sich darauf zum Herrn von Edessa (1). Seitdem blieb die Stadt in den Händen der Kreuzfahrer, bis sie ihnen durch Zengī von Mōṣul am 23. Dezember 1144 entrissen wurde (2).

Die Geschehnisse von 1031 bis 1098 lehren uns deutlich, dass das byzantinische Gebiet von Edessa niemals eine grosse Ausdehnung besessen hat. Anfangs gehörten Severak, wohl auch T'lḫum und ein paar kleine Ortschaften dazu, gingen aber sehr bald wieder verloren. Seitdem kann nur die nächste Umgebung der Stadt und ein schmaler Landstrich zwischen Edessa und dem Euphrat bei Samosata, Ltar (Lidar), Ōšēn und Nsepin byzantinisch geblieben sein.

Unmittelbar bevor Edessa romäisch geworden war, hatte der Stratege (des Themas?) *τῶν παρευφρατιδίων πόλεων* (3) in Samosata residiert (4). Wir sahen, dass Edessa wenigstens anfangs nicht unmittelbar als byzantinisches Gebiet gegolten zu haben scheint, sondern dem Kaiser tributpflichtig gewesen ist. Ob bzw. wie lange Samosata, das bis spätestens 1085, zuletzt wohl als einzige Stadt am rechten Euphratufer, byzantinisch blieb, seit 1031 zum Gebiet von Edessa gehört hatte, wissen wir nicht.

(1) *Anonyme syrische Chronik*, l. c. (oben, p. 145, n. 5). Dazu die fränkischen Berichte (Fulcherus Carnotensis, Albertus Aquensis und andere).

(2) Ibn al-Aṯīr, XI, p. 64-66. Barhebr., *Chron. syr.*, p. 305-307. Am ausführlichsten und zuverlässigsten ist die Schilderung der Belagerung und Eroberung in der von dem damaligen Metropoliten der Stadt, Basileios Abu'l-Farağ bar Šummānā, verfassten *Stadtgeschichte von Edessa*; sie ist *in extenso* wiederholt in der *anonymen syr. Chronik*, trad. CHABOT in *Mélanges offerts à* M. G. SCHLUMBERGER, Paris 1924, I, p. 171-179.

(3) Vgl. oben, p. 134, n. 5.

(4) Skylitzes-Kedren., II, p. 500, 18 sq.

3. Armenien.

Noch vor der Eroberung Syriens wurde Taraun in Südarmenien dem Oströmischen Reiche einverleibt. Schon seit Leon VI. begann die « friedliche Durchdringung » Armeniens damit,dass die byzantinische Lehnshoheit von einzelnen Kleinstaaten anerkannt werden musste, die ihrer Lage nach für die Verteidigung des Reiches besonders wichtig waren (1) : so einige Zeit nach 914 das Gebiet des Emirs *'Αποσεβατάς* (2) von Mantzikiert (3) mit den Festungen *Χλιάτ* (4), *Περκρί* (5), *Ἄρζες* (6), wie auch später seiner Brüder *'Απολεσφουέτ* (7) und *'Αποσέλμης* (8), dessen Land bis zum *κάστρον τοῦ Τζερματζοῦ* (9) reichte (10). Hoheitsrechte beanspruchten die Kaiser Konstantinos und Romanos auch über die Herren *τοῦ Κοκοβίτ* (11), *Ταρώ* (12), *Μῶεξ* (13), [Z]*αύζαν* (14), *Συνῆς* (15), *Βαιτζώρ* (16) und *Χατζιένης* (17) in Armenien (18), ferner über die drei Herr-

(1) Konst. Porph. (im Folgenden : KP), *de adm. imp.* (im Folgenden : *adm.*), p. 197, 10 sq. ed. Bonn : *καὶ εἰσὶ φραγμὸς καὶ ἄπληκτα τῶν φοσσάτων.*

(2) Arab. Abū Sawāda.

(3) Armen. Manckert.

(4) Armen. Ḫlat'.

(5) Armen. Berkri.

(6) Armen. Arčēš.

(7) Arab. Abu' l-Aswad.

(8) Abū Sālim.

(9) Armen. Ǧermaẓor in Mokk', vgl. H. Gelzer, *Abh. Bayr. Akad.*, 1901, p. 578 ; H. Hübschmann, *Die altarmenischen Ortsnamen*, p. 331, n.2 (*Indogerm. Forschungen*, XVI), die Tzermatzu mit Recht von dem Bistum *Σερμάντζου* (unten, p. 197 n. 6) trennen, während J. Markwart, *Südarmenien und die Tigrisquellen*, Wien 1930, p. 305, n. 2 von p. 299 ; 506 sq. beide gleichsetzt.

(10) KP, *adm.*, p. 192-194.

(11) Armen. Kogovit.

(12) Armen. Tarōn.

(13) Armen. Mokk', Lokativ Moks.

(14) Armen. Anẓavac'ik', arab. az-Zawazān.

(15) Armen. Siunik'.

(16) Armen. Vayoc'ẓor, arab. Waiḏūr oder Waiṣ, am Oberlauf des Arpa-čai. Hübschmann, *Indog. Forsch.*, XVI, p. 469.

(17) Armen. Ḫač'en, arab. Ḫāǧīn, Ḫāšin. Hübschmann, p. 349, n. 3.

(18) KP, *de caerim.*, p. 687, 9-13.

scher τῶν Σερβοτιῶν τῶν λεγομένων Μαῦρα παιδία ([1]) sowie τοῦ Βεριασάχ ([2]). τοῦ Καρνατάης ([3]), τοῦ Κούελ ([4]) und τοῦ Ἀτζαρᾶ ([5]) in Iberien ([6]).

In ein besonders enges Abhängigkeitsverhältnis zu Byzanz geriet unter diesen Gauen *Taron*, wo nebeneinander zwei Linien desselben Fürstengeschlechts herrschten. T'oṙnik, der Sohn des Abū Ghānim, hatte sein Land dem Kaiser erblich vermacht. Nach seinem Tode erwarb der Kaiser durch Tausch gegen dieses Gebiet die Herrschaft von τὸ Ὀλνούτην ([7]), lies Ὀλνούτι[ο]ν ([8]), dem jetzigen Oghnut bei Qyghy Qaṣaba ([9]). Ganz Taron fiel aber erst nach dem Tode des Fürsten Ašot im Jahre 415 arm. (966/7 n. Chr.) durch Erbvertrag mit seinen Söhnen Gregorios und Pankratios an das Reich ([10]). Dass Ioannes Tzimiskes schon 966/7 als Domestikos des

(1) Armen. Sevordik', die südkaukasischen Magyaren. MARQUART, *Osteuropäische und ostasiatische Streifzüge*, Leipzig 1903, p. 36-40. 428. 496 sq. ; *Skizzen zur historischen Topographie und Geschichte von Kaukasien. Das Itinerar von Artaxata nach Armastica auf der römischen Weltkarte*, Wien 1928 (im Folgenden : MARQUART, *Itinerar*), p. 35 (= *Studien zur armenischen Geschichte*, III).

(2) Armen. Werin aš‿arh, « oberes Land » = iberisch Zeda-Sop'eli. MARQUART, *Itinerar*, p. 50, n. 100.

(3) D. i. Taos-Karni = « Tor von Taik' » oder eher Tasis-Karni = « Tor von Tasis », der jetzige Pass von Boržom. Vgl. BROSSET, *Histoire de la Géorgie*, I, p. 23 ; Additions et éclaircissements, p. 105.

(4) D.i. Qwelis-c'iḫē = Τυρόκαστρον. BROSSET, *Hist. de la Géorg.*, I, p. 327, n. 4 ; Addit. et éclairciss., p. 105. 148, n. 3. MARQUART, *Streifzüge*, p.177, n. 1. Es lag am Flusse Ǧaq (Ǧaqis-c'qali) unterhalb von Zarzma und über C'urc'quma (Waḫušt, *Description géogr. de la Géorgie*, publ. p. M. F. BROSSET, St. Pbg. 1842, p. 89 und Karte N° 1 : Samtzkhé).

(5) Ağara, das Tal des untersten Nebenflusses des Čoroḫ, Ağaris.

(6) KP, *de caerim.*, p. 687, 20-688, 1. Zu den Namen vgl. auch THOPDSCHIAN *Mitteilungen des Seminars für orientalische Sprachen*, VIII, Berlin 1905, p. 203 sq. MARQUART, *Streifzüge*, p. 176 sq. ; *Itinerar*, p. 50 sq., n. 100.

(7) KP, *adm.*, p. 191, 7.

(8) Armen. Ołnut, Ełnut, Ełanc'-berd. Zum Namen vgl. ADONC, *Armenija*, p. 16, n. 2.

(9) MARKWART, *Südarmenien*, p. 462. 475. 492 sq. ; *Die Entstehung der armenischen Bistümer* (*Orientalia Christiana*, vol. XXVII, 2), Roma 1932, p. 42 (178).

(10) Steph. Asołik (von Taron), III, 8, p.183, 12 übers. von H.GELZER und A. BURCKHARDT, Leipzig 1907. Skylitz.-Kedren., II, p. 373, 3.

Orients in Taron war (1), sagt Stephan Asołik nicht ausdrücklich, während Matt'ēos Uřhayec'i seinen Durchmarsch zum Jahre 421 arm. (972) erwähnt. Da er damals den Euphrat bei Malaṭya im Du'l-Ḥiǧǧa (13. Sept. - 11. Oktob. 972) überschritt und am 1. Muḥarram (12. Oktober) Niṣībīn einnahm (2), ist es nicht unmöglich, dass er in diesem Jahre über Taron marschiert ist.

Die Söhne des Ašot, Grigor und Bagarat, traten in byzantinische Dienste über, standen aber später auf Seiten des Aufrührers Skleros. Der jüngere von beiden, Bagarat, ist wohl der Vater jener beiden « Söhne des Baqrāṭ », die 987 zusammen mit Bardas Phokas revoltierten und von aṭ-Ṭārōnī al-māǧisṭrus geschlagen wurden (3). Letzteren halte ich (4) für ihren Oheim, den Magistros Gregorios *ὁ Ταρωνίτης*, der später im Kampfe gegen die Bulgaren fiel (5). Im Jahre 417 arm. (968/9) erstürmte und zerstörte Bardas Phokas, Nikephoros' Neffe, Manāzkird (Manckert) in Apahunik' und liess die Mauern der Stadt schleifen (6).

Während der Aufstände des Bardas Skleros (976-979) und Bardas Phokas (987-989), die beide von Armenien ausgingen, brach die byzantinische Herrschaft dort grossenteils zusammen. Bardas Skleros begann seinen Aufruhr als Dux Mesopotamiae (7), worunter bekanntlich das Thema (8) in Armenia IV. zu verstehen ist. Sein Heer schuf er hauptsächlich aus Armeniern, die seine treuesten Anhänger waren (9). Durch Beschlagnahmen und Anleihen brachte er eine grosse Menge

(1) So J. MARKWART, *Südarmenien*, p. 464, n. 1.

(2) Yaḥyā al-Anṭākī, ed. KRATCHKOVSKY et VASILIEV. p. 145 = *Patrol. Orient.*, tome XXIII, Paris 1932, p. 353. Nach ANASTASIEVIČ tat dies jedoch sein Domestikos Mleh, vgl. oben, p. 98, n. 2.

(3) Yaḥyā, p. 216 = *P.O.*, p. 424 (= ed. ROSEN, *Zap. Imp. Akad. Nauk*, XLIV, p. 22, 14 sqq.). Vgl. unten, p. 155, n. 6.

(4) *Byzant. Ztschr.*, XXXI, p. 399.

(5) Kedren.-Skylitz., II, p. 447 sqq.

(6) Yaḥyā, ed. KRATCHKOVSKY et VASILIEV, p. 127 = *Patrol. Orient.*, tome XVIII, Paris 1924, p. 825. Steph. Asołik, III, 8, p. 134 trad. GELZER-BURCKHARDT ; ed. MALḪASEANC' II, p. 44.

(7) Kedren. - Skylitz., II, p. 417, 10. Yaḥyā, p. 164 = *P. O.*, p. 372, nennt ihn Gouverneur von Baṭn Hanzīṭ und al-Ḫālidiyāt.

(8) Armen. Miǧagetk'.

(9) Steph. Asołik, III, 14, pl 140, 33 trad. GELZER-BURCKHARDT. Kedren.-Skylitz., II, p. 419, 4.

Geldes zusammen, die er in der Festung *Χάρπετε* in Mesopotamia, dem jetzigen Ḫarpūt, verwahrte (1). Skleros war mit den Emiren *'Αποτούλφ* von *"Εμετ* (2) und *'Αποτάγλε* (3) von *Μιεφερκίν* (4) und anderen Arabern verbündet (5) ; auch die Fürsten Grigor und Bagarat von Taron (s. o.) und Zap'ranik von Mokk' fochten an seiner Seite (6). Vor der Schlacht bei Lapara trat ein Offizier *Σαχάκιος Βραχάμιος*, arabisch Isḥāq b. Bahrām (7), zu ihm über (8), seinem Namen nach ebenfalls ein Armenier (9).Gleicher Herkunft war sein Flottenbefehlshaber *Κουρτίκης Μιχαήλ* (10). In der Schlacht bei Oxylithos kämpfte für Skleros *'Ρωμανὸς πατρίκιος ὁ Ταρωνίτης* (11). Nach der Schlacht wurden von seinem siegreichen Gegner alle armenischen Soldaten niedergehauen (12). Auch in Antiocheia und dem übrigen Syrien vertraten Armenier, wie wir sahen, die Partei des Skleros.

Nach den Niederlagen bei Pankaleia und Basilika Therma wandte sich Bardas Phokas um Hilfe an König Davit' von Taik' (Iberien), mit dem er noch von der Zeit her befreundet war, in der er Dux von Chaldia gewesen war (969) (13). Der aus Iberien gebürtige Athosmönch Ioannes Tornikios (T'ornik) kam als kaiserlicher Gesandter zu Davit', der 12.000 Iberer unter Führung dieses kriegerischen Mönches selbst und des Fürsten der Fürsten Ǧoğik zu Phokas schickte, wodurch dessen Sieg bei Sarwenis entschieden wurde (14). Als

(1) Kedren. - Skyl., II, p. 419, 13.

(2) Abū Dulaf von Āmid. Markwart, *Südarmenien*, p. 108*.

(3) Abū Taghlib.

(4) Maiyāfāriqīn, jetzt Fārqīn oder Silvan.

(5) Kedren. - Skylitz., II, p. 419, 18 sq. Zonaras, XVII, 5, 12 ; III, p. 540, 9 sq. ed. Büttner-Wobst.

(6) Steph. Asolik, III, 14, p. 141, 1 trad. Gelzer-Burckhardt.

(7) Rosen, *Zap. Imp. Akad. Nauk*, XLIV, p. 96, n. 41.

(8) Kedren. - Skylitz., II, p. 422, 16.

(9) Armen. Sahak, Sohn des Wahram. Vgl. Adontz, *Byzantion*, IX, p. 379-81 (p. 380 : « une révolte arménienne »).

(10) Kedren. - Skylitz., II, p. 424, 3. Zu seinem Namen vgl. Markwart, *Südarmenien*, p. 295, n. 1.

(11) Kedren. - Skylitz., II, p. 425, 7.

(12) Kedren. - Skylitz., II, p. 425, 24.

(13) Kedren. - Skylitz., II, p. 431, 19.

(14) Vgl. die Inschrift des Iwanē, Sohnes des Sula, der am Zuge des Patrikios T'ornik teilnahm, in der Kirche von Zarzma 37 km.

Lohn dafür wurden dem Davit' 979 die Kleisura Ḫaltoyarič, Č'ormairi, Karin (Erzerūm), Basean mit der Festung Sevuk, die auch Mardali heisst (1), Hark' und Apahunik' versprochen (2). Er sollte also das ganze Gebiet von Kaghdarič (3) im Nordwesten über Erzerūm und Tekman (4) bis zum Oberlauf des Murād-ṣū im Südosten erhalten (5). Stephan von Taron fügt der Aufzählung dieser Gebiete hinzu : « die er (Kaiser Wasil) ihm später auch wirklich gab ».

Natürlich müssen die Gebiete, die Kaiser Basileios im Jahre 979 seinem Bundesgenossen Davit' zuwies, vorher wenigstens nominell in romäischem Besitz gewesen sein. Der nördliche Teil davon gehörte längst zu Byzanz. In Basean hatte früher nach Konstantinos Porphyrogennetos der Araxes die Grenze gegen Iberien gebildet. Manckert in Apahunik' war seit 968/9 unbefestigt und wohl noch römisch, und das zwischen ihm und Taron gelegen Hark' (6) war damals zweifellos auch unter byzantinischen Einfluss geraten. Während des Aufstandes des Skleros war die tatsächliche Oberhoheit über diese Gebiete allerdings sehr gefährdet, und mit den Versprechungen an Davit' beabsichtigte die byzantinische Politik wohl, sie vorläufig lieber einem treuen Verbündeten als dem Feinde zu opfern. Wie berechtigt diese Sorge war, zeigte sich sofort : der kurdische Emir Bād (7) von Aḫlāṭ (8) und Np'rkert baute während des Aufruhrs im Römerreich die Stadt Manazkert für sich wieder auf, verheerte die Provinz Tarawn (Taron) und plünderte Muš (9). Ob er Manazkert schon vor dem Frühjahr 979 besetzt hatte oder es erst

westlich von Aḫalc'iḫē, bei E. S. Taqaĭšvili, *Zarzmskij monastyri, ego restovrazija i freski*, in : *Sbornik materialov dlja opisanija městnostej i plemen Kavkaza*, XXXV, 1905, p. 18-22.

(1) Hübschmann, *Indog. Forsch.*, XVI, p. 327. Über Č'ormairi vgl. unten, p. 226.

(2) Steph. Asolik, III, 15, p. 142, 3 sqq. trad. G.-B.

(3) Bei Ašqal'a am Euphrat.

(4) = Mardali in Turuberan.

(5) Hübschmann, *Ind. Forsch.*, XVI, p. 289.

(6) Jetzt Bulanyk.

(7) Armenisch Bat ; arab. Abū 'Abdallāh al-Ḥusain b. Daustak al-Čārbuḫtī.

(8) Manazkert ist von Aḫlāṭ nur 42 km. entfernt, von der Grenze von Taik' etwa dreimal so weit !

(9) Steph. Asol., III, 14, p. 141, 21 sq. trad. G.-B.

damals tat, um Davitʻ zuvorzukommen, wissen wir nicht. Jedenfalls blieb Bāḏ bis zu seinem Tode (380 H. = 990/1) Herr von Apahunikʻ (1), das wegen seiner Natronsalz-, Magnesia- und Kupferminen (2) ein wertvoller Besitz war. Davitʻ musste sich also vorläufig mit seinen berechtigten Ansprüchen auf dieses Gebiet begnügen.

Skleros wurde am 24. März 979 von den vereinigten byzantinischen und iberischen Streitkräften geschlagen. Zugleich mit seiner Niederlage war das Geschick des letzten Ḥamdāniden von Diyārbekr, Abū Taghlib, besiegelt. Aus Mōṣul, von ʻAḍud ad-Daula vertrieben, war er über Niṣībīn, Maiyāfāriqīn, Arzan az-Zarm (3), al-Ḥasanīya, Kawāšī (die Burg von Ardumušt) und Bidlīs in das griechische Gebiet nach Ḥiṣn Ziyād (4) geflohen (5) und hatte einen Teil seiner Truppen zu Skleros gesandt. Nach dessen Niederlage floh er weiter über Āmid und Raḥba nach Syrien, wo er im Herbst seinen Tod fand (6). Abu'l-Wafā, der Sekretär des ʻAḍud ad-Daula, eroberte ganz Diyārbekr mit Āmid und Maiyāfāriqīn (7).

Skleros selbst floh zuerst nach Pʻšpʻš in der Nähe von

(1) Markwart, *Südarmenien*, p. 471.

(2) Yāqūt, *Muʻǧam*, ed. Wüstenfeld, I, p. 455. M. Ghazarian, *Armenien unter der arabischen Herrschaft*, Marburg 1903, p. 74. Sehr fraglich ist es, ob Ghazarian mit Recht die Kupferminen (*maʻdin nuḥās*) von Bāğunais mit dem Orte Sinn-Naḫʻs auf dem Wege von Mūš nach Qalūniyat al-ʻAufī (Koloneia, jetzt Šābīn Qaraḥiṣār), wo eine Route nach Malāzkird abzweigte (al-Maqdisī, in *BGA*, III, p. 150 ed. de Goeje), gleichsetzt. Auf arabischen Münzen findet sich häufig die Legende Maʻdin Bāğunais : R. Vasmer, *Chronologie der arabischen Statthalter von Armenien unter den Abbasiden...*, Wien 1931 (*Studien zur armen. Gesch.*, V), p. 56. 58. 62. 64. 68. 71. 73. 75, der p. 56, n. 2 Bāğunais mit Ghazarian, *l. c.*, für Wažnunikʻ hält. Ghazarian hat aber daneben die Möglichkeit erwogen, vielmehr Bāḫunīs (= Apahunis, Apahunikʻ) zu lesen, für die sich auch Markwart (*Südarmenien*, p. 458) entschieden hat.

(3) So zu lesen! Vgl. dazu Markwart, *Südarmenien*, p. 340 sq. und 41* (zu unterscheiden von Arzan südwestlich von Zōḫ und Arzan ar-Rūm).

(4) Armen. Ḫartabirt, jetzt Ḫarpūt.

(5) Ibn al-Āṯīr, VIII, p. 508-510. Rosen, *Zap. Imp. Akad. Nauk*, XLIV, p. 128-135, n. 72.

(6) Yaḥyā al-Anṭākī, ed. Kratchk.-Vasil., p. 190-1. 194 196 = *Patr. Orient.*, XXIII, p. 398-9. 402-404,

(7) Yaḥyā, p. 191 = *P.O.*, p. 399,

Np'rkert-Maiyāfāriqīn (1) ; der Ortsname ist wohl in *P'šp'šat zu verbessern. In der Chronik von Zuqnīn (2) wird die Lage des Ortes, der dort Pašpašaṭ heisst, genauer angegeben : er lag ebenso wie Elūl in der Nähe von Qulb (3), entspricht also zweifellos dem arabischen und jetzigen Būšāṭ 10 km.nördlich von Fārqīn (Silvan) (4). Von dort wurde Skleros nach Baghdād gebracht. Nach dem unglücklichen Bulgarenkriege von 986 kehrte er mit Hilfe der Nomadenstämme Banī 'Uqail und Banī Numair aus Baghdād zurück und liess sich in Malaṭya zum Kaiser proklamieren (5). Er bat auch den Kurden Bād, den Herrn des Landes Diyārbekr, um Unterstützung, und dieser sandte seinen Bruder Abū 'Alī mit zahlreichen Truppen zu ihm (6). Bād, der Gründer der Marwāniden-Dynastie, besass also wohl damals schon die ganze Provinz Diyārbekr ; Stephan Asołik nennt ihn bei dieser Gelegenheit Emir von Apahunik' und Np'rkert. Als Skleros nach dem Vertrage mit Phokas am Ǧaiḥān seine arabischen Truppen entlassen hatte (7), verwüsteten diese auf die Nachricht, dass Skleros von Phokas gefangengesetzt worden war, « alles Land von Süden her bis nach Apahunik' » (8). Damit kann nur das Land des Bād gemeint sein, von dem auch später (9) berichtet wird, er sei im Kampfe mit den zeltbewohnenden Ara-

(1) Stephan Asołik, III, 15, p. 142, 29 trad. G.-B.

(2) *Chronique de Denys de Tell Maḥré*, p. 53, 18 ed., p. 47 trad. Chabot.

(3) Qulb ist auf der englischen Bearbeitung (1920) der türkischen Karte Asia 1 : 250.000, Blatt *Farkin-Mush*, als Kulp, unter 38°30' nördl. Breite und etwas östlich von 41° östlicher Länge von Greenwich, nahe bei Nerǧik eingetragen.

(4) Schon Ps.-Wāqidī, *Geschichte der Eroberung von Mesopotamien und Armenien*, übers. von B. G. Niebuhr, Hamburg 1847, p. 114 (vgl. Geogr. Register, p. 164) erwähnt es als Būšāṭ im Gebiet von Hattāḫ. Auf R. Kieperts *Karte von Kleinasien* liegt Boshat 14 km. nördlich von Mejafarkin, 11 km. südöstlich von Hattāḫ. C. F. Lehmann-Haupt (*Armenien einst und jetzt*, II, 1, Berlin 1926, p. 417-419) fand in dem Felsschloss Bošāt, nach ihm 2 1/2 Stunden von Farkin, Skulpturen des Šahpuhr II.

(5) Yaḥyā, p. 212 sq. = *P.O.*, p. 420 sq.

(6) Yaḥyā, *loc. cit.* Steph. Asołik, III, 24, p. 187 trad. G.-B.

(7) Steph. Asołik, III, 25, p. 188, 16 sq.

(8) Steph. Asołik, III, 25, p. 188, 20 sq.

(9) Steph. Asołik, III, 38, p. 202, 16-19.

bern umgekommen (1). Nach Ibn al-Aṯīr (2) ist er vielmehr im Kampfe gegen die Ḥamdāniden von Mōṣul 380 H. (990/1) gefallen. Nach dem Tode des kurdischen Emirs benutzte Davit' von Taik' die schwierige Lage, in der sich sein Nachfolger Abū 'Alī al-Ḥasan befand, um sich der Stadt Manazkert zu bemächtigen, und bevölkerte sie nach ihrer Einnahme mit Armeniern und Iberern (3). Wäre diese Zeitangabe genau, so müsste Abū 'Alī die Festung bald zurückerobert haben. Denn nach Ibn al-Azraq (4) leistete er 382 H. (992/3) den Griechen (5), die Aḫlāṭ, Manāzğird, Arğīš und Barkirī angriffen, erfolgreich Widerstand. Nach Ibn al-Aṯīr (6) hat Abū 'Alī freilich 992/3 nur dadurch, dass er sich zu Tributzahlungen verpflichtete, die Integrität seiner armenischen Besitzungen und einen zehnjährigen Waffenstillstand vom griechischen Kaiser erkauft. Die Einnahme von Manazkert durch Davit' ist aber gewiss mit J. Markwart (7) erst nach diesem Ereignis anzusetzen, und zwar zwischen 992/3 und 994. Der Emir von Atrpatakan, Mamlān, verlangte darauf unter Kriegsandrohung Manazkert von Davit' zurück und rückte mit einem Heere heran. Davit' und seine Verbündeten, unter ihnen König Bagarat von Iberien († 994), lagerten ihm gegenüber bei Wałaškert; das persische Heer wagte keinen Angriff, verheerte nur das östliche Bagrevand und zog wieder ab (8). Offenbar behielt Davit' seit dieser Zeit Bagrevand (9), das zwischen Basean und Apahunik' gelegene Quellgebiet des Murād-ṣū, in seinem Besitz, da es später auch von Kaiser

(1) Nach Steph. Asolik wenige Jahre vor 447 armen. (998/9 Chr.), wie III, 37, p. 201, 16 statt 437 (988/9) zu lesen ist (Rosen, *Zap. Imp. Akad. Nauk*, XLIV, 248, n. a).

(2) Ibn al-Aṯīr, IX, p. 49 sq.

(3) Steph. Asołik, III, 38, p. 202, 20-25 trad. G.-B.

(4) Ibn al-Azraq bei Amedroz, *Journ. Roy. Asiat. Society*, 1903, p. 124. Markwart, *Südarmenien*, p. 471 sq.

(5) Nicht dem Kaiser persönlich (Ibn al-Aṯīr, IX, p. 67), der damals in Bulgarien weilte; doch ist gewiss ein griechischer Feldherr gemeint, nicht Davit' von Taik', wie Rosen, *loc.cit.*, p.248 und Schlumberger (*Épopée*, II, p. 162, n. 3; anders p. 195, n. 1) annahmen.

(6) Ibn al-Aṯīr, IX, p 67; danach Barhebraeus, *Chron. syr.*, p. 198 ed. Bedjan.

(7) Mit Markwart, *Südarmenien*, p. 472.

(8) Steph. Asołik, III, 38, p. 202 sq. trad. G.-B.

(9) Jetzt Alaškert.

Basileios ebenso wie die übrigen annektierten Landschaften aufgesucht wurde. Eine Belagerung von Ḫlat' im Frühjahr 998 durch die Iberer endete mit deren Niederlage (1). Mamlān griff Davit' 998/9 ein zweitesmal an. Die Heere trafen sich « in Apahunik', im Lande des Davit' Kurapałatin, Fürsten des Wirk' (Iberer) » (2). Bei dem Dorfe Cumb (3) nahe der Stadt Arčēš wurden die Perser entscheidend geschlagen (4).

Das Verhältnis zwischen Davit' und dem Kaiser Basileios hatte sich längst sehr verschlechtert. Als Bardas Phokas sich zum Kaiser proklamieren liess (12. 9. 987), sandte er seinen Sohn Nikephoros (5) zu Davit' und bat ihn um Hilfe gegen den Magistros Taronites, der von Trapezunt aus gegen den Euphrat vorrückte. Davit' gab ihm 1000 Reiter mit, denen sich die beiden Söhne des Baqrāṭ (6), die Patrikier und Herren von al-Ḫālidiyāt (7), anschlossen. Sie besiegten Taronites, kehrten aber auf die Nachricht von dem Siege des Kaisers Basileios bei Chrysopolis in ihr Gebiet zurück (8). Der Kaiser, der ihnen deswegen grollte, sandte nach dem Tode des Phokas (13. April 989) gegen « Dā'ūd, den König von al-Ǧurzān und Herrn von at-Tai » und gegen die beiden Söhne Baqrāṭs den Patrikios al-Ǧākrūs, der den älteren von diesen tötete, den jüngeren ins Exil schickte. Davit' unterwarf sich (wohl 990) (9) und erhielt Verzeihung gegen das schwerwiegende Versprechen, dem Kaiser nach seinem Tode sein ganzes Reich und sein « Adelsheer » zu vererben; dafür erhielt er den Kuropalatentitel (10). Nach Stephan Asołik (11)

(1) Steph. Asołik, III, 40, p. 204 trad. G.-B.

(2) Matt'ēos Uṙhayec'i, p. 35 ed. Wałaršapat 1898; p. 31 trad. Dulaurier.

(3) *Tab. Peut.*: Isumbo, vgl. Markwart, *Südarmenien*, p. 412, n. 2.

(4) Steph. Asołik, III, 41, p. 206, 13. 208, 16 trad. G.-B.

(5) Über ihn vgl. Adontz und Grégoire, *Nicéphore au col roide*, in: *Byzantion*, VIII, 1933, p. 203-212. H. Berberian, *Nicéphore au cou tors*, ibid., p. 553-4.

(6) Siehe oben, p. 149, n. 3.

(7) Siehe oben, p. 53 mit n. 10.

(8) Yaḥyā, ed. Kratchkovsky et Vasiliev, p. 216 sq. = *Patr. Or.*, XXIII, p. 424 sq.

(9) Zur Datierung: Schlumberger, *Épopée*, II, p. 32, n. 2.

(10) Yaḥyā, p.221 = *P.O.*, p. 429. Steph. Asołik, III, 43, p.210, 1 sq.

(11) Steph. Asołik, III, 27, p. 190, 31 - 191, 7.

war als letzter Teilnehmer am Aufruhr des Phokas der Magistros Č'ortvanēl (1) übrig, der als Tyrann über Derğan und Taron gebot. Der Kaiser sandte gegen ihn den Žan Patrik (2), der auch Poṙtiz hiess. Č'ortvanēl soll im Jahre 439 armen. (990/1 n. Chr.) bei Bagaṙič (3) in Derğan gefallen sein. Asołik nennt ihn den Bruderssohn des Mönchs T'oṙnik ; ebenso aber (4) jenen Patrikios Č'ortvanēl,der in derselben Schlacht, in der Magistros Dalanos fiel, von den Arabern gefangen genommen wurde. Er setzt diese Schlacht 437 (988/9) an ; es handelt sich aber um Damianos Dalassenos und das Datum ist in 447 (998/9) zu verbessern (5). Das falsche Datum hatte wohl eine Verkehrung der erzählten Geschehnisse zur Folge : Č'ortvanēl wird vielmehr 990/1 gefangen genommen worden und 998/9 in Syrien gefallen sein. Dann könnte er Kamāl ad-Dīns Trṯyābīl (* Ṭurtbānīl?) entsprechen, der angeblich 983 bei Ḥalab gefallen ist (6).

Nach der Ermordung Davit's (auf Anstiften des Kaiser) am 31. März 1000 brach Basileios sogleich von Tarsos nach Armenien auf, um seine Erbschaft anzutreten. In seinem Gefolge befand sich der Magistros und Statthalter von Antiocheia, Nikephoros Uranos (7). Der Kaiser zog über Melitene, Hanžit', Balu und den Berg Koher (8) nach Erēz in Aršamunik' (9). Dort erschien der Emir Mumahhid ad-Daula Abū Manṣūr Sa'īd von Np'rkert zur Huldigung. Der Kaiser machte ihn zum Magistros und befahl den Truppen von Armenia IV. und Taron, diesem Marwāniden im Notfalle beizustehen.

(1) Über ihn Markwart, *Südarmenien*, p. 529, n. 6. — P. Peeters, *Anal. Boll.*, XXXVI-XXXVII, 1917-19, p. 163 sq., lehnt die mehr fach angenommene Gleichsetzung von Čorčaneli (dem Namen de- Vaters des Patrikios T'oṙnik) mit Č'ortvanēl ab.

(2) Ioannes Patrikios.

(3) Jetzt Pekkeriğ.

(4) Stephan Asołik, III, 37, p. 202, 10.

(5) Rosen, *Zap. Imp. Akad. Nauk*, XLIV, p. 248, note a).

(6) Oben, p. 104, n. 6. Vgl. aber auch Schlumberger, *Épopée*, II, p. 33. 34, n. 1. 191, und Markwart, *Südarmenien*, p. 529, n. 6.

(7) Yaḥyā, p. 252 = *P.O.*, p. 460.

(8) Der jetzige Karer Dāgh (oben, p. 19, n 2) am rechten Ufer des Göinük-ṣū oberhalb von Alekrek (Lynch : Alkirak). Adonc, *Armenija....*, p. 16.

(9) Nicht nach dem Erēz in Ekełeac', wie später Aristakēs schreibt, vgl. unten, p. 195, n. 5.

Bei Havčič' (1) an der Grenze des einst zu Iberien geschlagenen Gebietes kam es zwischen jenen russischen Hilfstruppen, die im Jahre vorher die Hemesener in der Konstantinskirche verbrannt hatten (2), und den Armeniern zu einem Gefecht, in dem viele Edle von Taik' fielen. Der Kaiser empfing dort die Könige Bagarat von Abḫazien, Gurgēn von Iberien, Abas von Wanand (Kars), Senek'erim von Waspurakan und dessen Bruder Gurgēn (von Anżevac'ik') (3), und beschenkte sie reichlich. An die ihnen benachbarten Emire der Araber sandte er Briefe, in denen ihnen jede feindliche Handlung gegen Waspurakan, wie Plünderung, Gefangennahme der Einwohner oder gewaltsame Tributforderung verboten wurde. Diese besondere Fürsorge für Waspurakan lässt vermuten, dass schon damals die spätere Abtretung des Fürstentums ins Auge gefasst oder sogar verabredet worden ist.

Von Havčič' aus zog der Kaiser durch Hark' nach Manazkert und Bagrevand, wo er bei Wałaršakert (4) den König der Armenier Gagik von Ani erwartete, der jedoch nicht erschien. Dann wandte er sich nach dem Kernlande von Taik', besetzte dort Uḫt'ik' (5) und alle übrigen Burgen und Schlösser, versah sie mit griechischen Kommandanten und führte von dort den Rest der Edlen von Taik' (6) mit sich fort, wie es in dem Erbvertrage vorgesehen war. Über Karin (7) und Ḫałtoyaṙič (8) kehrte er schliesslich nach K/pel zurück (9).

(1) Zur Lage am Bingöl-Dāgh vgl. unten p. 195.

(2) Vgl. oben, p. 107.

(3) Letzteren nach Stephan Asołik, III, 46, p. 214, 13. - Markwart (*Südarmenien*, p. 473) bemerkt hierzu : « von einer Belehnung des Königs Senek'erim mit Hark' und Apahunik' ist indessen keine Rede ». Hierzu lag aber auch durchaus keine Veranlassung vor, da Basileios diese Landschaften einst *Davit' von Taik'* versprochen hatte, dessen Erbschaft er nunmehr antrat!

(4) Jetzt Alaškert.

(5) Jetzt Olty. Adonc, *Armenija...*, p. 25, n. 1, erinnert auch an Okhda (Lynch) nahe dem See von Tortum (auf der türkischen Karte in 1 :800.000 : Ōtha).

(6) D. h. die Edlen, die nicht bei Havčič' gefallen waren.

(7) Jetzt Erzerūm.

(8) Jetzt Kaghdarič.

(9) Steph. Asołik, III, 43, p. 210-212. 46, p. 214, 10-20. Aristakēs Lastiv., p. 4-5.

Für die Feststellung des byzantinischen Gebietszuwachses bei der Annexion von Taikʻ im Jahre 1000 müssen wir versuchen, die Ausdehnung des Reiches des Kuropalaten Davitʻ nach Möglichkeit zu ermitteln. Vor 979 war seine Südgrenze vermutlich der Dumly-Dāgh nördlich von Erzerūm und die Gebirgskämme, die ihn östlich fortsetzen und Basean, das jetzige Pasin, im Norden begrenzen. Im Osten stiess Davitʻs Gebiet an Wanand mit der Hauptstadt Kars, wo vor 984/5 der Bagratide Mušeł, dann bis 990/1 sein Sohn Abas herrschte (1). Mušeł besass zeitweise auch Dvin, das ihm aber mit allen seinen Städten 982/3 der Emir Aputlupʻ von Gołtʻn entriss (2). Der Bruder des Mušeł, der Šahanšah Ašot († 977), herrschte weiter östlich in Širak und hatte dort 962 Ani zu seiner Residenz gemacht. Sein Sohn Smbat II. (977-989) entriss Mušeł die Festung Šatik in Čakatkʻ (3), wurde aber von Davitʻ von Taikʻ, der diesem zu Hilfe kam, zur Rückgabe gezwungen (4). Im Norden stiess Taikʻ, das die Griechen missverständlich als « Iberien » zu bezeichnen pflegten, an das eigentliche Königreich Iberien, wo damals der alte Bagarat II. herrschte. Seinen Enkel Bagarat III. hatten Davitʻ von Taikʻ und Smbat von Armenien (Ani) bereits 980 als König der Abḫazier am Kaukasos eingesetzt ; seit 985 war er auch König von Kʻartʻli (5) und seit 1000 Kuropalates ; er beherrschte den ganzen Kaukasos « vom Ǧiketʻ bis zum Gurgan » und empfing angeblich von Atrapatakan, Širwan und den Fürsten Armeniens Tribut (6). Er zog 988/9 gegen seinen Grossvater und gegen Davitʻ zu Felde. Als ihm am Flusse Kur ein gewaltiges armenisches Heer entgegentrat, bat er um Frieden. Davitʻ erhielt von ihm die Festung Sakurētʻ und übergab sie dann dem Smbat von Ani (7). Von seinem Vater Gurgēn erbte Bagarat 1008 noch Iberien (Georgien) hinzu. Die damalige Grenze zwischen Taikʻ und Kʻartʻli-Iberien

(1) Steph. Asołik, III, 17, p. 144, 20.

(2) Steph. Asołik, III, 12, p. 139, 8 sq.

(3) Kanton in Airarat, in dem Kołb und Surmaṙi lagen (Hübschmann, *Indog. Forsch.*, XVI, p. 364, Kanton 181. 447).

(4) Steph. Asołik, III, 11, p. 138, 13 sqq.

(5) Gegend von Tiflis.

(6) *Histoire de la Géorgie*, I, p. 301 trad. Brosset.

(7) Steph. Asołik, III, 28, pl 191 sq.

vermag ich nicht genau festzustellen. Die Inschrift des Iwanē, Sohnes des Sula und Stifters der Kapelle von Zarzma (1) westlich von Aḫalc'iḫē legt die Annahme nahe, dass wenigstens ein Teil von Samc'ḫē, zur Zeit des Aufstandes des Skleros zu Taik' gehörte. Doch dürfen wir daraus noch nicht schliessen, dass auch die zwischen Taik' und Samc'ḫē gelegene Landschaft Klarğet'i, die Umgebung von Artanuği, Šawšet'i und Ač'ara zu Davit's Reich (Taik') gehört haben (2) und das eigentliche Iberien (Georgien, arabisch Ğurzān) zu dieser Zeit nur das jetzige Imeret'i, Mingrelien und einige Teile von Guria umfasst habe (3). Denn nach einer Inschrift von Išḫan nahe dem unteren Olty-čai hat dort Gurgēn 1006 eine Kirche erbaut (4); sein Sohn Bagarat starb 1014 in der Festung P'anaskert in Taik', die an einem Nebenfluss des Olty-čai liegt (5), und wurde in Bedia beerdigt; diese Orte dürften, falls sie nicht zu Bagarats Gebiet gehörten, doch zum mindesten nahe der Grenze gelegen haben.

Somit war das seit 1000 römische « Iberien » offenbar auf das eigentliche Taik', das jetzige Tao, das Flussgebiet des Olty-čai und seines Nebenflusses Tortum-ṣū beschränkt. In der Kirche von Egrek bei Tortum fand sich eine Inschrift, nach der diese Kirche von dem in byzantinischen Diensten stehenden Patrikios und Strategos von Larisa und Makedonia Grigor 1007 gebaut wurde (6). Da Davit' sein ganzes Reich den Römern hinterliess, dürfte ihm ausser den einst römischen Landstrichen nur dieses kleine Gebiet gehört haben.

Nach der *Georgischen Chronik* (7) soll Davit', offenbar ehe

(1) Oben, p. 150, n. 14.

(2) Aram Akulian, *Einverleibung armenischer Territorien durch Byzanz im XI. Jahrhundert*, Diss. Zürich 1912, p. 22, rechnet auch Achalzich und Artanuš zu Tayk'.

(3) Brosset, *Histoire de la Géorgie*, Addit., p. 179.

(4) Brosset, *Inscriptions géorgiennes et autres*, rec. par N. Sargisian, in: *Mém. de l'Acad. Imp. des sciences de St. Pétersbourg*, VII. Sér., t. VIII, N° 10, 1864, p. 19, pl. IV, N° 22.

(5) Noch jetzt Panaskert, vgl. unten, p. 220. Brosset, *Histoire de la Géorgie*, I. p. 302 sq. Waḫušt, *Description géogr. de la Géorgie*, publ. p. Brosset, St. Pbg. 1842, p. 118 sq.

(6) Brosset-Sargisian, *loc. cit.*, p. 12-14. Vgl. unten, p. 223, n. 7.

(7) Brosset, *Histoire de la Géorgie*, I, p. 292.

er sein Land notgedrungen dem Kaiser versprechen musste, den Sohn seines Vetters Gurgēn, Bagarat III. von Abḫazien, adoptiert und dadurch zu seinem Erben bestimmt haben. Der Kaiser verlieh diesem Bagarat in Havčič' den Kuropalatentitel und, wie wir sehen werden, gewisse Gebiete, während er seinen Vater, König Gurgēn von Iberien, nur zum Magistros machte (1). Hierüber empört (2), und wohl ebenso darüber, dass sein Sohn sich mit jenem hochtönenden Titel abspeisen liess und grossenteils auf seine Erbansprüche auf Taik' zu verzichten schien, fiel Gurgēn im folgenden Jahre (1001/2) (3) in Taik' ein, vermochte aber nicht das feste Uḫt'ik' zu erobern und schloss bald in dem Dorfe Surb Astuacacin (4) auf dem Berge Mecobk' in Basean mit dem Magistros Kanikl (5) wieder Frieden mit der Zusicherung, dem Magistros in allem zu willfahren, was er verlangen würde (6). Skylitzes (7), der ihn bei dieser Gelegenheit ungenau *τὸν τοῦ κουροπαλάτου* <*ἀδελφὸν*> (8) *Γεώργιον τὸν τῆς ἐνδοτέρω Ἰβηρίας ἄρχοντα* nennt, gibt die byzantinischen Bedingungen näher an : er solle sich mit dem eigenen Lande begnügen, nicht Einfälle in fremdes Gebiet machen und seinen kleinen Sohn als Geisel stellen. Mit *ἡ ἐνδοτέρω Ἰβηρία* ist hier wohl nicht

(1) Steph. Asołik, III, 43, p. 210, 28 sq. trad. GELZER-BURCKHARDT.

(2) Wenngleich nach romäischer Gepflogenheit keine Zurücksetzung darin lag, vgl. Z. AVALICHVILI in *Byzantion*, VIII, 1933, p. 193, n. 2.

(3) G. SCHLUMBERGER (*Épopée*, II, p. 476, n. 2. 482, n. 2. 486, n. 2. 530, n. 3) setzt die von Stephan Asołik, III, 44, berichteten Ereignisse erst in das Jahr 1022 und bezieht sie auf König Giorgi statt auf dessen Grossvater Gurgēn (p. 476). Das Geschichtswerk des Stephan Asołik reicht aber nur bis 453 armen. = 1004/5 n. Chr., vgl. MALḪASIANC', zitiert bei MARKWART, *Südarmenien*, p. 515, n. 36. Danach ist auch SCHLUMBERGER, *loc. cit.*, p. 475, n. 1 gegenstandslos!

(4) 7 km. nordöstlich von Ḥasanqal'e.

(5) = *ὁ ἐπὶ τοῦ κανικλείου*; vgl. SCHLUMBERGER, *Épopée*, II, p. 530, n. 3.

(6) Steph. Asołik, III, 44, p. 212.

(7) Kedren.-Skylitz., II, p. 447, 17 sqq.

(8) Das fehlende Wort ist nach Zonaras, XVII, 7, 38, p.557, 15 ed. BÜTTNER-WOBST, mit Sicherheit zu ergänzen, vgl. XYLANDER zur Stelle (p. 871 der Bonner Ausg. des Kedren.). In Wahrheit war Gurgēn aber Davit's Vetter; vgl. z. B. den Stammbaum bei MARQUART, *Streifzüge*, p. 434.

das eigentliche Georgien, sondern das zu diesem gehörige nördliche Taik' gemeint. Die Byzantiner gebrauchten den Namen Iberien in leicht missverständlicher Weise sowohl für Taik' wie auch für K'art'li (Imeret'i). Das « innere K'art'-li », iberisch auch das « obere Land » genannt (1), kommt hier wohl nicht in Betracht. Die Georgier unterschieden in dieser Zeit auch zwischen dem « diesseitigen » oder « unteren » Tao und dem an Byzanz abgetretenen « jenseitigen » (imier) Tao oder dem « oberen Land » (2). Zu letzterem gehörte Olt'i-si (3), während die benachbarten Städte P'anaskert (4) und Bana (5), dieses dicht an der Grenze gelegen (6), bereits zum Gebiete des Bagarat III. und seines Sohnes Giorgi I. gerechnet wurden (7).

Erst 20 Jahre später, nach dem Tode des Gurgēn (1008) und des Bagarat (7. Mai 234 armen. = 1014, in P'anaskert), der später auch über Iberien gebot, erneuerte dessen Sohn Giorgi von Ap'ẖazet'i und K'art'li die alten Ansprüche (8). Der Kaiser verlangte seinerseits von ihm bei seinem Regierungsantritt die Gebiete zurück, mit denen er seinen Vater Bagarat zusammen mit der Verleihung des Kuropalatentitels belehnt hatte, was Giorgi ablehnte (9). Vielleicht handelt es sich dabei um Artan, Kola (10), Ǧawa et'i und Šawšet' oder einen Teil dieser Gebiete (11). Der Kaiser schickte sogleich (12)

(1) Markwart, *Itinerar*, p. 50, n. 100. Oben, p. 148, n. 1.

(2) = *superior regio*, cf. P. Peeters, *Anal. Boll.*, XXXVI-XXXVII, p. 17. Z. Avalichvili in *Byzantion*, VIII, 1933, p. 181, n. 3. 198.

(3) Armenisch Uẖt'ik' (vgl. p. 157, n. 5), jetzt Olty.

(4) Vgl. oben, p. 159, n. 5, und unten, p. 220.

(5) Jetzt P'anak (Lynch : Penak) nordöstlich von Olty. Waẖušt, *Descr. géogr. de la Géorgie*, publ. p. Brosset, p. 118-119.

(6) *Georg. Chronik*, trad. Brosset, *Hist. de la Géorgie*, I, p. 310.

(7) In den Jahren 1014, 1022. Vgl. Z. Avalichvili, *loc.cit.*, p. 198 sq.

(8) Falls die Erzählung von der Adoption seines Vaters durch Davit' unhistorisch ist, dürfte sie damals zum Zwecke dieser Ansprüche gefälscht worden sein.

(9) Aristakēs Lastiv., ed. Venedig 1844, p. 5 sq.

(10) Armenisch Koł.

(11) *Georgische Chronik*, trad. Brosset, *Hist. de la Géorgie*, I, p. 309. Vgl. unten, p. 165, am Ende.

(12) 1015/6, in welches Jahr Aristakēs erst den Tod des Bagarat setzt.

ein Heer gegen Giorgi, der es aber bei dem grossen Dorfe Uḫt'ik' (1) zurückschlug (2). Während der Kaiser mit dem Bulgarenkriege beschäftigt war, entriss ihm Giorgi, der mit al-Ḥākim von Ägypten und Johannes-Smbat von Ani verbündet war, das Grenzgebiet (3), nämlich Tao und Basian (4). Der Kaiser selbst erschien nach Unterwerfung der Bulgaren 1021 im Orient. In Philomilion erfuhr er von dem Verschwinden des mit Giorgi verbündeten Ḫalīfen (13. Februar 1021), gegen den er zuerst auf Bitten des 'Azīz ad-Daula von Ḥalab zu ziehen vorgab. Nach Kamāl ad-Dīn nahm er seine Route zunächts über Marǧ ad-dībāǧ (5) nach den Grenzen Syriens, wo ihm angeblich 'Azīz ad-Daula, von der Furcht vor Ägypten befreit, gedroht haben soll, ihn mit seinem Heere und den Kilābiten anzugreifen, wenn er in Syrien eindringe (6). Der Kaiser zog jedoch weiter nach Manāzkird (7) und der Landschaft Karin (8), da ihm Giorgi durch einen Gesandten versprochen hatte, vor ihm zu erscheinen, sobald er in Ekełeac' oder Karin eintreffen werde. Dorthin hatte Basileios schon 1018 einen gewissen « Fürsten von Nikomit » gesandt, der ein grosses Heer ausgehoben und die Stadt T'ēodowpōlis wiederaufzubauen begonnen hatte (9). Da Giorgi nicht erschien, drang Basileios in Basean ein, zerstörte das Dorf Okomi (10), verwüstete die Umgegend und sandte die Bevölkerung nach dem Thema Ḫałtik' (Chaldia). Nach Durchquerung von Basean drang er in den Distrikt P'orak in Wanand ein (11). Er suchte offenbar die unwegsamen Gebirgsketten von Taik' östlich zu umgehen. Giorgi verbrannte und plünderte inzwischen Uḫt'ik'. Am See Pałakac'is, dem jetzigen Čal-

(1) Jetzt Olty.

(2) Aristakēs, cap. 1, p. 6.

(3) Kedren.-Skylitz., II, p. 477, 4.

(4) Die er nach der *Georgischen Chronik* (I, p. 309) später zurückgeben musste.

(5) Das *Pratum palliorum* des Guilelmus Tyr., XIII, 27; s. oben, p. 133, n. 2.

(6) Kamāl ad-Dīn bei Rosen, *Zap. Imp. Akad. Nauk*, XLIV, p. 361.

(7) Kamāl ad-Dīn, *l. c.*

(8) Um Erzerūm; Aristakēs, p. 9.

(9) Aristakēs, p. 8.

(10) Jetzt Ugumi, 6 km. nordöstlich von Ḥasanqal'e.

(11) Aristakēs, p. 9. Hübschmann, *Idg. Forsch.*, XVI, p. 478.

dyr-Göl (1), kam es zu einer unentschiedenen Schlacht, in der der tapfere Eṙat, Sohn des Liparit, fiel (2). Giorgi zog sich darauf in die Festungen von Ap'ẖazien zurück, während der Kaiser zwölf (3) Distrikte völlig verwüstete (4). Er drang dabei bis zu dem « grossen, schwer passierbaren Flusse » (5) vor, und zahllose Iberer wurden getötet oder gefangen genommen (6). Nach der *Georgischen Chronik* hatte Basileios nach der Zerstörung von Olty den König nach dem Kanton Kola (7) verfolgt ; den Ort der Schlacht nennt sie Širimni (8). Von dort zog der Kaiser nach Artan (9), während Giorgi über Nigal (10) nach Samc'ẖē, der Gegend um Aẖalc'iẖē, floh. Als Basileios in Ǧawaẖet'i (11) eindrang, besetzte Giorgi T'rialet', die vom Kur im Bogen umflossene Gebirgsgegend zwischen Tiflis und dem Bad Borżom. Der Kaiser zog ihm dorthin nach. Während Giorgi von Kaẖet'i, Heret'i, von den Canariern und Šak'iern Verstärkungen erhielt, kehrte der Kaiser nach Ǧawaẖet'i und Artan zurück (12). Den Winter verbrachte er im Thema H̱ałdik' (13) in Trapezunt.

Das Vordringen des Basileios bis in die Nähe von Tiflis und sein Entschluss, den Krieg im folgenden Jahre fortzusetzen, verfehlte nicht die beabsichtigte Wirkung auf die

(1) P. PEETERS, *Anal. Boll.*, L, 1932, p. 23.

(2) Kedren.-Skylitz., II, p. 572, 20 : *Ὀράτιος ὁ Λιπαρίτης*.

(3) Nach Samuel von Ani : 24.

(4) Aristakēs, p. 10.

(5) Nämlich den Mtkwari, armen. Kur.

(6) Yaḥyā, ed. ROSEN, *Zapiski Imp. Akad. Nauk*, XLIV, p. 59, 3 sq.

(7) Armenisch Koł, jetzt Landschaft Göleh südlich von Ardahan. HÜBSCHMANN, *Idg. Forsch.*, XVI, p. 357-359. MINORSKY, *Transcaucasica*, in *Journ. Asiat.*, 1930, p. 110, n. 3.

(8) Armenisch Širimk' « die Gräben ». HÜBSCHMANN, *Indog. Forsch.* XVI, p. 459. Vgl. die Karte zu L. ALIŠAN, *Airarat*, Venedig 1890.

(9) Jetzt Ardahan. Waẖušt, *l.c.*, p. 107. HÜBSCHMANN, *l. c.*, p. 354. MINORSKY, *l. c.*, p. 55.

(10) Jetzt Niala? Zu unterscheiden von Nigal bei HÜBSCHMANN, *l. c.*, p. 359?

(11) Die Provinz von Aẖalk'ałak'i.

(12) *Histoire de la Géorgie*, I, p. 306 sq. trad. BROSSET. - G. SCHLUMBERGER, der zuerst (*Épopée*, II, p. 486) Artan richtig mit Artahan gleichsetzt, erklärt es dann (auf der folgenden Seite) für Artanuǧ !

(13) Aristakēs, p. 11.

Fürsten der armenischen Kleinstaaten. Diese waren zu derselben Zeit von Osten her schwer bedroht durch die Einfälle der türkischen Dēlumiten in den Distrikt Nig und nach Waspurakan (1021), wohin 1018 auch die Selǧūqen vorgedrungen waren (1). Wir übergehen zunächst die für die anderen Teilreiche Armeniens folgenschweren Ereignisse dieses Winters, um die Fortsetzung und Beendigung des Krieges gegen Giorgi (1022) folgen zu lassen.

Der Kaiser versammelte im Hafen von Trapezunt eine Flotte, um Ap'ḫazien auch auf dem Seewege anzugreifen (2). Giorgi versprach zwar wiederum Rückgabe der besetzten Gebiete von Taik' und Erfüllung der übrigen Wünsche des Kaisers ; gleichzeitig aber verbündete er sich mit den aufständischen Generälen Nikephoros Phokas und Xiphias, mit den Königen von Armenien, Johannes Smbat und Ašot III., und mit Davit', dem Sohne des Senek'erim von Waspurakan. Der Kaiser befand sich bereits auf dem Zuge nach Taik' und lagerte in Basean, als er von dem gefährlichen Aufstande hörte. Er zog sich in die starke Festung Mazdat zurück, die dem *Μαστάτον* des Konstantinos Porphyrogennetos (3) entspricht, das wohl nahe der Gebirgswand zwischen Karin und Basean, jedenfalls südlich von Araxes (4), zu suchen ist. Nach Yaḥyā ibn Sa'īd al-Anṭākī (5) war die Seele der Unternehmung, durch die der Kaiser rings von Feinden und Rebellen umgeben wurde, der « Wezīr R-fāḏs », wofür ich Fāris oder Fārzis lesen möchte (6). Denn Pherses, der als einer der angesehensten Männer im Jahre 1000 in kaiserliche Dienste hatte übertreten müssen, spielte in dem Aufstande eine wichtige Rolle und scheint also damals von Giorgi mit einem hohen Staatsamt belohnt worden zu sein. Zusammen mit seinem

(1) Akulian, *Einverleibung armenischer Territorien durch Byzanz*, p. 36-38.

(2) Yaḥyā, p. 59, 16 ed. Rosen.

(3) KP., *adm.*, p. 203, 20. 204, 12. 15. 205, 2.

(4) Vgl. oben, p. 80, n. 1.

(5) Yaḥya, p. 61, 22 ed. Rosen.

(6) Nicht mit Rosen (*Zap. Imp. Akad. Nauk*, XLIV, p. 375, n. 381), dem Schlumberger folgt (*Épopée*, II, p. 526, n. 1), Liparites, welcher Name bei Ibn al-Aṯīr, IX, p. 372 (Li)fārīṭ geschrieben ist.

Schwiegersohn Andronikē hatte er Giorgi alle früheren Besitzungen des Davit' von Taik' bis nach Ḫaltoyaṙič versprochen. Nach dem Zusammenbruche des Aufstandes in Kleinasien wurden beide von einem Kavalleriedétachement gefangen genommen und in Ḫaltoyaṙič hingerichtet (1). Der Kaiser hatte inzwischen Basean durchzogen und lagerte über einen Monat lang am Ostende der Landschaft in Salk'ora (2). Dort verhandelte er wieder vergeblich mit Giorgi wegen Rückgabe « der drei Festungen von den Besitzungen des Kuropalaten, die er unrechtmässig besetzt hatte, mit ihren Gebieten ». Wahrscheinlich handelt es sich um das Land Samc'ḫē, dessen iberischer Name (Sami c'iḫē) « drei Burgen » bedeutet (3).

Von Salk'ora zog der Kaiser bis Šłp'a, wo ihn Giorgi unvermutet angriff, aber vernichtend geschlagen wurde. Jetzt ging er auf die Forderungen des Kaisers ein, der die abgetretenen Gebiete besetzte und Giorgis dreijährigen Sohn als Geisel mit sich nahm (4). Die *Georgische Chronik* (5) umschreibt genauer den Landverlust des abḫazischen Reiches und gliedert ihn nach drei Kategorien :

1. einige Festungen, die schon früher ausgeliefert worden waren,
2. etwa 14 andere, ebenso wie bei der ersten Abtretung (die also Giorgi inzwischen zurückerobert hatte),
3. die Besitzungen des Davit' Kuropalates in Tao, Basian (cod. T add. : Artan und Kola), in Ǧawaḫet'i und Šawšet'i.

Es wäre gewiss unrichtig, hieraus zu folgern, ein grosses zusammenhängendes Gebiet bis nach Ǧawaḫ habe bereits zum Reiche Davit's gehört ; denn im Jahre 1000 ist davon keine Rede. Vielmehr handelt es sich offenbar nur um die

(1) Aristakēs, p. 15.

(2) Nach L. Ališan (*Airarat*, Venedig 1890, p. 16. 36 und Karte ; danach auf der Karte von Hübschmann, *Idg. Forsch.*, XVI) liegt Salk'ora am Aras unterhalb des Sarküli Dāgh, nördlich von Delibaba.

(3) Waḫušt, *Description géogr. de la Géorgie*, p. 74-75 : « trois citadelles ». Hübschmann, *Indog. Forsch.*, XVI, p. 354, Anm. ; vielleicht handelt es sich um die drei Festungen Ożrḫē, Ǧuarisc'iḫē und Lomsiant'a (Brosset, *Histoire de la Géorgie*, I, p. 68. 273. Marquart, *Osteurop. u. ostasiat. Streifzüge*, p. 426).

(4) Aristakēs, p. 17 sq.

(5) *Histoire de la Géorgie*, I, p. 309 trad. Brosset,

Gegend der drei Festungen, gegen deren Abtretung Giorgi den von ihm gefangengenommenen Johannes-Smbat freigelassen hatte (1), oder um die Gebiete, mit denen der Kaiser einst Giorgis Vater Bagarat zusammen mit dem Kuropalatentitel belehnt hatte (2). An die Einverleibung eines grossen Territoriums in das byzantinische Reich ist aber schwerlich zu denken (3). Es scheinen nur einige Festungen als Enklaven zwischen fremden Gebiet besetzt worden zu sein ; sie waren über eine Fläche verstreut, die im Norden bis zu einer Linie nördlich von Šawšetʻ am Šawšetʻi Dāgh (4), von Ardahan (5) und Ahalkʻalakʻi in Ǧawah reichte, also etwa bis 41° 31′ ndl. Breite. Dazwischen aber lagen in denselben Gebieten Kirchen, Dörfer und sonstige Örtlichkeiten, die dem König Giorgi überlassen wurden (6). Seitdem stiessen die Reiche von Kars (Wanand) und Ani (Širak) im Westen und Norden an byzantinisches Territorium, ohne dort hinreichende natürliche Grenzen zu besitzen (7).

Von Šłpʻa machte der Kaiser noch gegen Ende 1022 einen Zug durch Armenien nach Südosten und lagerte in der grossen Ebene Her. Vermutlich hatte der Emir von Her das Verbot des Kaisers von Jahre 1000, sich an Waspurakan zu vergreifen (8), übertreten. Die gleichnamige Hauptstadt Her entspricht dem arabischen Ḫuway in Āḏarbaiǧān (9), dem jet-

(1) Aristakēs, p. 8.

(2) Vgl. oben p. 160, n. 1 ; 161, n. 9.

(3) Anders Z. Avalichvili, *Byzantion*, VIII, 1933, p. 200.196

(4) Zwischen Aǧara und Imerḫewi.

(5) Armen. Artan : vgl. oben, p. 163, n. 9 und 12.

(6) *Histoire de la Géorgie*, I, p. 309.

(7) An der Küste des Pontos war *'Ανακουφή* die abasgische Grenzfestung, die im Jahre 1034 von Königin *'Αλδή* dem Kaiser abgetreten wurde, wofür dieser ihren Sohn Demetrios zum Magistros erhob (Kedren.-Skylitz., II, p. 503, 11). Anakuphe ist das antike Apsaros an der Mündung des gleichnamigen Flusses (unter 41°24′ Br.), das jetzige Ḫopa (P. Peeters, *Anal. Boll.*, XXXVI -XXXVII, 1917-1919, p. 116, § 51, n. 7), das man irrig mit Nikopsis gleichgesetzt hat (Brosset, *Hist. de la Géorgie*, I, p. 61, n. 3. J. Marquart, *Die Chronologie der alttürkischen Inschriften*, Leipzig 1898, p. 88, n. 3. P. Peeters, *loc. cit.*).

(8) Vgl. oben, p. 157.

(9) Armenisch Atrpatakan.

zigen Ḫōy [1]. Basileios liess eine riesige Baliste bauen, die später nach Bałēš [2] gebracht und von Ṭoghrulbeg 1054/5 bei der Belagerung von Manckert verwendet wurde [3]. Der Emir von Her bot seine Unterwerfung und Tributzahlungen an. Auf dem Rückwege über Waspurakan von dem eisigen Winter des Hochlandes überrascht und von den Bewohnern von Her überfallen, ging ein grosser Teil des byzantinischen Heeres zugrunde [4]. Dieser Feldzug sollte zweifellos zur Sicherung des ein Jahr früher erworbenen Waspurakan dienen. Um diese bedeutsame Annexion und die Vorgeschichte der späteren Besitzergreifung von « Armenien » näher zu betrachten, kehren wir zu den Ereignissen in Trapezunt im Winter 1021/2 zurück.

Johannes-Smbat [5] von Ani, König von Armenien (1018-1041), war Giorgis Bundesgenosse in dem Kriege gegen Byzanz gewesen [6]. Da er für sein Land ein ebenso schreckliches Schicksal befürchten musste, wie es seine iberischen Verbündeten 1021 betroffen hatte, sandte er Anfang 1022 den Katholikos Petros zum Kaiser nach Trapezunt [7], der ihm nach Skylitzes die Schlüssel von Ani übergab. Der Kaiser machte dafür Johannes zum Magistros und lebenslänglichen Statthalter von Ani und der sogenannten *μεγάλη Ἀρμενία*, verlangte aber von ihm ein *ἔγγραφον γραμματεῖον* darüber, dass nach seinem Tode sein ganzes Reich an das romäische fallen sollte [8]. Allerdings besass der König selbst nur Širak, das Gebiet seiner Hauptstadt Ani ; aber auch sein Bruder

(1) Markwart, *Südarmenien*, p. 208, n. 1 (von p. 205).

(2) Jetzt Bidlīs.

(3) Matt'ēos von Edessa, p. 119 unten ed. Wałaršapat = p. 100 trad. Dulaurier.

(4) Aristakēs, p. 18.

(5) *Ἰωβανεσίκης*.

(6) Kedren.-Skylitz., II, p. 557, 2.

(7) Die Wunder, die der Katholikos Petros dort verrichtet haben soll, wurden ihm erst allmählich angedichtet (Akulian, *Einverleibung armenischer Territorien durch Byzanz*, p. 59, n. 2). Sein letztes Wunder tat er im Jahre 1900 mit Hilfe von Schlumberger (*Épopée*, II, p. 492), indem er Trapezunt an den nirgends weniger als 85 km. von der Stadt entfernten Čoroḫ versetzte !

(8) Kedren.-Skylitz., II, p. 557, 10 sq.

Ašot, der über die übrigen Teile des Reiches nach Persien und Iberien (also Osten und Norden) hin herrschte (1), dürfte zu Beginn seiner Herrschaft ähnliche Verpflichtungen eingegangen sein, als er sich zum Kaiser begeben hatte und nur mit Hilfe griechischer Truppen imstande gewesen war, sich seiner feindlichen Nachbarn zu erwehren (2).

Während Byzanz die Früchte des Vertrages mit dem Könige von Ani erst 1045 erntete, erfüllte sich schon im Winter 1021/2 das Schicksal des Reiches Waspurakan. Als Basileios in Trapezunt überwinterte, traten ihm Sanḥārīb von Asfarağān (3) und « sein Nachbar Ibn ad-Dairānī » durch Verkauf ihre Reiche ab (4). Mit letzterem ist Senek'erims Neffe Derenik, der Sohn und Nachfolger des Gurgēn († 1003/4) von Anźevac'ik', gemeint (5).

Senek'erim hatte gemeinsam mit seinem Bruder Gurgēn über Waspurakan geherrscht, wovon er selbst Ršunik', Gurgēn das südlichere Anźevac'ik' besass. Nach Gurgēns Tode (1003/4) übernahm er das ganze Land (6). Doch muss Gurgēns Sohn (7) Derenik später Anźevac'ik' selbständig beherrscht haben. Als Gründe des Verkaufs an Byzanz nennen die verschiedenen Berichte bald Einfälle der türkischen Selğūqen (8), bald der persischen Dēlumiten, d. h. des dēlumitischen Emirs von Āḏarbaiğān, bald der Agarener, womit wiederum die Šaiḫs von Ḫuway und andere benachbarte Emire, von denen Stephan Asołik (9) spricht, gemeint sein dürften (10).

(1) Aristakēs, cap. 2, p. 7.

(2) Aristakēs, p. 8. Wardan, p. 92 ed. Venedig. AKULIAN, *Einverleibung*, p. 56.

(3) D. i. Senek'erim von Waspurakan.

(4) Yaḥyā, p. 59, 10 sqq ed. ROSEN.

(5) A. AKULIAN, *Einverleibung*, p. 41 sqq.

(6) Kedren.-Skylitz., II, p. 464, 11 : *Σεναχηρεὶμ ὁ τῆς Ἄνω Μηδίας ἄρχων, ἣν Ἀσπρακανίαν ὀνομάζουσι σήμερον.*

(7) Nicht Senek'erims angeblicher Bruder (ROSEN, *Zap. Imp. Akad. Nauk*, XLIV, p. 374, n. 376)! Vgl AKULIAN, *Einverleibung*, p. 41 sq.

(8) Wasak Pahlavuni fällt im « türkischen Kriege » nach einer Inschrift vom Jahre 1029 bei Ališan, *Širak*, Venedig 1879, p. 148.

(9) Steph. Asołik, III, 43. 46, p 211, 22. 214 trad. GELZER-BURCKHARDT.

(10) Vgl. AKULIAN, *Einverleibung*, p. 35-38.

Zur Ermittelung des Umfanges des abgetretenen Gebietes dürfen wir nicht das politische Gebilde Waspurakan zu dieser Zeit mit der grossen armenischen Provinz dieses Namens in ihrer weitesten Ausdehnung, also mit Einschluss von Korcaikʻ und Persarmenien, identifizieren (1)! Manche Schriftsteller geben allerdings eine sehr grosse Zahl abgetretener Städte, Dörfer und Festungen an. Nach Mattʻēos von Edessa (2) waren es 72 Festungen und 4000 Dörfer. Ein Text der Yaysmavurkʻ (Menaia) zum 25. Mareri, der auf Mattʻēos zurückgehen dürfte (3), spricht von 72 Burgen, 3040 Dörfern und 10 Städten, von welch' letzteren die Namen angegeben sind; ihre Aufzählung kann aber, wie Markwart (4) zeigt, erst aus dem xii. Jahrhundert stammen und ist für uns wertlos. Ähnliche Zahlen bietet Samuel von Ani (5). Der wertvolle Bericht des Yaḥyā al-Anṭākī (6) sagt jedoch: « Um diese Zeit (als der Kaiser in Ṭarābizunda weilte) trat Sanḥārīb, der König von Asfurğān, alle seine Burgen und Schlösser und das ganze Land Asfurğān dem Kaiser Bāsīl ab. Ebenso trat ihm Ibn ad-Dairānī, der Nachbar von jenem, seine Burgen und Schlösser ab, und der Kaiser schlug alles zu seinem Reiche. An Zahl waren es mehr als 40 Burgen und Schlösser. Der Kaiser richtete dort ein Katepanat (7) ein, legte in die Burgen Mannschaften und unterstellte sie Verwaltern ». Freilich können wir auch aus dieser wohl glaubwürdigsten Zahl keine bestimmten Schlüsse über die Ausdehnung des abgetretenen Gebietes ziehen.

Waspurakan grenzte damals im Nordwesten an die seit 1000 byzantinischen Landschaften Harkʻ und Apahunikʻ mit

(1) So z. B. Schlumberger (*Épopée*, II, p. 503), nach dem es sich bis Ararat und Siunikʻ, weit über den Aras hinweg, über Ḫoi und Marand usw. erstreckt.

(2) Mattʻēos von Edessa, p. 49 ed. Walaršapat 1898.

(3) Veröffentlicht von Markwart, *Südarmenien*, p. 465.

(4) Markwart, *Südarmenien*, p. 466 sqq.

(5) Samuel von Ani, p. 104 ed. Walaršapat (1893). Vgl. auch Prud'homme, *Arisdaguès de Lasdiverd, Histoire d'Arménie*, Paris 1864, p. 32, note (= *Revue de l'Orient, de l'Algérie et des Colonies*, XVI, 1863, p. 44, note). Akulian, *Einverleibung*, p. 38 sq.

(6) Yaḥyā, p. 59, 9-14 ed. Rosen.

(7) Arab. Qaṭabāniya.

Manckert. Die Westgrenze bildete der Vansee; Ostan (1) an dessen Südküste gehörte noch zu Waspurakan. Im Süden stiess dieses an Anźevacʻikʻ, das arabische az-Zawazān, das südlich von Hayocʻźor im Quellgebiet des Bohtān-ṣū und seines Nebenflusses Maryem-ṣū lag, und dessen Hauptort um 867/8 (2) die Festung Kangvar (3) am Kasrik-ṣū oder Norduz-čai war (4). Das Tal des Oberen Zāb mit den Festungen Ǧūlamerk (armen. Ǧłmar) und Sring im Gaue Klein-Ałbag gehörte zur Provinz Korčaikʻ (5), während Gross-Ałbag mit Hadamakert (6) und Ḫōšāb (7) noch in Waspurakan lag. Im Osten bildete der Gebirgskamm, auf dem die jetzige türkisch-persische Grenze verläuft, grösstenteils die Grenze. Ḫuway (8), Salamās (9) und Zarāvand (10) gehörten zu Ādarbaiǧān (11). Nur der nordöstlichste Gau von Waspurakan, Čvaš oder Čvašṙot, reichte bis in die Nähe des Araxes (12). Diese Ausdehnung dürfte das Fürstentum des Senekʻerim gehabt haben. Residenzstädte der Fürsten von Waspurakan waren Ostan in Řštunikʻ und Van.

Markwart (13) vermutete im Anschluss an H. F. Amedroz (14), Sanḥārīb, der Fürst der Sanāsuna (Sasun), dessen Tochter den Marwāniden Abū ʻAlī al-Ḥasan (991-996) hei-

(1) In Řštunikʻ; arab. Wasṭān.

(2) So ist statt 857/8 (306 armen. Aera) zu lesen bei Thomas Arcruni, III, 15, p. 209 ed. Patkanean = p. 167 trad. Brosset; vgl. Markwart, *Südarmenien*, p. 367 sqq., n. 1.

(3) Arab. Kinkiwar, jetzt Kengever.

(4) Markwart, *Südarmenien*, p. 372-377.

(5) Markwart, *Südarmenien*, p. 206. 363.

(6) Syrisch Bēṯ-Bagāš, jetzt Bašqalʻa. Markwart, *Südarmenien*, p. 426.

(7) Jetzt Ḫōšāb oder Maḥmūdiya. Markwart, *Südarmenien*, p.422.

(8) Jetzt Ḫoi.

(9) Jetzt Salmās.

(10) Östlich von Salmās. Markwart, *l. c.*, p. 205, n. 1.

(11) Markwart, *Südarmenien*, p. 205 sqq., n. 1. Die Grenze bildete das Tal(źor) Enźahicʻ mit der Festung Kotorocʻ oder Kotor, arabisch Qaṭwar (Ibn al-Azraq, trad. Amedroz in *JRAS*, 1902, p. 793; vgl. Marquart in *JRAS*, 1909, I, p. 172), das jetzige Kotur.

(12) Markwart, *Südarmenien*, p. 206, Anm.

(13) Markwart, *Südarmenien*, p. 464. 473. 490.

(14) H. F. Amedroz, *Journ. of the Royal Asiat. Society*, 1903, p. 138, n. 1.

ratete, sei mit König Senek'erim von Waspurakan identisch. Es ist aber schwer zu verstehen, dass Ibn al-Azraq ihn dann nicht Sanḥārīb von Asfurǧān oder von Asfurǧān und Sanāsuna genannt hat, und kaum denkbar, dass Gebiete jenseits des längst byzantinischen Taron zu Waspurakan gehörten. Die Stelle der Yaysmavurk', die MARKWART (1) zum Beweis der Zugehörigkeit von Sasun zum Gebiet des Senek'erim anführt, ist, wie er selbst zeigt, « künstlich zurechtgemacht ». Viel wahrscheinlicher ist es, dass der Herrscher von Sasun ein Namensvetter, vielleicht ein Verwandter (Arcrunier) des Fürsten von Waspurakan war. Das Vorkommen des Namens in Sasun wäre nicht verwunderlich, da man dort auch die ältere Form des Landschaftsnamens, Sanasun, mit Sanasar, dem Namen des Sohnes des biblischen Senaḫerib, zusammenbrachte (2). Auch sonst kommen Fürsten dieses Namens vor : so herrschte damals in P'aṙisos ein Senek'irim († 1003/4) aus dem Geschlechte der Haykazier (3). Barhebraeus (4) spricht bei einer späteren Gelegenheit allgemein von der Auswanderung der Sinakhārīmāyē, d. h. der Nachkommen des Sanḫerib, aus Armenien.

Zu dem Katepanat Basprakania wurden anscheinend auch mehrere von den Städten der Banī Qais (armen. Kaysikk') geschlagen, die teils bereits vorher byzantinisch gewesen waren, wie Manzikert, teils erst später erobert wurden, wie Arčēš und Berkri.

Arčēš und seine Umgebung wurde von dem zweiten Katepano von Basprakania, Nikephoros Komnenos (1023?-1026) erobert (5). Berkri entriss erst der Katepano Konstantinos Kabasilas 425 H. (26. Novemb. 1033-15 Nov. 1034) (6) dem Perser Abu'l-Haiǧā b. Rabīb ad-Daula, dessen Onkel Wahsū-

(1) MARKWART, *Südarmenien*, p. 465 sqq.
(2) MARKWART, *Südarmenien*, p. 209, n. 3.
(3) Stephan Asoḷik, III, 17. 48.
(4) Barhebraeus, *Chron. syr.*, p. 198 ed. BEDJAN.
(5) Aristakēs, cap. 5, p. 21.
(6) Matt'ēos von Edessa, p. 75 : anno 485 armen. = 1036/7. Wenn GELZER (*Abh. Bayer. Akad.*, 1901, p. 584) schreibt : « Es kommt hinzu, dass die Einrichtung eines Bistums in Berkri vor 1058 nicht denkbar ist », so ist hier 1058 gewiss nur ein Druckfehler für 1038, vgl. p. 583 !

dān b. Mamlān, der Emir von Ādarbaiğān, sich mit ihm überworfen und die Festung den Griechen angeboten hatte (1). Die Stadt erhielt eine Reiterschwadron als Besatzung; als Gouverneur wurde der Armenier Ganźi eingesetzt, der aber, offenbar im Vertrauen auf die Uneinigkeit der persischen Führer, zur Proviantbeschaffung sich mit den Besatzungstruppen weit von der Festung entfernte und bei Arcak lagerte. Dies meldete der in Berkri gefangen gehaltene Herr der Stadt, Ḫtrik, den Führern der persischen Truppen, die sich unvermutet versöhnt hatten — nach Ibn al-Aṯīr auf Wunsch des Ḫalīfen — und darauf die Festung wieder belagerten. Die griechische Besatzung, angeblich 24.000 Mann, und der zurückeilende Ganźi mit allen seinen Truppen wurden getötet. Erst im folgenden Jahre (1034/5) wurde Berkri wiederum von kaiserlichen Truppen belagert und nach freiem Abzug der Perser wiedergewonnen (2). Skylitzes (3) nennt in seinem hiervon abweichenden Bericht als Herrn der Stadt *Περκρίν*, die nach ihm dicht bei Babylon (Baghdād) liegt(!), den Sarakenen *'Αλείμ*. In der Hoffnung auf die Patrikioswürde und andere Belohnungen übergab dieser dem Kaiser die Stadt. Der Patrikios *Νικόλαος ὁ Βούλγαρος*, beigenannt *ὁ Χρυσήλιος*, nahm die Festung in Besitz. Da aber Alīms Sohn von K/pel ohne den erhofften Lohn zurückkam, verschwor sich Alīm heimlich mit den benachbarten Persern, bemächtigte sich nachts dank der Unachtsamkeit des Chryselios der Festung und tötete 6000 römische Soldaten. Doch bald darauf wurde der Patrikios *Νικήτας ὁ Πηγονίτης* hingeschickt, nahm die Stadt mit Hilfe eines russischen und romäischen Heeres ein und tötete Alīm und seinen Sohn.

Da Berkri, Arčēš und Arckē im Jahre 1054/5 vom Salǧūqensulṭān Ṭoghrulbeg eingenommen wurden (4), muss die Notitia der Bistümer von Keltzene und Taron, die uns am genauesten über den Umfang der byzantinischen Gebiete in Waspurakan unterrichtet, und die wir unten ausführlich be-

(1) Ibn al-Aṯīr, IX, p. 297 sq.

(2) Aristakēs, cap. 9, p. 28 sq.

(3) Kedren.-Skylitz., II, p. 502 sq.

(4) Aristakēs, cap. 16, p. 62. 71. Matt'ēos Edess., p. 118 = p. 98 trad. DULAURIER.

sprechen werden, aus der Zeit zwischen 1036 und 1054 stammen (1).

Senek'erim (Σεναχυρείμ) erhielt für den Verkauf seines Landes nur den Magistrostitel (2) und als Entschädigung das Gebiet von Sebaste bis zum Euphrat, von Larissa, Abara (3) und anderen Städten. Sein Sohn Davit' soll angeblich im Auftrage des Kaisers den Nikephoros Phokas ermordet und dafür das Gebiet von Kaisareia, Tzamandos und Gavadanēk (Γαβαδονία) in Kappadokien erhalten haben (4).

Wenn Skylitzes (5) berichtet, der Kaiser habe schon 1015 die waffenfähigen Mannschaften aus Moglena nach Asprakania (Waspurakan) deportieren lassen, so ist damit wohl entweder Manckert, das später anscheinend zu Waspurakan geschlagen wurde, gemeint, oder diese Bulgaren wurden zunächst überhaupt in den Orient (6) und erst nach 1022 endgültig nach Waspurakan geführt.

Die Vorgeschichte der Einverleibung des Landes Armenien (Ani) (7) in das Reich haben wir bereits oben dargestellt. Die Reiche von Ani (Širak) und Kars (Wanand) waren seit 1022 im Süden (Waspurakan und wohl auch Bagrevand), Westen (Taik') und Nordwesten (Festungen in Koł, Artan und Ǧawaḫ) von byzantinischem Gebiet umgeben. Nordöstlich von Ani, etwa 90 km. entfernt, liegt Loṙi oder Loṙē, die Hauptstadt eines im XI. Jahrhundert entstandenen Kleinstaates (Gugark') unter der bagratunischen Dynastie der Kiurkikeank'. Südlich stiess an diesen Staat Siunik', damals eben-

(1) MARKWART, *Südarmenien*, p. 470. Vgl. aber unten, p. 209, n. 2.

(2) Anonymos, λόγος νουθετητικὸς πρὸς βασιλέα, in: Kekaumenos, *Strategikon*, ed. B. WASSILIEWSKY und V. JERNSTEDT, St. Petersb. 1896 (*Zapiski Imp. St.-Peterb. Univ.*, č. XXXVIII), p. 96, cap. 245.

(3) Zur Lage vgl. RAMSAY bei SCHLUMBERGER, *Épopée*, II, p. 502, n. 1, und oben, p. 55.

(4) Smbat sparapet, p. 48. SCHLUMBERGER, *Épopée*, II, p. 519, n.2 (« Khodovanik' »). Γαβαδονία (Nikeph. Bryenn., p. 63) heisst bei den Syrern « Gābadāniā, das ist Dāvālū » (Michael Syr., III, p. 311 trad. CHABOT = Barhebraeus, *Chron. syr.*, p. 321 ed. BEDJAN); es ist das jetzige Develi südlich von Kayseri und dem Erǧiyās.

(5) Kedren.-Skylitz., II, p. 462, 4.

(6) Aristakēs, cap. 1, p. 5.

(7) Kedren.-Skylitz., II, p. 557, 10: μεγάλη Ἀρμενία.

falls ein selbständiger Staat. Im Araxestal südöstlich von Širak sassen die Emire von Dvin und die von Gołt'n, die an dem Statthalter des benachbarten Ādarbaiğān eine starke Stütze hatten.

König Johannes-Smbat und sein Bruder Ašot IV. starben 1041, während der dritte Bruder Abas (1) schon früher umgekommen sein dürfte. Doch fiel ihr Reich nicht sogleich an Byzanz. Johannes Neffe, Gagik II., bemächtigte sich noch im Jahre 490 arm. (1041/2) (2) des Thrones und hatte ihn etwa drei Jahre inne (3). Ein grosses romäisches Heer wurde vor Ani am Ahurean von Wahram Pahlavuni geschlagen (4). Zwei Jahre später verlangte Kaiser Konstantinos Monomachos (1042-1054) von Gagik Anion (Ani) und die ganze *μεγάλη Ἀρμενία* gemäss dem *γραμματεῖον* seines Oheims an Basileios. Da Gagik sich zwar als Lehnsmann (*δοῦλος*) bekannte, aber nicht seine Herrschaft aufgeben wollte, trug der Kaiser dem Michael *βέστης ὁ Ἰασίτης*, der gerade die Verwaltung von Iberia übernehmen sollte, auf, gegen ihn zu ziehen. Da Iasites nichts erreichte, schickte ihm der Kaiser noch ein grosses Heer unter dem *παρακοιμώμενος* (5) Nikolaos *πρόεδρος ὁ δομέστικος τῶν σχολῶν* zu Hilfe und gab ihm den Auftrag, dem Herrscher von *Τίβιον* (Dvin) und Persarmenien am Araxes, *Ἀπλησφάρης* (6), einen Brief zuzustellen, in dem er ihn aufforderte, an diesem Kriege teilzunehmen (7).

(1) Inschrift von 1013, ed. L. Ališan, *Širak*, Venedig 1879, p. 33 (armen.).

(2) So bei Akulian, *Einverleibung*, p. 72, n. 1, zu lesen!

(3) Ališan, *Širak*, p. 50. 139. Prud'homme, *Histoire d'Arménie par Arisdaguès de Lasdiverd*, Paris 1864, p. 61, n. 2 (Nachtrag zu *Rev. de l'Orient....*, 1863, p. 173, n. 5).

(4) Matt'ēos, p. 85 sq. ed. 1898 = p. 69 trad. Dulaurier.

(5) Armen. Parakamanos: Matt'ēos, p. 96.

(6) Abu'l-Uswār, armen. Apu-Svar, Emir von Dvin. Vgl. über ihn J. Markwart, *Die Entstehung der armenischen Bistümer*, p. 11, n. 1 (= *Orientalia Christiana*, T. XXVII, 2, 1932, Num. 80, p. 147, n. 1). Das Siegel eines *Γεώργιος Ἀπλεσφάριος* bei Schlumberger (*Sigillographie*, p. 618-9), der ihn zum Emir von Chliat im Jahre 1057 machen will. Dieser hiess jedoch *Ἀπονάσαρ*, vgl. unten, p. 183, n. 6.

(7) F. Dölger, *Regesten*, Abt. I, 2. Teil, München-Berlin 1925, p. 6, N° 870.

Auf Wunsch des Emirs verpflichtete sich dann der Kaiser in einer Goldbulle (1), ihm alle Festungen und Ortschaften, die er Gagik entreissen würde, zu überlassen. Während das kaiserliche Heer vor Ani wiederum geschlagen wurde und sich nach Ułt'ik' in die Winterquartiere zurückzog (2), eroberte Aplesphares viele Burgen und Ortschaften Gagiks. Dieser war inzwischen (1044) zum Kaiser gereist, aber von diesem so lange festgehalten worden, bis sein Stellvertreter, der Vestes Sargis, von beiden Seiten bedrängt, mit dem Feldherrn Nikolaos Frieden schloss und die Schlüssel der Stadt dem Kaiser auslieferte (1045). Gagik sah sich genötigt, auf den Thron zu verzichten, wofür er den Magistrostitel und einträgliche Landgüter in Kappadokien, Charsianon und Likand[r]on erhielt (3). Auch Grigor Magistros, der Neffe des Feldherrn Wahram Pahlavuni, war nach Byzanz gekommen (1045/6) und hatte dem Kaiser die Festung Bğni im Distrikt Nig am Flusse Ḫurastan (4) nordöstlich von Ełiward (5) abgetreten, wofür er neue Besitztümer in Miğagetk' zugleich mit dem Titel Dux Mesopotamiae erhielt und mit der Verwaltung eines Teils von Taron, Sasun und Waspurakan betraut wurde (6). Die Festung Bğni liegt nördlich vom jetzigen Erivan. Diese gewiss nicht ganz freiwillige Abtretung weist bereits auf die byzantinischen Gelüste auf das Gebiet von Dvin hin.

Der Vestes Sargis begab sich zu Bagarat IV. von Iberien und lieferte ihm neun von Ani abhängige Festungen — mit

(1) DÖLGER, *Regesten, loc. cit.*, N° 871.

(2) Matt'ēos, p. 96 ed. 1898 = p. 78 sq. trad. DULAURIER.

(3) Kedren. - Skylitz., II, p. 557-559. Nach Matt'ēos, p. 95, die Orte Kalōn-Pełat und Pizu. In ersterem hat Prof. H. GRÉGOIRE ein griechisches *καλὸν πηγάδιν* erkannt.

(4) Jetzt Zangi.

(5) Jetzt Eghvart. Vgl. die Karte zu L. ALIŠAN, *Airarat*, Venedig 1890.

(6) Wardan, *Geschichte*, p. 133. DÖLGER, *Regesten*, Abt. I, 2. Teil, p. 7. N° 873. Vgl. die « Antwort [des Grigor Magistros] auf den Brief des Katholikos der Syrer in der Zeit, als er Herzog (Dux) in Waspurakan und Taron war » bei TER-MINASSIANTZ, *Die armenische Kirche in ihren Beziehungen zu den syrischen Kirchen*, in: *Texte und Untersuch. zur Gesch. d. Altchristl. Literat.*, N. F. XI, 4, 1904, p. 94. - Grigor starb im Jahre 1058, cf. M. LASCARIS, *Sceau de Radomir Aaron*, in *Byzantinoslavica*, III, 2, 1931, p. 408 sq. (= Extrait, p. 7 sq.)

Ausnahme von Anberd — aus (1). Offenbar suchten die Armenier auf jede Weise zu verhindern, dass dieses Gebiet an den muslimischen Emir von Dvin falle, der ihnen in den Rücken gefallen war.

Sogleich nach der Übergabe von Ani verlangte der wortbrüchige Kaiser von dem Tibioten die Festungen und Orte, die er erobert hatte, als *μέρη τοῦ 'Ανίου* zurück, und als jener sich auf des Kaisers Chrysobull berief, wurde Nikolaos beauftragt, die romäischen, iberischen und grossarmenischen Streitkräfte gegen ihn ziehen zu lassen. Nikolaos unterstellte diese der Führung des Michael Iasites und Konstantinos des Alanen. Aplesphares zog sich (Herbst 1045) nach Dvin zurück setzte die ganze Umgegend unter Wasser und legte zugleich dem Feinde einen Hinterhalt. Die Romäer erlitten eine schwere Niederlage, bei der auch der Führer der Truppen von Ani, Wahram Pahlavuni, und sein Sohn Grigori fielen (2). Nikolaos und Iasites wurden abgesetzt, und als neuen Dux sandte der Kaiser den Kekaumenos nach Iberien ; als Oberfeldherr wurde statt Nikolaos der Eunuch Konstantinos, ein Mann sarakenischer Abkunft, eingesetzt. Die beiden neuen Feldherren verzichteten auf eine Belagerung der festen Metropolis Tibion, wandten sich gegen die übrigen Festungen, die früher unter Anion gestanden hatten, und erstürmten von ihnen *τὴν 'Αγίαν Μαρίαν καὶ τὸ λεγόμενον 'Αμπίερ καὶ τὸν "Αγιον Γρηγόριον*, die Aplesphares vergeblich zu entsetzen versuchte (3). Die Belagerung des *φρούριον Χελιδόνιον* unweit von Tibion war erfolglos, da das Belagerungsheer plötzlich nach dem Westen gegen den aufständischen Leon Tornikios (anno 1046/7) zurückgerufen wurde (4). Einfälle der Türken und Pečenegen in das Reich verhinderten dann eine Wiederaufnahme des Krieges gegen Dvin.

Wie P. Peeters (5) gezeigt hat, ist *'Αγία Μαρία* das armenische Surmaři oder Surb Mari, das jetzige Sürmelü. Ampier ist

(1) *Histoire de la Géorgie*, I, p. 319 trad. Brosset.

(2) Aristakēs, p. 42 sq. Matt'ēos, p. 98 ed. 1898 = p. 80 (cap. LXVIII) trad. Dulaurier.

(3) Kedren.-Skylitz., II, p. 561, 5 sq.

(4) Kedren.-Skylitz., II, p. 561, 9 sq.

(5) P. Peeters, *Byzantion*, VI, 1931, p. 435-440.

Anberd in Aragac'otn, etwa 20 km. nördlich von Eğmiacin [1]. Hagios Gregorios hält P. PEETERS eher für Ḫor Virap südlich von Dvin (mit lokalen Erinnerungen an Grigor den Erleuchter) als für das Dorf (giuł) Surb Grigori in Aragac'otn [2]; ich möchte mich der Lage wegen lieber für letzteres entscheiden, das ein befestigtes Kloster gewesen sein könnte. In Chelidonion erkannte PEETERS den armenischen Namen Ciceṙnak-berd « Schwalbenfestung » für die Zitadelle des jetzigen Erivan [3]. Sehen wir von der unsicheren Lokalisierung von Hagios Gregorios ab, so dürfte das Gebiet, das damals an Byzanz fiel, nördlich des Aras und westlich des Zangi anzusetzen sein. Die Ostgrenze reichte also seitdem etwa bis 44° 30′ östlich von Greenwich. Freilich war diese Grenze nur von kurzem Bestand.

Die Einfälle der selğūqischen Türken, die bald darauf alljährlich [4] die östlichen Provinzen des Reiches heimsuchten, hatten eine derartige Verwüstung und Entvölkerung Armeniens zur Folge, dass die byzantinischen Streitkräfte sich in die starken Festungen zurückziehen und das übrige Land schutzlos den hereinbrechenden Horden preisgeben mussten [5]. Nach dem Einfall der Türken in Waspurakan im Jahre 1016 [6] wohl unter Čakyrbeg, dem Bruder des Ṭoghrulbeg und Vater des Alp-Arslān, und dem Zuge des dēlumitischen

(1) Über Anberd, vgl. auch BROSSET, *Histoire de la Géorgie*, I. p. 319, n. 1. HÜBSCHMANN, *Idg. Forsch.*, XVI, p. 399. Es ist wohl mit Biurakan gleichzusetzen; vgl. ALIŠAN, *Airarat*, p. 156-160.

(2) Steph. Asołik, II, 2, p. 76, 29 trad. GELZER-BURCKHARDT. Es ist wohl mit P'arpi gleichzusetzen. Vgl. ALIŠAN, *Airarat*, p. 159.

(3) L. Ališan, *Airarat*, Venedig 1890, p. 311. PEETERS, *loc. cit.*, p. 438 sqq. Als Namen von Erivan selbst nahm PEETERS (*Anal. Boll.*, XXXVIII, 1920, p. 331-332) armen. K'arahank' an, entsprechend « *civitas Laudumie* » = λατομίαι « die Steinbrüche » bei Vincentius Bellovacensis, *Speculum historiale*, XXXI, 97 (ed. Venet. 1483).

(4) Kedren. - Skylitz., II, p. 653, 2 sq. und öfter.

(5) Kedren.-Skylitz., II, p. 616, 10 sq.

(6) Matt'ēos, p. 46 sqq. ed. 1898. Zum Datum vgl. MARKWART, *Itinerar*, p. 64, n. 117. Unrichtig ist es jedoch, wenn MARKWART, *ibid.*, p. 65, n. 118, auch den Verkauf von Waspurakan in dieses Jahr setzt.

Emirs von Ādarbaiğān (1) in den Gau Nig im Jahre 1021 (2) erkannten die islāmischen Eindringlinge immer deutlicher, welch' geringen Widerstand sie in Armenien zu überwinden hatten. Qutulmiš, der mit einem Heere von Ghūzen von dem Araber *Καρβέσιος* (3) bei Sinğār geschlagen worden war, zog auf der Flucht im Jahre 494 arm. (1045/6) über Pałin (4) und T'lḫum (5) nach Arčēš und bat den Katapan (6) Step'an um Erlaubnis, durch sein Gebiet ziehen zu dürfen. Als Step'an ihn daran hindern wollte, wurde er von Qutulmiš geschlagen, als Gefangener nach Her gebracht und nach Matt'ēos von Edessa (7) dort getötet, nach Skylitzes (8) dem Emir von *Ταβρέζιον* verkauft. Qutulmiš berichtete nach seiner Rückkehr dem Ṭoghrulbeg, wie unkriegerisch die Verteidiger des fruchtbaren *Βαασπρακάν* sich gezeigt hatten (9). Dazu kam der verhängnisvolle Entschluss des Kaisers Monomachos, das « iberische Heer », d. h. die einheimische Miliz Armeniens, in Stärke von 50.000 Mann aufzulösen und statt ihrer Erhaltung den Ländern hohe Steuern aufzuerlegen (10).

Hauptstützpunkte der Ostgrenze waren die Festungen in Waspurakan an den Ufern des Van-Sees, Mantzikert, die Burgen in Taik' und das feste Ani. Bemerkenswert ist es, dass noch hinter dieser Festungslinie einzelne selbständige Stadtstaaten bestanden, im Norden Wanand mit der Haupt-

(1) Armenisch Delumk'.

(2) Markwart, *Südarmenien*, p. 517 sq., wonach die zeitliche Ansetzung bei Akulian, *Einverleibung*, p. 37 sq., zu berichtigen ist.

(3) D. i. Mu'tamid ad-Daula Qirwāš b. Muqallad, 'Uqailide von Mōṣul

(4) Jetzt das südliche Baghin, 24 km. nördlich von Arghana am Tauros (W. Tomaschek, in *Beiträge zur alten Geschichte und Geographie. Festschr. f.* H. Kiepert, Berlin 1898, p. 138. Hübschmann, *Idg. Forsch.*, XVI, p. 293 sq. Markwart, *Südarmenien*, p. 246. R. Hartmann in *Islam*, IX, 1919, p. 201-205).

(5) Jetzt Tulḫum. Hübschmann, *l. c.* Markwart, *l. c.*

(6) Katepano von Waspurakan.

(7) Matt'ēos von Edessa, p. 99 ed. 1898 = p. 80 sq. trad. Dulaurier.

(8) Kedren. - Skylitz., II, p. 571, 10.

(9) Kedren. - Skylitz., II, p. 570, 11 - 571, 17, mit ganz verkehrter Datierung; vgl. G. Weil, *Geschichte der Chalifen*, III, p. 87, n. 2.

(10) Kedren. - Skylitz., II, p. 608, 20 sqq.

stadt Kars (westlich von Ani), dessen Herrscher schon unter Basileios II. im Vasallenverhältnis zu Byzanz gestanden hatte, im Süden Ḫilāṭ (*Χλέατ*), dessen Emir anscheinend ebenfalls mit dem Kaiser verbündet war (1).

Die Schwäche der Grenzverteidigung liess die byzantinischen Feldherrn auf dieselbe Taktik verfallen, die einst in den Kämpfen gegen Saif ad-Daula sich wiederholt bewährt hatte. Man liess grössere türkische Heere, die am Araxes aufwärts oder durch Waspurakan nach Westen zogen, ungehindert die Grenze passieren und verlegte ihnen erst, wenn sie beutebeladen zurückkehrten, in der Gegend von Basean oder Bagrewand den Weg. Zwar 1048 zog noch Katakalon Kekaumenos (2), der Statthalter von Ani und Iberien, dem Bulgaren Aaron *βέστης* von Waspurakan zu Hilfe, und beide vernichteten durch eine Kriegslist das Heer des Türken *'Ασάν* (3) am *Στράγνα ποταμός* (4), d. i. dem Grossen Zāb, dem Grenzflusse von Waspurakan (5). Der Rest der Feinde floh über die Berge nach Persarmenien (6). Aber als Ibrāhīm Īnāl (7)

(1) Vgl. Kedren. - Skylitz., II, p. 618, 11. 619, 9 sq.

(2) Über Katakalon Kekaumenos vgl. N. Bănescu, *Un duc byzantin du XIe siècle: Katakalon Kékauménos* (Académie Roumaine, *Bulletin de la Section Historique*, t. XI, Bucarest 1924, p. 25-36). Markwart, *Südarmenien*, p. 525. 529-530. 568-570.

(3) Kedren. - Skylitz., II, p. 572, 13: *'Ασὰν τὸν λεγόμενον κωφόν* = *al-Ḥasan al-aḫras?

(4) Kedren.-Skylitz., II, p. 574, 16.

(5) Über den Fluss *Στράγγας* bei dem *καστέλλον 'Αραβίωνος* (gegenüber von Dēr) vgl. Hegemonius, *Acta Archelai*, ed. Charles Henry Beeson, Leipzig 1906 (*Die griech. christl. Schriftsteller der ersten drei Jahrhunderte*, XVI), cap. IV, 1, p. 4, 21; cap. LXVI (LV), 1, p. 95, 9. Epiphanios, *Panarion*, haeres. 66, 5, 12, ed. Holl-Lietzmann, t. III (*Griech. christl. Schriftst.* XXXVII), Leipzig 1933, p. 25, 11 (= Migne, *P. G.*, XLII, col. 37 C). Ps.-Kallisth., II, 14 sq., ed. Kroll, t. I, Berlin 1926, p. 81, 8. 84, 23. 85, 3. 21. 90, 18. Conybeare, *The Key of truth*, Oxford 1898, p. CI sq. (wodurch seine Lokalisierung p. viii, n. 1, hinfällig wird). G. Hoffmann und Th. Nöldeke, *ZDMG*, XLIV, p. 399 (Str. = Tigris?). — W. Tomaschek (*Zeitschr. für österreich. Gymnasien*, XXIX, 1878, p. 854) suchte die Station Stranguria (Geogr. Ravenn., p. 73, 14. 74, 7. *Tab. Peut.*: Strangira) am Stranga und setzte sie bei dem jetzigen Silāb-Mastara (27 km. östlich von Ani) an.

(6) Kedren.-Skylitz., II, p. 575, 54 sq.

(7) Kedren.-Skylitz., II, p. 575, 10: *'Αβρὰμ 'Αλείμ*.

1049 mit einem grossen Heere heranrückte, wurde der Vorschlag des Kekaumenos, ἔξωθεν τῶν Ῥωμαϊκῶν ὅρων zu kämpfen (1), verworfen, und das Heer zog sich nach Οὐρτροῦ in Iberien (2) zurück, dem armenischen Ordoru, Ordru, georgischen Ordro (3) in Basean (4). Die Türken zogen durch Waspurakan und Basean bis Wałaršavan (5) und durch die Landschaft Karin westlich bis nach H̱ałtik', im Norden bis Sper und zu den Festungen von Taik' und Aršarunik', im Süden bis Təron, Hašteank', und H̱orźean. Auch nach Sisak drangen sie vor. In Mananałi erstürmten sie die Festung des Smbat (6). Schliesslich kamen sie nach Arcn (7) im Gau Karin und plünderten und verbrannten es. Dann erst wandten sie sich gegen das griechische Heer. Dieses war von seinem befestigten Lager herabgezogen und lagerte am Fusse eines Hügels, auf dem die Festung Καπετροῦ, armenisch Kaputṙu (8) im Gau Arğovit (9) in Basean (10), gebaut war. In der Schlacht vom 18. September 1049 wurden die Türken zwar zurückgewiesen, aber Liparites, der Führer der iberischen Hilfstruppen, geriet in ihre Gefangenschaft (11). Die Türken rück-

(1) Kedren. - Skylitz., II, p. 575, 15.

(2) Kedren. - Skylitz., II, p. 576, 4 : πεδιάδα ἐγχωρίως Οὐρτροῦ λεγόμενον (so cod. Coisl. 136 = Skylitz. ; Kedr. : Ὀσοῦρτρον).

(3) Brosset, *Histoire de la Géorgie*, I, p. 323.

(4) Markwart, *Die Entstehung der armenischen Bistümer*, p. 29, n. 2 = *Orientalia Christiana*, vol. XXVII, 2, p. 165, n. 2.

(5) In Basean. Hübschmann, *Idg. Forsch.*, XVI, p. 469.

(6) Armen. Smbatay-berd.

(7) Kedren. - Skylitz., II, p. 577, 11 : κωμόπολις Ἄρτζε (unweit von Theodosiupolis). Bekanntlich siedelten damals die Bewohner von Arcn nach Qālīqalā (Theodosiupolis, Karin) über, das seitdem den Namen Arzan ar-Rūm, jetzt Erzerūm, führte. Die Karte von Lynch verzeichnet 15 km. nordwestlich von Erzerūm « Kara-ars (Site of Arzen ?) ».

(8) Kedren. - Skylitz., II, p. 577, 7-578, 16. Aristakēs, cap. 11 sq., p. 44-58. Matt'ēos, p. 102 sq., ed. 1898 = p. 83 sq. trad. Dulaurier.

(9) « Bärental ».

(10) Kedren.-Skylitz., II, p. 578, 19. Matt'ēos, p. 107 = trad. Dulaurier, p. 87. Markwart, *Entstehung der armen. Bistümer*, loc. cit.

(11) Nach Zonaras, XVII, 25, 23, vol. III, p. 639, 9 ed. Büttner-Wobst : « gegen Abend » περὶ βουλυτόν, woraus man einen Ortsnamen hat machen wollen. Saint-Martin (*Mémoires sur l'Arménie*,

ten bald wieder εἰς τὸ λεγόμενον Καστροκώμιον vor, und die griechischen Feldherren zogen sich darauf in die Hauptstädte ihrer Provinzen, Ἴβαν (1) und Anion, zurück (2). Darauf kehrte Ibrāhīm mit seinem Heere heim.

Nach vierjähriger Waffenruhe zog Sulṭān Ṭoghrulbeg selbst 1054/5 nach Armenien. Er nahm die Festungen Arčēš und Berkri ein (3) und lagerte vor Manazkert in der Ebene von Apahunikʻ (4). Von dort sandte auch er nach drei Richtungen Expeditionen aus : nach Norden gegen die Festungen Apʻḫaziens, nach dem Gebirge Parḫar (5) und bis zum Kaukasos, nach Westen bis zum Walde von Čanetʻ (6), nach Süden bis zum Gebirge Simn (7). Die Bewohner von Ḫorźean und Hanźētʻ, von Derğan und Ekełeacʻ wurden massakriert. Das zweite Heer zog durch Taikʻ bis zum Čoroḫ und nach Ḫaltikʻ bis Baberd (Bāiburt), wo es von fränkischen Truppen (8) zurückgeschlagen wurde. Das dritte wandte sich gegen Wanand und vernichtete dort ein Heer der Generäle des Gagik von Kars (9). Ṭoghrulbeg zog selbst nach dreitägiger Belagerung dieser Festung mit seinem ganzen Heere nach Tuaracoy Tapʻ (10) hinab und von dort nach Basean, wo er an der unbezwingbaren Festung Avnik (11) vorbei bis Du (12) vordrang.

II, p. 207, n. c) schreibt sogar : « Liparitès attaqua *sur le soir* près d'un lieu appelé Boulytus » !

(1) Armen. Van, arab. Wān ; unten, p. 207, n. 7.

(2) Kedren. - Skylitz., II, p. 580, 3-10.

(3) Mattʻēos, p. 118 = p. 98 trad. DULAURIER.

(4) Aristakēs, cap. 16, p. 62.

(5) *Παρυάδρης ὄρος*, jetzt Parḫal Dāgh.

(6) Armenisch : Land der Čanivkʻ (MARKWART, *Südarmenien*, p. 230), georgisch Čanetʻi = Lazistān.

(7) Dem armenischen Antitauros (MARKWART, *Südarmenien*, p. 202). Aristakēs, cap. 16, p. 62.

(8) Nach Kedren.-Skylitz., II, p. 606, 17 sqq. : Franken und Warāger unter Akoluthos Michael. Infolge seiner falschen Datierung des Zuges des Ṭoghrulbeg macht Kedrenos (Skylitzes) daraus einen anderen Krieg (GFRÖRER, *Byzant. Gesch.*, III, p. 510).

(9) Aristakēs, cap. 16, p. 64-66.

(10) Südlich von Basean zwischen dem oberen Araxes, dem Murād-ṣū und Bīngöl-ṣū (HÜBSCHMANN, *Indog. Forsch.*, XVI, p.476 mit Karte).

(11) Griech. *Ἀβνίκον*. SAINT-MARTIN, *Mém. sur l'Arménie*, I, p.109. Vgl. oben, p. 80.

(12) Jeṭzt Böyük-Tuya nordöstlich von Erzerūm. Vgl. R.KIEPERT,

Skylitzes (1) berichtet nur, dass er ἄχρι τοῦ λεγομένου Κωμιοῦ gelangte, das sicher mit Καστροκώμιον identisch und wohl mit Brosset (2) als κάστρον 'Οκώμιον = Okomi zu deuten, also auch hier <'Ο>κωμίου zu lesen ist. Da die byzantinischen Generäle sich nicht aus den iberischen Festungen herauswagten, zog er wieder gegen Manazkert (Μαντζικίερτε) (3) und belagerte es einen Monat lang erfolglos. Auf dem Rückwege überfiel er die Stadt Arckē am See Bznunik' (4), neben der sich eine uneinnehmbare Festung befand (5). Abu'l-Uswār von Dwīn und Ganǧa, der sich Ṭoghrulbeg unterworfen hatte (6), unternahm im folgenden Jahre (1055/6) einen Zug gegen Ani und tötete vor den Toren der Stadt viele Flüchtlinge (7). Daraufhin sandte Kaiser Konstantinos Monomachos alle Streitkräfte des Orients unter dem Eunuchen Nikephoros gegen ihn (8), da er dadurch seinen Vertrag (von 1047) verletzt hatte. Nikephoros drang bis zur σιδηρᾶ γέφυρα (9) und bis nach Καντζάκιον (10) vor und zwang ihn, den alten Vertrag zu erneuern und seinen Neffen Artasyras, den Sohn des Herrn von Ganźak, Phatlum, als Geisel ihm mitzugeben (11).

Karte von Kleinasien, Blatt Erzerūm. Hübschmann, *l. c.*, p. 245, n. 1. Adonc, *Armenija v epohu Justiniana*, S.-Pbg. 1908, p. 23, n. 1.

(1) Kedren. - Skylitz., II, p. 590, 10.

(2) Brosset, *Histoire de la Géorgie*, Additions, p. 225, n. 2.

(3) Nach Matt'ēos, p. 118 ult. = p. 99 trad. Dulaurier, war sein Hauptquartier bei K'aragluḫ (« Steinhaupt »). Hübschmann, *Idg. Forsch.*, XVI, p. 478 sq.

(4) D. i. der Wan-See.

(5) Wohl 'Αρκεράβου. Vgl. unten, p. 208.

(6) Ibn al-Aṯīr, IX, p. 411.

(7) Aristakēs, cap. 17, p. 73, der ihn Apusuar, Emir von Dvin und Ganźak nennt.

(8) Aplesphares von Tibion.

(9) Die Lage dieser Eisenbrücke ist mir unbekannt.

(10) Ganźak, persisch Ganǧa, arab. Ǧanza, jetzt Jelisavetpol.

(11) Kedren. - Skylitz., II, p. 593 sq. erzählt zwar von diesem Feldzug im Anschluss an den Ṭoghrulbegs, setzt ihn aber unrichtig unter Monomachos († Jan. 1055) statt, wie Aristakēs, unter Theodora an, und zwar anscheinend schon in das Jahr 1049 (Markwart, *Entstehung der armen. Bistümer*, p. 11 [147], n. 1) oder 1050 (Gfrörer, *Byz. Gesch.*, III, p. 508).

In Taron fiel Theodoros, der Sohn des Aharon [Vestes], im Kampfe mit türkischen Schaaren, die dann im Winter die Dörfer von Hark', wie Mankan-gom (1), ausraubten und bei dem Überschreiten des zugefrorenen Aracani bei dem gleichnamigen Dorfe (2) mit den Gefangenen im Eise einbrachen und umkamen (3). Der Führer dieser Schaaren war wohl *Σαμούχ*, der nach Skylitzes (4) vom Sulṭān nach seinem zweiten Einfall in das Romäerreich mit 3000 Mann zurückgelassen wurde und in den Ebenen und Tälern Grossarmeniens plündernd herumzog. Aristakēs (5) berichtet ausserdem unter Theodora (1054-1056) von einem Raubzuge ungenannter Nachbarvölker nach Armenien, wo in Basean unweit vom Fusse des Berges Ciranis das Städtchen Okomi eingeäschert wurde. Dem Samuch schloss sich 1057 auch der Normanne *'Ερβέβιος* an, der sich aber bald mit den Türken überwarf und den Samuch zur Flucht nach Ḫilāṭ(*Χλέατ*) nötigte, wo er selbst bald darauf von dem Emir *'Απονάσαρ* (6) gefangen genommen wurde (7). Während des Bürgerkrieges (1057/8) eroberte Iuwanē, der Sohn des Liparit, der das Dorf Erēz in Hašteank' und seine Umgegend besass, die Festung Ełanc'-berd (8), zog in Havačič' im Gau Ałori ein und wandte sich gegen die Stadt Karin. Als Katakalon, der Statthalter von Ani, eine Heeresabteilung gegen ihn schickte, rief er die Perser (9) zu Hilfe. Diese erschienen sogleich in der Provinz Ḫałtik' und verwüsteten sie bis nach Ḫrt'i (10) im Walde von Čanet'.

(1) D. h. « Stall des Kindes ».

(2) Geogr. Ravenn., p. 49, 15: Arsania, zu unterscheiden von Arsinia (*Tab. Peut.* und Geogr. Rav., p. 80,19 = Arsania p. 50, 12). MARQUART sucht es an den Quellen des Aracani am Berge Npat, dem jetzigen Ala Dāgh (*Itinerar*, Taf. II; *Entstehung der armenischen Bistümer*, p. 40 = *Orientalia Christiana*, XXVII, p. 176).

(3) Aristakēs, cap. 17, p. 73 sq.

(4) Kedren. - Skylitz., II, p. 616, 5 sqq.

(5) Aristakēs, cap. 18, p. 78 sq.

(6) D. i. dem Marwāniden Naṣr ad-Daula Abū Naṣr Ahmad (1010 bis 1061).

(7) Kedren.-Skylitz., II, p. 617 sq.

(8) Vgl. oben, p. 148, n. 8.

(9) So nennt Aristakēs meist die Türken oder allgemein die Muslimen.

(10) Zweifellos = *Χαρτών* bei Prokopios (*de aed.*, III, 6, 18; ed.

Auf dem Rückwege teilten sie sich im Gau Mananałi in zwei Heere [1]. Das eine zog über Ekełeac' nach Blur (« Hügel ») [2], dessen Einwohner wie die von Arcin grossenteils getötet wurden [3], das andere durcheilte Hanźēt und Ḫorźan und gelangte bis zu der Stadt Harav am linken Ufer des Euphrat, die verbrannt wurde [4]. Im Herbst des gleichen Unglücksjahres [5] brach ein anderes türkisches [6] Heer auf und zog nach Kamaḫ, wo es sich ebenfalls teilte. Eine Abteilung zog gegen Kołonia, die andere nach Melitene, das sie zwölf Tage lang verwüstete [7]. Nach einem Abstecher nach Ekełeac', wo sie überwinterten, zogen sie (1058) durch den Gau Ḫorźēn, an dessen äusserster Grenze das Dorf Morrans [8] mit einer Festung lag, und an Ełnut vorbei nach Taron, wo sie von den Sanasunk' des Gebirges Simn unter T'ornik, dem Sohne des Mušeł, überfallen und vernichtet wurden [9].

Diese Raubzüge wiederholten sich auch unter Kaiser Konstantinos X. Dukas (1059-1067), dem Skylitzes [10] die völlige Vernachlässigung der Verteidigung der Ostgrenze zum Vorwurf macht, die zur Folge hatte, dass die Türken unaufhörliche Einfälle machten, durch die das einst so fruchtbare Iberien zur Wüste und Mesopotamia, Chaldaia, Melitene, Kolonia und das Land am Euphrat, auch *τὸ Ἀρμενιακόν* und *τὸ Βαασπρακάν* Schweres zu erdulden hatten [11]. Als Führer

HAURY, t. III, 2, p. 98, 7), das jetzige Ḫart (Khart auf der « *Map of Armenia* by H. F. B. LYNCH and F. OSWALD in 1 : 1.000.000 ») nordwestlich von Bāiburt. TOMASCHEK, *RE*, III, col. 2193, s. v. *Χαρτών* (ohne Lagebestimmung).

(1) Aristakēs, cap. 18, p. 82 sq.

(2) Jetzt Plur 14 km. westlich von Erzerūm.

(3) Aristakēs, cap. 18, p. 84 sq.

(4) Aristakēs, cap. 19, p. 87 sq.

(5) Am 3. Oktober 1057.

(6) Aristakēs : persisches.

(7) Nach Barhebraeus, *Chron. syr.*, p. 238 ed. BEDJAN : zwanzig Tage.

(8) Var. : Mormrans. Zur Lage vgl. ADONC, *Armenija....*, p.14.

(9) Aristakēs, cap. 21, p. 92-94. Matt'ēos, p. 130 sq. ed. 1898 = p. 109 trad. DULAURIER. Michael Syrus, III, p. 59 trad. CHABOT = Barhebr., *Chron. syr.*, p. 238 ed. BEDJAN. Vgl. auch MARKWART, *Südarmenien*, p. 477, n. 2.

(10) Kedren. - Skylitz., II, p. 652, 21 sqq.

(11) Kedren. - Skylitz., II, p. 653, 4-10.

der Türken nennt Skylitzes (1) und Michael Attaleiates (2) *Χωροσαλάριος* (3) und *Σαμούχ*.

Auch im Jahre 1059/60 überfiel ein türkisches Heer unter den Emiren Samuḫ, Amrkʻapʻr und Gičačiči die Stadt Sebasteia, hauptsächlich um die Söhne Senekʻerims, Atom und Apusahl, gefangen zu nehmen, die jedoch nach Ḫavatanēkʻ (4) geflohen waren (5). Ebenso verwüsteten 1062/3 die drei türkischen Häuptlinge Slar-Ḫorasan, Čmčm und Isuli die Gaue Pałin (6), Tʻlḫum (7) und Arkni (8) ; auf dem Rückwege wurde eine Abteilung von ihnen unter Isupʻ (9) von Pʻṙangapōl (10) vernichtet (11).

Ein Armenier *Παγκράτιος* (12), der als Dux nach Anion geschickt worden war und erklärt hatte, die Besatzung dieser Stadt sei ausreichend, vermochte sie dann doch nicht zu halten, als der Sulṭān auf seinem Zuge gegen Iberien sich gegen sie wendete, weil Bagarat ohne Anlass seine Nachhut überfallen hatte (13).

Skylitzes spricht hier von dem berühmten iberischen Feldzuge des Alp-Arslān im Jahre 1064 n. Chr. (14). Der Sulṭān zog

(1) Kedren. - Skylitz., II, p. 653, 12.

(2) Mich. Attal., p. 78, 19.

(3) D. i. Ḫorāsān-sālār (Mattʻēos von Edessa, p. 138 sqq. : Slar Ḫorasan) ; vgl. Gfrörer, *Byz. Gesch.*, III, p. 658. Marquart, *Itinerar*, p. 37, n. 72. Über den Sipah-sālār von Ḫurāsān, der unter den Sāmāniden in Nīšāpūr residierte, vgl. Barthold, *Turkestan down to the Mongol invasion*, Second Ed., London 1928 (E. J. W. Gibb *Memorial Series*, New Series, V), p. 229. 243, n. 7.

(4) = Gabadonia ; oben p. 173, n. 4.

(5) Mattʻēos von Edessa, p. 133 = p. 111 trad. Dulaurier.

(6) Jetzt Baghin, vgl. oben, p. 178, n. 4.

(7) Ms. Tʻlmuḫ, vgl. Markwart, *Südarmenien*, p. 246, n. 2. Jetzt Tulḫum, vgl. oben, p. 139 sq. ; 142.

(8) Jetzt Arghana.

(9) Oder Usupʻ, d. i. Yūsuf.

(10) = Phrangopōlos. Zum Namen vgl. V. Laurent, *Échos d'Orient*, XXXIV, 1931, p. 469, n. 3.

(11) Mattʻēos, p. 138 = p. 115 sq. trad. Dulaurier ; p. 144 = 120 trad. Dulaurier.

(12) = Bagarat.

(13) Kedren. - Skylitz., II, p. 653, 22-654,8.

(14) Vgl. J. Saint-Martin, *Mémoires sur l'Arménie*, II, p. 225.

über Marand in Ādarbaiǧān nach Naqčawān, wo er auf einer Schiffsbrücke den Aras überschritt. Hier teilte sich das Heer in der gewohnten Weise : Alp-Arslān selbst zog nach Iberien (1), sein Sohn Malikšāh und sein Wezīr Niẓām al-Mulk gegen einige romäische Grenzfestungen. Ibn al-Aṯīr, dem wir den ausführlichsten Bericht (2) über diesen Feldzug verdanken, übergeht gerade die Teiloperationen des Sulṭāns selbst, über die uns jedoch die *Georgische Chronik* (3) unterrichtet. Nach ihr wandte er sich zuerst nördlich nach dem Gau Kangarni (4), nach T'rialet' und Qwelis-Qur (5). Dann durchquerte er die westlichen Landschaften Šawšet'i, Klarǧet'i und Tao bis nach P'anaskert und kehrte von dort nach T'or, dem Tale Ghwiw und T'rialet' zurück. Dort war es wohl, wo Alp-Arslān mit Kiurikē von Ałvan (6), dem Sohne des Davit' Anhołin, Frieden schloss, von ihm seine Tochter zur Frau erhielt und ihm seine Hauptstadt Lōṙē wiedergab (7). Schliesslich wurde Aḫal-K'alak'i in Ǧawaḫet'i erstürmt und von dort auch eine Gesandtschaft an Bagarat von Iberien geschickt, um mit ihm ein Bündnis zu schliessen (8).

Inzwischen hatten Malikšāh und Niẓām al-Mulk erst eine (ungenannte) romäische Festung und dann Surmārī (9) er-

Weil, *Geschichte der Chalifen*, III, p. 105. Gfrörer, *Byz. Geschichten*, III, p. 661-663. Marquart, *Itinerar*, p. 36-45 ; dazu Erläuterungen, p. 45-54.

(1) Arab. al-Gurǧ.

(2) Ibn al-Aṯīr, X, p. 25-28 ; danach Barhebraeus, *Chron. syr.*, p. 242 ed. Bedjan.

(3) Brosset, *Histoire de la Géorgie*, I, p. 327 sq.

(4) Armenisch Kangark' in Gugark'-Gogarene südlich vom Kur. Hübschmann, *Idg. Forsch.*, XVI, p. 354-356.

(5) Nach Brosset (*Histoire de la Géorgie*, I, p.327, n.4) vielleicht identisch mit Qwelis-C'iḫē (oben, p. 148, n. 4).

(6) = Albanien, d. h. von Taširk' (Markwart, *Entstehung der armen. Bistümer*, p. 11 [147]).

(7) Matt'ēos von Edessa, p. 145 sq. ed. 1898 = p. 121 trad. Dulaurier, der im Anschluss daran ebenfalls sein Eindringen in Ǧavalis (lies : Ǧavaḫis) und die Erstürmung der Stadt Aḫal-, var. Alaḫk'ała'k erwähnt. Vgl. Marquart, *Itinerar*, p. 49.

(8) *Histoire de la Géorgie*, I, p. 327 sq. trad. Brosset.

(9) **Siehe oben, p 176 in fine**

stürmt (1). Eine dritte Festung wurde nach ihrer Einnahme dem Emir von Naqčawān übergeben. Wir sehen also, dass noch bis zu dieser Zeit die 20 Jahre früher eroberten Burgen des Abu'l-Uswār romäisch geblieben waren. Die beiden ungenannten Festungen könnten etwa Anberd und *Ἅγιος Γρηγόριος* gewesen sein; auch das von Grigor Magistros an Byzanz abgetretene Bğni in Nig käme in Betracht (2). Dann erstürmten die Türken Maryam-Nišīn, d. i. vermutlich Marmarašēn in Širak (3), worauf die beiden Heeresteile wieder zusammentrafen. Sie eroberten Sipēd-šahr, das wohl der « weissen Stadt » T'et'ris-c'iḫē der Georgier entspricht (4), und verbrannten die iberische Stadt A'āl(?) Lāl (5), das Lal der *Georgischen Chronik* (6), in dem TOMASCHEK (7) das *Λάλα* des Ptolemaios (8) und Lalla der *Tabula Peutingeriana* erkannt hat, das MARKWART (9) östlich oder südöstlich von Aḫalk'ałak'i « in Somḫēt'i (Iberisch-Armenien) oder nach armenischer Terminologie Gugark' » suchte und MINORSKY in dem Namen des Berges Lalvar wiederfindet (10)

(1) Ibn al-Aṯīr, X, p. 25-28.

(2) MARQUART, *Itinerar*, p. 45, denkt an Kałzvan, jetzt Qaghyzman, von dem wir aber nicht sicher wissen, ob es byzantinisch gewesen war.

(3) MARQUART, *Itinerar*, p. 47.

(4) T'et'ris-c'iḫē lag an der Grenze zwischen K'art'li und Qars (Waḫušt, *Description géogr. de la Géorgie*, publ. p. M. F. BROSSET, St. Pbg. 1842, p. 151), und zwar, wie ein Vergleich der Karte N° 2 (Géorgie au S du Kour) zu BROSSETS Waḫušt mit einer modernen Karte (von LYNCH-OSWALD oder in ALIŠANS *Širak*) zeigt, anscheinend an der Stelle des jetzigen Ortes Kaps, ca. 5 km. nordwestlich vom Kloster Marmašēn. MARQUART (*Itinerar*, p.48) begnügte sich damit, die willkürliche Gleichsetzung der « weissen Stadt » (Sipēd Šahr) mit der « neuen Stadt » (Aḫal-K'ałak'i) durch SAINT-MARTIN (*Mémoir. sur l'Arménie*, I, p. 84; II, p. 225) ohne Bedenken zu übernehmen.

(5) Vgl. unten, n. 10.

(6) BROSSET, *Histoire de la Géorgie*, I, p. 228.

(7) W. TOMASCHEK, *Zeitschrift für österreichische Gymnasien*, XXIX, 1878, p. 855.

(8) Ptolemaios, *Geogr.*, V, 12, 5, p. 939, 9 ed. MÜLLER.

(9) MARQUART, *Itinerar*, p. 52.

(10) Wie V. MINORSKY (*Transcaucasica*, in *Journ. Asiat.*, 1930, p. 111 sq.) zeigt, ist der Name Lal noch in dem des Gebirges Lelvar (Waḫušt, p.143, 146 trad. BROSSET) oder Lalvar (russische General-

Von dort wandte sich Alp-Arslān nach dem Gebiet von Qars und Ani. Als er in den Gauen Sēl-Warda(?) und Nōra (1) erschien, kamen die Einwohner (2) heraus und erklärten ihren Übertritt zum Islām. Dann belagerte Alp-Arslān Ani und erstürmte es. Auch die innere Burg (3), auf die sich die beiden romäischen Gouverneure, die Iberer Bagrat, der Sohn des Smbat, und Grigor, der Sohn des Bakuran (4), geflüchtet hatten (5), musste sich bald ergeben. Ein Emir und eine starke Besatzung blieben in der Stadt. Nach dem Abschluss eines Friedensvertrages mit dem Ibererkönige zog Alp-Arslān nach Iṣpahān zurück.

Obgleich dieser Feldzug sich nur gegen die äussersten Grenzgebiete des Reiches gerichtet hatte, waren doch seine Folgen bedeutsamer, als die der früheren Einfälle weit in das Innere des byzantinischen Reiches hinein. Er brachte Byzanz einen schweren Verlust, aber zugleich einen gewissen Ersatz für ihn. Anion, die alte Hauptstadt « Grossarmeniens », die bisher als uneinnehmbar gegolten hatte, wurde dem Reiche nach zwanzigjährigem Besitz entrissen ; ebenso gingen die Festungen im Araxestale um Surmari verloren. Doch in demselben Jahre (1064) trat Gagik von Wanand, der Enkel des Mušeł und Sohn des Abas Šāhanšāh, sein kleines, 962 gegründetes Reich mit der Hauptstadt Kars dem Kaiser Konstantinos Dukas ab und wurde dafür durch Landgüter in Kappadokien (6) entschädigt. Schon 1054/5 (7) hatte nach

stabskarte : L'alvar ; danach Lynch : Lialwar) erhalten, das sich am linken Ufer des Debeda (jetzt Borčala) gegenüber dem Kloster Sanahin bis zu 2558 m erhebt. Er vermutet, dass der Name des an seinem Südostabhange gelegenen Allahverdi (so die türkische Karte 1 :800.000) durch Volksetymologie aus Lalvar entstanden ist. - In A'āl sieht Minorsky das ca. 15 km südlich vom Lalvar gelegene Gebirge Agal (Aghāl?) der russischen Karte.

(1) Beide sind unbekannt ; sie dürften am Kars-čai südlich vom Čaldyr-göl gelegen haben.

(2) Von Qars und den zwei Gauen?

(3) Nerk'i-berd : Aristakēs, cap. 24, p. 110.

(4) Ist vielmehr Gregorios Pakurianos gemeint? Vgl. unten, p. 225.

(5) Matt'ēos, p. 148, 3 sqq. ed. 1898 = p. 123 trad. Dulaurier.

(6) Camendav nach Matt'ēos, p. 151, 3 ed. 1898 ; nach Wardan von Barẑrberd, trad. Emin, p. 127 ausser Camendav auch Larissa, Amasia, Komana und andere Städte.

(7) Nach Skylitzes' falscher Datierung 1049/50.

Skylitzes (1) der von Sulṭān Ṭoghrulbeg bei Πάσαρ geschlagene Qutlumuš (2) auf der Flucht zusammen mit Malik ibn Ibrāhīm Īnāl (3) τὸ λεγόμενον Κάρσε in Persarmenien ausser der Akropolis eingenommen, jedoch, vom Sulṭān verfolgt, bald wieder verlassen (4). Die dritte Armee des Ṭoghrulbeg selbst hatte in demselben Jahre ein Heer der Generäle Gagiks umzingelt und vernichtet (5). Im Sommer 1064 verstand es Gagik durch sein geschicktes Auftreten, die Gunst des Alp-Arslān zu gewinnen und dadurch das Schicksal von Lāl, Ani und anderen Städten von Kars abzuwenden. Bald nach dem Abzuge der Türken verliess er mit dem Adel seines Reiches die Residenzstadt und überliess sie dem Kaiser.

Auch 1065/6 zogen die Türken unter Slar-Ḫorasan und 1066/7 unter Gümüštekīn (6) nach T'lḫum und von dort nach Edessa (7). Alp-Arslān selbst erschien wieder 1069/70 in Armenien, nahm Manckert ein und zog über Amit' und T'lḫum nach der Gegend von Edessa (8). Romanos IV. Diogenes begab sich 1070/1 nach Armenien und zog über Theodosiupolis gegen Manckert (Mantzikiert). Alp-Arslān, der vorher Ḥalab belagert hatte, verliess im Frühjahr 1071 Syrien und kehrte über Edessa nach Osten zurück (9). Nach erfolglosen Verhandlungen sandte der Kaiser den Tarḫaniat (10) mit 30.000 Mann gegen Ḫlat' voraus; 12.000 liess er nach dem Lande der Apḫazk' ziehen (11). Alp-Arslān rückte über Ḫuway nach Ḫilāṭ vor. In einem Vorgefecht unterlagen die Romäer, deren beide armenischen Führer, Ḫatap und Wasilak, fielen (12).

(1) Ganz abweichend die arabischen Quellen: Weil, *Geschichte der Chalifen*, III, p. 87, n. 2. 97, n. 3. 102, n. 1.

(2) *Κουτλουμοῦς*.

(3) *Μέλεχ τοῦ υἱοῦ τοῦ 'Αβραμίου*.

(4) Kedren. - Skylitz., II, p. 606, 10 sq.

(5) Aristakēs, cap. 16, p. 65 sq.; oben, p. 181, n. 9.

(6) Armen. Gomēš-Tikin.

(7) Matt'ēos, p. 156. sq 186 sq. = p. 130, 157 trad. Dulaurier.

(8) Oben, p. 142.

(9) Matt'ēos, p. 199-200 oben = p. 167 trad. Dulaurier.

(10) Iosephos Tarchaniotes.

(11) Matt'ēos, p. 200 = p. 168 tr. Dulaurier.

(12) Matt'ēos, p. 201; nach Skylitzes (p.694, 11) wurde Basilakes vielmehr gefangen genommen.

Die Generäle Nikephoros Bryennios und Oursel von Bailleul (1) flohen verräterisch über das Thema Mesopotamia nach Konstantinopel zurück (2). Romanos Diogenes zog in die Nähe von Manckert nach dem Orte Tołotap' (3) ; dort begann die grosse Schlacht (4). Nach Kamāl ad-Dīn ergab sich Manzikert am. 24. Du'l-Qa'da 463 H. (23. August 1071) (5). Nach dem ersten Angriff der Türken lagerten die Romäer nachts zwischen Ḫilāṭ und Manzikert. Alp-Arslān rückte am folgenden Tage zum Flusse (6) vor und schlug dort ein Lager auf. während der Kaiser bei az-Zuhra (7) stand. Am 25. August kam es zur Entscheidungsschlacht (8), in der der Kaiser gefangen genommen wurde. Durch sie ging ganz Armenien den Byzantinern mit einem Schlage und für immer verloren.

(1) Ῥουσέλιος.

(2) Skylitz., II, p. 695, 22.

(3) Mittelarmenisch Doghodap', ebenso syrisch bei Mich. Syr., III, p. 243 = Barhebr., *Chron. syr.*, p. 293. MARKWART, *Südarmenien*, p. 562. Der Pass Teghtap (LYNCH : Tekhtap Pass) zwischen Ḫinis und Küllü, an dem TOMASCHEK (*Sasun und das Quellengebiet des Tigris*, in *Sitz-Ber. Akad. Wien*, CXXXIII, 1895, p. 31) diese Stadt suchte, liegt von dem Schlachtfeld zu weit ab. HÜBSCHMANN (*Idg. Forsch.*, XVI, p. 476) setzt daher zu dieser Ansetzung ein Fragezeichen.

(4) Matt'ēos, p. 201 = p. 169 trad. DULAURIER.

(5) Bei Kamāl ad-Dīn, *Historia Merdasidarum*, trad. J. J. MÜLLER, Bonn 1829, p. 73, ist statt *die Martis quarto mensis undecimi anni CCCLXIII* offenbar zu lesen : *die Mercurii vicesimo quarto* eqs. (vgl. al-Makīn, unten, n. 7).

(6) Dem Arsanias.

(7) Elmacini (al-Makīn) *historia Saracenica* lat. et arab. ed. ERPENIUS. p. 277. *Historia Merdasidarum ex Halebensibus Cemaleddini annalibus excerpta* ab IOANNE IOSEPHO MUELLER, Bonnae 1829, p. 74 et 100.

(8) C. CAHEN, *La campagne de Mantzikert*, in *Byzantion*, IX, 1935, p. 613-642.

4. Die byzantinischen Bistümer in Armenien im XI. Ahrhundert.

Der Überblick über die Geschehnisse in Armenien im vorigen Kapitel soll keine vollständige Geschichtsdarstellung bedeuten, sondern beschränkt sich darauf, den historischen Quellen das Material abzugewinnen, das der Ermittelung der Ausdehnung und Grenzen des byzantinischen Territoriums in Armenien irgendwie dienen kann

Die wichtigsten Aufschlüsse darüber gewähren uns aber wiederum die kirchlichen Notitiae, die wir oben (1) bereits für das westliche Armenien, die Diöcesen von Melitene und Kamachos, besprochen haben.

Im XI. Jahrhundert standen ausserdem noch die *ἐπαρχίαι Λαζικῆς* in ihrem stark erweiterten Umfange und *Κελτζηνῆς* unter K/pel, die Eparchie von Theodosiupolis unter Antiocheia.

a) *Die Diöcese von Trapezunt* (« *Lazike* »).

Das Verzeichnis der Bistümer unter Trapezunt hat H. Gelzer in seiner Ausgabe (2) in drei Fassungen nebeneinander gestellt :

1. Codex des Metochion des hl. Grabes 522 = *Nea Taktika*, v. 1641-1648 in der Ausgabe des Georgios Kyprios, p. 77 bis 78 (3) : 7 Bistümer.
2. Codex Athen. 1372 : 18 Bistümer.
3. Jüngere Fassung (bei Parthey (4) ; Notitia III, v. 476-491 ; Notit. X, v. 582-597 ; Notit. XIII, v. 433-448) : 15 Bistümer.

Wertvolles neues Material über sie veröffentlichte ferner

(1) Oben, p. 70-75.

(2) H. Gelzer, *Ungedruckte und ungenügend veröffentlichte Texte der Notitiae episcopatuum*, München 1901 (*Abh. bayer. Akad.*, I. Cl., XXI. Bd., III. Abh.), p. 576.

(3) Gelzer, *Ungedr. Texte*, p. 559, v. 642-649.

(4) Hieroclis *synecdemus* et *Notitiae graecae episcopatuum*... ex rec. G. Parthey, Berolini 1866, p. 120. 217. 259.

N. A. Bees (1), nämlich ein Synodalschreiben des oikumenischen Patriarchen Methodios vom Jahre 1670 (2), das für eine Anzahl dieser Bistümer die entsprechenden Ortsnamen späterer Zeit angibt, und eine Notiz des cod. 27 des Klosters Sumela aus dem Jahre 1734, die auf dieselbe Quelle zurückgeht (3).

Die ersten sieben Bistümer, die alle drei Fassungen gemeinsam aufzählen, bezeichnen den « alten, bereits leoninischen Bestand » und liegen zweifellos sämtlich nördlich des oberen Euphrat, keines von ihnen wohl weiter als etwa 160 km. von der Metropolis entfernt. Ihre Namen sind bereits oben (4) besprochen worden.

Zu ihnen fügt also cod. Athen. 1372 noch elf, Parthey's Notit. III, X und XIII noch acht weitere Bistümer hinzu (5) :

η′	*ὁ Μαϰϱνάλεως*	*η′*	*ὁ Σαϰάβου*
θ′	*ὁ Ζαϱινάϰων*	*θ′*	*ὁ τοῦ Χαβτζίζου*
ι′	*ὁ Αὐδάϰων*	*ι′*	*ὁ τοῦ Χαντίεϱζ*
ια′	*ὁ Μεσουνῆ*	*ια′*	*ὁ τοῦ Ὀλνούτη*
ιβ′	*ὁ Χαχαίου*	*ιβ′*	*ὁ τοῦ Φασιανῆς*
ιγ′	*ὁ Σαϰάμου*	*ιγ′*	*ὁ τὸ Σεϱμάτζου*
ιδ′	*ὁ τὸ Χαβτζίτζιν*	*ιδ′*	*ὁ Ἀνδάϰων*
ιε′	*ὁ τὸ Χαντίεϱζ*	*ιε′*	*ὁ Ζαϱινάϰων*
ις′	*ὁ τὸ Ὀλνούτης*		
ιζ′	*ὁ Φασιανῆς*		
ιη′	*ὁ τὸ Σεϱμάντζου*		

1. Mananalis ist die bekannte Provinz Mananałi, die Heimat der Paulikianer (6), am jetzigen Tuzla-ṣū. Fred. C. Cony-

(1) N. A. Bees (Βέης), *Sur quelques évêchés suffragants de la Métropole de Trébizonde*, in : *Byzantion*, I, 1924, p. 117-137.

(2) D. i. fünf Jahre nach der Zerstörung aller älteren Dokumente der Metropole durch die Türken (Bees, p. 118).

(3) Bees, loc. cit., p. 119 sq.

(4) Oben, p. 54.

(5) Ich lasse die Namen nach Gelzer (*Ungedr. Texte*, p. 576) folgen. Seine und Partheys Varianten, die nichts zur Sache tun, sind fortgelassen.

(6) Vgl. meinen Artikel *Μαναναλις* in Pauly-Wissowa-Kroll, *Realenzyklopaedie*.

BEARE [1] suchte sie fälschlich bald [2] in Karačoban, bald [3] in Theqman, das vielmehr Mardałi hiess [4]!

2. *Ζαρινάκων* entspricht, wie schon GELZER [5] sah, der Festung Zarinak in Armenien, die Ałusian von Antiocheia [6] im Jahre 543 armen. = 1094 n. Chr. als Feldherr des Tutuš eroberte [7]. In diesem Jahre [8] zog Tutuš über Diyārbekr und Ḫilāṭ nach Āḏarbāiğān gegen Barkiyārūq. Vermutlich ist Zarinak das jetzige Zernak am Zernak-Dāgh, 74 km. nordwestlich von Aḫlāṭ.

3. *Ἀνδάκων* [9] entspricht der Station Andaga der *Tabula Peutingeriana* = Andacas des Geographen von Ravenna [10] und dem jetzigen Andak, das 9 km. südwestlich von Deli-Baba und 25 km. nordöstlich von Avnik [11] liegt [12].

(4) *Μεσουνῆ* hält J. MARKWART [13] für den Gau Važnunik', altarmenisch Waražnunik' in der Provinz Taruberan zwischen Hark' und dem Aracani. GELZER [14] erinnert an

(1) FRED. C. CONYBEARE, *The Key of truth*, Oxford 1898.

(2) p. LXIX.

(3) p. 133, n. 1.

(4) p. 131, n. 1.

(5) GELZER, *Ungedr. Texte*, p. 578.

(6) Nach WEIL (*Geschichte der Chalifen*, III, p. 160), der seinen Namen unrichtig Baghi-Sijan las, ein Enkel des Alp-Arslān(?). Riḍwān, der Sohn des Tutuš, war mit der Tochter des Aghisyān verheiratet(Abu'l-Fidā', *Annales muslem.*, ed. REISKE-ADLER, III, p. 380).

(7) Matt'ēos Uṙhayec'i, p. 248, 11 ed. 1898 = p. 208 trad. DULAURIER.

(8) 486 H. = 1093/4.

(9) Var. *Αὐδάκων*.

(10) Ravennatis anonymi *Cosmographia...* ed M. PINDER et G. PARTHEY, Berolini 1860, p. 74, 10.

(11) *Ἀβνίκον κάστρον*, vgl. oben, p. 80.

(12) W. TOMASCHEK, *Zeitschr. für österr. Gymnasien*, XXIX, 1878, p. 854; das jetzige Andak (z. B. auf R. KIEPERTS *Karte von Kleinasien*, Blatt B VI, Erzerum, sub 42° 13' östl. v. Greenw., 39° 47' Breite). Auch J. MARKWART (*Die Entstehung der armenischen Bistümer*, Roma 1932, p. 45 = *Orientalia Christiana*, XXVII, p. 181) suchte es in dieser Gegend, hat aber die Feststellung TOMASCHEKS übersehen und nicht bemerkt, dass der Ort noch jetzt besteht.

(13) MARKWART, *Entstehung d. arm. Bist.*, p. 43 = *Or. Chr.* p.179.

(14) GELZER, *Ungedr. Texte*, p. 578.

Mecnunik' oder Mecunik' bei Thomas Arcruni (1) ; « indessen diese Stadt kann nicht Suffragan von Trapezunt gewesen sein, da sie in Waspurakan liegt ». Doch scheinen die Grenzen dieser armenischen Provinzen im Laufe der Zeiten geschwankt zu haben ; denn von den drei Kantonen Wa[ra]žnunik' (2) lag einer ebenfalls in Waspurakan und darf vielleicht mit dem in Taruberan gleichgesetzt werden. Ferner finden sich für Mecnunik' die Varianten Mežnunik' und Wžnunik' (3). Vielleicht ist also Mecunik'-Wažnunik' ein an den Aracani stossender Kanton von Taruberan unweit von Hark' (4), der zeitweise zu Waspurakan gerechnet wurde.

5. *Χαχαίου* ist wohl nur Dublette zu *γ' ὁ Χαλροῦ*, lies *Χαλχαίου* (5).

6. *Σακάβου* stellt MARKWART (6) mit dem Berge Sukav in Bagrevand, dem jetzigen Köse-Dāgh, zusammen. In dem von N. A. BEES (7) veröffentlichten Synodalschreiben des Patriarchen Methodios von 1670 heisst es aber : *τὸ δὲ Τζινίση εἶναι ἐπισκοπὴ Σακάβου.* Unter *Τζινίση* (8) kann (9) nur das jetzige Ǧinnis (10) am Ǧinnis-ṣū, 40 km. westlich von Erzerūm, verstanden werden.

7. *τὸ Χαβτζίτζιν* ist das armenische Havčič' oder Havačič' nahe bei dem Gau Ałōri (11), arabisch « Hafǧīǧ gegenüber

(1) Thomas Arcruni, p. 251 ed. PATKANEAN ; SAINT-MARTIN, *Mémoires sur l'Arménie*, II, p. 364, var. Mežnunik'.

(2) SAINT-MARTIN, *Mém. sur l'Armén.*, I, p.244. HÜBSCHMANN, *Die altarmenischen Ortsnamen, Indogerm. Bibliothek*, XVI, p. 328, 345, 365, Kantone N° 37, 105, 188.

(3) HÜBSCHMANN, loc. cit., p. 345.

(4) HÜBSCHMANN, p. 322.

(5) Siehe oben, p. 54, n. 4.

(6) MARKWART, *Entstehung d. arm. Bistümer*, p. 44 = *Or. Chr.*, p. 180.

(7) BEES, *Byzantion*, I, p. 120.

(8) Sumela, ms. 27 : *Τζηνήπες.*

(9) Trotz BEES, p. 124, der an die Gegend des antiken Themiskyra denkt (p. 123) ; aber diese gehörte zur Diöcese Pontos Polemoniakos unter der Metropolis Neokaisareia.

(10) Über Ǧinnis vgl. BEES, p. 124, n. 3. R. HARTMANN in *Der Islam*, IX, Strassburg 1919, p. 188. 191. TÄSCHNER, *Das anatolische Wegenetz nach osmanischen Quellen*, I (*Türkische Bibliothek*, XXXIII), 1926, p. 3. 7. 22 ; Tafel 39. 46.

(11) Auf den Gau Ałori beziehen sich gewiss die sonst unverständ-

von Qālīqalā » (Erzerūm) (1). Aus der Aufzählung der Etappen des Zuges des Kaisers Wasil im Jahre 1000 (2) bei Stephan Asołik (3), der nur wenige Jahre später schrieb, geht mit Sicherheit hervor, dass es zwischen Ḫorźean und Erēz in Aršamunik' im Westen und Hark' und Manazkert im Osten, also am Bīngöl-Dāgh, gelegen haben muss (4). Aristakēs (5) lässt den Kaiser freilich über Ekełeac' nach Havačič' ziehen, aber zweifellos nur infolge einer Verwechslung des dort gelegenen Erēz mit dem in Aršamunik'. Denn an einer anderen Stelle (6) setzt er Havačič' ganz richtig zwischen der Festung Ełanc'-berd (7) und Karin (8) an. Mit Unrecht erklärt daher N. ADONTZ (9) diese Ansetzung für « inadmissible, car on peut voir sur la carte de KIEPERT que Hawčič est un village à l'est de Satala » (10). Auf RICHARD KIEPERTS Karte findet sich östlich von Satala, dem jetzigen Sadagh, kein Ort dieses Namens. Gemeint ist wohl das 14 km. *nördlich* davon gelegene « Havdjuch », das jedoch auf der Karte von LYNCH-OSWALD « Ujush », bei CUMONT (11) « Aoudjus » geschrieben wird,

lichen Worte des Konst. Porph. (*adm.*, p. 205), der Erax oder Phasis solle die Grenze zwischen den *μέρη τὰ πρὸς τὴν 'Ιλλυρίαν* und der Gegend von Theodosiopolis bilden.

(1) Ǧamāl ad-Dīn ibn Ẓāfir, *Kitāb ad-duwal al-munqaṭi'a* (mit einem Zitat aus dem Dichter an-Nāmī) bei FREYTAG, *ZDMG*, X, 1856, p. 467, und bei VASILIEV, *Vizantija i Araby*, II, SPbg. 1902, p. 244 und Priloženija, p. 83. TOMASCHEK, *Sasun und das Quellengebiet des Tigris* (*Sitz.-Ber. Akad. Wien*, t. CXXXIII), Wien 1895, p. 26. STEVEN RUNCIMAN, *The Emperor Romanus Lecapenus*, Cambridge 1929, p. 143. MARKWART, *Südarmenien*, p. 492; *Entstehung der armen. Bistümer*, p. 42 (*Or. Chr.*, XXVII, p. 178).

(2) Anno 449 armen.

(3) Stephan Asołik, III, 43.

(4) Dies hat MARKWART (*Südarmenien*, p. 492 ; *Entst. d. arm. Bist.*, p. 42) richtig erkannt. Zum Namen Havačič' « Vogelschrei » vgl. auch die Bemerkungen des Ewliya Čelebi über den « Vogelsee » (Qušgöly) am Bīngöl-Dāgh bei R. HARTMANN, *Islam*, IX, 1919, p. 243.

(5) Aristakēs, p. 4 ed. Venedig 1844.

(6) Aristakēs, p. 82 sq.

(7) = Ełnut, jetzt Oghnut.

(8) = Erzerūm.

(9) N. ADONTZ in *Byzantion*, VIII, 1933, p. 358.

(10) Auch Z. AVALICHVILI, *Byzantion*, VIII, p.193, sucht es « près d'Erzindjan ».

(11) F. CUMONT, *Studia Pontica*, II, p. 354 und Carte XXVI.

also nur ein « Avğuš » wiedergeben kann und überdies an der Strasse von Ekełeac' nach Trapezunt liegt, also nicht einmal zu dem Bericht des Aristakēs passt.

8. Von *τὸ Χαντίερζ* heisst es in dem Synodalschreiben von 1670: *τὸ Ἐρζιγκὰν εἶναι ἐπισκοπὴ Χάντιερζ*. Es entspräche danach dem armenischen Erēz oder Erznga(n) in Ekełeac' (1), dem arabischen Arzanğān (2) und jetzigen Erzinğān, das jedoch um 1364 direkt mit *Κελτζινή* gleichgesetzt wird (3). Die Namensform *Χαντί-ερζ* vermag ich nicht zu erklären. Wie weiter unten (4) näher begründet werden soll, beruht jedoch die Gleichsetzung mit *Ἐρζιγκάν* wahrscheinlich auf einer Verwechslung der beiden Er z, und Chantierz dürfte vielmehr dem Erēz in Aršamunik' (5) entsprechen.

9. *ὁ τὸ Ὀλνούτης* ist *τὸ Οὐλνούτην* bei Konstantinos Porphyrogennetos (6), armen. Ołnut, Ełnut oder Ełanc'-berd, jetzt Oghnut (7).

10. *Φασιανή* ist zweifellos ein Bistum in dem Kanton Basean (8), und zwar seine gleichnamige Hauptstadt Basian (Basean), die dem heutigen Ḥasanqal'e entspricht (9). Wir werden unten (10) sehen, dass die Grenze zwischen den Diöcesen Keltzene und Theodosiupolis die Landschaft Basεan quer durchschnitten haben muss.

(1) Hübschmann, *Idg Forsch.*, XVI, p. 286.

(2) Zuerst zu Anfang des xiii. Jahrhunderts bei Yāqūt, *Mu'ğam* I, p. 205.

(3) Ioannes Lazaropulos bei Papadopulos-Keramevs, *Fontes hist. imp. Trapezuntini*, p. 71. Bees, *Byzantion*, I, p. 123.

(4) Unten, p. 201.

(5) Adonc, *Armenija...*, p. 17, hält dieses Erēz für das jetzige Aziran (R. Kiepert) oder Azizan (Lynch ; türkische Karte 1 :800.000) nahe westlich von Oghnut, wofür er *Arizan lesen will.

(6) Konst. Porph., *adm.*, p. 191, 7.

(7) Siehe oben, p. 148, n. 7 und 8.

(8) Konst. Porph., *adm.*, p. 199 ; Menand. Prot., frg. 41, in *FHG*, IV, p. 243 : *Βαδιανή*, ed. de Boor, p. 202, 8 : *Βασσιανή* (vgl. oben, p. 21, n. 10). Geogr. Ravenn., p. 69, 12 : Fassianon. H. Montzka, *Die Landschaften Gross-Armeniens bei griech. u. röm. Schriftstellern*, Wien 1906 (*29. Jahresbericht des öffentlich. Untergymnasiums in der Josefstadt*), p. 24-25. Schnetz, in *Philologus*, LXXXIX, p. 85.

(9) Wahušt, *Description géographique de la Géorgie*, publ. par M. F. Brosset, St. Pétersb. 1842, p. 120-121.

(10) Unten, p. 214.

Auf welche Weise « Phasianis » anstelle von Arka als erstes Bistum unter Hemesa in die armenische Rezension der *Notitia Antiochena* (¹) geraten ist, vermag ich nicht zu erklären.

11. *ὁ τὸ Σερμάντζου* lag am Srmanc' learn (²), d. i. dem Bīngöl-Dāgh (³). Davon ist gewiss *τὸ κάστρον τοῦ Τζερματζοῦ* (⁴) zu trennen und mit GELZER und HÜBSCHMANN (⁵) als Ǧermaźor in Mokk' zu erklären (⁶).

Demnach war ein schmaler, zunächst nach Südosten und weiter nach Osten hin langgestreckter Gebietstreifen zur Diöcese von Trapezunt geschlagen worden, der den Euphrat zwischen Wiğan und Ǧinnis überquerte und im Süden bis Oghnut reichte. Von dort verlief die Grenze genau nach Osten und berühte an der Mündung des Bīngöl-ṣū vielleicht den oberen Aracani (⁷). An ihm dürfte sie bis in sein Quellgebiet entlang gezogen sein, von wo sie vermutlich über den Delibaba-Pass an den Araxes hin bführte ; von Baseań (⁸) schloss sie die Osthälfte mit der gleichnamigen Hauptstadt ein und umzog die Ebene von Karin (⁹) auf den sie im Süden umgebenden Gebirgsketten. Bezeichnenderweise kennen wir in dieser kirchlichen *ἐπαρχία Λαζική* kein Bistum, das in Lazike (Kolchis) oder auch nur dem heutigen Lazistān, der vom Čoroẖ umflossenen Landschaft, liegt. Da dieses Gebiet, das um 650 bis 900 die Bistümer *Ῥοδοπόλεως, Σαησινῶν* oder *Ἀβισσηνῶν, Πετρῶν* und *Ζιγανέων* umfasst und bis an den

(1) Eğmiacin, Patriarchalbibliothek, cod. 1696, ed. F. N. FINCK, in : Des Epiphanios von Cypern *Ἔκθεσις πρωτοκλησιῶν πατριαρχῶν τε καὶ μητροπολιτῶν*, armenisch und griechisch, Marburg-Tiflis 1902, p. 14, 27 = cod. Vatic. armen. 3 bei CONYBEARE, *Byz. Ztschr.*, V, p. 125.

(2) *Géographie* de Moise de Corène d'après Ptoélmée, ed. A.SOUKRY, Venise 1881, p. 31, lin. 6.

(3) HÜBSCHMANN, *Idg. Forsch.*, XVI, p. 322. MARKWART, *Südarmenien*, p. 507 : *Die Entstehung der armen. Bistümer*, p. 42 = *Or. Chr.*, XXVII, p. 178.

(4) Konst. Porph., *adm.*, cap. 44, p. 194, 8.

(5) GELZER, *Ungedr. Texte...* p. 578. HÜBSCHMANN, p. 331, n. 2.

(6) Gegen MARKWART, *Südarmenien*, p. 305, n. 2 von p. 299 ; p. 506 sq., n. 9.

(7) Den jetzigen Murād-ṣū.

(8) Jetzt Pasin Ova.

(9) Jetzt Erzerūm.

Fuss des Kaukasos sich erstreckt hatte (1), schon zur Zeit des Konstantinos Porphyrogennetos verloren gegangen war, übertrug man den Namen des Landes in der bei den Byzantinern so beliebten Weise auf das Thema Chaldia (2).

b) *Keltzene oder Kortzene und Taron.*

Schon der Name dieser Kirchenprovinz bereitet ungewöhnliche Schwierigkeiten, die Markwart bereits treffend gekennzeichnet hat (3). Sie bestehen vor allem darin, dass Keltzene in der gleichen Notitia (4) als Metropolis einer Diöcese (5), als Erzbistum (6) und als erstes Bistum unter Kamachos (7) genannt wird. Hierzu kommt schliesslich noch, dass nach dem Synodalschreiben von 1670 der Vorort von Ekełeacʻ (Keltzene), Erzingān, wie wir oben (8) sahen, Trapezunt unterstanden haben soll.

Die genannten Schwierigkeiten lassen wenigstens teilweise meines Erachtens keine andere Erklärung zu, als dass die einander widersprechenden Angaben der Notitien über Keltzene sich zwar auf denselben Ort beziehen, aber mehrere Entwicklungsstufen seiner hierarchischen Geschichte fälschlich in die gleiche Zeit verlegen. Ähnliche Fälle finden wir auch sonst; so wird das phönikische Arka in der *Notitia Antiochena* bisweilen als Bistum unter Tyros und daneben unter Hemesa genannt, und nur in einigen Handschriften

(1) Ps.-Epiphanios, Ἔκθεσις, ed. Parthey, Notitia VII, v. 234-238; ed. Gelzer in *Ungedr. Texte...*, p. 542, v. 422-425; als Anhang zu Philotheos, *Kletorologion* vom September 899, bei Konst. Porph., *de caerim.*, cap. 54, ed. Bonn, t. I, p. 797, 4-7 (nach cod. Lips., Rep. I, 17). Vgl. Beneševič, *Byzant.-neugriech. Jahrbb.*, V, 1927, p. 98 (cod. Hieros. Patr. 39, fol. 185r-190r). Notitia des Basileios von Ialimbana, ed. Gelzer, *Georg. Cypr.*, v. 465-468.

(2) Vgl. R. Janin, Art. *Géorgie*, in *Dictionn. de Théol. Cathol.*, fasc. XLVI, Paris 1914, col. 1261.

(3) Markwart, *Südarmenien*, p. 50-53. 437.

(4) Cod. Athen. 1372.

(5) Gelzer, *Ungedr. Texte...*, p. 570, v. 66: *Κελτζινοῦ ἤτοι Κορτζενῶν.*

(6) Ibid., p. 572, v. 119: *ὁ Τζιμενοῦ ἤτοι Κορτζινῆς καὶ Κελτζινῆς.*

(7) Ibid., p. 580: *ὁ Κελτζινῆς.*

(8) Oben, p. 196.

findet sich dazu der erklärende Zusatz: *ἀπεσπάσθη ἀπὸ τοῦ θρόνου Τύρου* (1).

Keltzene war zuerst Bistum unter Kamachos; später wurde es von dieser Diöcese abgetrennt und zur Metropolis einer eigenen Diöcese erhoben. Nach unserer Notitia könnte man vermuten, dass es dazwischen wenigstens für kurze Zeit mit Tzimenu vereint eine Autokephale bildete. Dies ist GELZERS Ansicht, der (2) dazu bemerkt: « Es handelt sich offenbar um eine ephemere Schöpfung ohne Bestand ». Aber die Notitia IV ed. PARTHEY, in der die Metropolen nach ihrer Entstehung klassifiziert werden, wobei die erste Kategorie überschrieben ist: *ἀπὸ μὲν ἀρχιεπισκόπων ἐγένοντο οὗτοι* (v. 45-55), die zweite: *ἀπὸ δὲ τῶν ἐπισκόπων...*, lehrt uns, dass Keltzene (v. 69) ohne Zwischenstufe vom Episkopat zur Metropolis erhoben wurde (3). Diese Erhebung zur Metropolis fällt bestimmt vor das Jahr 1029 (4). Falls die Angabe der Notitia IV. zutrifft, woran zu zweifeln kein Grund vorliegt, ist also unter den Autokephalen *ὁ Τζιμενοῦ ἤτοι Κορτζινῆς καὶ Κελτζινῆς* (5) entweder ganz zu streichen, oder wenigstens der Zusatz zu Tzimenu als Dublette zu dem Namen der 55. *Metropolis* anzusehen. GELZER (6) hielt *Τζιμενοῦ* für *Τζουμιν* 3 m. p. von Bizana, dem jetzigen Wiğan, entfernt. MARKWART (7) erklärt es dagegen für die Festung Cmu (* Cmnu?), die Kaiser Theophilos nach Stephan Asołik (8) nach Ašmušat und vor Pałin (9) berührte (10). Da aber, wie wir eben sahen, zum mindesten der Name Keltzene, wahr-

(1) E. HONIGMANN, *Byz. Ztschr.*, XXV, p. 85.

(2) GELZER, *Ungedr. Texte*, p. 574.

(3) *Notitia IV*, ed. PARTHEY, Hieroclis *synecd.*, p. 135. 137; Paralleltexte bei GELZER, *Ungedr. Texte*, p. 616.

(4) Unten, p. 200, n. 2.

(5) Lies *ὁ Τζιμενοῦ καὶ Κορτζινῆς ἤτοι Κελτζινῆς*?

(6) GELZER, *Ungedr. Texte*, p. 574.

(7) MARKWART, *Südarmenien*, p. 53.

(8) Stephan Asołik, II, 6, p. 144 ed. MALḫASIANC'; die Namen nach MARKWART (*Südarmenien*, p. 48-49) wiederhergestellt.

(9) Jetzt Baghin am Qyghy-ṣū.

(10) MARKWART, *Südarmenien*, p. 53: « Nur muss man sich dann zu der Annahme entschliessen, dass bei Asołik Cmu und Pałin umgestellt seien ». Das ist aber nicht unbedingt nötig, da der Kaiser

scheinlich aber auch der nach dem Metropolenverzeichnis damit gleichbedeutende Kortzene unter den Autokephalen zu streichen ist, fällt möglicherweise der Zusammenhang zwischen *Τζιμενοῦ* und *Κελτζινὴ* - *Κορτζινή*, auf deren Deutungsversuchen Markwarts Kombination dieses Namens mit Cmu beruht, fort. Für die Deutung des Namens *Τζιμενοῦ* und die Lokalisierung dieses autokephalen Bistums fehlt uns dann freilich jeder Anhalt.

Die meisten Hss bieten als Bezeichnung der 55. Metropolis übereinstimmend :

Τῷ Κελτζηνῆς σὺν τῇ Κορτζινῇ καὶ (τῷ) Ταρῶν.

Nur cod. Athen. 1372 nennt hier an 55. und 56. Stelle zwei Metropolen :

νε̄ ὁ Κελτζινοῦ ἤτοι Κορτζηνῶν. νς̄ ὁ τοῦ Ταρῶν.

Markwart (1) will *Κελτζινή* von Ekeɫeac' trennen und darin die Landschaft Keɫi mit der Festung Koɫoberd, dem jetzigen Qyghy-qaṣaba, erkennen. Er vermutet in Keltzine entweder ein mittelarmenisches * Keɫi-tiz (= Koɫo-berd) = « Festung Keɫi » oder eine blosse Entstellung aus **Κελινή* in Anlehnung an den bekannten Namen *Κελτζηνή*. Gegen beide Erklärungen erheben sich aber Bedenken. Dass der Name der *Landschaft* « Festung Keli » bedeute, ist wenig wahrscheinlich. Zu einer Änderung des Namens sind wir zudem keinesfalls berechtigt, denn er kommt nicht nur in vielen Hss der Notitia vor, sondern ein *Σισίννιος μητροπολίτης Κελτζηνῆς* erscheint unter den Teilnehmern zweier Synoden von 1029 (2) und 1031/2 (3). Unter *Κελτζηνή* ohne weiteren Zusatz konnte man aber nur Ekeɫeac' verstehen, das frühere Bistum von Kamachos, wie es auch Notitia IV. ausdrücklich

ebensogut erst auf dem Rückwege von Cmu nach Palin gekommen sein kann.

(1) Markwart, *Südarmenien*, p. 53.

(2) Leunclavius, *Jus graeco-romanum*, I, p. 256.

(3) Cod. Escor. R I 15 fol. 155a, ed. Gerh. Ficker, *Erlasse des Patriarchen von K/pel Alexios Studites*, Kiel 1911, p. 26, lin. 25 ; neben ihm werden dort lin. 33 Michael von Kamachos und p. 27, lin. 1 Nikolaos von Asmōsaton genannt.

bestätigt. Das zwingt uns nicht unbedingt zu der Folgerung, dass die Diöcese von Keltzene räumlich mit ihrer Metropolis zusammengehangen haben muss. So unterstand z. B. die Diöcese Theodosiupolis dem Patriarchat Antiocheia, von dem sie durch die Eparchien von Kamachos, Keltzene und Trapezunt getrennt war.

Unter der gleichnamigen Metropolis der Diöcese Keltzene, die schon Konstantinos Porphyrogennetos (1) als wichtige Stadt mit bedeutenden *προάστεια* schildert, lässt sich schwerlich eine andere Örtlichkeit vorstellen als Erēz, das jetzige Erzinğān, weshalb ich oben (2) vermutete, unter dem lazischen Bistum *Χαντίεϱζ* sei nicht *'Εϱζιγκάν*, sondern Erēz in Aršamunik' zu verstehen.

Taron war wohl vor der Vereinigung mit Keltzene eine selbständige Metropolis gewesen, wie cod. Athen. 1372 nahelegt, der aber zu der Zeit, auf die sich diese Notitia bezieht, noch ebensowenig wie Keltzene Suffraganbistümer unterstanden hatten (3). Erst später wurde es mit Keltzene zusammengelegt, das dadurch zuerst 8, schliesslich mit den Bistümern von Waspurakan zusammen 21 Suffragane erhielt. Im cod. Athen. 1371 (4) sind für die Zeit des Manuel Komnenos diese Suffraganbistümer bereitswieder gestrichen, während sie in den Notitiae III und X. ed. Parthey (5) noch weitergeführt werden, wenngleich die letztere aus viel späterer Zeit stammt (6).

(1) Konst. Porph., *adm.*, cap. 43, p. 186, 17-24 : die *πϱοάστεια τοῦ Πατζάτου*, lies *Τατζάτου* (des Tačat ; cf. Theoph., p. 451 de Boor) und *τοῦ Γϱηγοϱᾶ*. Adontz, *Byzantion*, IX, p. 733.

(2) Oben, p. 196.

(3) Gelzer, *Ungedr. Texte*, p. 581.

(4) Saec. xii sive init. xiii, cf. Gelzer, *Ungedr. Texte*, p.584 sqq.

(5) *Notitia III*, v. 678-698. X, v. 755-776.

(6) Gelzer, *Ungedr. Texte*, p. 591-593, der ebenda, p. 575, die *Notitia III* viel zu früh um das Jahr 980 ansetzen will, was schon die Anführung sämtlicher Bistümer von Keltzene verbietet !

I.	II.	III.
Cod. Athen. 1374. 1379 bei GELZER, *Ungedruckte Texte...*, p. 581.	Cod. Paris. 1363. 1388. Monac. 243. Chalki 51. Athen. 1430. (= Not. III, v. 677-698 ed. PARTHEY). GELZER, *l. c.*, p. 581.	Cod. Lipsiensis senatorius Rep. 1, N° 6 ed. PARTHEY, Not. X, v, 754-776; danach ergänzt im Cod. Vat.graec. 640 von BENEŠEVIČ in *Studi bizantini*, II, Roma 1927, p. 154 sq.
ν̅δ̅ Τῷ Κελτζηνῆς σὺν τῇ Κορτζηνῇ καὶ Ταρῶν·	*Τῷ Κελτζινῆς σὺν τῇ Κορτζενῇ καὶ Ταρῶν·*	*ν̅ε̅. Τῇ Κελτζηνῇ σὺν τῇ Κορτζηνῇ καὶ τῷ Τα ρ<ων>·*
α' ὁ Τομοῦς	*α' ὁ Τομοῦς*	*α' ὁ Κορτζηνῆς*
β' ὁ Χατζοτοῦν	*β' ὁ Χατζτοῦν*	*β' ὁ Τουτάρων*
γ' ὁ Λυκοποταμίας	*γ' ὁ Λυκοποταμίας*	*γ' ὁ τοῦ Μοῦς*
δ' ὁ Κορτζενῆς	*δ' ὁ Κορτζενῆς*	*δ' ὁ Χατζοῦν*
ε' ὁ Μαστραβάτζ	*ε' ὁ Μαστραβάτζ*	*ε' ὁ Λυκοποταμίας*
ϛ' ὁ Χουίτ		*ϛ' ὁ Ἐγκορτζενῆς*
ζ' ὁ Τοπάρχου	*ϛ' ὁ Χουίτ*	*ζ' ὁ Μαστραβάτζ*
η' ὁ Ἀμβρῆς	*ζ' ὁ Τοπάρχου*	*η' ὁ Χουίτ*
	η' ὁ Ἀμβρῆς	*θ' ὁ Πάρχου*
	θ' ὁ Τουταρῶν	*ι' ὁ Ἀμβρῆς*
	ι' τὸ Μαρμεντιτζοῦερ	*ια' ὁ Ἀρμεντιτζουὲρ ἤτοι Λειμωνοδύα*
	ια' τὸ Μαντζιέρτε	*ιβ' ὁ Ματζίερτε*
	ιβ' ὁ Ἅγιος Νικόλαος	*ιγ' ὁ τοῦ Ἁγίου Νικολάου*
	ιγ' τὸ Εὐᾶ, ἡ Θεοτόκος	*ιδ' ὁ Εὐᾶ ἤτοι τῆς Θεοτόκου*
	ιδ' τὸ Ἀρτζέσιν, ὁ Ἅγιος Νικόλαος	*ιε' ὁ Ἀρτζεσίου ἤτοι τοῦ Ἁγίου Νικολάου*
	ιε' τὸ Ἀρτζικὲ ἤτοι Ἀρκεράβου	*ιϛ' ὁ Ἀρτζίκε ἤτοι Ἀρκερόβου*
	ιϛ' τὸ Ἀμούκιον	*ιζ' ὁ Ἀμουκίου*
	ιζ' τὸ Περκίν	*ιη' ὁ Περκίου*
	ιη' ὁ Ἅγιος Γεώργιος	*ιθ' ὁ τοῦ Ἁγίου Γεωργίου*
	ιθ' τὸ Ὀσταᾶν	*κ' ὁ τοῦ Ὀστάνου*
	κ' ὁ Ἅγιος Ἐλισσαῖος	*κα' ὁ τοῦ Ἁγίου Ἐλισσαίου*
	κα' τὸ Σεδράκ, ἡ Θεοτόκος	*κβ' ὁ Σεδρὰκ ἤτοι τῆς Θεοτόκου.*

Ein Vergleich zeigt, dass die drei Listen in Reihenfolge und Namensformen fast völlig übereinstimmen. Nur fehlen in Liste I alle auf N° 8 (Ἀμβρῆς) folgenden Namen, und der Redaktor der Liste III hat die in der Überschrift genannten Landesbistümer Kortzene und Taron, die in Liste II die 4. und 9. Stelle einnehmen, vorangestellt, dann aber vergessen, das erstere unter N° 6 (ὁ Ἐγκορτζενῆς) zu tilgen, sodass es doppelt steht und somit 22 statt 21 Bistümer gezählt werden. Die naheliegende Vermutung, dass diese Landesnamen in II, N° 9 und III, N° 6 (1) als Überschriften der darauf folgenden Abschnitte aufzufassen sind, erweist sich als unannehmbar, wenn man die Lage der auf sie folgenden Bistümer betrachtet. Die einzige, räumlich und zeitlich bedingte Gliederung ist vielmehr die in die ersten 8 (Liste I) bezw. 9 (Liste II und III, in der N° 1 = 6 ist) Bistümer und den folgenden Rest, der wenigstens in dem GELZERschen Texte sich auch äusserlich dadurch von dem Vorangehenden abhebt, dass vor den Namen der Bistümer, soweit sie nicht denen von Heiligen entsprechen, der Artikel τὸ statt wie vorher ὁ steht, was übrigens ursprünglich auch bei den ersten acht Bistümern der Fall gewesen sein muss, wie die Namen ὁ Τομοῦς und ὁ Τοπάρχου zeigen (s. u.). Ursprünglich stand wohl vor allen Namen ὁ τοῦ..., wie in Liste III, N° 2, 3, 13, 19, 20. Obgleich sich nicht alle Bistümer auf der Karte festlegen lassen, ist es doch evident, dass der erste Teil den Bestand einer früheren Epoche wiedergibt, in der die Diöcese Keltzene nur bis Taron einschliesslich, also etwa bis 42° östlich von Greenwich reichte, während der zweite Teil ihre spätere Erweiterung durch die Bistümer rings um den Van-See erkennen lässt (2). Dieser zweite Teil entspricht annähernd der Provinz Basprakania-Waspurakan und kann erst nach 1036 (1030?) (3) hinzugekommen sein (4). Der erste Teil, für den das Jahr 972 die früheste Zeitgrenze wäre (5), dürfte in der Zeit nach den

(1) Lies ἐν Κορτζενῇ.

(2) Vgl. GELZER, *Ungedr. Texte*, p. 582.

(3) Nach V. LAURENT, *Échos d'Orient*, 34e année, 1931, p. 464, n. 1, wurden Arčēš und Berkri schon um 1030 byzantinisch.

(4) 1036 nach MARKWART, *Südarmenien*, p. 470. Vgl. p. 209, n. 2.

(5) GELZER, *Ungedr. Texte*, p. 582.

grossen Aufständen, also zwischen 990 und 1036, entstanden sein.

Die Namen der Bistümer bezeichnen in einem (1) oder zwei (2) Fällen Landschaften, so wie wir solche auch in der *Notitia Antiochena* unter den armenischen Suffraganen von Amida finden (3). Wahrscheinlich liegt aber hier nur eine unrichtige Wiederholung der in der Überschrift genannten Landschaftsnamen vor. Der Bischof von Taron zum mindesten kann kaum anderswo residiert haben als in Muš oder Matravatz.

Bei der nachfolgenden Besprechung der einzelnen Bistümer befolge ich die Reihenfolge der III. Liste.

α' ὁ Κορτζηνῆς = *ϛ' ὁ Ἐγκορτζενῆς*, lies *ὁ ἐν Κορτζηνῇ*) ist der Bischof von Ḫorźajnk', Ḫorcēnk', *Χορζιανηνή*.

β' ὁ τοῦ Τάρων ist der Bischof der Provinz Tarōn (Taraun) zu beiden Seiten des Aracani, die, wie wir sahen, im cod. Athen. 1372 als selbständige Metropolis noch ohne Bistümer genannt wird (4).

γ' ὁ τοῦ Μοῦς, der Bischof der Stadt Muš, der Hauptstadt von Taraun.

δ' ὁ Χατζοῦν, besser *ὁ Χατζοτοῦν*, ein Ḫač'i-tun, « Haus des Kreuzes » (5). Ein « Steinkreuz » (Arźan) im westlichen Taraun nennt Johannes Mamikonean (6).

ε' ὁ Λυκοποταμίας bezeichnet das Flussgebiet eines Lykos. GELZER (7) dachte an den Gail, *Λύκος*, « welcher bei Erēz

(1) Liste II, *θ'*.

(2) Liste III *α'* = *ϛ'* und *β'*.

(3) Vgl. *Ἰγγιληνή, Βελαβιτηνή, Σοφηνή*.

(4) GELZER, *Ungedr. Texte*, p. 582. HÜBSCHMANN, *Idg. Forsch.*, XVI, p. 325-327.

(5) GELZER, *Ungedr. Texte*, p. 582.

(6) Joann. Mamikonean, *Geschichte von Taron*, ed. Venedig 1832 (hinter Zenob Asori), p. 15 ; trad. LANGLOIS in C. MÜLLERS *Fragm. Hist. Graec.*, V, 2, Parisiis 1872, p. 365, cap. 2 : « ils arrivèrent à la croix de pierre (Artzan) » : vgl. dazu Zenob de Glag, *ibid.*, p. 347, und W. TOMASCHEK, *Sasun und das Quellengebiet des Tigris*, Wien 1895 (*Sitz.-Ber. Akad. Wien*, CXXXIII), p. 21 : « übrigens kennt Johannes Mamikonean in Taron gegen Hašteank' eine Anhöhe Ardzan mit dem Kloster « Heiligenkreuz » Surb-chač' ». Von letzterem ist freilich in dem armenischen Texte nicht die Rede ; ebensowenig kennt HÜBSCHMANN ein Surb Ḫač' in Taron (*Idg. Forsch.*, XVI, p.432).

(7) GELZER, *Ungedr. Texte*, p. 582.

(Keltzene) sich in den Euphrat ergiesst ». Er meinte wohl den Nahr Lūqiya (1), den jetzigen Quru-čai, der allerdings 75 km. unterhalb von Erzinğān in den Euphrat mündet; doch dessen Flussgebiet gehört sicher zu der Diöcese von Kamachos. Nach MARKWART (2) ist es jener Gail, « Wolfsfluss », der dem jetzigen Mezūr-čai entspricht. Der heutige Ličik-ṣū oder Peri-ṣū, den Plinius (3) Lycus, Suhrāb (4) Nahr ad-di'b (« Wolfsfluss ») nennt, kommt weniger in Betracht, da er Ḫorźeankʻ durchfloss (5), sein Tal also dem Bistum Kortzene entsprechen würde; es sei denn, dass man den Namen des darauf folgenden (angeblichen) Bistums vielmehr als Zusatz zu N° 5 auffassen und *ὁ Λυκοποταμίας ἐν Κορτζηνῇ* lesen will.

ς' ὁ Ἐγκορτζενῆς. Siehe unter *α'* und *ε'*.

ζ' ὁ Ματραβάτζ ist armenisch Matravacʻ oder vielmehr Matravan(i)cʻ, der Genetiv (Lokativ) von Matravan. ADONTZ (6) hat erkannt, dass es das Bistum des *Βαάνης Μα[σ]τράβων* aus dem Jahre 879 ist, dessen Namen MANSI (7) *Μασταύρων*, LE QUIEN (8) *Μετράχων* lesen wollte, und das HERGENRÖTHER (9) und DVORNÍK (10) in Zinchia oder Tamatarcha suchten. Wie ADONTZ zeigt, entspricht Baanes dem Bischof Vahan von Taron, den Vardan (11) zum Jahre 875 nennt (12). Das « Martyrionkloster » (13) setzt er mit dem berühmten Kloster des

(1) Suhrāb, p. 120,7 ed. VON MŽIK, (*Bibl. arab. Histor. u. Geogr.*, V, Leipzig 1930).
(2) MARKWART, *Südarmenien*, p. 437.
(3) Plinius, *nat. hist.*, V, 84.
(4) Suhrāb, p. 122, 1 ed. VON MŽIK.
(5) MARKWART, *Südarmenien*, p. 429, n. 1.
(6) N. ADONTZ, *Byzantion*, IX, 1934, p. 259-260.
(7) J. D. MANSI, *Sacror. concilior. nova et ampliss. collect.*, XVII, p. 377.
(8) LE QUIEN, *Oriens Christianus*, I, col. 1325.
(9) J. HERGENRÖTHER, *Photius, Patriarch von C/pel*, II, Regensburg 1867, p. 458, n. 77.
(10) FR. DVORNÍK, *Les légendes de Constantin et de Méthode vues de Byzance*, Prague 1933, p. 180.
(11) Vardan, *Geschichte*, p. 85.
(12) ADONTZ, *loc. cit.*, p. 246.
(13) Armen. Matravan(kʻ) = maturn + van(kʻ).

Ioannes Prodromos, armenisch Surb Karapet, in Taron (1) gleich, das angeblich dessen Reliquien und die des hl. Athenogenes beherbergte. Es liegt 6 Stunden westlich von Aštišat (2) und heisst noch jetzt Surb Karapet oder Čangly-Kilisse (3).

η' ὁ Χουίτ ist Ḫoit‘ am südlichen Gebirgsrande (4) von Taraun, das Land der *Χοθαῖται* (5).

θ' ὁ Πάρχου (6) das noch jetzt Parḫu heisst, liegt 28 (7) oder 34 (8) km. westlich von Muš am nördlichen Ufer des Murād-ṣū.

ι' ὁ Ἀμβρῆς ist mir unbekannt.

ια' ὁ <Μ>αρμεντιτζοῦερ ἤτοι Λειμωνοδύαξ. Es läge nahe, in dem ersten Namen ein *Marmēdi-ğur, « Wasser von Marmēd (Marmēt) » zu sehen und es mit Mermid am Mermid-čai 17 km. nordwestlich von Van gleichzusetzen (9). Aber der griechi-

(1) Das Kloster Surb Karapet heisst auch Glakawank‘ oder Innakneawank‘ (« Kloster der neun Quellen »).

(2) Dem jetzigen Surb Sahak. Inğiğean, *Neu-Armenien*, p. 193 sq. Hübschmann, *Idg. Forsch.*, XVI, p. 401. Markwart, *Südarmenien*, p. 290.

(3) Hübschmann, p. 325. Neuere Reisende, von denen als erster Ewliya Čelebi (gest. 1679) das Kloster Čañly Kilise ausführlich beschreibt (III, p. 229 ed. Stambul; übersetzt von R. Hartmann in *Der Islam*, IX, p. 230-231), sind angeführt bei R. Hartmann, *l. c.*, p. 232. — Tournebize (Art. *Arménie* im *Dict. d'hist. et de géogr. ecclés.*, t. IV, Paris 1930, col. 387) unterscheidet jedoch Matravank‘ von Surb Karapet, welch' letzteres er ebenso wie Lynch und R. Kiepert fälschlich mit Aštišat gleichsetzt, und sucht es (Matravank‘) « plus près de l'Euphrate »; vgl. *Matna Vank* (lies: *Matra V.*?) auf R. Kieperts *Karte von Kleinasien*, Blatt B VI: Erzerum.

(4) armenisch Simn leaṙn.

(5) Georg. Cypr. (Basileios), v. 946. Gelzer, *Ungedr. Texte*, p. 582. Hübschmann, p. 325.

(6) Var. *ὁ Τοπάρχου*, lies *ὁ τὸ* [für *τοῦ*] *Πάρχου*. Prof. Adontz weist mir den Ort auch bei Johannes Mamikonean, *Geschichte von Taron*, cap. 1, p. 12, lin. 23, ed. Venedig, als Pareḫ nach (bei Dulaurier in *FHG* V, 2, p. 363, col. II, die Form Baregh, d. i. Parel), das neben Kovars (Lynch: Guvars) genannt wird.

(7) *Map of Armenia and adjacent countries* (1:1.000.000) by H. F. B. Lynch et F. Oswald, London 1915.

(8) R. Kiepert, *Karte von Kleinasien*, Blatt VI C: *Diarbekir*.

(9) Auf der englischen Karte « *Eastern Turkey in Asia* » in 1 : 250.000 Sheet 19 (J-38 E): Van-Bitlis (Geogr. Sect., General Staff, Nº 1522a)

sche Name ist gewiss als eine Übersetzung des armenischen anzusehen, und ich ziehe daher die scharfsinnige Deutung vor, die ich der Güte von P. Peeters verdanke : * Margagetin-źor, « Wiesen-Fluss-Tal (oder : -Wādī) » = *λειμωνο-ῥύαξ.

ιβ′ ὁ Ματζι<κί>ερτε oder *Μαντζι<κί>ερτε* ist der Name dieses Bistums zu ergänzen nach Konstantinos Porphyrogennetos (1) und Skylitzes (2) ; armenisch Manckert, Manavazakert in Apahunik', arabisch Manāzkert, jetzt Melāzgerd (3).

ιγ′ ὁ τοῦ Ἁγίου Νικολάου. Gelzer (4) bemerkt hierzu : « Auffällig ist, dass mehrere Klöster des hl. Nikolaos darunter (5) figurieren, der, soviel ich sehe, in Armenien gar keiner Verehrung genoss ». Doch wird wenigstens in Erznga (Erziṅğān) ein Nikołias-Kloster erwähnt (6).

ιδ′ ὁ Εὐᾶ ἤτου τῆς Θεοτόκου, wie *κβ′* ein Kloster der hl. Gottesmutter, armen. Surb Astvacacin. Die Bezeichnung « Eva(?)-Kloster » vermag ich nicht zu erklären. Vielleicht ist darin vielmehr der Name (lies *Εὐᾶν= Ἐβᾶν* ?) von Van zu vermuten (7).

ιε′ ὁ Ἀρτζεσίου ἤτοι τοῦ Ἁγίου Νικολάου ist der Bischof von Arčēš (8), arabisch Arğīš, das bald zu Turuberan, bald zu Waspurakan gerechnet wurde (9). Die Ruinen liegen bei

als « Mermenid » eingetragen, was noch besser zu dem Namen des Bistums passen würde.

(1) Konst. Porph., *adm.*, p. 192, 5-196, 11. 202, 7.

(2) Cedreni *opera*, II, p. 590, 19 : *Μαντζικίερτε* ; p. 692, 2. 12. 23 : *Ματζικιέρτ* ; p. 701, 17 : *Ματζικίερ.*

(3) Gelzer, *Ungedr. Texte*, p. 582 sq. Hübschmann, *Idg. Forsch.*, XVI, p. 330. 449. Markwart, *Südarmenien*, p. 78. 301. 458.

(4) Gelzer, *Ungedr. Texte*, p. 583.

(5) Unter den Klosterbistümern.

(6) Tournebize, *Dict. d'hist. et de géogr. ecclés.*, IV, col. 388.

(7) Ptolem., *Geogr.*, V, 21, ed. Müller, t. I, p. 948 : *Βουάνα.* Skylitz.-Kedren., II, p. 508, 8 : *Ἴβαν,* d. h. *ἰ Van,* « nach Van », *εἰς τὸ *Βᾶν* (Hübschmann, *Idg. Forsch.*, XVI, p. 469) ; arabisch Wān (Minorsky, *Encycl. de l'Islam*, s.v.). Ob das *Χαύων* des Ktesias (Weissbach, *R.-E.*, III, col. 2203) Van ist (so Markwart, *Die Entstehung und Wiederherstellung der armenischen Nation*, Berlin-Schöneberg [1919], p. 27), ist unsicher, vgl. Hübschmann, p. 469.

(8) Konst. Porph., *adm.*, p. 191-196 : *Ἄρζες.*

(9) Gelzer, *Ungedr. Texte*, p. 583.

Matłavank' am Örene-čai (1) nahe dem nördlichsten Punkt der Küste des Van-Sees.

ις' τὸ 'Αρτζικὲ ἤτοι 'Αρκεράβου ist Arckē in Bznunik' (2) und eine erst neuerdings nachgewiesene Nachbarstadt. P. Vitalien Laurent (3) hat ein Siegel des Christophoros *ὁ (Δ)υ[οβ]ουνι(ώτης ?* (4), *πρωτο)σπαθά(ριος), ὕπατ(ος)* und *στρατηγός* von *'Αρτζικὲ καὶ 'Αρκεράβ(ου)* veröffentlicht und besprochen. Arckē hiess bei den Arabern D̠āt al-ğauz, « das Nussreiche » oder 'Ād al-ğaud (5) ; jetzt heisst es 'Ādi' l-ğiwaz (6). « Die Stadt Arckē lag später auf einer Insel oder Landzunge im Vansee, in deren Nähe eine uneinnehmbare Burg auf einem Felsen des Festlandes lag. Die Stadt ist nun im See versunken, der heutige Ort liegt am Abhange des Felsens » (7). Die genannte Felsenburg war gewiss Arkerabu (8).

ιζ' ὁ 'Αμουκίου ist von Gelzer (9) als Amiuk ist Waspurakan am Ufer des Vansees gegenüber der Insel Limn erkannt worden : « Wardan Wardapet S. 124 Venedig hat, wie die Griechen, die Form Amuk ». Die Vokalisierung des Namens schwankt ; J. H. Mordtmann (10) führt folgende Varianten an : « Amīk (*Türk. Bibl.* XXI, S. 79), Amak : Itinerar Solimans I. 1548/9 ; Amuk bzw. Amīq ovassi bei Van (Evlijā) ». Amuk heisst es auch auf neueren Karten (11).

ιη' ὁ Περκίου oder *τὸ Περκίν*, lies *Περκρί[ου]*, das bekannte Berkri, arab. Bārkīrī geschrieben (12), am Band-i Māhī-Čai, der in den Van-See an seiner Nordostspitze mündet (13).

(1) Hübschmann, *Idg. Forsch.*, XVI, p. 329. Markwart, *Südarmenien*, p. 76.

(2) Konst. Porph., *adm.*, p. 194, 3. 196, 13 : *'Αλτζίκε*.

(3) V. Laurent in *Échos d'Orient*, XXXIV, 1931, p. 452-465.

(4) Von H. Grégoire vorgeschlagene Ergänzung. Vgl. das *χωρίον τῶν δύο βουνῶν* bei Pachym., II, p. 211 sq. (= *τὸ Μιλησίως Διδύμιον*? a. 1282).

(5) Ibn al-Azraq al-Fāriqī bei H. F. Amedroz, *JRAS*, 1902, p. 797.

(6) Hübschmann, *Idg. Forsch.*, XVI, p. 328.

(7) Hübschmann, p. 328, n. 3.

(8) Vgl. oben, p. 182, n. 5.

(9) Gelzer, *Ungedr. Texte*, p. 583.

(10) J. H. Mordtmann, in *Der Islam*, XIV, 1925, p. 155.

(11) *Eastern Turkey*, Sheet 19 : Van-Bitlis.

(12) G. Le Strange, *The Lands of Eastern Caliphate*, Cambridge 1905 (2nd impr. 1930), p. 183.

(13) Gelzer, *Ungedr. Texte*, p. 583. Belege bei Hübschmann, *l. c.*, p. 341 unten.

Es war nach MARKWART (1) sicher von 1036/7 bis 1054/5 byzantinisch, nach P. VITALIEN LAURENT jedoch wurde es schon um 1030 gewonnen und erst 1071 endgiltig verloren (2).

ιθ' ὁ τοῦ Ἁγίου Γεωργίου, ein Klosterbistum, armenisch etwa Surb Georgi Wank'. Der hl. Georgios ist auf der Vorderseite des oben erwähnten, von V. LAURENT veröffentlichten Siegels (3) dargestellt.

κ' ὁ τοῦ Ὀστάνου, τὸ Ὀστᾶν ist Ostan in Rštunik' am südlichsten Punkt des Vansees gegenüber der Insel Ałt'amar (jetzt Aḫt'amar), Residenz der Könige von Waspurakan (4); arabisch und syrisch Wasṭān (5).

κα' ὁ τοῦ Ἁγίου Ἐλισσαίου, ein Surb Ełišē.

κβ' ὁ Σεδρὰκ ἤτοι τῆς Θεοτόκου. Zu Theotokos vgl. *ιδ'*; der Name *Σεδράκ* stammt wohl aus der biblischen Geographie (6).

Von den beiden Gruppen von Bistümern, die wir oben festgestellt haben, entspricht eigentlich nur die erste der Überschrift « Keltzene mit Kortzene und Taron », während bei der zweiten wohl eher der Name » « Basprakania » bezw. « Media » (*Ἄνω Μηδία*?) zu erwarten wäre. In der Zivilverwaltung wenigstens scheint das Gebiet dieser « keltzenischen »

(1) MARKWART, *Südarmenien*, p. 469, n. 1. 470. Vgl. oben, p. 172 sq.

(2) J. LAURENT, *Byzance et les Turcs Seldjoucides*, Nancy 1914 (1919), p. 20, n. 2. V. LAURENT, *Échos d'Orient*, XXXIV, p. 464, n. 1-2. Nach Kedren.-Skylitz., II, p. 502 sq. : unter Romanos Argyros, also zwischen November 1028 und April 1034. Ibn al-Aṯīr IX, p. 297 : a. 425 H. (26. Nov. 1033-15. Nov. 1034). Aristakēs Lastiv., c. 9, p. 28 sq. : unter Michael IV (1034-1041). Matt'ēos Ufh., p. 75 : a. 485 armen. (12. März 1036-11. März 1037). MARKWART scheint die besonders in den Eigennamen divergierenden Berichte mit Recht auf die gleichen Ereignisse zweier aufeinanderfolgenden Jahre (1033-34 oder 1034-35?) zu beziehen und das Jahr 1036 nur als äussersten und sichersten *terminus post quem* für die Notitia der Bistümer anzusehen.

(3) V. LAURENT, *loc. cit.*, p. 453 sq.

(4) GELZER, *Ungedr. Texte*, p. 583. HÜBSCHMANN, *Idg. Forsch.*, XVI, p. 460 sq.

(5) Michael Syr., III, p. 501. 504 trad. CHABOT. LE STRANGE, *East. Caliph.*, p. 184. MARKWART, *Südarmenien*, Register, p. 617 (Ostan). 632 (Wastan).

(6) Zach., 9, 1 ; LXX : *Σεδρὰκ* oder *Σεδράχ*.

Bistümer in die beiden Teile Waspurakan und Taron — wenn nicht noch in mehr — zerfallen zu sein ; beide vereint unterstanden eine zeitlang (1046-1058) dem *δούξ* Gregorios Magistros.

Grosse Schwierigkeit bereitet die Erklärung der Provinznamen *Ἄνω* und *Κάτω Μηδία*, besonders die Bestimmung der letzteren. Aus der Ausdrucksweise des Skylitzes (1) geht hervor, dass Media und Asprakania gleichbedeutend sind, sodass der zweimalige erklärende Zusatz « das ist (das jetzige) Asprakania » (2) sich nur auf das Wort *Μηδία*, nicht auf *Ἄνω Μηδία* zu beziehen scheint (3). Die *Κάτω Μηδία* wird nur einmal (4) erwähnt, und diese Stelle bietet keinerlei Anhaltspunkte für ihre Lagebestimmung (5).

Die Frage, ob es neben Keltzene-Kortzene-Taron eine gesonderte Kirchenprovinz Basprakania gegeben hat, verlangt umso dringender eine Lösung, als kürzlich P. V. Laurent ein Siegel veröffentlicht hat, das nach seiner Lesung von einem *Στεφάνῳ ἁ[μαρτώ]λō ἀρχ(ι)[επισ]κόπō Σ....ΠΑΝ Βα[σπρ]ακανίας* stammt (6). Eine passende Ergänzung des Namens *Σ....παν* (oder *Γ....παν*), der anscheinend ein Erzbistum in Waspurakan bezeichnen soll, konnte ich nicht finden. Sarapana in Kolchis (jetzt Šorapan am Kwirila), an das P. Peeters zunächst dachte, kann schwerlich jemals zu Waspurakan gerechnet worden sein. Überhaupt ist es nicht sicher, ob die Lücke vor *-παν* wirklich zum Namen eines Erzbistums ergänzt werden muss (7).

(1) Skylitz.-Kedren., II, p. 464, 11 : *τῆς ἄνω Μηδίας ἄρχων, ἣν Ασπρακανίαν ὀνομάζουσι σήμερον* ; p. 481, 23 - 482, 1 : *Μηδίας ἄρχοντα τῆς καὶ 'Ασπρακανίας* ; p. 512, 10 : *ἄρχειν ἐκπέμπει τῆς ἄνω Μηδίας καὶ τῆς* [lies : *τῆς καὶ*] *'Ασπρακανίας* ; p.570, 19 : *ἀπὸ τῆς Μηδίας ἤτοι τοῦ Βαασπρακάν.*

(2) Skyl.-Kedren., *loc. cit.*, p. 464. 512.

(3) V. Laurent, *Échos d'Orient*, XXXIV, 1931, p. 460 hält Medien, Obermedien und Vaspurakan für gleichbedeutende Bezeichnungen des Katepanats.

(4) Skylitz.-Kedren., II, p. 494, 23.

(5) Man könnte etwa an das Gebiet nördlich des Van-Sees (so V. Laurent, *l. c.*, p. 461 sq.), an das den Byzantinern abgetretene Anževac'ki', an Manckert usw. denken.

(6) V. Laurent, in *Échos d'Orient*, XXXVI, 1933, p 315-318.

(7) V. Laurent, *l. c.*, p. 317-318.

c) *Theodosiupolis.*

Die Diöcese von Theodosiupolis, deren Gebiet sich anscheinend ungefähr mit dem der byzantinischen Provinz *Iberien* deckte, gehörte zum Patriarchat Antiocheia. Diese geographisch auffällige Zuteilung beruht zweifellos auf den bekannten alten Ansprüchen dieses Patriarchats auf Iberien (1). Zur Zeit der Abfassung der sogenannten *Ekthesis des hl. Epiphanios* » (2) und der Notitia der Armeniers Basileios von Ialimbana (3) unterstand freilich die Stadt *Θεοδοσιούπολις Ἀρμενίας* noch als Bistum der Metropolis Kaisareia von Kappadokia I. Die Georgier (Iberer) waren seit etwa 750 kirchlich autonom, standen aber in enger Verbindung mit Antiocheia, dessen Patriarch von den georgischen Bischöfen in der Liturgie erwähnt wurde und einen jährlichen Zins erhielt, bis diesen Patriarch Ioannes III. (996-1020) dem Patriarchen von Jerusalem abtrat. Theodoros Balsamon nennt in seiner Erklärung zum zweiten Kanon des Constantinopolitanum I. Iberien als autokephale Kirche neben Bulgarien und Kypros. Nach ihm soll (*λέγεται*) Iberien unter dem antiochenischen Patriarchen *κυρὸς Πέτρος* autokephal geworden sein (4). Ob er damit Petros *ὁ κναφεύς* (5) oder Petros III. (ca. Juni 1052-1057) meint, lässt sich schwer entscheiden. Petros III. erwähnt in seinem Briefe an Dominicus

(1) Vgl. BROSSET, *Histoire de la Géorgie*, I, p. 229, n. 4. A. PALMIERI in *Oriens Christianus*, III, p. 162 sqq. N. MARR, *Zerkovnija Vědomosti*, 1907, P. I, Sect. II, p. 107-141. GELZER, *Byz. Ztschr.*, I, p. 274-277. C. KARALEVSKIJ, Art. *Antioche*, in *Dict. d'Hist. et de Géogr. ecclés.*, III, 1924 (fasc. XIV von 1921), col. 597. 612. R. JANIN, Art. *Géorgie*, in *Dict. de Théol. Cathol.*, fasc. XLVI, Paris 1914, col. 1261. P. PEETERS, *Les débuts du christianisme en Géorgie d'après les sources hagiographiques*, in *Anal. Bolland.*, t. L, 1932, p. 5-58.

(2) Ps.-Epiphanios, *Ekthesis*, ed. GELZER, *Ungedr. Texte*, p. 536, v. 80 ; ed. FINCK, Des Epiphanios von Cypern *Ἔκθεσις*..., Marburg 1902, p. 20, 27 : T'ēodosoupavlis Hayoc'.

(3) Georg. Cypr., p. 536, v. 80 ed. GELZER.

(4) BEVERIDGE, *Synodikon*, I, p. 88 = MIGNE, *Patr. Gr.*, t. CXXXVII, col. 320.

(5) Petrus Fullo, 468-471, 475-477/8, 485-588 Patriarch von Antiocheia.

von Grado (1) vom Juni 1054 nur die Katholikate *Βαβυλὼν ἡ μεγάλη* (= Baghdād) *καὶ Ῥωμόγυρις ἤτοι τὸ Χωρασᾶν*; falls er bei Theodoros Balsamon gemeint ist, lässt die Autokephalerklärung Iberiens sich genau datieren (zwischen 1052 und Juni 1054) (2). Nach der Vita des georgischen Heiligen Giorgi Mtʿatsmidel musste dieser in den Jahren 1056-1059 wieder die Unabhängigkeit der georgischen Kirche gegen den antiochenischen Patriarchen Ioannes verteidigen (3).

Unser kurzes Bistümerverzeichnis hat aber nichts mit der autokephalen Kirche von Iberien (Wirkʿ) zu tun, da es sich bei ihm lediglich um die *byzantinische Provinz Iberien* (Taikʿ) handelt! Ihr Metropolit war der 12. unter den antiochenischen Metropoliten, während die Katholikoi von Wirkʿ, Baghdād und Romagyris (Nīšāpūr) einst im Range allen 13 Metropoliten vorangegangen waren, und andererseits Iberien nach seiner Autokephalerklärung überhaupt ausserhalb der Jurisdiktion des antiochenischen Patriarchats lag. Nur insofern besteht ein schwacher Zusammenhang zwischen dem früheren antiochenischen Katholikat Iberien (Wirkʿ) und der Provinz Theodosiupolis, als diese ja zum Teil aus den ehemals « iberischen » Gebieten des Davitʿ von Taikʿ entstanden war, worin der antiochenische Patriarch zweifellos eine historische Begründung für seine Ansprüche erblickte. Zu dieser Kirchenprovinz wurde nach 1045 (4) die räumlich von ihr völlig getrennte « *Μεγάλη Ἀρμενία* » geschlagen, woraus sich die etwas befremdliche Tatsache erklärt, dass das Gebiet von Ani als byzantinische Provinz nicht den stolzen Namen « Grossarmenien » behielt, sondern ebenfalls Iberien genannt wurde.

(1) Cotelerius, *Eccl. graec. monum.*, II, p. 116. Cornelius Will, *Acta et scripta quae de controversiis ecclesiae Graecae et Latinae saeculo undecimo composita extant*, Leipzig 1861, p. 212.

(2) So Gelzer, *Byz. Ztschr.*, I, p. 275.

(3) Brosset, *Histoire de la Géorgie*, I, p. 339. 341. Gelzer, *B. Z.*, I, p. 276 sq. P. Peeters, *Anal. Boll.*, XXXVI-XXXVII, 1917-19, p. 112, § 46, n. 3.

(4) Vgl. unten, p. 216 zu *ἡ Ἁγία Μαρία*. Dadurch, dass Gelzer (*Byz. Ztschr.*, I, p. 279) die Notitia erst um 1070 ansetzte, konnte er bei der Lokalisierung der Bistümer seine Phantasie ungehindert über ganz Vorderasien schweifen lassen!

Die Ansprüche des Antiocheners auf Theodosiupolis wurden wahrscheinlich auch durch die Fälschung oder das Missverständnis bekräftigt, dass man Theodosiupolis-Erzerūm mit dem gleichnamigen Bistum (= Resaina) unter Dara zusammenwarf, das einst zu Antiocheia gehört hatte (1). Ein solches Vorgehen war nicht viel bedenklicher als die Übertragung von Namen wie Mesopotamia, Media u. a. auf andere Gebiete innerhalb der byzantinischen Grenzen. Wir kennen daher auch diese iberischen Bistümer nur aus den späteren Überarbeitungen der *Notitia Antiochena*, die in ihrer ursprünglichen, vom antiochenischen Patriarchen Anastasios I. im August 570 herausgegebenen Gestalt unter Dara die Bistümer Theodosiupolis, Turabdion und Mnasubion (= syrisch ṭūbànā Šemʿōn) angeführt hatte (2). Zwei spätere Rezensionen (3) nennen jedoch unter Dara 9 bezw. 10 Bistümer, von denen nur die ersten (4) wirklich zu Mesopotamien gehörten. Eine dritte Rezension des XI. Jahrehunderts (5) hat als Namen der Metropolis Theodosiupolis, nicht, wie die anderen, Dara, und nennt nur die letzten sieben Bistümer der beiden anderen Notitien, die allein zu Iberien gehören. Demnach dürfte auch das vorhergehende *Νασαλῶν*, das schwer zu erklären ist, aus *τουβανᾶ Συμεών* verderbt sein (6). Ausserdem könnte noch *Μαζνούβη* (mit Varr.) möglicherweise als Wiederholung von *Μνασούβιον* anzusehen und daher zu streichen sein.

Die Namen dieser sieben iberischen Bistümer sind :

(1) So bemerkt die erste Notitia des cod. Chalki 22 zu Theodosiupolis : *μετηνέχθη μητροπολίτης*, andere codd. : *τῆς μεγάλης Ἀρμενίας*.

(2) J. E. RAHMANI, *I fasti della chiesa patriarcale antiochena*, Roma 1920, p. VII. E. HONIGMANN, *Byz. Ztschr.*, XXV, 1924, p. 75. 83 sq.

(3) Im Folgenden als II und III bezeichnet.

(4) *α' Θεοδοσιουπόλεως, β' ὁ τοῦ Ῥανδοῦ* oder *τοῦ Ῥαβδίας καὶ Μνασουβίῳ* (sic) und gewiss auch *γ' ὁ Νασαλῶν*.

(5) Im Folgenden : I.

(6) Armenische Rezension bei Ps.-Epiphanios, p. 14, 25 ed. FINCK und ed. CONYBEARE, *Byz. Ztschr.*, V, p. 125 : Wannason.

I. Vatic. graec. 1455, fol. 244v sq. ed. Gelzer, *Byz. Ztschr.*, I, p. 249	II. Paris. suppl. graec. 1226, ed. Nau, *ROC*, XIV, 1909, p. 217	III. Syntaxis vom 1. Sept 1386 (A. M. 6895) in cod. Chalki 22 [jetzt Leningrad, Russ. Öff. Bibl. cod. 716] ed. Papadopoulos-Kerameus, *Ἑλλ. φιλ. σύλλ.* XVIII, Kpel 1884, Suppl., p.70.
ἡ Ὀρτρός	*ὁ Ὄντου*	*ὁ Ὄρτου*
ἡ Μαζνούβη	*ὁ Μαξουνῆς*	*ὁ Μαξούνης*
τὸ Μαυρόκαστρον	*ὁ τοῦ Μαυρίκη*	*ὁ τοῦ Μαυρικίου*
ἡ Ἁγία Μαρία	*ὁ Ἁγίασμαρίας*	*ὁ τῆς Ἁγίας Μαρίας*
ἡ Ἀξιέξη	*ὁ Ἀξιέξης*	*ὁ Ἀξιέξης*
ἡ Ταρούτζα	*ὁ Ταρούτζης*	*ὁ Ταροῦν*
ἡ Πολύτιμος	*ὁ Πολυτιμίου*	*ὁ Πολυτιμίου*

1. *ἡ Ὄρτρος* ist das Dorf der Ordunier, Ordoru oder Ordru (1), bei Skylitzes (2) *πεδιὰς ἐγχωρίως Οὔρτρου λεγομένη*, georgisch Ordro (3). Es lag in Basean (4), und zwar im westlichen Teil der Landschaft, während der östliche mit dem Bistum *Φασιανὴ* unter Trapezunt stand (5). Der Name Ordru ist wie Kaput-ṙu gebildet (6). Nach Inǰiǰean entspräche Ordru dem Dorfe Küčük Tuya oder Tui ; es ist aber gewiss Ortu am Flusse Ortu-sū östlich von Alwar (7).

(1) Sebēos, cap. 23, p. 77 ; trad. Macler, p. 62. Steph. Asołik, II, 3, p. 114, 4 ; trad. Gelzer-Burckhardt, p. 83, 2. Steph. Orbelian, *Gesch. von Siunik'*, cap. 66, p. 374 ed. Tiflis 1910, p. 274, 16 ed. Emin (p. 213 trad. Brosset). Gelzer, *Byz. Ztschr.*, I, p. 272, n. 2. Markwart, *Die Entstehung der armenischen Bistümer*, p. 29 = *Or. Chr.*, XXVII, p. 165. P. Peeters in *Byzantion*, VIII, p. 410 : auch bei Sebēos, cap. 32, p. 116 ; trad. Macler, p. 109, ist Ordoru statt Ordspu zu lesen.

(2) Skylitz.-Kedren., II, p. 576, 4.

(3) Brosset, *Histoire de la Géorgie*, I, p. 323.

(4) Faust., III (I) cap. 4, p. 9 sq., nach dem es im iv. Jhdt. dem Bischof Euthalios von Basean unterstanden hatte.

(5) Oben, p. 196.

(6) Markwart, *Entstehung der armenischen Bistümer*, p. 29 = rientalia Christiana, vol. XXVII, p. 165.

(7) Inǰiǰean, *Geographie der vi Erdteile*, Teil I : *Neuarmenien*,

2. ἡ Μαζνούβη ist, falls es nicht als Wiederholung von Mnasubion unter Dara gestrichen werden muss (siehe oben), vielleicht in dem Kanton Waražnunik' in Airarat am Flusse Hrazdan wiederzuerkennen (1). Der gleichnamige Kanton in Taruberan kommt kaum in Betracht, da er dem Bistum Μεσουνή unter Trapezunt zu entsprechen scheint (2), und Mec[n]unik' oder Wažnunik' in Waspurakan, an das GELZER (3) erinnerte, dürfte mit diesem identisch sein.

3. τὸ Μαυρόκαστρον. Falls die zwiefach bezeugte Form ὁ τοῦ Μαυρικίου (Μαυρίκη) vorzuziehen ist, entspricht es wohl Maurikopolis in Airarat, das auch Širakašat avan (« Flecken Širakašat ») hiess und westlich vom Ahurean lag, wahrscheinlich an der Stelle des jetzigen Maurek (4). Der Name Maurikiupolis(?) stammt gewiss vom Kaiser Maurikios; er wurde also im XI. Jahrhundert von den Byzantinern wieder hervorgeholt. GELZER (5), dem nur die Namensform Maurokastron bekannt war, hielt es für das Maurokastron « Armeniens » und verwies dabei auf RAMSAY (6), der dieses in (Šabīn-)Qara Ḥiṣar (= Koloneia) suchte. Dieses nennt Michael Attaleiates (7) ἕνα τῶν Ἀρμενιακῶν τόπων, und auch Ioannes Skylitzes (8) sucht es ἐν τῷ Ἀρμενιάκῳ, scil. θέματι, also im nordöstlichen Kleinasien. In dem Metropolenverzeichnis des cod. Coislin. graec. 211, saec. XII, fol. 261 sq., findet sich

Venedig 1806, p. 90 (armen.). HÜBSCHMANN, *Idg. Forsch.*, XVI, p. 245, n. 1. N. ADONC, *Armenija v epohu Justiniana*, S.-Pbg. 1908, p. 23, n. 1 (auf R. KIEPERTS Karte ist Ortusu irrig als Ortschaft eingetragen). — Über Du, jetzt Böyük-Tuya, vgl. oben, p. 181, n. 12.

(1) HÜBSCHMANN, *Idg. Forsch.*, XVI, p. 365, Kanton 188.

(2) Oben, p. 193-194.

(3) GELZER, *Byz. Ztschr.*, I, p. 271.

(4) Ps.-Moses Ḫoren. (Anania Širakac'i?), p.33 ed. SOUKRY. HÜBSCHMANN, *Idg. Forsch.*, XVI, p. 361, n. 8, liest Širakavani (= Erazgavork', vgl. HÜBSCHMANN, p. 364, 459) statt Širakašat avani und setzt es (vgl. Karte) an die Stelle von Baš-Šurageli. Doch ist es gewiss das 11 km. südwestlicher gelegene Maurek (W. J. HAMILTON, *Reisen in Kleinasien*, deutsch v. O. SCHOMBURGK, I, Leipzig 1843, p. 194: LYNCH: Ajam Mavrak).

(5) GELZER, *Byz. Ztschr.*, I, p. 269.

(6) W. M. RAMSAY, *The historical geography of Asia Minor*, London 1890, p. 267.

(7) Mich. Attal., p. 125, 6.

(8) Skylitz. (Kedren., II), p. 679, 17.

nach F. Nau (1) als 72. Metropolis (2) « Maurocastron, c'est-à-dire nouvelle Russie ». Diese Metropolis, die mit unserem Bistum gewiss nichts zu tun hat, vermag ich in keinem anderen Verzeichnis wiederzufinden.

4. ἡ *Ἁγία Μαρία* nennt auch Skylitzes (3) die Festung (armenisch) Surmaṙi oder Surb Mari im Gau Čakatkʻ in Airarat, arab. Surmārī, jetzt Sürmelü am Araxes (4) was Gelzer (5) übersehen hat. Sie war von 1045 bis 1064 byzantinisch; aus dieser Zeit stammt also das Bistümerverzeichnis.

5. ἡ *Ἀξιέξη* ist die durch alle drei griechischen Handschriften bezeugte Form des Bistumsnamens. Wir sind also nicht mehr berechtigt, mit Gelzer (6) dem Axieri der wertlosen lateinischen Rezensionen den Vorzug zu geben und darin ein türkisches Aqšehir zu erblicken, zumal die Lage der von Gelzer herangezogenen Orte dieses Namens keinesfalls in Betracht kommt. Zudem ist um 1050 an türkische Ortsnamen (7) in byzantinischem Gebiet noch kaum zu denken! Axiexe dürfte einen für griechische Zungen schwer aussprechbaren Namen, vielleicht eine Komposition mit -Cʻiẖē « Festung », wiedergeben (8); eine befriedigende Erklärung habe ich nicht gefunden.

6. ἡ *Ταρούτζα* ist nach Gelzer (9) « sicher = Tabrīz ». Diese bekannte Stadt führte jedoch bei den Byzantinern, wie

(1) F. Nau, *ROC*, XIV, 1909, p. 212, n. 2.

(2) Zwischen 71 *Τρίστρας* (lies *Δρίστρας*) und 73 Nazianzos.

(3) Skylitz.-Kedren., II, p. 561, 5.

(4) Marquart, *Itinerar*, p. 45. Vgl oben, p. 176 in fine.

(5) Gelzer, *Byz. Ztschr.*, I, p. 272.

(6) Gelzer, *Byz. Ztschr.*, I, p. 269-271.

(7) Wie etwa Aqče-qalʻa, armenisch Ałğa-ẖalē (Saint-Martin, *Mémoires sur l'Arménie*, I, p. 121), an der Mündung des Aẖurean in den Araxes.

(8) Vgl. Arqis-cʻiẖē (Brosset, *Hist. de la Géorgie*, I, 322)? Oder Kasī-cʻiẖē, wie Marquart (*Itinerar*, p.31) gewiss richtig anstelle von Kustasğī bei al-Balāḏurī (*Kitāb futūḥ al-buldān*, p. 202 ed. de Goeje) liest. — Oder ist an Ałcʻkʻ, Gen. Ałcʻicʻ, ein Dorf in Aragacotn (Hübschmann, *Idg. Forsch.*, XVI, p. 397) zu denken? Auch Ašocʻkʻ (Ašocʻecʻ), ein Kanton in Airarat, kommt vielleicht in Betracht (vgl. über ihn Saint-Martin, *Mém. sur l'Armén.*, I, p. 241; II, p. 367. Hübschmann, p. 365).

(9) Gelzer, *Byz. Ztschr.*, I, p. 269.

Gelzer selbst bemerkt, stets den nur um ein Geringes variierten Namen Ταυρέζιον (1), Ταβρέζιον (2) oder Ταβρέζη (3), das ist armenisch T'avrēž, wovon die Form Ταρούτζα stark abweicht. Wenn der Fortsetzer des Smbat (4) T'avrēž als Metropolis an die Stelle von Dara setzt, so könnte das seine persönliche Auslegung der in den Metonomasienlisten konstatierten Umnennung Δάρας τὸ νῦν Ταύρας (5) sein, bei der aber sicher weder an das mesopotamische Dārā noch an Tabrīz zu denken ist, sondern wahrscheinlich mit de Boor an Doros oder Daras im gotischen Taurien (6). In Ταρούτζα vermutete ich zuerst das Dorf Taruc' oder Taruk' (Akk. Tarus), das Königin Mariam nach einer Inschrift (7) der Kirche von Marmarašēn (Marmašēn) in Širak schenkte. Nach einer von P. Peeters mir freundlich mitgeteilten Vermutung ist aber eher τὰ 'Ρούτζα oder τὰ ['Α]ρούτζα zu lesen und darin Aruč im Gau Aragacotn (8) zu sehen. An Truc', den Namen für Kars, ist nicht zu denken; dieses wurde ja erst byzantinisch (1064), als Hagia Maria und andere Städte dem Reiche gerade wieder verloren gegangen waren.

7. ἡ Πολύτιμος, ὁ Πολυτιμίου ist wohl ein graecisierter einheimischer Name (9), den ich nicht erklären kann. Er erinnert

(1) Miklosich-Müller, *Acta et diplomata*, II, Vindobonae 1862, p. 228, 10. 12 (N° 476).

(2) Skylitz.-Kedren., II, p. 573, 20.

(3) Chalkokondyl., p. 167, 5 ed. Bonn.

(4) Fortsetzer des Smbat Sparapet in: *Documents armén.* (*Recueil d. hist. d. croisad.*), I, p. 673 ed. Dulaurier; p. 125 ed. Moskau 1856. Gelzer, *B. Z.*, I, p. 259.

(5) *Metonomasienlisten*, ed. Aug. Burckhardt in Hieroclis *synecdemus*, Lipsiae 1893, p. 62. 67 (Appendix I, v. 22; II, v. 78).

(6) K. de Boor, *Zeitschr. für Kirchengeschichte*, XIV, 1894, p. 589, n. 1. Vgl. auch A. A. Vasil'ev, *Goty v Krimu*, I (*Izvěstija Rossijskoi Akademii Istorii Material'noi Kul'tury*, t. I, N° 26, 1921), p. 60, n. 4.

(7) Hrsg. in *Histoire d'Ani* par le P. Minas Bjechkhian, Venedig 1830, p. 75; *Beschreibung des Katholikats Eğmiacin und der fünf Provinzen des Ararat* von Johannes von Šahriar (Chakhathounov), Eğmiacin 1842, II, p. 272 sq., § 569. K. J. Basmadjian, *ROC*, XXVII (= 3. Série, VII), 1929/30, p. 239 sq. Vgl. auch Schlumberger, *Épopée*, III, p. 139 (« Darouts »).

(8) Vgl. Hübschmann, *Idg. Forsch.*, XVI, p. 364, Gau 180.

(9) Inschriftlich als griechischer Personenname mehrfach bezeugt,

an den des Flusses *Πολυτίμητος*, des jetzigen Zarafšān, in Sogdiana, der aber wohl in **Πολύτιμητος* zu emendieren ist (1).

Soweit sich die iberischen Bistümer ihrer Lage nach bestimmen lassen, bezeugen sie eine Ausdehnung der Diöcese von Theodosiupolis über einen Teil von Basean mit Ordru, Gebiete am Aẖurean in der Nähe von Marmašēn und bis nach Sürmelü am Araxes, vielleicht sogar bis zum Hrazdan, dem jetzigen Zangi, an dem ja die byzantinische Festung Bǧni lag. Auffälligerweise fehlen aber die meisten grösseren und bekannteren Städte dieser Gegenden.

Durch die Einfälle der Türken ging dieser byzantinische Besitz bald wieder verloren.

Iberische Besitzungen des antiochenischen Patriarchen.

Neben den soeben angeführten Rezensionen der *Notitia Antiochena* (2), in denen bereits anstelle der Bistümer unter Dara oder mit ihnen vermengt die der Provinz Theodosiupolis in Armenien genannt werden, gibt es eine zweite Gruppe von Handschriften, die noch die alte Diöcese Dara mit ihren drei, aus der syrischen Originalnotitia bekannten Bistümer (3) unverändert aufführt. Dieser Gruppe gehören drei Handschriften an, eine griechische (4) und zwei armenische (5), die am Schlusse der Notitia einen Zusatz enthalten, in dem drei kleine Landgüter des antiochenischen Patriarchen in Ibe-

vgl. PAPE-BENSELER, *Wörterbuch der griech. Eigennamen*, 3. Aufl., Braunschweig 1884, p. 1230.

(1) J. WELLHAUSEN, *Das arabische Reich und sein Sturz*, Berlin 1902, p. 269, n. 1.

(2) Oben, p. 214.

(3) *Notitia Antiochena*, in *Byz. Ztschr.*, XXV, 1924, p. 75.

(4) Hrsg. von V. BENEŠEVIČ, *Byz.-neugriech. Jahrbücher*, V, 1927, p. 102 sqq. In dieser Notitia sind die Bistümer unter Dara fortgelassen. BENEŠEVIČ ergänzt als Überschrift (p. 105): <*Οἱ τῆς Δάρης ἐπαρχαιῶται ἐπίσκοποι ι*> ; es ist aber gewiss ... *ἐπίσκοποι γ'* zu schreiben!

(5) Cod. Vatic. armen. No 3, bei CONYBEARE, *Byz. Ztschr.*, V, 1896, p. 126: cod. Eǧmiacin No 1696, in KARENEANS Katalog No 1654, ed. FINCK, *Des Epiphanios von Cypern Ἔκθεσις πρωτοκλησιῶν πατρ. τε καὶ μητροπ.*, Marburg 1902, p. 16.

rien ihrer Lage nach beschrieben werden. In der griechische- Notitia (fol. 200) lautet dieser Zusatz (1):

εἰσὶ τὰ ἐν Ἰβηρίᾳ προάστεια τοῦ πατριάρχου Ἀντιοχείας χωρίον τὸ Ἀλτάλτ, χωρίον Σπόρτανος [lies : *ὁ Πόρτανος* ?] *τὰ ὄντα καὶ διακείμενα εἰς τὸ βόρειον μέρος τοῦ Πανάσκερ σὺν τῶν ἀγριδίων αὐτῶν. Χωρίων τὸ Σηβάρδη τὸ ὂν πλησίον τοῦ Καλμάλχ*[*η*] *κατὰ τὸ νότιον μέρος σὺν τῶν ἀγριδίων αὐτοῦ.*

In den beiden, fast wörtlich übereinstimmenden Fassungen der armenischen Version ist der angefügte Zusatz viel ausführlicher. An seinem Schlusse findet sich der dem griechischen Texte entsprechende Passus (2):

« ... the patriarchate of Antioch, whose authority includes all Asia along with their regions, and the Chaldaeans (K'ałdēac'is) and Parthians (Part'evi) and Elimaei (Elimac'is) and the land of Bortanos (Bōrtaos), and the Panaχsēr (Panak'sēr) with its territory and the land of Zibard (Zibardoj) which borders on the Kalmaχ (Kalmalk'oj) along with the regions of the west and their tracts ».

Der Armenier war sich über die Bedeutung dieser Namen offensichtlich ebensowenig im Klaren, wie die modernen Herausgeber, die darin Kalmüken und Bewohner von Barda'a suchten. Daher fügte er unsere drei iberischen Dörfer unmittelbar an die Chaldaier, Parther und Elamiten (Elymaier) an, die er in der *Ἀνακεφαλαίωσις τῶν ἁγιωτάτων πατριαρχῶν κτλ.* (3) gefunden hatte!

Beneševič betonte bei Veröffentlichung der griechischen Notiz, dass sie wegen ihrer Wichtigkeit für die Geschichte Grusiens im 11.-12. Jhdt. eingehend untersucht zu werden verdiene. Von den drei *χωρία* selbst, die darin genannt werden, vermag ich zwar nur eines vermutungsweise zu lokalisieren; aber die Angabe, dass die ersten beiden im nördlichen Teil *τοῦ Πανάσκερ*, das dritte *πλησίον τοῦ Καλμάλχ* lag, bestimmen ihre Lage hinreichend.

(1) Beneševič, *loc. cit.*, p. 106, § VII.

(2) Der englischen Übersetzung von Conybeare füge ich in Parenthese die Namensformen der von Finck edierten Notitia in der hier befolgten Transkription bei.

(3) Eusebios, ed. Schöne, I, App., p. 82 sq. = Notitia V, v. 45. 47. 48, ed. Parthey, p. 141.

Πανάσκερ ist die Festung P'anaskert in Taik', in der König Bagarat, dem sie damals gehörte, am 7. Mai 234 georg. = 1014 n. Chr. starb (1). Alp-Arslān nahm sie im Jahre 1064 ein (2). Georgisch hiess sie P'anasketi (3), jetzt Ober- und Unter-Panaskert am Panaskert-čai, etwa 40 km. nordöstlich von Olty. Portanos, wie statt Sportanos zu lesen ist, armenisch Bōrtanos, wird das jetzige Pirdanos 8 km. nördlich von Unter-Panaskert sein.

Καλμάλχ[*η*], armenisch Kalmalk' (4) ist in *Καλμ*:*χ* zu verbessern. Die Festung Kalmaḫ in Taik', wofür bisweilen, wohl infolge einer Verwechslung mit Kamaḫ-Ani am Euphrat, Kamaḫ geschrieben wurde (5), war eine von Ašot Msaker gegründete, grosse, starke und unzugängliche Felsenburg (6). Bei Waḫust ist sie auf der Karte von « Samtzkhé » (7) eingetragen als Calmakhi am Calmakhis Tsqali, einem westlichen, etwas unterhalb von Olthis mündenden Nebenfluss des oberen « Dchorokhi Fl. », unter dem die Georgier den Olty-čai verstehen (8). Doch beruht diese Ansetzung vielleicht auf Phantasie ; der Ort ist auf keiner neueren Karte zu finden (9). Aus den Worten von W.E.D. Allen (10) : «Ishkhani, Kalmakhi and Panasketi commanded the valleys of Olti and Bardus »

(1) *K'art'lis Cḫovreba*, trad. Brosset, *Hist. de la Géorgie*, I, p. 302 sq. Vgl. oben, p. 159.

(2) Brosset, *Hist. de la Géorgie*, I, p. 327. Oben, p. 186.

(3) Waḫušt, *Description géographique de la Géorgie*, publ. par M. F. Brosset, St. Petersb. 1842, p. 119.

(4) Ein Name, der nach Conybeare (*Byz. Ztschr.*, V, p.126) « must be the Kalmuks », eine Erklärung, die Finck (im Index zu Epiphanios *Ἔκθεσις*, p. 80, lin. 6 : Kalmücken) ohne Bedenken übernahm !

(5) Brosset, *Additions et éclaircissements à l'Histoire de la Géorgie*, 1851, p. 159, n. 5. Marquart, *Osteurop. und ostasiat. Streifzüge*, p. 404, n. 2 (Kamach « in Tajk' ») ; 405, n. 1 (Kamach « am Euphrat, das alte Ani »).

(6) Brosset, *Histoire de la Géorgie*, I, p. 159. 322 ; Addit., p. 250. Waḫušt, p. 119.

(7) Waḫušt, *Description géographique de la Géorgie*, Carte No 1.

(8) Hübschmann, *Idg. Forsch.*, XVI, p. 358. Doch mündet nach Waḫušt auch der Fluss von Artanuğ in ihn (Waḫušt, p. 118-9) !

(9) Z. B. bei Lynch-Oswald, auf R. Kieperts *Karte von Kleinasien*, Blatt A VI : Tirabzon, oder auf der russischen *Generalstabskarte von Transkaukasien*, Blatt Γ 8 (1915).

(10) W. E. D. Allen, *Geogr. Journal*, LXXIV, 1929, p. 154.

könnte man auf eine Lage von Kalmaḫ am unteren Olty-čai zwischen Išḫani und Panasketi schliessen. Doch ist dabei zu bedenken, dass auf dem Plan ALLENS (1) Panasketi nach der verworrenen Beschreibung bei Waḫust (2) fälschlich am Bardus-čai, und Kalmakhi garnicht eingetragen ist!

Ungeachtet der Sicherheit, mit der BENEŠEVIČ unsere Notiz dem XI.-XII. Jahrhundert zuweist, ist ihre Datierung noch keineswegs gesichert. Gewiss wird man bei griechischen Besitzungen in Iberien zunächst an die Zeit denken, in der « Iberien » zu Byzanz gehörte ; aber bei den alten Beziehungen zwischen Iberien und dem antiochenischen Patriarchat ist es nicht undenkbar, dass dieses schon früher drei Dörfer in Taikʻ besessen hat. Die *Notitia Antiochena*, als deren Bestandteil die Notiz überliefert ist, weist, wie wir sahen, noch nicht die gewaltsame Änderung der Rezensionen des XI. Jahrhunderts auf, in denen Dara durch Theodosiupolis in Armenien ersetzt ist ; sie könnte daher viel älter sein. Da aber der Zusatz nicht in organischem Zusammenhang mit ihr steht, braucht er nicht zu derselben Zeit entstanden zu sein, wie sie, so wie die Notitia ihrerseits in der griechischen und in den beiden armenischen Sammelhandschriften zwischen Stücken überliefert ist, die aus ganz verschiedenen Jahrhunderten stammen. Der mehr als doppelt so umfangreiche Text des Zusatzes in den armenischen Versionen beginnt mit einer Aufzählung der unter Antiocheia stehenden Katholikate von Ismrghand (Samarqand), Ikʻsitʻopʻontos (Ktesiphon?) und Yerinupavlis, d. i. Paghtat (Baghdād, seit 910 Katholikat), erwähnt dann die Autokephalie von Iberien (Wirkʻ), Armenien und Kypros und die Ausdehnung der Machtbefugnisse des antiochenischen Patriarchen. Alles das stammt aus einem der Notitia V verwandten Texte, hat aber mit der Notiz über Iberien nichts zu tun. Diese ist ganz ungeschickt daran angefügt und stand in dem griechischen Original der armenischen Texte sicher ebenso isoliert hinter den vorangehenden Zusätzen, wie sie in dem griechischen Texte hinter der Notitia selbst steht.

Am wahrscheinlichsten ist es allerdings, dass die Notiz

(1) ALLEN, *loc. cit.*, bei p. 208.
(2) Waḫušt, p. 119.

aus der Zeit nach 1055 stammt, in der Georgios Hagioreites vom Patriarchen von Antiocheia Zugeständnisse zugunsten der Ibererkirche am *Θαυμαστὸν ὄρος* erhielt und König Bagarat IV. von Georgien, der Schwiegervater des Kaisers Konstantinos Dukas, als ihr Schutzherr auftrat (1). Um 1083 finden wir den Iberer Abas Pakurianos im Besitze grosser Ländereien im Gebiete von Antiocheia (2).

Gregorios Pakurianos.

Seit 12 Jahren war Iberien den Byzantinern entrissen, als im Dezember 1083 in hohem Alter der byzantinische Feldherr Gregorios Pakurianos das Typikon für das Kloster Petritzos (3) niederschrieb. Er stammte aus dem vornehmsten iberischen Adel; der Herausgeber der Typikons, Mgr L. Petit (4), vermutet, dass er der Sohn (5) jenes Pakurianos war, den Skylitzes erwähnt (6). Dieser berichtet, dass Kaiser Basileios im Jahre 1000 nach Besitzergreifung von Taik' Vertreter der vornehmsten Geschlechter in sein Reich mitführte, *ὧν ἦσαν κορυφαῖοι ὁ Πακουριάνος καὶ Φεβδάτος καὶ Φέρσης οἱ αὐτάδελφοι, οὓς καὶ εἰς τὸν τῶν πατρικίων ἀνεβίβασε θῶκον.* Im Jahre 1016 (A. M. 6524) empfing der Kaiser einer Brief *τοῦ στρατηγοῦντος ἐν τῷ Δοροστόλῳ Τζιτζικίου, τοῦ υἱοῦ τοῦ πατρικίου Θευδάτη τοῦ Ἴβηρος* (7). Schon Brosset hat erkannt (8), dass der Name des Tzitzikios dem des iberischen Fürsten der Fürsten Čoğik (Džodžik) entspricht, der 979 zusammen mit dem Athosmönch Ioannes Tornikios (T'ornik) mit 12.000 Iberern von Davit' Kuropalates dem Bardas Phokas zu Hilfe ge-

(1) P. Peeters, in *Anal. Boll.*, XLVI, p. 282.

(2) Unten, p. 226, n. 10.

(3) Jetzt Bačkovo bei Philippopel.

(4) L. Petit, *Typikon de Grégoire Pakourianos pour le monastère de Pétritzos* (*Batchkovo*). SPtbg. 1904 (*Viz. Vrem.*, vol. XI, Suppl.), p. VI, n. 5.

(5) Oder Enkel?

(6) Skylitz.-Kedren., II, p. 447, 22-448, 1.

(7) Skylitz.-Kedren., II, p. 465, 17.

(8) Brosset, *Histoire de la Géorgie*, Additions (IX), p. 187. Schlumberger, *Épopée*, I, p. 420, n. 2. II, p. 378 sq. Oben, p. 150.

sandt wurde (1). Von dem dritten der bei Skylitzes genannten αὐτάδελφοι spricht Stephan Asołik zum Jahre 998/9: in der Schlacht bei Cumb in Apahunik' (2) übertrug Gurgēn von Iberien die Führung seiner 6000 Ritter dem Fürsten der Fürsten (išẖan išẖanac') P'ers, dem Sohne des Ǧoğik (3). Doch dürfte der 1016 erwähnte Tzitzikios nicht dieser Ǧoğik, Vater des Phers (4), sondern der Neffe dieses Phers, der gleichnamige Enkelsohn des ebengenannten Ǧoğik gewesen sein, da sein Vater der πατρίκιος Θευδάτης war und erst die drei Söhne des ersten Ǧoğik in diese Würde erhoben wurden. Also entspricht dieser πατρίκιος Θευδάτης dem πατρίκιος Φέβδατος, welche Namensform, beeinflusst durch das folgende Φέ-ρσης, aus *Θέβδατος verschrieben ist. Das bestätigt uns eine Stelle bei Matt'ēos von Edessa, an der von derselben Schlacht in Apahunik' die Rede ist (5) und unter den Heerführern des Davit' von Taik' offenbar die gleichen drei Männer, und zwar in derselben Reihenfolge, genannt werden, wie wir sie bei Skylitzes fanden: Wač'ē, Tevdat und P'ers. Wač'ē (6) entspricht also vermutlich dem Pakurianos (7). Den dritten Bruder Φέρσης erwähnt Skylitzes noch einmal als

(1) Steph. Asołik, III, 15, p. 142, 10 trad. GELZER-BURCKHARDT

(2) Isumbo (*Tab. Peut.*) bei Arčēš.

(3) Steph. Asołik, III, 41, p. 206, 1 trad. GELZER-BURCKHARDT.— Ein dritter Ǧoğik erneuerte 1036 die Kirche Johannes' des Täufers in Eošk: PEETERS, *Anal. Boll.*, XXXVI-XXXVII, p. 50, § 56, n. 2.

(4) SCHLUMBERGER, *Épopée*, III, p. 522.

(5) Matt'ēos von Edessa, p. 36, 12 sq. ed. Wałaršapat 1898 = p. 31 ult. trad. DULAURIER. Vgl. SCHLUMBERGER, *Épopée*, II, p.157 sq., n. 1, wo zweimal « Skylitzes » anstatt « Açogh'ig » zu lesen ist.

(6) « Wač'ē » pflegen die Byzantiner in zusammengesetzten Namen (wie *Βαρασβατζέ*, unten, p. 224, n. 4) durch *-Βατζέ* wiederzugeben.

(7) Derartige Doppelnamen, von denen allerdings meist der eine ein biblischer ist, sind in Armenien häufig; es genügt, an die Brüder Ašot-Sahak, Gurgēn-Ḫač'ik und Senek'erim-Johannes oder an Johannes-Smbat (*Ἰωβανεσίκης*) zu erinnern. Vielleicht hiess er aber vielmehr Grigor-Wač'ē und ist mit dem Grigor, Patrikios und Strategos von Larisa und Makedonia, der die Kirche von Egrek bei Tortum um 1007 baute (oben, p. 159, n. 6), identisch. Pakurianos wäre dann bloss als Beiname aufzufassen, der vielleicht von dem Ortsnamen Bakurian (15 km. südöstlich von Boržom in K'art'li; georgisch *Bakuliani* bei Waẖušt, *Descript. géogr. de la Géorgie*, p. 275) abgeleitet war,

Teilnehmer am Aufstande des Nikephoros Phokas und Xiphias, der 1022 in Ḫaltoyarič hingerichtet wurde (1).

Der Patrikios Theudates erhielt wohl auch den Titel Vestes, und Skylitzes erwähnt (2) einen Zacharias als seinen Verwandten und Georgios und *Βαρασβατζέ* (3) als seine *ἀνέψιοι* (4).

Der Stammbaum dieser iberischen *κορυφαῖοι* (5) ist also allem Anschein nach in folgender Weise herzustellen :

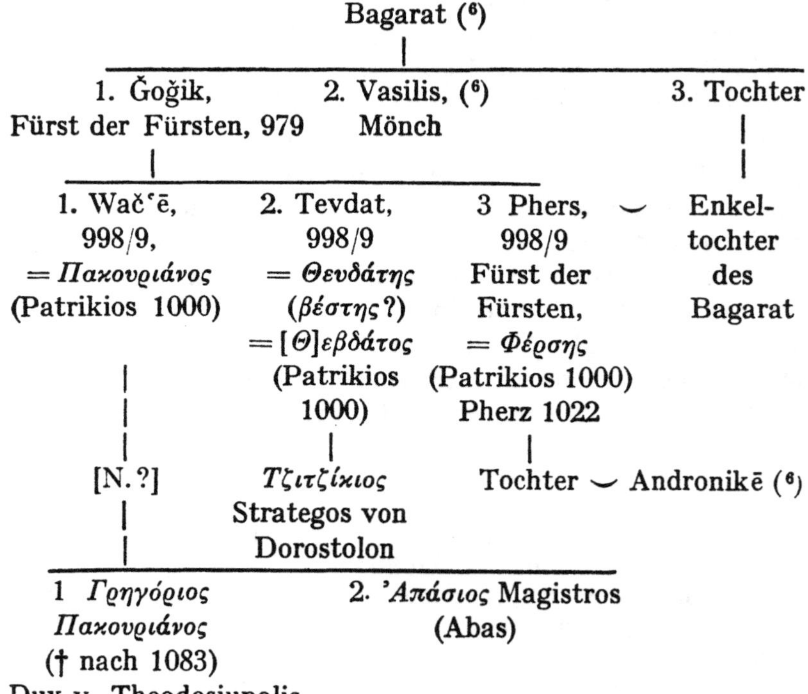

(1) Skylitz.-Kedren., II, p. 478, 15. *Histoire de la Géorgie*, trad. Brosset, I, p. 307 : Pherz. Cf. Schlumberger, *Épopée*, II, p. 522 sq.

(2) Skylitz.-Kedren., II, p. 483, 16.

(3) Skylitz.-Kedren., II, p. 488, 2-4. Vgl. p. 520, 12 sq.

(4) P. Peeters, *Anal. Boll.*, L, 1932, p. 366 verbessert dies in *Γεώργιός τε* <ὁ> *καὶ Βαρασβατζέ*, wonach freilich auch *οἱ ἀνεψιοί* in den Singular zu ändern wäre ; allerdings stammt der Irrtum vielleicht schon von Skylitzes selbst.

(5) Durch die « Généalogie de la famille de S. Ewthym » bei Brosset, *Histoire de la Géorgie*, Addit., p. 187, liesse sich dieser Stammbaum noch ergänzen. Doch scheint diese im Einzelnen viel Unsicheres zu enthalten.

(6) Peeters, *Anal. Boll.*, XXXVI-XXXVII, p. 86, § 12: *(Fuit*

Wir sehen also, dass schon der Gross- bezw. Urgrossvater des Gregorios Pakurianos den Titel « Fürst der Fürsten » geführt hatte. Dessen Sohn P'ers hatte dann diesen Titel geerbt oder von neuem erhalten, und alle drei Brüder waren als die *κορυφαῖοι* und *κατὰ γένος πρωτεύοντες* zu byzantinischen Patrikioi erhoben worden. Von Gregorios selbst haben wir vermutet, dass er dem Iberer (Wraj) « Grigor, Sohn (ordi) des Bakuran » entspricht, der 1064 Ani verteidigte (1).

Es ist nicht verwunderlich, wenn der tapfere Abkömmling eines solchen Geschlechtes nicht allein im byzantinischen Reiche eine hervorragende Stellung einnahm, sondern auch in seinem alten Heimatlande zu den reichsten Grossgrundbesitzern gehörte. Unter den Bestimmungen über seine vielen Landgüter finden wir nämlich auch folgende Urkunden über drei Landschaften des römischen Armeniens erwähnt (2) :

Χρυσοβούλλια τρία περὶ τῶν ἐν τῇ Ἀνατολῇ κτημάτων ἡμῶν ἤγουν τὸ μὲν ἐν τοῦ μέρους τοῦ Ἀνίου, τὸ δὲ ἕτερον τοῦ Ταΐς, καὶ τὸ ἕτερον τοῦ Τζούρμερη (3).

ille) Pheris Tzitzicii filius, gener sororis Basilii Pancratii filii ; ibidi. p. 85, § 10, n. 4 : *Infra, § 12, legemus hunce Basilium Pancrat, filium, fratrem fuisse Tzitzicii archontis archontum.* — Andronikē : oben p. 165.

(1) Matt'ēos von Edessa, p. 148, 5 ed. 1898 = p. 123 trad. DULAURIER. Oben, p. 188.

(2) *Typikon* des Gregorios Pakurianos, p. 54, 12-14 ed. L. PETIT.

(3) Im Thema Armeniakon besass er die *κτήματα Λάβακας, Ἀρνασακίου* und *Μαρτισαπαῶ* (p.54,14-16). In den beiden letzteren stecken gewiss armenische Personennamen ; vgl. *Φαρνεσέκ, Φαρνεσέχ*=Pharnerseh (*Διήγησις*, ed. F. COMBEFIS, *Historia haeresis Monothelitarum*, Paris 1648, p. 272 C. 288 D) und *-σαπῶ* = Šapuh in *Βραμσαπῶ* (ibid., p. 272 E). — Der Name *χωρίον Χαπετικίου* (p. 55, 17) erinnert stark an das ephemere Thema *Χαρπεζίκιον* (und *Χάρπετε* bei Skylitzes : siehe oben, p. 75-77). Es liegt freilich *ἐν Ἀχρειδῷ*, d. h. dem nördlichen Teil des Rhodope-Gebirges, also gerade in der Gegend von Petritzos (über *Ἀχριδῶ* : Nicet. Chon., p. 525, 21. Georg. Akrop., cf. Index, p. 281 ed. Bonn. Ephraim, v. 8030. 8968). Auch *Χαχοῦ* (p. 55, 19) klingt armenisch (vgl. oben, p. 59-60). — Nach einer freundlichen Auskunft von Prof. F. DÖLGER enthält die neugriechische Übersetzung des Typikons von G. MUSAIOS (*Γρηγόριος ὁ Πακουριάνος*, Diss., Leipzig 1888 = *Dissert. philol. Ienens.*, IV, p. 133-210) zu den eben erwähnten Namen folgende Abweichungen : *Μαρτισαπῶ, Κάρς τῆς Ἀρμενίας* (unten, p. 226, n. 8), *Ὄχριδα* und *Χαρπετίκιον*.

Das erste lag nach diesen Worten in Širak, dem Gebiete von Ani(on), der alten Hauptstadt der μεγάλη Ἀρμενία (1), die von 1045-1064 byzantinisch gewesen war.

Tais ist Lokativ von Taik' oder Tao, arabisch at-Tai (2), dem Namen des Reiches des Davit' Kuropalates, das Ostern 1000 an Byzanz gefallen war.

Τζούρμερη (3) entspricht dem Waldgebiete (4) Č'ormairi, einer der Landschaften die Kaiser Wasil dem Davit' für seine Waffenhilfe gegen Bardas Skleros gegeben hatte. Es wird zwischen der Kleisura Ḫałtoyaṙič (5) und Karin-Erzerūm gegenannt (6). Nach Jakob von Karin (7) entspringt der Čoroḫ in den Bergen nördlich von Erzerūm mitten im Kanton Č'ormairi.

Es ist ebenso wohl denkbar. dass Pakurianos diese *κτήματα* von seinen iberischen Vorfahren geerbt, wie, dass er sie erst als Kommandant von Kars (8) und Dux von Theodosiupolis (9) zum Lohn für seine militärischen Erfolge erhalten hatte (10). Sie gehörten jedenfalls zu den letzten byzantinischen Enklaven in Armenien und Iberien.

(1) Skylitz.-Kedren., II, p. 557, 9 sq. 20.

(2) Yaḥyā ibn Sa'īd al-Anṭākī, ed. I. Kratchkovsky et A. Vasiliev, p. 252 = *Patrol. Orient.* ed. R. Graffin-F. Nau, t. XXIII, Paris 1932, p. 460, lin. 4 : « Stadt (madīnat) at-Tai ».

(3) Zu unterscheiden ist hiervon sicherlich das Dorf *Ζωμερί* bei Sebasteia (jetzt Sīwās), der Geburtsort des Armeniers Sophronios, des Nachfolgers des hl. Theodosios als Abt seines Klosters (*Der hl. Theodosios. Schriften des Theodoros und Kyrillos*, hrsg. von H. Usener, Leipzig 1890, p. 111, 23).

(4) Armenisch č'or = « dürr », mairi = « Baum » (Adontz).

(5) Dem Pass nördlich von dem jetzigen Kaghdarič bei Ašqal'a am Euphrat.

(6) Siehe oben, p. 151.

(7) Jakob von Karin, ed. Wałaršapat 1903, p. 51 ; vgl. Adonc, *Armenija...*, p. 52, n. 1. Jakob von Karin lebte um 1653 (Adonc, p. 154).

(8) *Typikon* des Pakurianos, p. 54, 19 ed. Petit : *Κάρσε*.

(9) *Typikon* des Pakurianos, p. 13, 15.

(10) Sein Bruder, Magistros Apasios, hatte grosse Besitzungen im Gebiete von Antiocheia (*Typikon*, p. 12, 1).

ZU DEN KARTEN

Die vier diesem Buche beigegebenen Karten sollen seine Ergebnisse graphisch vor Augen führen. In der Terraindarstellung erheben sie keinen Anspruch auf Genauigkeit, da sie nicht auf dem neuesten türkischen Kartenmaterial beruhen, das zwar für die in dem Buche angestellten Untersuchungen in weitem Umfange benutzt wurde, mir aber zu der Zeit, in der ich die Karten zeichnete, nicht zugänglich war. Der Inhalt der Karten stimmt annähernd mit dem des Buches überein ; nur ganz vereinzelt sind auf ihnen auch Namen eingetragen, die in dem Buche nicht erwähnt werden.

Für die Transkription der Toponymen, die sich auf den vier Karten finden, sind folgende Schriftarten gewählt :

ΚΟΡΔΥΗΝΗ griechische Landschafts- und Völkernamen,
'Ατταχᾶς griechische Ortsnamen (auch Berg-, Flussnamen etc.),
Rehimene lateinische Landschaftsnamen,
Phinica lateinische Ortsnamen,
(lateinische Namensformen sind nur in den wenigen Fällen eingetragen, in denen die entsprechenden griechischen nicht überliefert sind),
Apahunikʻ armenische Namen (Landschaften, Orte, Völker etc.),
hattāẖ arabische oder syrische Namen,
amiuk moderne Namen (Orte, Landschaften etc. ; in beliebiger Sprache).

Fortgelassen sind die modernen Namen meist dann, wenn sie mit den alten übereinstimmen ; bisweilen auch nur aus Raummangel.

Die Position von Städten (ohne Unterschied ihrer Grösse), deren Lage feststeht, ist durch einen Ring (○) die von Orten, deren Lage ich nur annähernd bestimmen kann, durch ein liegendes Kreuz (×) gekennzeichnet.

Die Einzeichnung der Grenzlinien beruht vielfach nur auf mehr oder weniger begründeten Vermutungen; vgl. über sie die nachfolgenden Bemerkungen zu den einzelnen Karten.

Zu Karte I:

Der Zeichnung zugrundegelegt sind die Karten von Lynch-Oswald, R. Kiepert, Poidebard.

Die Karte soll das Grenzgebiet des orientalischen Limes in Obermesopotamien und Südarmenien darstellen, und zwar zur Zeit des Georgios Kyprios (um 600), aber zugleich die älteren Angaben bei Prokop u. a. illustrieren. Die byzantinische Enklave im östlichen Ṭūr ʿAbdīn und der dahin führende romäische Weg muss wenigstens teilweise (ohne Sisarbanon) noch um 600 bestanden haben (vgl. Georg. Cypr., v. 914).

Aus Raummangel ist das östlich von Dārā und nördlich von *Σαργαθόν* gelegene *'Αταχάς*, jetzt Hādaḫ, Melik Hāteḫ, nicht eingetragen.

Durch ein bedauerliches Versehen ist der Ort *Κόρδης* jetzt Kurdis, nördlich von *Μάρδης* statt von Dārā eingezeichnet worden!

Zu Karte II:

Grundlage: verschiedene neuere Teilkarten dieses Gebietes.

Die Taurosgrenze, an der man Jahrhunderte hindurch festhielt, war durch die beständigen Grenzkriege stellenweise häufigen Veränderungen unterworfen, die sich nicht immer genau feststellen oder datieren lassen. Für ihre Darstellung wurde daher die Zeit um 960 gewählt, in der ihr Verlauf durch die Schrift *de velitatione bellica* annähernd festgelegt ist. Nur die darin fehlende Strecke in Armenien jenseits von Romanupolis ist unsicher. Hier soll die völlig hypothetische Darstellung bloss die Annahme irgend eines territorialen Zusammenhanges des (jenseits des Kartenrandes gelegenen) römischen Theodosiopolis mit dem übrigen byzantinischen Gebiete andeuten.

Σαριχᾶ, Ṣāriḫa ist vielmehr nördlich vom Halys anzusetzen.

Zu Karte III:

Grundlage: Kiepert-v. Oppenheim, Preussische Landesaufnahme von Syrien, Karten zu Dussaud, *Topographie*, Musil, *Palmyrene* u. a.

Die Karte soll dem Verständnis der Geschichte Syriens in der zweiten Hälfte des 10. und im 11. Jahrhundert dienen. Die hier gewählte Grenzlinie umschliesst die unter tatsächlicher byzantinischer Herrschaft stehenden Territorien zur Zeit ihrer grössten Ausdehnung. Für die Grenze in Syrien ist dazu die genaue Beschreibung von 969/70 gewählt, während die des Gebietes von Edessa sich natürlich erst auf die Zeit nach 1030/1 bezieht und in ihrem Verlauf recht hypothetisch ist. Ephemere byzantinische Eroberungen sind ebensowenig dargestellt wie das langsame Zurückweichen der Reichsgrenzen.

Bānaqfūr wäre vielleicht in das byzantinische Gebiet einzubeziehen (vgl. p. 96, n. 1). Ḥiṣn Banī' l-Aḥmar ist noch fälschlich im jetzigen Qal'at Yaḥmūr vermutet, was nach p. 113, n. 1, zu berichtigen ist. In der Umgegend von al-Manīqa wäre der Ǧabal ar-Rawādīf einzutragen (p. 110, n. 5).

Zu Karte IV:

Grundlagen: Karten von Lynch-Oswald und R. Kiepert.

Die Grenzen beziehen sich auf die Zeit um 1050. Wanand, das Gebiet von Kars, das erst 1064 an Byzanz fiel, ist deshalb gesondert umrahmt. Die Ansetzung der armenischen Ostgrenze ist grossenteils ganz hypothetisch.

Innerhalb des byzantinischen Territoriums sind die Grenzen zwischen den einzelnen Kirchenprovinzen eingetragen; ihr Verlauf ist freilich bei der spärlichen und ungleichen Verteilung der Bistümer über diese Gebiete und der Unsicherheit der Ansetzung mancher von ihnen nur in grossen Linien gesichert. Als annährend erwiesene Tatsache scheint sich dabei zu ergeben, dass die Dioecese von Theodosiopolis aus zwei Teilen bestand, die durch die lazische Kirchenprovinz und das Reich von Kars vollständig voneinander getrennt waren.

Τζούρμερη Č'ormairi ist weiter nördlich, im Quellgebiet des Čoroḫ, anzusetzen (vgl. p. 226) ; *Μαυρικίου* (*Μαυρίκη*) etwa 11 km. weiter südwestlich im jetzigen Maurek (vgl. p. 215, n. 4). *Οὐρτροῦ* heisst jetzt Ortu, nicht Ortusu (oben, p. 214 mit n. 7).

E. H.

NACHTRÄGE UND BERICHTIGUNGEN

P. 7, n. 1 lies : « ... lief *in späterer Zeit* die Grenze... ». Mit « zunächst » (p. 7, lin. 7) ist die Zeit der *Notitia dignitatum* gemeint.

P. 47, lin. 5 lies 20 Mīl (45 Km.) statt 30 Mīl (67,5 km).

P. 52-53 Leontokomis : Ramsay hat kürzlich seine neuesten Forschungen über dieses Thema der Französischen Akademie mitgeteilt, wie ich von Prof. Grégoire erfahre.

P. 79 n. 2 zu Kīlīkiyā (Qālīqalā?) vgl. al-Bīrūnī, *Qānūn al-Masʿūdī*, Berlin, Staatsbibl., Ms. or. 275, fol. 130v, lin. 31 : « Qilīqiya, das ist Qālīqalā ».

P. 152 n. 2 zu Bāḫunīs, Bāġunais : Für die Lesung Bāḫunīs spricht auch die Schreibung des Namens in den Hss. von al-Ḫwārizmī (ed. v. Mžik, p. 26, No 376 : Bāḥutīs, lies Bāḫunīs) und Suhrāb (ed. v. Mžik, p. 33, No 305 : madīnat Nāḫunīš).

INDEX

Alphabetische Folge: a (ä sub ae). b (=β). c (armenisch; c' sub ch; lateinisch c sub k), č (č' sub čh). d oder ḍ (ḏ sub dh). e. f. g. ǧ. h oder ḥ. ḫ (= χ). i oder j. k (= lat. c; k' sub kh). l oder ł. m. n (γγ sub ng, γκ sub nk). o (ö sub oe). p (p', φ sub ph). q. r oder ṙ (griech ῥ ohne -h!) s oder ṣ. š. t oder ṭ (ṯ, t', θ sub th). u (ü sub ue). v. w. x. y. z. ź oder ž.

Der arabische Artikel bleibt für die Anordnung unberücksichtigt.

Die Stellen, an denen neue Ergebnisse (besonders Identifizierungen) mitgeteilt werden, sind durch fettgedruckte Seitenzahlen hervorgehoben.

I

GEOGRAPHISCHE NAMEN

II

PERSONENNAMEN

Ausgenommen sind die Namen von Personen, die (bzw. soweit sie) als Autoren zitiert sind.

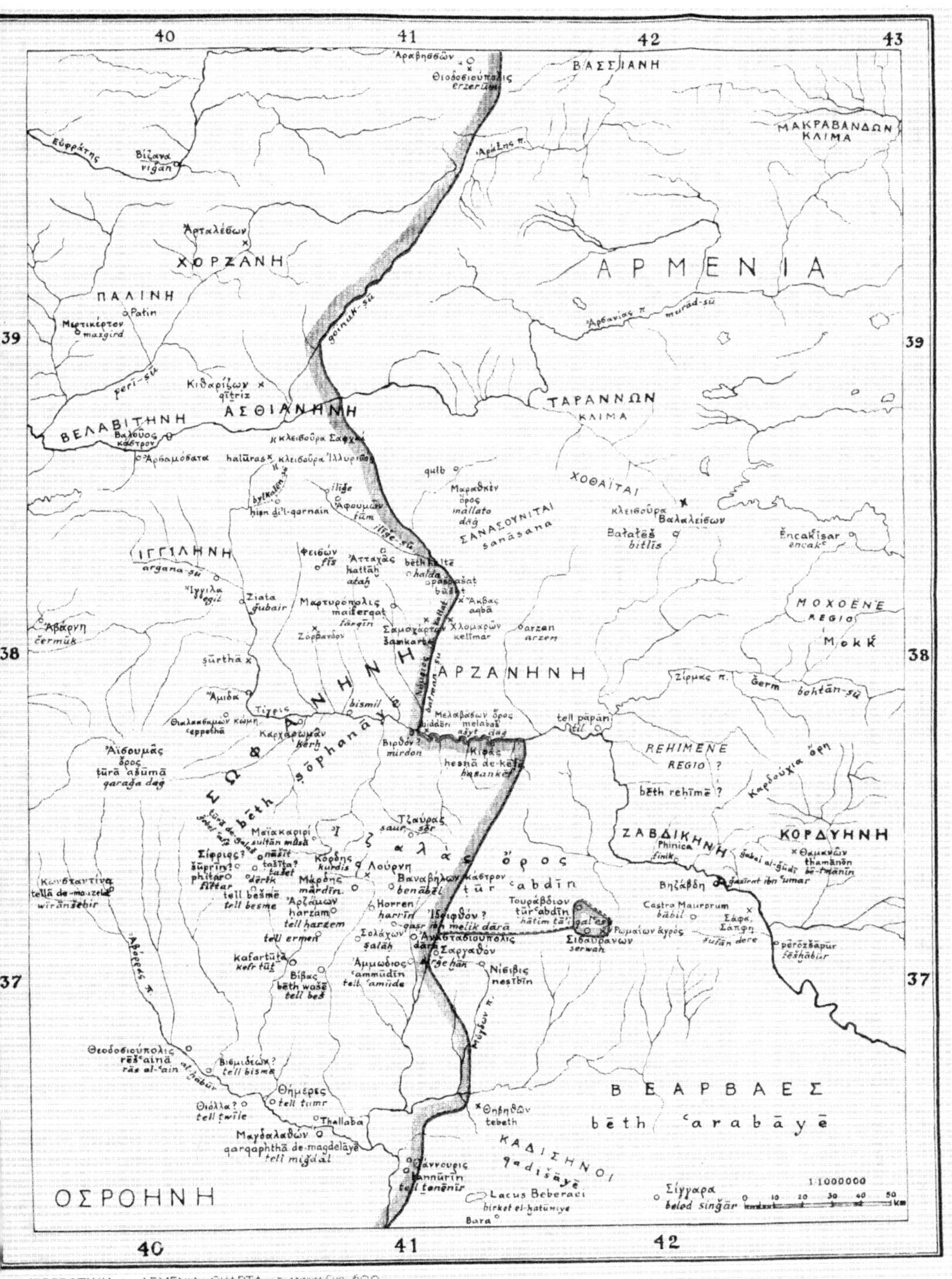

MESOPOTAMIA ET ARMENIA QUARTA C. ANNUM CHR. 600.

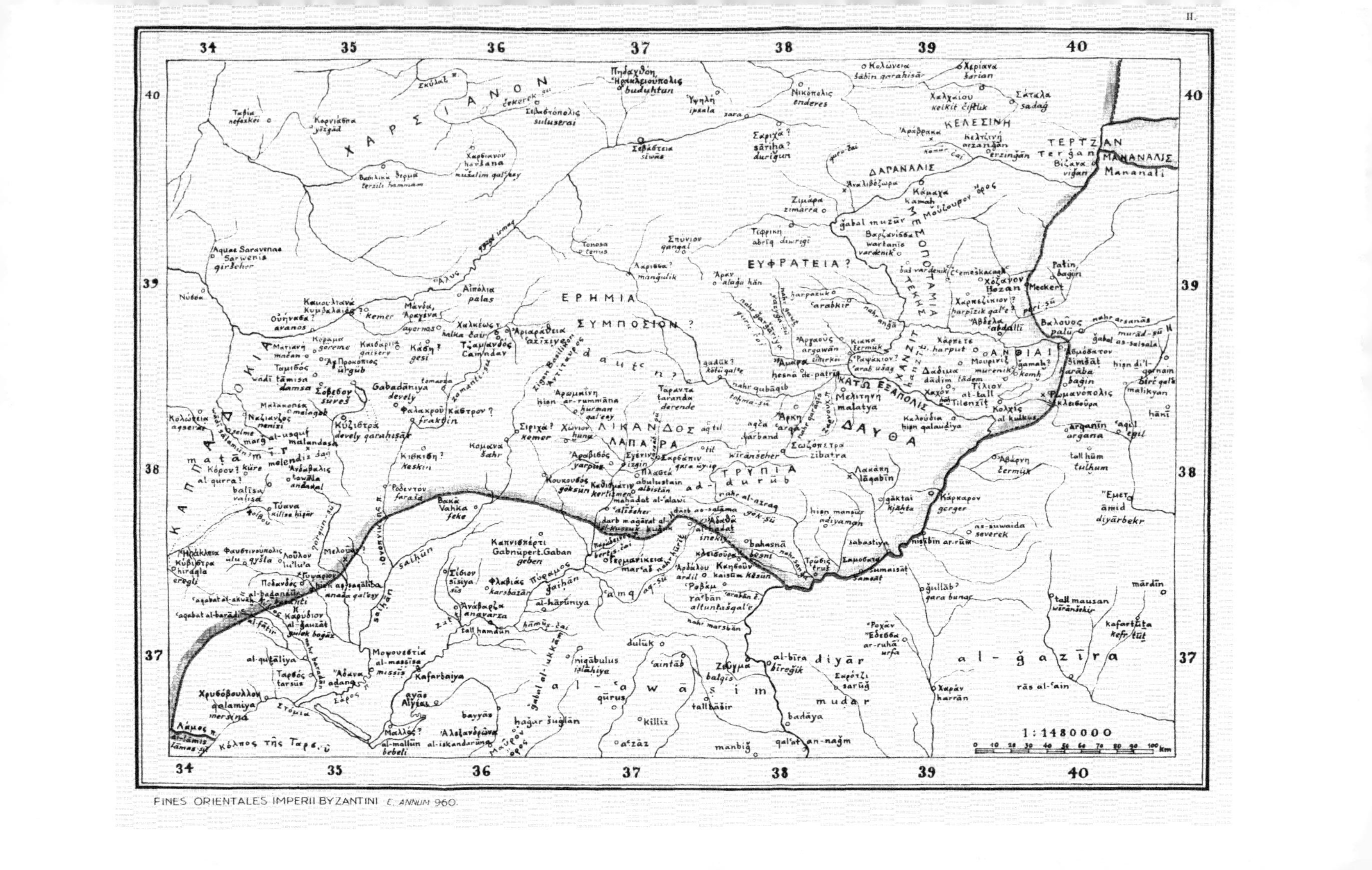

1:1480000

FINES ORIENTALES IMPERII BYZANTINI *c. annum* 960.

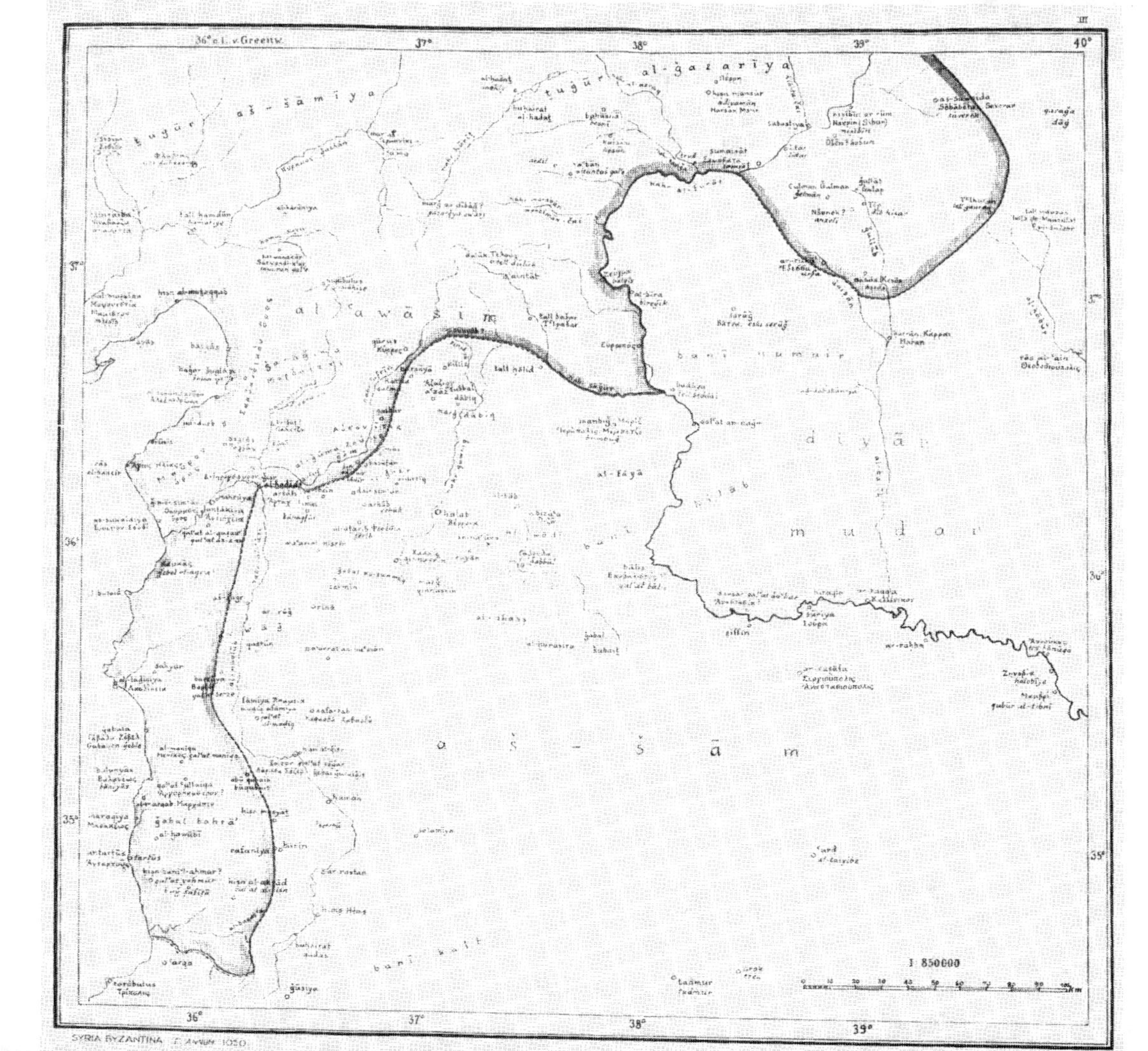
36° ö. L. v. Greenw.
37°
38°
39°
40°
ṯuġūr aš-šāmīya
ṯuġūr al-ǧazarīya
al-ʿawāṣim
diyār muḍar
aš-šām
36°
37°
38°
39°
37°
36°
35°
1 850000
0 10 20 30 40 50 60 70 80 90 100 km
SYRIA BYZANTINA

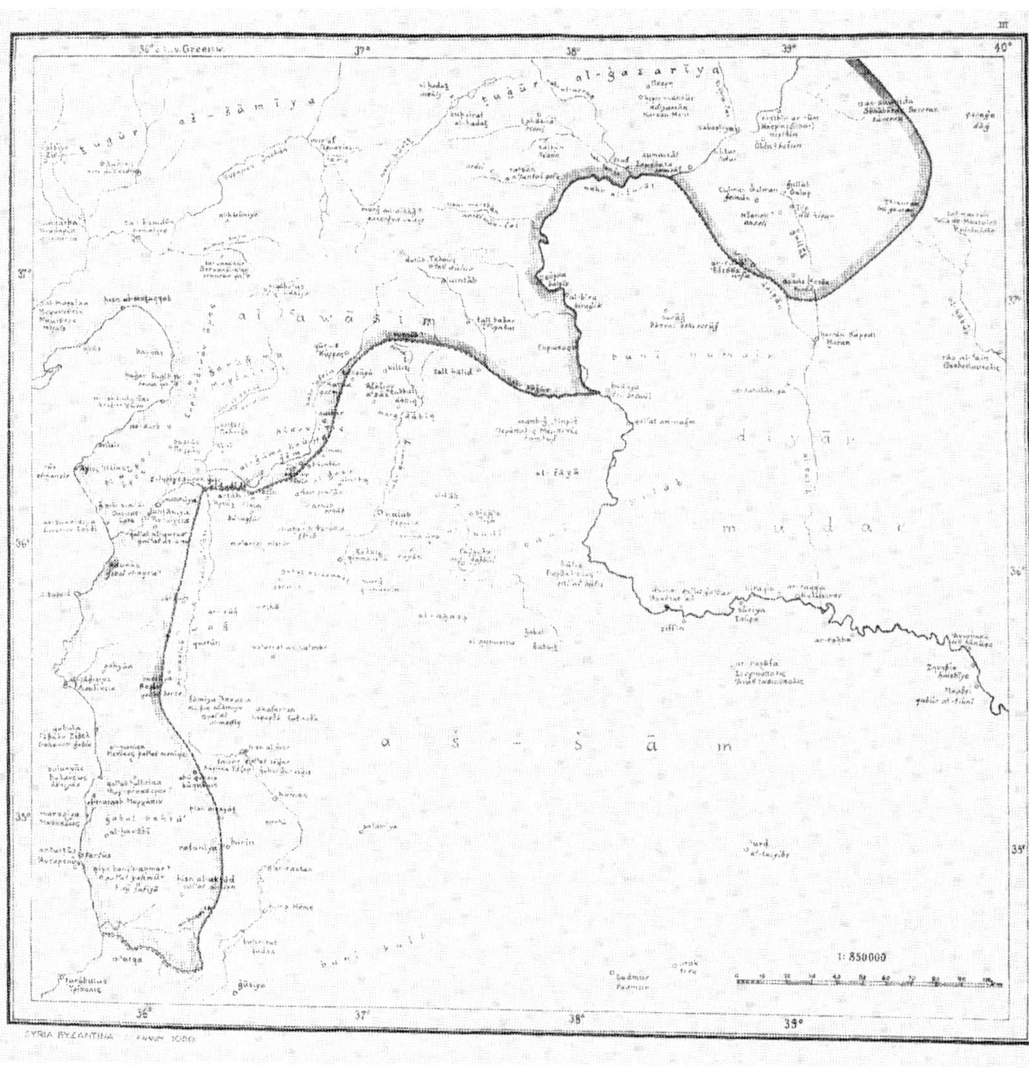
III
37°
38°
39°
40°
t u ġ ū r   a l - ġ a z a r ī y a
a l   ʿ a w ā ṣ i m
a š - š ā m
nahr al-furāt
ḥalab
Βέροια
manbiǧ
al-ʿāṣī
antarṭūs
ṭarābulus
Τρίπολις
ġūsiya
tadmur
Παλμύρα
ḥarrān
ar-raqqa
ṣiffīn
1: 850000
SYRIA BYZANTINA

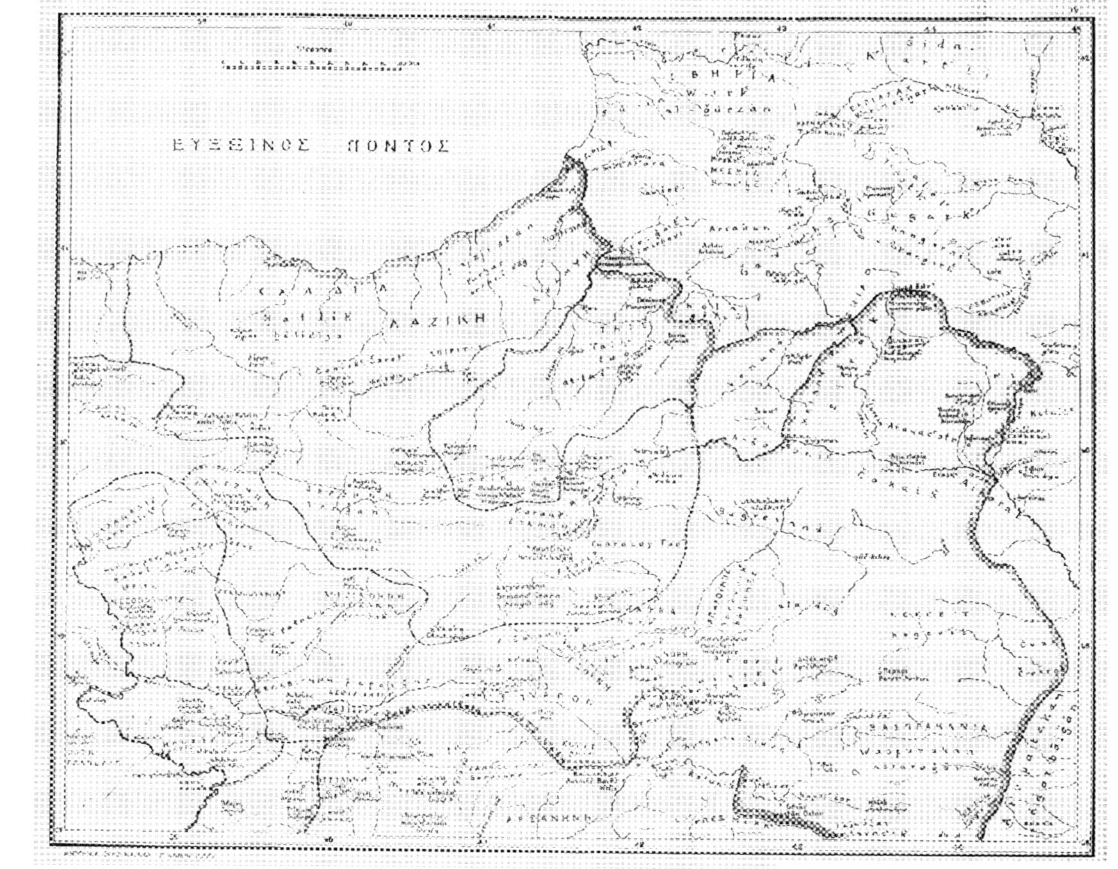
ΕΥΞΕΙΝΟΣ ΠΟΝΤΟΣ

www.ingramcontent.com/pod-product-compliance
Lightning Source LLC
LaVergne TN
LVHW020540100826
845148LV00010B/1556

9781597406666